세주 완역
논어집주대전

이 도서의 국립중앙도서관 출판시도서목록(CIP)은 서지정보유통지원시스템 홈페이지(http://seoji.nl.go.kr)와 국가자료공동목록시스템(http://www.nl.go.kr/kolisnet)에서 이용하실 수 있습니다. (CIP제어번호 : CIP2013009330)

세주 완역
논어집주대전

동양철학의 향연 4

이인서원 기획   김동인 지정민 옮김

한울
아카데미

일러두기

1. 대전 편집자의 주석 번역은 〈 〉로 표시했다.
2. 편집자 주석 중 글자의 음만을 보여주는 것은 번역하지 않았다. 단, 음과 함께 의미의 해석이 있을 때는 번역했다.
3. 인용된 구절은 " "로 구분했다. 단, 앞에 나온 구절을 재인용하거나 요약·변형한 것은 ' '로 구분했다.
4. 번역에서 글자를 설명할 때는 글자에 ' '를 넣고 그 뒤에 자를 붙여 썼다.
   예: '학' 자는 배운다는 뜻이다.
5. 책이름은 『 』, 편명은 「 」, 장은 〈 〉로 표시했다.
6. 번역문에는 한자를 쓰지 않는 것을 원칙으로 했다. 단, 꼭 필요한 경우에는 ( ) 속에 병기했다.
7. 역자주는 달지 않았다. 단, 꼭 필요한 경우에는 [ ] 안에 넣어서 역자의 의견임을 밝혔다.
8. 본문에는 없으나 어조를 부드럽게 하거나 이해를 돕기 위해 첨가하는 말은 누가 보아도 이론의 여지가 없는 경우에만 ( ) 속에 넣고, 역자와 견해를 달리할 수 있는 경우로 판단되면 역자주로 취급해 [ ] 안에 넣었다.
9. 인용된 구절의 출전을 밝히는 경우에도 ( ) 속에 넣었다.
10. 원문의 끊어 읽기는 주어와 술어를 띄우는 것을 원칙으로 했으며, 그 외에는 특별한 규칙이 없다. 단, 해석을 하는 데 띄우는 것이 편리하다고 생각되면 띄웠고, 주어와 술어가 짧은 구절은 붙여 쓰기도 했다.
11. 曰·謂·所謂·說·言 등의 말하다라는 뜻이 있는 동사는 주어와 띄우지 않았다. 단, '무엇에 대해 말하다'로 해석될 때는 주어와 띄우고, 무엇 앞에 붙였다.
    예: 공자가 위령공에 대해 말하다 — 孔子 謂衛靈公
    소위는 '이른바 무엇'으로 해석할 수 있으면 무엇 앞에 붙였고, '누가 말한 바'로 해석할 때는 누가 뒤에 붙였다.
    예: 소위 인이란 — 所謂仁, 정자가 말한 바 — 程子所謂

해제

　명 성조는 1414(영락 12)년 11월 송대 이후 주희(朱熹)를 비롯한 여러 성리학자들의 경전 연구를 종합하기 위해, 행재한림원학사(行在翰林院學士) 호광(胡廣)과 시강(侍講) 양영(楊榮), 김유자(金幼孜)에게 『오경대전(五經大全)』・『사서대전(四書大全)』・『성리대전(性理大全)』의 편찬을 명했다. 그 결과 이듬해인 1415(영락 13)년 9월에 편집 작업이 완료되었고, 그 후 성조가 친히 서문을 붙이고 예부에 명해 간행・반포케 했다. 편찬사업에 참여한 사람은 호광・양영・김유자와 한림편수(翰林編修) 섭시중(葉時中) 등 42명이었다(『사고전서총목제요(四庫全書總目提要)』권5 예부(禮部)「역류(易類)」〈주역대전(周易大全)〉조).

　대전 편찬의 총책임자인 호광(1370~1418)은 현재 강서성에 속한 길수(吉水)에서 태어났다. 자는 광대(光大)이고, 시호는 문목(文穆)이며, 저서로는 『호문목집(胡文穆集)』이 있다. 그는 1400(건문 2)년 진사에 등제했고, 그 뒤 한림수찬(翰林修撰)・문연각대학사(文淵閣大學士)・좌춘방대학사(左春坊大學士)・예부상서(禮部尙書) 등을 역임했으며, 명대 초반 관학의 확립 과정에서 중요한 역할을 담당했다.

　『사서대전』은 주희의 『사서집주(四書集註)』를 본주로 하고, 진덕수(眞德秀)의 『사서집편(四書集編)』, 축수(祝洙)의 『사서부록(四書附錄)』, 채모(蔡模)의 『사서집소(四書集疏)』, 조순손(趙順孫)의 『사서찬소(四書纂疏)』, 오진자(吳眞子)의 『사서집성(四書集成)』, 진력(陳櫟)의 『사서발명(四書發明)』, 호병문(胡炳文)의 『사서통(四書通)』, 예사의(倪士毅)의 『사서집석(四書輯釋)』 등 사서 주해자 146명의 주요 학설을 편집해 세주로 정리한 것이다. 이 중에 특히 예사의의 『사서집석』은 『사서대전』 편찬의 기본 참고주석서였다. 『사고전서총목제요』〈사서대전〉조에서 『사서대전』은 예사의의 『사서집석』을 약간 수정・보완했다고 나오며, 이 점은 고염무(顧炎武)의 『일지록(日知錄)』에서도 확인할 수 있다.

이렇게 해서 완성된 편찬본들은 명 영락제 이전에 만들어진 주석들을 망라했다는 의미에서 '대전(大全, Grand Code)'이라고 불린다. 이때 편찬·간행된『오경대전』·『사서대전』·『성리대전』등 대전본 경서는 성리학을 관학으로서 확고히 자리 잡게 했으며, 이후 과거를 비롯한 모든 국가적 차원의 학술활동에서 교과서로서의 기능을 수행했다.

대전본 경서가 우리나라에 처음 들어온 것은 편찬작업이 완료된 1415(영락 13)년으로부터 4년 후인 1419(세종 1)년 12월이었다. 세종조에 세 번에 걸쳐 대전본 경서가 들어왔으며, 이때 새로운 활자본을 만들어 인쇄·보급한 이래 여러 차례에 걸쳐 국가가 주도해 간행했다.

『논어집주대전』은『사서대전』의 일부로서『논어』의 편수에 따라 20권 13책으로 간행되었으며, 주희 전후 100여 명의 송·원대 유학자들의 주석들이 담겨 있다. 중국본『사서대전』의『논어집주대전』이 20권 13책인 것에 비해, 조선 후기에 간행된『논어집주대전』은 20권 7책으로 구성되어 있다. 이 판본의 권말에는 1434(세종 16)년에 갑인자(甲寅字)를 제작한 이래, 1772(영조 48)년의 임진자(壬辰字), 1777(정조 1)년의 정유자(丁酉字) 등을 주조해 사용한 연혁을 밝힌 글이 수록되어 있다.

본 국역작업에서는 1793(정조 7)년에 간행된 정유자본을 기본으로 삼으면서 문연각본『사고전서(四庫全書)』의『논어집주대전』과 그 원문을 비교·검토했다. 대체로 정유자본이 문연각본보다 오자가 적게 나오는데, 이는 오랜 기간 수차례 간행되면서 여러 유학자의 교정을 거쳤기 때문으로 보인다. 정유자본과 문연각본을 비교해 글자가 서로 다르면 전체 뜻과 맥락에 맞는 쪽으로 글자를 교정했다.

차례

해제 ... 5

季氏第十六

16.1-1	季氏 將伐顓臾	15
16.1-2	冉有季路 見於孔子 曰 季氏 將有事於顓臾	15
16.1-3	孔子曰 求 無乃爾是過與	18
16.1-4	夫顓臾 昔者 先王 以爲東蒙主 且在邦域之中矣 是 社稷之臣也 何以伐爲	18
16.1-5	冉有曰 夫子欲之 吾二臣者 皆不欲也	21
16.1-6	孔子曰 求 周任有言曰 陳力就列 不能者止 危而不持 顚而不扶 則將焉用彼相矣	22
16.1-7	且爾言 過矣 虎兕出於柙 龜玉毁於櫝中 是 誰之過與	23
16.1-8	冉有曰 今夫顓臾 固而近於費 今不取 後世必爲子孫憂	24
16.1-9	孔子曰 求 君子 疾夫 舍曰欲之 而必爲之辭	25
16.1-10	丘也聞 有國有家者 不患寡而患不均 不患貧而患不安 蓋 均無貧 和無寡 安無傾	26
16.1-11	夫如是 故 遠人不服 則修文德以來之 旣來之 則安之	28
16.1-12	今 由與求也 相夫子 遠人不服 而不能來也 邦 分崩離析 而不能守也	29
16.1-13	而謀動干戈於邦內 吾恐季孫之憂 不在顓臾 而在蕭墻之內也	31
16.2-1	孔子曰 天下有道 則禮樂征伐 自天子出 天下無道 則禮樂征伐 自諸侯出 自諸侯出 蓋 十世希不失矣 自大夫出 五世希不失矣 陪臣執國命 三世希不失矣	34
16.2-2	天下有道 則政不在大夫	36
16.2-3	天下有道 則庶人不議	37
16.3	孔子曰 祿之去公室 五世矣 政逮於大夫 四世矣 故 三桓之子孫 微矣	40
16.4	孔子曰 益者三友 損者三友 友直 友諒 友多聞 益矣 友便辟 友善柔 友便佞 損矣	46
16.5	孔子曰 益者三樂 損者三樂 樂節禮樂 樂道人之善 樂多賢友 益矣 樂驕樂 樂佚遊 樂宴樂 損矣	50
16.6	孔子曰 侍於君子 有三愆 言未及之而言 謂之躁 言及之而不言 謂之隱 未見顔色而言 謂之瞽	55
16.7	孔子曰 君子 有三戒 少之時 血氣未定 戒之在色 及其壯也 血氣方剛 戒之在鬪 及其老也 血氣旣衰 戒之在得	58
16.8-1	孔子曰 君子 有三畏 畏天命 畏大人 畏聖人之言	63
16.8-2	小人 不知天命而不畏也 狎大人 侮聖人之言	64
16.9	孔子曰 生而知之者 上也 學而知之者 次也 困而學之 又其次也 困而不學 民 斯爲下矣	67
16.10	孔子曰 君子 有九思 視思明 聽思聰 色思溫 貌思恭 言思忠 事思敬 疑思問 忿思難 見得思義	71
16.11-1	孔子曰 見善如不及 見不善如探湯 吾 見其人矣 吾 聞其語矣	77

7

16.11-2	隱居以求其志 行義以達其道 吾聞其語矣 未見其人也	77
16.12-1	齊景公 有馬千駟 死之日 民 無德而稱焉 伯夷叔齊 餓于首陽之下 民 到于今稱之	82
16.12-2	其斯之謂與	83
16.13-1	陳亢 問於伯魚曰 子 亦有異聞乎	85
16.13-2	對曰 未也 嘗獨立 鯉 趨而過庭 曰 學詩乎 對曰 未也 不學詩 無以言 鯉 退而學詩	85
16.13-3	他日 又獨立 鯉 趨而過庭 曰 學禮乎 對曰 未也 不學禮 無以立 鯉 退而學禮	86
16.13-4	聞斯二者	87
16.13-5	陳亢 退而喜曰 問一得三 聞詩聞禮 又聞君子之遠其子也	88
16.14	邦君之妻 君稱之 曰夫人 夫人自稱 曰小童 邦人稱之 曰君夫人 稱諸異邦 曰寡小君 異邦人稱之 亦曰君夫人	92

陽貨第十七

17.1-1	陽貨 欲見孔子 孔子不見 歸孔子豚 孔子 時其亡 而往拜之 遇諸途	97
17.1-2	謂孔子曰 來 予 與爾言 曰 懷其寶而迷其邦 可謂仁乎 曰 不可 好從事而亟失時 可謂知乎 曰 不可 日月逝矣 歲不我與 孔子曰 諾 吾 將仕矣	98
17.2	子曰 性相近也 習相遠也	107
17.3	子曰 唯上知與下愚 不移	113
17.4-1	子之武城 聞弦歌之聲	119
17.4-2	夫子 莞爾而笑曰 割鷄 焉用牛刀	119
17.4-3	子游對曰 昔者 偃也 聞諸夫子 曰 君子學道 則愛人 小人學道 則易使也	119
17.4-4	子曰 二三子 偃之言 是也 前言 戲之耳	120
17.5-1	公山弗擾 以費畔 召 子 欲往	125
17.5-2	子路不說曰 末之也已 何必公山氏之之也	126
17.5-3	子曰 夫召我者 而豈徒哉 如有用我者 吾 其爲東周乎	126
17.6	子張 問仁於孔子 孔子曰 能行五者於天下 爲仁矣 請問之 曰 恭寬信敏惠 恭則不侮 寬則得衆 信則人任焉 敏則有功 惠則足以使人	131
17.7-1	佛肸召 子欲往	136
17.7-2	子路曰 昔者 由也 聞諸夫子曰 親於其身 爲不善者 君子 不入也 佛肸 以中牟畔 子之往也 如之何	136
17.7-3	子曰 然 有是言也 不曰堅乎 磨而不磷 不曰白乎 涅而不緇	137
17.7-4	吾 豈匏瓜也哉 焉能繫而不食	140
17.8-1	子曰 由也 女 聞六言六蔽矣乎 對曰 未也	144
17.8-2	居 吾語女	144
17.8-3	好仁不好學 其蔽也愚 好知不好學 其蔽也蕩 好信不好學 其蔽也賊 好直不好學 其蔽也絞 好勇不好學 其蔽也亂 好剛不好學 其蔽也狂	145
17.9-1	子曰 小子 何莫學夫詩	151
17.9-2	詩 可以興	151

17.9-3	可以觀	152
17.9-4	可以群	153
17.9-5	可以怨	153
17.9-6	邇之事父 遠之事君	154
17.9-7	多識於鳥獸草木之名	155
17.10	子 謂伯魚曰 女 爲周南召南矣乎 人而不爲周南召南 其猶正牆面而立也與	157
17.11	子曰 禮云禮云 玉帛云乎哉 樂云樂云 鍾鼓云乎哉	161
17.12	子曰 色厲而內荏 譬諸小人 其猶穿窬之盜也與	166
17.13	子曰 鄉原 德之賊也	168
17.14	子曰 道聽而塗說 德之棄也	172
17.15-1	子曰 鄙夫 可與事君也與哉	175
17.15-2	其未得之也 患得之 既得之 患失之	175
17.15-3	苟患失之 無所不至矣	176
17.16-1	子曰 古者 民有三疾 今也 或是之亡也	181
17.16-2	古之狂也 肆 今之狂也 蕩 古之矜也 廉 今之矜也 忿戾 古之愚也 直 今之愚也 詐而已矣	182
17.17	子曰 巧言令色 鮮矣仁	187
17.18	子曰 惡紫之奪朱也 惡鄭聲之亂雅樂也 惡利口之覆邦家者	188
17.19-1	子曰 予欲無言	192
17.19-2	子貢曰 子 如不言 則小子 何述焉	193
17.19-3	子曰 天何言哉 四時行焉 百物生焉 天何言哉	193
17.20	孺悲 欲見孔子 孔子 辭以疾 將命者 出戶 取瑟而歌 使之聞之	203
17.21-1	宰我 問三年之喪 期已久矣	206
17.21-2	君子 三年不爲禮 禮必壞 三年不爲樂 樂必崩	206
17.21-3	舊穀旣沒 新穀旣升 鑽燧改火 期可已矣	207
17.21-4	子曰 食夫稻 衣夫錦 於女安乎 曰 安	210
17.21-5	女安 則爲之 夫君子之居喪 食旨不甘 聞樂不樂 居處不安 故 不爲也 今女安 則爲之	212
17.21-6	宰我出 子曰 予之不仁也 子生三年 然後免於父母之懷 夫三年之喪 天下之通喪也 予也 有三年之愛於其父母乎	214
17.22	子曰 飽食終日 無所用心 難矣哉 不有博奕者乎 爲之猶賢乎已	222
17.23	子路曰 君子 尚勇乎 子曰 君子 義以爲上 君子 有勇而無義 爲亂 小人 有勇而無義 爲盜	225
17.24-1	子貢曰 君子 亦有惡乎 子曰 有惡 惡稱人之惡者 惡居下流而訕上者 惡勇而無禮者 惡果敢而窒者	227
17.24-2	曰 賜也 亦有惡乎 惡徼以爲知者 惡不孫以爲勇者 惡訐以爲直者	228
17.25	子曰 唯女子與小人 爲難養也 近之 則不孫 遠之 則怨	231
17.26	子曰 年四十而見惡焉 其終也已	233

微子第十八

18.1-1	微子 去之 箕子 爲之奴 比干 諫而死	237
18.1-2	孔子曰 殷有三仁焉	238
18.2	柳下惠 爲士師 三黜 人曰 子 未可以去乎 曰 直道而事人 焉往而不三黜 枉道而事人 何必去父母之邦	245
18.3	齊景公 待孔子曰 若季氏 則吾不能 以季孟之間待之 曰吾老矣 不能用也 孔子行	251
18.4	齊人 歸女樂 季桓子 受之 三日不朝 孔子行	255
18.5-1	楚狂接輿 歌而過孔子 曰 鳳兮鳳兮 何德之衰 往者 不可諫 來者 猶可追 已而已而 今之從政者 殆而	261
18.5-2	孔子下 欲與之言 趨而辟之 不得與之言	263
18.6-1	長沮 桀溺 耦而耕 孔子 過之 使子路問津焉	265
18.6-2	長沮曰 夫執輿者爲誰 子路曰 爲孔丘 曰 是魯孔丘與 曰 是也 曰 是 知津矣	265
18.6-3	問於桀溺 桀溺曰 子爲誰 曰 爲仲由 曰 是魯孔丘之徒與 對曰 然 曰 滔滔者 天下皆是也 而誰以易之 且而 與其從辟人之士也 豈若從辟世之士哉 耰而不輟	266
18.6-4	子路 行以告 夫子憮然曰 鳥獸 不可與同群 吾非斯人之徒與 而誰與 天下有道 丘 不與易也	268
18.7-1	子路 從而後 遇丈人以杖荷蓧 子路問曰 子 見夫子乎 丈人曰 四體不勤 五穀不分 孰爲夫子 植其杖而芸	271
18.7-2	子路 拱而立	272
18.7-3	止子路宿 殺鷄爲黍而食之 見其二子焉 明日 子路 行以告 子曰 隱者也 使子路反見之 至則行矣	272
18.7-4	子路曰 不仕無義 長幼之節 不可廢也 君臣之義 如之何其廢之 欲潔其身而亂大倫 君子之仕也 行其義也 道之不行 已知之矣	273
18.8-1	逸民 伯夷 叔齊 虞仲 夷逸 朱張 柳下惠 少連	285
18.8-2	子曰 不降其志 不辱其身 伯夷叔齊與	285
18.8-3	謂柳下惠少連 降志辱身矣 言中倫 行中慮 其斯而已矣	286
18.8-4	謂虞仲夷逸 隱居放言 身中清 廢中權	288
18.8-5	我 則異於是 無可無不可	289
18.9-1	大師摯 適齊	295
18.9-2	亞飯干 適楚 三飯繚 適蔡 四飯缺 適秦	295
18.9-3	鼓方叔 入於河	297
18.9-4	播鼗武 入於漢	297
18.9-5	少師陽 擊磬襄 入於海	297
18.10	周公 謂魯公曰 君子 不施其親 不使大臣 怨乎不以 故舊 無大故 則不棄也 無求備於一人	302
18.11	周有八士 伯達 伯适 仲突 仲忽 叔夜 叔夏 季隨 季騧	305

子張第十九

19.1	子張曰 士 見危致命 見得思義 祭思敬 喪思哀 其可已矣	312
19.2	子張曰 執德不弘 信道不篤 焉能爲有 焉能爲亡	315
19.3	子夏之門人 問交於子張 子張曰 子夏云何 對曰 子夏曰 可者 與之 其不可者 拒之 子張曰 異乎吾所聞 君子 尊賢而容衆 嘉善而矜不能 我之大賢與 於人 何所不容 我之不賢與 人將拒我 如之何其拒人也	319
19.4	子夏曰 雖小道 必有可觀者焉 致遠恐泥 是以 君子不爲也	323
19.5	子夏曰 日知其所亡 月無忘其所能 可謂好學也已矣	326
19.6	子夏曰 博學而篤志 切問而近思 仁 在其中矣	330
19.7	子夏曰 百工 居肆 以成其事 君子 學 以致其道	340
19.8	子夏曰 小人之過也 必文	344
19.9	子夏曰 君子 有三變 望之儼然 卽之也溫 聽其言也厲	346
19.10	子夏曰 君子 信而後 勞其民 未信 則以爲厲己也 信而後 諫 未信 則以爲謗己也	349
19.11	子夏曰 大德 不踰閑 小德 出入 可也	351
19.12-1	子游曰 子夏之門人小子 當灑掃應對進退 則可矣 抑末也 本之 則無 如之何	355
19.12-2	子夏 聞之曰 噫 言游 過矣 君子之道 孰先傳焉 孰後倦焉 譬諸草木 區以別矣 君子之道 焉可誣也 有始有卒者 其惟聖人乎	355
19.13	子夏曰 仕而優則學 學而優則仕	371
19.14	子游曰 喪 致乎哀而止	376
19.15	子游曰 吾友張也 爲難能也 然而未仁	378
19.16	曾子曰 堂堂乎 張也 難與並爲仁矣	379
19.17	曾子曰 吾 聞諸夫子 人 未有自致者也 必也親喪乎	382
19.18	曾子曰 吾 聞諸夫子 孟莊子之孝也 其他可能也 其不改父之臣 與父之政 是難能也	384
19.19	孟氏 使陽膚爲士師 問於曾子 曾子曰 上 失其道 民 散久矣 如得其情 則哀矜而勿喜	387
19.20	子貢曰 紂之不善 不如是之甚也 是以 君子 惡居下流 天下之惡 皆歸焉	391
19.21	子貢曰 君子之過也 如日月之食焉 過也 人皆見之 更也 人皆仰之	393
19.22-1	衛 公孫朝 問於子貢曰 仲尼焉學	395
19.22-2	子貢曰 文武之道 未墜於地 在人 賢者 識其大者 不賢者 識其小者 莫不有文武之道焉 夫子 焉不學 而亦何常師之有	395
19.23-1	叔孫武叔 語大夫於朝曰 子貢 賢於仲尼	398
19.23-2	子服景伯 以告子貢 子貢曰 譬之宮牆 賜之牆 及肩 窺見室家之好	399
19.23-3	夫子之牆 數仞 不得其門而入 不見宗廟之美 百官之富	399
19.23-4	得其門者 或寡矣 夫子之云 不亦宜乎	400
19.24	叔孫武叔 毁仲尼 子貢曰 無以爲也 仲尼 不可毁也 他人之賢者 丘陵也 猶可踰也 仲尼 日月也 無得而踰焉 人 雖欲自絶 其何傷於日月乎 多見其不知量也	402
19.25-1	陳子禽 謂子貢曰 子 爲恭也 仲尼 豈賢於子乎	405
19.25-2	子貢曰 君子 一言 以爲知 一言 以爲不知 言不可不慎也	405

19.25-3	夫子之不可及也 猶天之不可階而升也	406
19.25-4	夫子之得邦家者 所謂立之斯立 道之斯行 綏之斯來 動之斯和 其生也榮 其死也哀 如之何其可及也	407

堯曰第二十

20.1-1	堯曰 咨爾舜 天之曆數 在爾躬 允執厥中 四海困窮 天祿永終	417
20.1-2	舜 亦以命禹	419
20.1-3	曰 予小子履 敢用玄牡 敢昭告于皇皇后帝 有罪 不敢赦 帝臣不蔽 簡在帝心 朕躬有罪 無以萬方 萬方有罪 罪在朕躬	422
20.1-4	周有大賚 善人是富	425
20.1-5	雖有周親 不如仁人 百姓有過 在予一人	426
20.1-6	謹權量 審法度 修廢官 四方之政 行焉	428
20.1-7	興滅國 繼絶世 擧逸民 天下之民 歸心焉	429
20.1-8	所重 民食喪祭	431
20.1-9	寬則得衆 信則民任焉 敏則有功 公則說	432
20.2-1	子張 問於孔子 曰 何如 斯可以從政矣 子曰 尊五美 屛四惡 斯可以從政矣 子張曰 何謂五美 子曰 君子 惠而不費 勞而不怨 欲而不貪 泰而不驕 威而不猛 子張曰 何謂惠而不費 子曰 因民之所利而利之 斯不亦惠而不費乎 擇可勞而勞之 又誰怨 欲仁而得仁 又焉貪 君子 無衆寡 無小大 無敢慢 斯不亦泰而不驕乎 君子 正其衣冠 尊其瞻視 儼然 人 望而畏之 斯不亦威而不猛乎	436
20.2-2	子張曰 何謂四惡 子曰 不教而殺 謂之虐 不戒視成 謂之暴 慢令致期 謂之賊 猶之與人也 出納之吝 謂之有司	439
20.3-1	子曰 不知命 無以爲君子也	446
20.3-2	不知禮 無以立也	448
20.3-3	不知言 無以知人也	448

별호색인	455
인용 학자 소개	457

季氏第十六

【집주】

洪氏曰 此篇 或以爲齊論 凡十四章

홍씨가 말했다. 이 편을 혹자는 제론(제나라 논어)이라 했다. 모두 14장이다.

【세주】

胡氏曰 疑爲齊論 以皆稱孔子曰 且三友三樂九思等條 例與上下篇不同 然 亦無他左驗

호씨가 말했다. 제나라 논어라 의심한 것은 모두 '공자왈'이라 칭한 점, 또 '3우', '3락', '9사' 등의 조항이 상하편의 체례와 다른 점 때문이다. 그러나 또한 다른 증거는 없다.

○厚齋馮氏曰 上篇首衛靈公 以識諸侯之失 此篇首季氏 以識大夫之失 下篇首陽貨 以識陪臣之失也 此篇 季氏而後 卽記禮樂征伐祿去公室之語 乃記者 以爲篇次之意

후재 풍씨가 말했다. 앞의 편에서는 위 영공을 첫머리로 해서 제후의 잘못을 기록했고, 이 편에서는 계씨를 첫머리로 해서 대부의 잘못을 기록했고, 아래편에서는 양화를 첫머리로 해서 배신의 잘못을 기록했다. 이 편에서는 계씨(1장) 다음에는 곧 예악정벌(2장)과 봉록이 공실을 떠났다(3장)는 말씀을 기록했는데, (그것이) 곧 기록한 자가 (이) 편의 편집순서의 의의로 삼은 것이다.

16.1-1   季氏 將伐顓臾

계씨가 장차 전유를 정벌하려 했다.

【집주】

顓臾 國名 魯附庸也

전유는 나라 이름인데, 노나라의 속국이다.

【세주】

春秋傳曰 顓臾 風姓也 實司太皡與有濟之祀 註云 伏羲之後 在泰山南武陽縣之東北

춘추전(『춘추좌전』 희공 21년)에 "전유는 풍씨 성이다. 실제로 태호와 유제(강 이름)의 제사를 맡아 본다"라 했고, 그 주에 "복희씨의 후예로 태산 남쪽 무양현의 동북쪽에 있었다"라 했다.

16.1-2   冉有季路 見於孔子曰 季氏 將有事於顓臾 見賢遍反

염유와 계로가 공자를 뵙고 말했다. 계씨가 장차 전유에서 일을 일으킬 것입니다.

【집주】

按左傳 史記 二子仕季氏 不同時 此云爾者 疑子路 嘗從孔子 自衛反魯 再仕季氏 不久而復扶又反之衛也

『(춘추)좌전』과 『사기』를 살펴보면, 두 사람이 계씨를 섬긴 것은 같은 때가 아닌데, 여기서 이렇게 말한 것은 아마도 자로가 일찍이 공자를 따라 위나라에서 노나라로 돌아온 후 다시 계씨를 섬겼다가 얼마 안 되어 다시 위나라로 돌아갔기 때문인 것 같다(다시 섬겼던 짧은 기간의 일인 것 같다).

【세주】

左傳 定公 十二年 仲由 爲季氏宰 將墮三都

『(춘추)좌전』에 다음과 같이 나와 있다. 정공 12년 (하), 중유(자로)가 계씨의 가재가 되어 장차 3도(삼환씨의 세 읍)를 허물려 했다.

○ 史記 定公 十三年夏 孔子 言於公曰 臣 無藏甲 大夫 無百雉之城 使仲由爲季氏宰 將墮三都

『사기』(「공자세가」)에 다음과 같이 나와 있다. 정공 13년 하, 공자가 공에게 말하기를 "가신은 병력을 가지지 않는 것이고, 대부는 백 길이나 되는 높은 성을 가지지 않는 것입니다. 중유를 계씨의 가재가 되게 해 장차 3도를 허물게 하겠습니다"라 했다.

○ 左傳 哀公十一年 齊師伐我 季孫 謂其宰冉求曰 若之何 求曰 一子守 二子 從公禦諸境 孟孺子洩 帥右師 冉求 帥左師 師及齊師 戰于郊 師入齊軍 獲甲首八十 齊人 遁 冉有 請從之 季孫弗許

『(춘추)좌전』에 다음과 같이 나와 있다. 애공 11년 (춘), 제나라 군대가 우리나라를 쳤다. 계손이 가재 염구에게 말하기를 "어찌할까?"라 했다. 구가 말하기를 "한 분(계손)은 지키고, 두 분(숙손과 맹손)은 공을 따라 국경을 방어하십시오"라 했다. 맹유자 설이 우군을 지휘하고 염구가 좌군을 지휘했다. 군대가 제나라 군대에 다가가 교외에서 싸웠다. 군대가 제나라 군대로 침입해 갑사의 머리 80수를 얻었다. 제나라 사람들이 도망가자 염유가 쫓기를 청했으나 계손이 허락하지 않았다.

○ 史記世家 哀公三年 孔子 年六十矣 在陳 秋 季桓子病 輦而見魯城 喟然嘆曰 昔此國 幾興矣 以吾獲罪於孔子 故 不興也 顧謂其嗣康子曰 我卽死 若必相魯 相

魯 必召仲尼 後數日 桓子卒 康子代立 已葬 欲召仲尼 公之魚曰 昔吾先君 用之
不終 終爲諸侯笑 今又用之不能終 是再爲諸侯笑 康子曰 則誰召而可 曰 必召冉
求 於是 召冉求 旣去 明年 孔子 自陳遷于蔡 冉有 爲季氏將 與齊戰於郊 克之 康
子曰 子之於軍旅 學之乎 性之乎 冉求曰 學於孔子 康子 以幣迎孔子 孔子 歸魯

『사기』, 「(공자)세가」에 다음과 같이 나와 있다. 애공 3년, 공자는 나이 60이 었는데 진나라에 있었다. 가을에 계환자가 병이 있어 연을 타고 노나라 성을 둘러보면서 한숨 쉬며 탄식해 말하기를 "전에 이 나라는 거의 흥할 뻔 했다. 내가 공자에게 죄를 지은 까닭에 흥하지 못했구나"라 하고, 그 후계 아들 강자를 둘러보면서 말하기를 "나는 곧 죽을 것이니 (네가) 틀림없이 노나라의 재상이 될 것 같은데, 노나라의 재상이 되면 반드시 공자를 불러라"라 했다. 며칠 후 환자가 죽고 강자가 대신 섰다. 장례를 치른 다음 공자를 부르려 했는데, 공지어가 말하기를 "전에 우리 전 임금이 쓰기는 했으나 끝을 맺지 못해 끝내 제후들에게 웃음거리가 되었습니다. 지금 또 써서 끝을 맺지 못한다면 이는 다시 제후들의 웃음거리가 됩니다"라 했다. 강자가 말하기를 "그렇다면 누구를 부르면 될까?"라 했다. (공지어가) 답하기를 "반드시 염구를 부르십시오"라 했다. 이에 염구를 불렀다. (공자가 노나라를) 이미 떠났다. 다음 해 공자가 진나라에서 채나라로 옮겼다. 염유는 계씨의 장수가 되어 제나라와 교외에서 싸워 이겼다. 강자가 말하기를 "그대의 군대 운용은 배운 것인가, 성품인가?"라 했다. 염구가 답하기를 "공자에게서 배운 것입니다"라 했다. 강자가 폐백을 갖추어 공자를 맞이하니 공자가 노나라로 돌아왔다.

○ 趙氏曰 魯哀公十年 孔子 自楚反乎衛 十一年 魯 以幣召之 乃歸 子路 從孔子
反魯 當在此時 十四年 小邾射 來奔曰 使季路要我 吾無盟矣 使子路 子路辭 則
子路 尙在魯也 必是 此年復之衛 次年死于孔悝之難

조씨가 말했다. 노나라 애공 10년에 공자는 초나라에서 위나라로 돌아갔다. 11년, 노나라가 폐백을 갖추어 부르자 돌아왔다. 자로가 공자를 따라 노나라로 돌아온 것은 당연히 이때이다. 14년, 소주역이 도망와 말하기를 "만약 자로가 나에게 약속한다면 나는 (굳이 공과는) 맹약하지 않아도 됩니다"라 했다. 자로를 사신으로 보내려 했으나 자로는 사양했다. 그러니 자로는 아직도 노나라에 있었던 것이다. 틀림없이 이 해에 위나라로 돌아갔을 것이고, 다음 해에 공회의 난에 죽었다.

16.1-3 孔子曰 求 無乃爾是過與 與 平聲

공자께서 말씀하셨다. 구야, (이는) 너의 잘못이 아니겠는가?

【집주】

冉求 爲季氏聚斂去聲 尤用事 故 夫子 獨責之

염구는 계씨를 위해 세금을 가혹하게 걷었고, 게다가 권력을 행사했다. 그런 까닭에 공자께서는 그만을 꾸짖으셨다.

【세주】

問 獨責求 何也 朱子曰 想他與謀較多 一向倒在他身上去 亦可知也

물었다. 염구만을 꾸짖으신 것은 왜입니까? 주자가 답했다. 아마도 그는 같이 모의한 것이 (자로에 비해) 더 많았던 것 같고, 내내 오히려 그 자신 몸소 [자발적으로] 했음을 또한 알 수 있다.

16.1-4 夫顓臾 昔者 先王 以爲東蒙主 且在邦域之中矣 是 社稷之臣也 何以伐爲 夫 音扶

저 전유는 전에 선왕이 동몽의 주인으로 삼았고, 또 (노의) 영토 안에 있으니 이는 사직의 신하이다. 정벌해서 무엇 하겠는가?

【집주】

東蒙 山名

'동몽'은 산 이름이다.

【세주】

趙氏曰 蒙山 在泰山郡蒙陰縣西南 今 沂州費縣也

조씨가 말했다. 몽산은 태산군 몽음현 남서쪽에 있는데, 지금의 기주 비현이다.

○厚齋馮氏曰 按禹貢 有二蒙 徐州 蒙羽其藝 東蒙也 梁州 蔡蒙旅平 西蒙也

후재 풍씨가 말했다. (『서경』,「하서」)「우공」편을 살펴보면 몽산은 둘이 있는데, 서주의 '몽산과 우산은 (풀을) 베어야 한다'라 한 것은 동쪽의 몽산이고, 양주의 '채산과 몽산을 평정한다'라 한 것은 서쪽의 몽산이다.

○洪氏曰 魯頌曰 奄有龜蒙 遂荒大東 又云 乃命魯公 俾侯于東 錫之山川 土田 附庸 謂顓臾也

홍씨가 말했다. (『시경』)「노송 (비궁)」에 '(노나라는) 구산과 몽산을 품어 가지고, 마침내 극동에까지 뻗는다'라 했고, 또 "노공에게 명해 동쪽의 제후로 삼고 산천과 토지와 속국을 하사했다"라 한 것은 전유를 말하는 것이다.

【집주】

先王 封顓臾於此山之下 使主其祭 在魯地七百里之中

선왕이 전유를 이 산 아래에 봉해 그 제사를 주관하게 했고, 노나라 땅 700리 중에 포함된다.

【세주】

問 從孟子地方百里之說 則魯地 安有七百里 朱子曰 七百里 是禮記說 每疑百里 如何做得侯國 又容得附庸 所謂錫之山川土田附庸 必不止百里 然 此處 亦難考

물었다. 맹자의 지방백리의 설(제후국의 영토는 사방 100리라는 설)을 따르면 노나라 땅이 어찌 700리가 있겠습니까? 주자가 답했다. 700리는 예기의 설인데, 매번 100리로 어찌 후국이 될 수 있으며 또 속국을 가질 수 있는지 의심했다. 소위 '산천과 전토와 속국을 하사했다'라 했으니 반드시 100리에 그치지 않았을 것이다. 그러나 이 점은 또한 고찰하기 어렵다.

【집주】

社稷 猶云公家 是時 四分魯國 季氏 取其二 孟孫叔孫 各有其一

'사직'이란 '공가(노공의 일가)'라는 말과 같다. 이때 노나라를 넷으로 나누어 계씨가 그 둘을 가졌고, 맹손과 숙손이 각각 하나씩을 가졌다.

【세주】

左傳 昭公五年 春正月 季孫 舍中軍 卑公室也 罷中軍 季孫 稱左師 孟孫 稱右師 叔孫氏 則自以叔孫爲軍名 初作中軍 三分公室 而各有其一 各有一軍家屬 季氏 盡征之 無所入於公 叔孫氏 臣其子弟 以父兄歸公 孟氏 取其牛焉 復以子弟之牛歸公 及其舍之也 四分公室 季氏 擇二 二子各一 皆盡征之 而貢於公

『(춘추)좌전』에 다음과 같이 나와 있다. 소공 5년 춘정월에 계손이 중군을 폐지하고 공실을 낮추었다. 〈중군을 폐지하고 계손은 좌사, 맹손은 우사라 칭했고, 숙손씨는 스스로 숙손을 군대의 이름으로 삼았다.〉 처음에 중군을 만들었을 때 공실을 셋으로 나누어 각각 그 하나를 가졌다. 〈각각 일군의 가속을 소유했다.〉 계씨는 (세금을) 다 징수했다. 〈공실에 들어가는 것이 없었다.〉 숙손씨는 그 자제를 신하로 삼고 〈부형은 공실로 귀속시켰다.〉 맹씨는 그 반을 취했다. 〈다시 그 자제의 반을 공실에 귀속시켰다.〉 (중군을) 폐지함에 이르러, 공실을 4등분해 계씨는 둘을 택하고, 두 사람은 각각 하나를 택했다. 모두 다 징수해 가지고, (대신) 공에게는 공납을 했다.

【집주】

獨附庸之國 尚爲公臣 季氏 又欲取以自益 故 孔子言 顓臾 乃先王封國 則不可伐 在邦域之中 則不必伐 是社稷之臣 則非季氏所

當伐也 此 事理之至當去聲 不易之定體 而一言盡其曲折如此 非聖
人 不能也

오직 부용의 나라(속국)만 아직도 공신(공실의 신하)이었는데, 계씨가 또 취해 자신에게 더하려 했다. 그러므로 공자께서는 전유는 선왕이 나라로 봉한 것이니 정벌할 수 없고, (노의) 영토 안에 있으니 정벌할 필요가 없고, 사직의 신하이니 계씨가 마땅히 정벌할 것이 아니라(계씨는 정벌할 권한이 없다) 하셨다. 이는 사리의 지극히 당연한 것이고 바뀔 수 없는 정해진 원칙으로서, 한마디 말씀으로 이처럼 그 상세함을 다하셨으니, (이는) 성인이 아니면 할 수 없다.

【세주】
慶源輔氏曰 不可伐而伐之 則不仁 不必伐而伐之 則不智 非所當伐而伐之 則悖禮犯義

경원 보씨가 말했다. 정벌해서는 안 되는데 정벌하면 불인한 것이고, 정벌할 필요가 없는데 정벌하면 지혜롭지 않은 것이고, 마땅히 정벌할 것이 아닌데 정벌하면 예를 어기고 의를 범하는 것이다.

16.1-5   冉有曰 夫子欲之 吾二臣者 皆不欲也

염유가 말했다. 그분이 바라는 것이지, 우리 두 신하는 모두 바라지 않습니다.

【집주】
夫子 指季孫 冉有 實與去聲謀 以夫子非之 故 歸咎於季氏

'부자(그분)'는 계손을 가리킨다. 염유는 실제로는 같이 모의했는데 공자께서 비난하신 까닭에 계씨에게 허물을 돌렸다.

16.1-6 孔子曰 求 周任有言曰 陳力就列 不能者止 危而不持 顚而不扶 則將焉用彼相矣 任 平聲 焉 於虔反 相 去聲 下同

공자께서 말씀하셨다. 구야, 주임이 말한 적이 있는데, '힘을 펼쳐 열(조정의 신하의 대열)에 나아가고, 할 수 없으면 그만둔다'라 했다. 위태로운데 붙들어주지 않고 넘어지는데 부축해주지 않으면 장차 어디에 그 도우는 자를 쓰겠느냐?

【집주】

周任 古之良史 陳 布也 列 位也 相 瞽者之相也 言二子不欲 則當諫 諫而不聽 則當去也

주임은 옛날의 좋은 관리이다. '진'은 펼치는 것이다. '열'은 지위이다. '상'은 소경의 상(보조자)이다. 두 사람이 원하지 않으면 마땅히 간해야 하고, 간해도 듣지 않으면 마땅히 떠나야 한다는 말씀이다.

【세주】

朱子曰 相 亦是贊相之義 瞽者之相 亦是如此

주자가 말했다. '상'은 또한 돕는다는 뜻이다. '소경의 상' 또한 이와 마찬가지이다.

○雙峯饒氏曰 冉有 眞與謀 子路 只是不能諫止 危未至於顚 故 持之使不至顚 顚 則旣踣 須扶起之

쌍봉 요씨가 말했다. 염유는 진짜로 같이 모의했고, 자로는 다만 그만두도록 간하지 못했을 뿐이다. 위급하지만 아직 넘어지지는 않았기에 붙들어 넘어지지 않게 한다. 넘어지면 이미 자빠진 것이니 반드시 부축해 일으킨다.

16.1-7 且爾言 過矣 虎兕出於柙 龜玉毀於櫝中 是 誰 之過與 _{兕 徐履反 柙 戶甲反 櫝 音獨 與 平聲}

또 너의 말은 잘못이다. 호랑이나 외뿔소가 우리에서 나오거나, 거북이나 옥이 궤짝 안에서 훼손되면 이는 누구의 허물이냐?

【집주】

兕 野牛也

'시'는 들소이다.

【세주】

趙氏曰 兕 似牛 一角 毛靑 皮堅 可爲鎧

조씨가 말했다. '시'는 소와 비슷한데 뿔은 하나이고 털은 푸르며 가죽은 단단해 갑옷을 만들 수 있다.

【집주】

柙 檻也 櫝 匱也 言在柙而逸 在櫝而毀 典守者 不得辭其過 明二子居其位而不去 則季氏之惡 己不得不任其責也

'합'은 우리이다. '독'은 궤짝이다. 우리 안에 있다가 놓치고, 궤짝 안에 있다가 훼손되면 지키는 자는 그 허물을 변명할 수 없다는 말씀이니, (이는) 두 사람이 그 지위에 머물러 떠나지 않았다면 계씨의 악은 자신들이 그 책임을 지지 않을 수 없는 것임을 밝히신 것이다.

【세주】

朱子曰 虎在山 龜玉在他處 不干典守者事 今在柙中走了 櫝中毀了 便是典守者之過

주자가 말했다. 호랑이가 산에 있고 거북이나 옥이 다른 곳에 있었다면 지키는 자의 일과는 관계가 없다. 지금 우리에 있다가 도망갔고, 궤짝 안에서 훼손되었다면 곧 지키는 자의 허물이다.

○厚齋馮氏曰 二子 居其位而不去 夫子 稱爲具臣者 以此

후재 풍씨가 말했다. 두 사람은 그 지위에 머물러 떠나지 않았다. 공자께서 '(머릿수만) 채우는 신하'라 하신 것은 이 때문이다.

16.1-8 冉有曰 今夫顓臾 固而近於費 今不取 後世必爲子孫憂 夫音扶

염유가 말했다. 지금 저 전유는 굳세고 비 땅에 가까우니 지금 취하지 않으면 후세에는 반드시 자손들의 근심거리가 될 것입니다.

【집주】

固 謂城郭完固 費音秘 季氏之私邑 此 則冉有之飾辭 然 亦可見其實與季氏之謀矣

'고'는 성곽이 완전하고 단단한 것을 말한다. '비'는 계씨의 사읍이다. 이는 염유의 꾸며낸 말이지만, 그러나 또한 그가 실제로 계씨의 모의에 참여했음을 알 수 있다.

【세주】

勉齋黃氏曰 冉有此言 但知費爲季氏之邑 而爲季氏子孫謀也 豈復知有魯哉

면재 황씨가 말했다. 염유의 이 말은 다만 비 땅이 계씨의 읍인 것만 알고, 계씨의 자손을 위해 모의한 것이다. 어찌 다시 노나라가 있다는 것을 알았겠는가.

○齊氏曰 孔子之爲司寇也 使仲由墮費 而求 乃謀伐顓臾以益費 是 孔子 弱三家 以强公室 而求 反之 故 孔子 惟深責冉求 以爲非由本意也

제씨가 말했다. 공자께서 사구가 되셨을 적에 중유(자로)로 하여금 비(의 성곽)를 허물게 하셨는데, 구(염유)는 전유를 정벌해 비를 늘리고자 했다. 이는 공자께서 세 집안을 약화시켜 공실을 강하게 하고자 하신 것인데 구는 반대로 했다. 그런 까닭에 공자께서는 다만 염구를 깊이 책망하셨으니, 유(자로)의 본뜻은 아니라고 생각하신 것이다.

16.1-9 孔子曰 求 君子 疾夫 舍曰欲之 而必爲之辭 夫
音扶 舍 上聲

공자께서 말씀하셨다. 구야. 군자는 '욕심낸다는 말은 하지 않고 (다른) 말(그럴싸한 변명)을 꼭 대는 것'을 미워한다.

【집주】

欲之 謂貪其利

'욕지(욕심내다)'는 그 이익을 탐한다는 말이다.

【세주】

梅巖胡氏曰 求 以爲夫子欲之 吾二臣者 皆不欲 孔子 從欲字發明 切責之

매암 호씨가 말했다. 구가 '그분이 바라는 것이지 우리 두 신하는 모두 바라지 않습니다'라 했기 때문에 공자께서는 '욕(바람)' 자(의 용례)로부터 밝혀 절실히 책망하셨다.

16.1-10 丘也聞 有國有家者 不患寡而患不均 不患貧而患不安 蓋均無貧 和無寡 安無傾

내가 듣건대, 나라를 가지고 집안을 가진 자는 모자라는 것을 걱정하지 않고 고르지 않은 것을 걱정하며, 가난한 것을 걱정하지 않고 편안하지 못한 것을 걱정한다. 대개 고르면 가난이 없고, 조화로우면(화합하면) 모자람이 없고, 편안하면 기울어짐이 없다.

【집주】

寡 謂民少 貧 謂財乏 均 謂各得其分去聲 安 謂上下相安 季氏之欲取顓臾 患寡與貧耳 然 是時 季氏據國 而魯君無民 則不均矣 君弱臣強 互生嫌隙𠳲逆反 則不安矣 均 則不患於貧而和 和 則不患於寡而安 安 則不相疑忌而無傾覆之患

'과(모자람)'는 백성이 적은 것을 말하고, '빈(가난함)'은 재물이 부족한 것을 말한다. '균(고름)'은 각각 그 분수(의 합당함)를 얻은 것을 말하고, '안(편안함)'은 상하가 서로 편안함을 말한다. 계씨가 전유를 취하려 하는 것은 모자람과 가난함을 걱정하는 것일 뿐이다. 그러나 이때 계씨는 나라를 점거했지만 노나라 군주는 백성이 없었으니 고르지 않았다. 임금은 약하고 신하는 강해 서로 꺼리고 틈이 생겼으니 편안하지 않았다. 고르면 가난을 걱정하지 않으니 조화롭고, 조화로우면 모자람을 걱정하지 않으니 편안하다. 편안하면 서로 의심하고 시기하지 않으니 기울어지고 엎어질 걱정이 없다.

【세주】

朱子曰 不均不和不安 在當時 有難顯言者 故 夫子 微辭以告之 語雖略 而意則詳也

주자가 말했다. '고르지 않고 조화롭지 않고 편안하지 않다'는 말은 당시로서는 드러내놓고 말하기 어려운 점이 있었다. 그런 까닭에 공자께서는 완곡한 말로 알려주셨다. 말은 비록 간략하지만 의미는 상세하다.

○ 雙峯饒氏曰 均無貧以下 文理參差 與上文不相當對 何也 曰 上兩句 以貧與寡 對說 下三句 又錯綜說 大抵 貧 多起於不均 均 則彼此皆足而無貧 故曰 均無貧 不和 則爭 爭 則土地雖廣 人民雖衆 而心常以爲寡 惟和而不爭 則雖寡 亦不見其 爲寡矣 故曰 和無寡 傾覆 生於不安 人心苟安 則禍亂不作 自無傾覆之患矣 故曰 安無傾 均無貧 而後能和 和無寡 而後能安 三者 又自相因

쌍봉 요씨가 말했다. '균무빈(고르면 가난함이 없다)' 이하는 문리가 들쭉날쭉해 위의 글과 서로 대응되지 않는 것은 왜인가? 답하자면, 위 두 구절은 '빈(가난함)'과 '과(모자람)'를 대응해 말한 것이고, 아래 세 구절은 또 뒤섞어 말한 것이다. 대저 가난함은 고르지 못함에서 일어나는 경우가 많고, 고르면 피차 모두 만족해 가난함이 없다. 그러므로 '고르면 가난함이 없다'라 했다. 조화롭지 못하면 다투니, 다투면 토지가 비록 넓고 인민이 비록 많아도 마음은 항상 모자라게 여긴다. 오직 조화로워 다투지 않아야 비록 모자라더라도 또한 모자라다고 보지 않는다. 그러므로 '조화로우면 모자람이 없다'라 했다. 기울어지고 엎어지는 것은 편안하지 않음에서 생긴다. 인심이 진정 편안하면 화란이 일어나지 않으니 저절로 기울어지고 엎어질 걱정이 없다. 그러므로 '편안하면 기울어짐이 없다'라 했다. 고르게 해서 가난함이 없는 연후에 조화로울 수 있고, 조화로워 모자람이 없는 연후에 편안할 수 있으니, 세 가지는 또 본디 서로 (인과관계로) 연결된다.

○鄭氏曰 有國家者 不患民之寡 患無上下之分 而患於不均 不患財之乏 而患在失上下之心 而至於不均也 均 則民志定 定 則不貧 和 則民志一 一 則不寡 不貧 不寡 則安矣 安 則不傾

정씨가 말했다. 나라를 가진 자는 백성(의 숫자)이 부족한 것을 걱정하지 않고 상하의 분수가 없어 고르지 못할 우려가 있는 것을 걱정한다. 재물이 부족한 것을 걱정하지 않고 상하의 마음을 잃어 고르지 못함에 이를까 걱정한다. 고르면 백성의 심지가 안정되고, 안정되면 가난하지 않다. 조화로우면 백성의 심지가 하나가 되고, 하나가 되면 부족하지 않다. 가난하지 않고 부족하지 않으면 편안하고, 편안하면 기울어지지 않는다.

○厚齋馮氏曰 夫子稱有國有家者 正指魯與季氏言之

후재 풍씨가 말했다. 공자께서 나라를 가지고 집안을 가진 자라 하신 것은 바로 노나라(의 공실)와 계씨를 가리켜 말씀하신 것이다.

16.1-11 夫_{音扶}如是 故 遠人不服 則修文德以來之 既來之 則安之

무릇 이런 까닭에 멀리 있는 자가 복종하지 않으면 문덕을 닦아 오게 하고, 이미 왔으면 편안하게 한다.

【집주】
內治_{去聲}修 然後遠人服 有不服 則修德以來之 亦不當勤兵於遠

내치가 닦인 연후에야 멀리 있는 자가 복종한다. 복종하지 않는 자가 있으면 덕을 닦아 오게 해야지, 또한 멀리까지 군대를 수고롭게 해서는 안 된다.

【세주】

新安陳氏曰 夫如是 總包括上三句 卽所謂內治脩也 今不均不安 旣與內治脩 反矣 又欲興兵黷武 則與脩文德 反矣

신안 진씨가 말했다. '부여시(무릇 이와 같다)'는 위 세 구절을 총괄하는 것이니, 곧 소위 내치가 닦인 것이다. 지금 고르지 않고 편안하지 않은 것은 본디 내치가 닦인 것과 반대된다. 또 군대를 일으켜 무기를 더럽히는 것은 문덕을 닦는 것과 반대된다.

16.1-12 今 由與求也 相夫子 遠人不服 而不能來也 邦分崩離析 而不能守也

지금 유와 구는 그분을 도우면서, 멀리 있는 자가 복종하지 않는데도 오게 하지 못하고, 나라가 나누어져 무너지고 흩어져 갈라지는데도 지키지 못하고,

【집주】

子路 雖不與謀 而素不能輔之以義 亦不得爲無罪 故 倂去聲責之 遠人 謂顓臾

자로는 비록 같이 모의하지는 않았지만 평소 의로써 보필하지 못했으니 또한 무죄라 할 수 없다. 그런 까닭에 함께 (둘 다) 질책하셨다. '원인(멀리 있는 자)'은 전유를 말한다.

【세주】

或曰 顓臾 在邦域中 如何謂之遠人 雙峯饒氏曰 遠人 不特遠夷 中庸 柔遠人 在懷諸侯之上 夫子 以蕭墻對顓臾 則蕭墻近 顓臾遠 其爲遠人 可知

혹자가 말했다. 전유는 영토 안에 있는데 왜 멀리 있는 자라 했습니까? 쌍봉 요씨가 답했다. 멀리 있는 자란 다만 멀리 있는 오랑캐만을 말하는 것이 아니다. 『중용』에 '멀리 있는 자에게 부드럽게 한다'라는 구절을 '제후를 품어 안는다'는 구절 앞에 두었으니(『중용』 20장), 공자께서 담장 안(노나라 궁성 안)을 가지고 전유와 대비시킨 것으로, 담장 안은 가까운 것이고 전유는 먼 것이니, 멀리 있는 자가 된다는 것을 알 수 있다.

【집주】

分崩離析 謂四分公室 家臣屢叛

'분붕이석(나누어져 무너지고 흩어져 갈라짐)'은 공실을 넷으로 나눈 것과 가신이 번번이 반란을 일으킨 것을 말한다.

【세주】

左傳 定公五年九月 陽虎 囚季桓子 及公父文伯 桓子之從父昆弟也 虎 欲爲亂 恐二子不從 故 囚之 而逐仲梁懷 十月丁亥 殺公何藐季氏族 己丑 盟桓子於稷門之內 魯南城門 庚寅 大詛 逐公父歜卽文伯及秦遄 皆奔齊 八年 季寤桓子之弟 公鉏極桓子族子 公山不狃費宰 皆不得志於季氏 叔孫輒叔孫氏庶子 無寵於叔孫氏 叔仲志叔孫帶之孫 不得志於魯 故 五人 因陽虎 陽虎 欲去三桓 以季寤代季氏 叔孫輒 更叔孫氏 己更孟氏 十月 將享季氏於蒲圃 而殺之 陽虎前驅 林楚 御桓子以適孟氏 陽虎 刼公與武叔 以伐孟氏 公斂處父 帥成人 自上東門入 與陽氏戰于南門之內 陽氏敗 陽虎 說音脫甲如公宮 取寶玉大弓以出 入于讙陽關以叛

『(춘추)좌전』에 다음과 같이 나와 있다. 정공 5년 9월, 양호가 계환자와 공보문백을 가두고, 〈〈공보문백은〉 환자의 종부 형제(4촌 형제)이다. 양호는 반란을 일으키려 했는데 두 사람이 따르지 않을 것을 우려해 가두었다.〉 중량회를 쫓아냈다. 10월 정해에, 공하막〈계씨의 친족〉을 죽였다. 기축에, 직문〈노나라 남쪽 성문〉 안에서 환자와 맹약했다. 경인에, 크게 맹서했다. 공보촉〈즉, 문백〉과 태천을 쫓아내니, 모두 제나라로 도망갔다. 8년, 계오〈환자의 동생〉, 공서극〈환자의 족질〉, 공산불뉴〈비읍의 읍재〉가 모두 계손씨에게 불만이 있었고, 숙손첩〈숙손씨의 서자〉이 숙손씨에게 총애를 받지 못했고 숙중지⟨숙손대의 손자⟩가 노나라에 불만이 있었다. 그래서 다섯 사람이 양호에게 의지했다. 양호는 3환을 제거해 계오로 계씨를 대신하게 하고 숙손첩으로 숙손씨를 바꾸고 자신으로 맹씨를 바꾸려(자신이 맹씨의 자리를 차지하려) 했다. 10월, 장차 부들 밭으로 계씨를 초대해 죽이려 했는데, 양호가 전구가 되었다(앞장을 섰다). 임초는 환자의 수레를 몰고 맹씨에게로 갔다. 양호는 공과 무숙을 겁박해 맹씨를 토벌하게 했다. 공렴처보가 성 땅 사람들을 이끌고 상동문으로 들어가 양씨와 남문 안에서 싸웠다. 양씨가 패했다. 양호는 갑옷을 벗고 공의 궁으로 들어가 보옥과 대궁을 빼앗아 나왔다. 환관과 양관(모두 관문의 이름)으로 들어가 반란을 일으켰다.

16.1-13 而謀動干戈於邦内 吾 恐季孫之憂 不在顓臾 而在蕭墻之內也

영토 안에서 무기 움직이기를 모의하니, 나는 계손의 근심거리가 전유에게 있는 것이 아니라 담장 안에 있는 것이 아닌지 우려된다.

【집주】

干 楯也 楯垂尹反 兵器也 正作盾 戈 戟也 蕭墻 屛音丙也

'간'은 방패이다. ⟨순은 수와 윤의 반절로, 병기이다. 원래는 순이라 쓴다.⟩ '과'는 창이다. '소장'은 가림벽이다.

【세주】

問蕭墻 朱子曰 據鄭註云 諸侯 至屛內 當有肅敬之意 未知是否

소장에 관해 물었다. 주자가 답했다. 정주(정현의 주)에 의거하면 '제후가 가림벽 안에 이르면 마땅히 엄숙 경건한 뜻이 있어야 한다'라 했는데, 맞는지 아닌지는 모르겠다.

○厚齋馮氏曰 蕭 肅也 臣之見君 至屛而加肅 故曰 蕭墻

후재 풍씨가 말했다. '소'는 엄숙한 것이다. 신하가 임금을 뵘에 가림벽에 이르러서는 엄숙함을 더하니, 그래서 '소장'이라 한다.

【집주】
言不均不和 內變將作 其後 哀公 果欲以越伐魯而去上聲季氏

고르지 않고 조화롭지 않으면 내부의 변란이 장차 일어날 것이라는 말씀이다. 그 후 애공은 과연 월나라로 하여금 노나라를 치게 해 계씨를 제거하려 했다.

【세주】
左傳 哀公 二十七年 公 患三桓之侈也 欲以諸侯去之 欲求諸侯師以逐之 三桓 亦患公之妄也 故 君臣 多間隙也 公 欲以越伐魯 而去三桓 秋八月甲戌 公 如公孫有陘氏 因孫于邾 乃遂如越

『(춘추)좌전』에 다음과 같이 나와 있다. 애공 27년, 공이 3환이 제멋대로 하는 것을 우려해 제후를 이용해 제거하려 했다. 〈제후의 군대를 빌려 쫓아내려 했다.〉 3환 또한 공의 어리석음을 걱정했다. 그런 까닭에 군신 간에 틈〈(간은) 틈이다.〉이 많았다. 공은 월나라로 하여금 노나라를 치게 해 3환을 제거하려 했다. 추 8월 갑술에 공이 공손유형씨에게로 갔다. 이어 주나라로 달아났다가 마침내 월나라로 갔다.

【집주】
○謝氏曰 當是時 三家强 公室弱 冉求 又欲伐顓臾以附益之 夫子 所以深罪之 爲去聲其瘠魯 以肥三家也 洪氏曰 二子 仕於季氏 凡季氏所欲爲 必以告於夫子 則因夫子之言而救止者 宜亦多矣 伐顓臾之事 不見形甸反於經傳去聲 其以夫子之言而止也 與音余

사씨가 말했다. 이 당시 세 집안은 강했고 공실은 약했다. 염구는 또 전유를 정벌해 더 늘려주려 했다. 공자께서는 그런 까닭에 깊이 죄주셨으니, 노나라를 마르게 해 세 집안을 살찌우는 것이었기 때문이다. 홍씨가 말했다. 두 사람이 계씨에게 벼슬하면서 계씨가 하려는 모든 것을 반드시 공자께 고했다면 공자의 말씀으로 인해 구제되고 그만두게 되는 것이 또한 당연히 많았을 것이다. 전유를 정벌한 일이 경전에 보이지 않는 것은 공자의 말씀으로 인해 그만두게 되었기 때문이리라.

【세주】

○ 豫章羅氏曰 昔 季氏 伐顓臾 孔子曰 吾 恐季孫之憂 不在顓臾 而在蕭墻之內也 其後 陽虎 果囚季桓子 聖人之言 不可爲萬世法哉 自三代而下 人主 不師孔子之言 不戒季氏之事 而被蕭墻之害者 多矣

예장 나씨가 말했다. 과거 계씨가 전유를 정벌하려 하자 공자께서는 '나는 계손의 근심거리가 전유에게 있는 것이 아니라 담장 안에 있는 것이 아닌지 우려한다'라 하셨다. 그 후 양호가 과연 계환자를 가두었으니 성인의 말씀은 만세의 법이라 하지 않을 수 있겠는가? 3대 이래로 임금이 공자의 말씀을 본받지 않고 계씨의 일을 경계하지 않아 담장 안의 해를 입은 자가 많다.

○ 厚齋馮氏曰 聖門紀錄問答 多單辭隻語 無文章可觀 唯此章數百辭 折難抑揚 優游反覆 所宜深味也

후재 풍씨가 말했다. 성인 문하의 문답을 기록한 것은 한마디 단어나 한마디 말로 된 것이 많아 볼 만한 문장이 없는데, 오직 이 장의 수백 단어는 힐난하고 누르거나 띄워 유연하게 반복되니, 마땅히 깊이 음미할 바이다.

16.2-1 孔子曰 天下有道 則禮樂征伐 自天子出 天下無道 則禮樂征伐 自諸侯出 自諸侯出 蓋 十世希不失矣 自大夫出 五世希不失矣 陪臣執國命 三世希不失矣

공자께서 말씀하셨다. 천하에 도가 있으면 예악(의례와 음악, 즉 국가의 공적 제도)과 정벌(불복자에 대한 정벌)이 천자로부터 나오고, 천하에 도가 없으면 예악과 정벌이 제후로부터 나온다. 제후로부터 나오면 대개 10세 내에 잃어버리지 않는 경우가 드물고, 대부로부터 나오면 5세 내에 잃어버리지 않는 경우가 드물고, 배신이 국권을 쥐면 3세 내에 잃어버리지 않는 경우가 드물다.

【집주】

先王之制 諸侯 不得變禮樂 專征伐

선왕의 제도에서 제후는 예악을 바꾸거나 정벌을 마음대로 하는 것은 할 수 없다.

【세주】

禮 王制 變禮易樂者 爲不從 不從者 君流放也 革制度衣服者 爲畔 畔者 君討 有功德於民者 加地進律 諸侯 賜弓矢 然後征 賜鈇鉞 然後殺

『예기』, 「왕제」편에 다음과 같이 나와 있다. 예를 바꾸고 악을 바꾸는 자는 따르지 않는 것이다. 따르지 않는 자는 임금이 몰아낸다. 《(류는) 내쫓는 것이다.》 제도와 의복을 바꾸는 자는 배반하는 것이다. 배반하는 자는 임금이 토벌한다. 백성에게 공덕이 있는 자는 땅을 더하고 작위의 등급을 올린다. 제후는 (천자로부터) 활과 화살을 하사받은 후에야 (다른 제후를) 정벌하고, 도끼를 하사받은 후에야 죽일 수 있다.

【집주】
陪臣 家臣也

배신은 가신이다.

【세주】
吳氏曰 陪 重也 大夫於天子 家臣於諸侯 皆稱陪臣 此 謂家臣也

오씨가 말했다. '배'는 '중(거듭)'이다(신하의 신하이다). 대부는 천자에 대해, 가신은 제후에 대해 모두 배신이라 칭한다. 여기서는 가신을 말한다.

【집주】
逆理愈甚 則其失之愈速 大約世數 不過如此

이치를 거스르는 것이 심하면 심할수록 그 잃는 것도 더욱 빠르다. (망하게 되는) 대략의 세대 숫자는 이 정도를 넘지 않는다.

【세주】
厚齋馮氏曰 先王之時 五禮六樂 掌之以宗伯 九伐之法 掌之以司馬 禮樂征伐之權 在上 而下莫敢干也 至自諸侯出 則逆理矣 然 苟可自諸侯出 則亦可自大夫出 而逆理 甚矣 苟可自大夫出 則陪臣 亦可執國命 而逆理 愈甚矣

후재 풍씨가 말했다. 선왕의 시절에는 5례와 6악은 종백이 관장하게 했고, 9벌의 법은 사마가 관장하게 했으니 예악정벌의 권한은 위에 있어 아래에서는 감히 간여할 수 없었다. (예악정벌이) 제후로부터 나오는 것은 이치를 거스르는 것이다. 그러나 만약 제후로부터 나오는 것이 가능하다면 또한 대부로부터 나오는 것도 가능하니 이치를 거스르는 것이 심하다. 만약 대부로부터 나오는 것이 가능하다면 배신 또한 국권을 쥐는 것이 가능하니 이치를 거스르는 것이 더욱 심하다.

○雙峯饒氏曰 天下無道 先從禮樂上僭起 禮樂亂 則征伐之權 亦爲之下移矣 禮樂之中 禮先而樂後 蓋 禮者 道之節文 有禮 則上下之分定 禮亂 則便不和 不和則爭 爭 則征伐之所從起 征 是上伐下 伐 是諸侯互相侵伐 是以 治天下者 先要於禮上整頓

쌍봉 요씨가 말했다. 천하에 도가 없으면 먼저 예악에서부터 참람함이 생긴다. 예악이 어지러워지면 정벌의 권한 또한 아래로 옮겨지게 된다. 예와 악 중에는 예가 먼저이고 악이 나중이다. 대개 예란 도의 절문(성문화된 것)이다. 예가 있으면 상하의 분수가 안정되고 예가 어지러우면 곧 조화롭지 못하게 된다. 조화롭지 못하면 다투게 되니, 다툼이 정벌이 일어나게 되는 원인이다. '정'은 위에서 아래를 치는 것이고, '벌'은 제후가 서로 침략하는 것이다. 이런 까닭에 천하를 다스리는 자는 먼저 예를 정돈해야 한다.

○吳氏曰 十世五世三世 言其極 大約不出此 故 稱蓋以疑之 下章 戒竊權者 此戒失權者

오씨가 말했다. 10세 5세 3세는 그 최대한을 말한 것으로, 대략 이를 넘지 않는다. 그러므로 '개(대개)'라고 말씀하시어 의문(확실하지는 않다는 뜻)을 나타내셨다. 아래 장은 권력을 훔치는 자를 경계한 것이고, 이 장은 권력을 잃는 자를 경계한 것이다.

16.2-2 天下有道 則政不在大夫

천하에 도가 있으면 정치는 대부에게 있지 않고,

【집주】

言不得專政

정치를 (대부의) 마음대로 할 수 없다는 말씀이다.

【세주】

慶源輔氏曰 天下有道 諸侯 旣不得變禮樂專征伐 則大夫 亦豈得而專國政哉

경원 보씨가 말했다. 천하에 도가 있어 제후가 이미 예악을 바꾸거나 정벌을 마음대로 할 수 없다면, 대부가 또 어찌 국정을 마음대로 할 수 있으랴.

16.2-3 天下有道 則庶人不議
천하에 도가 있으면 서인은 (정치를) 논의하지 않는다.

【집주】

上無失政 則下無私議 非箝其嗟反其口 使不敢言也

위에서 실정을 하지 않으면 아래에서 사사로운 논의를 하지 않는 것이지, 그 입을 틀어막아 감히 말하지 못하게 하는 것이 아니다.

【세주】

慶源輔氏曰 下無私議 此 有道之極致大驗 使下尙有竊議者 則上之人 於道猶有慊 必至於庶人自然不議 方爲有道之極

경원 보씨가 말했다. 아래에서 사사로운 논의를 하지 않는 것, 이는 도가 있음의 극치이고 큰 증거이다. 만약 아래에서 아직도 사사로이 논의하는 자가 있다면 윗사람은 도에 있어서 흡족하지 않은 점이 있는 것이다. 반드시 서인이 자연히 논의하지 않는 지경에 이르러야 비로소 도 있음의 극치가 된다.

【집주】

○此章 通論天下之勢

이 장은 천하의 형편을 통론하신 것이다.

【세주】

南軒張氏曰 禮樂征伐 天子之事也 天下有道 則禮樂征伐 自天子出矣 蓋 天子 得 其道 則權綱在己 而在下 莫敢干之也 所謂自天子出者 天子 亦豈敢以己意可專 而以私意加於其間哉 亦曰 奉天理而已矣 此之謂得其道 若上 失其道 則綱維解 紐 而諸侯 得以竊乘之 禮樂征伐 將專行而莫顧矣 若諸侯 可以竊之於天子 則大 夫 亦可以竊之於諸侯 而陪臣 亦可以竊之於大夫矣 其理之逆 必至於此也 所以 有十世五世三世之異者 尹氏謂 於理愈逆 則其亡愈近 是也 天下有道 則政不在 大夫者 政出於一也 庶人不議者 民志定於下 而無所私議也

남헌 장씨가 말했다. 예악정벌은 천자의 일이다. 천하에 도가 있으면 예악정 벌은 천자로부터 나온다. 대개 천자가 그 도를 얻으면 권력과 기강이 자신에 게 있어 아래에서는 감히 간여하지 못한다. 소위 '천자로부터 나온다'는 것이 어찌 천자가 또한 감히 자신의 뜻대로 마음대로 할 수 있고, 사사로운 뜻을 그 사이에 더한다는 것이겠는가? 또한 하늘의 이치를 받들 뿐이라는 말이니, 이를 일러 '그 도를 얻었다'라 한다. 만약 위에서 그 도를 잃으면 기강이 해이 해져 제후가 몰래 그 틈을 탈 수 있어 예악정벌을 장차 마음대로 행해 돌아보 지 않을 것이다. 만약 제후가 천자에게서 훔칠 수 있다면 대부 또한 제후에게 서 훔칠 수 있을 것이고, 배신 또한 대부에게서 훔칠 수 있을 것이니, 그 이치 를 거스르는 것이 반드시 이 지경에 이를 것이다. 10세 5세 3세의 차이가 있 는 까닭은 윤씨가 말한 '이치에 거스르면 거스를수록 그 잃음도 더욱 빠르다' 라는 것이 그것이다. '천하에 도가 있으면 정치는 대부에게 있지 않다'라는 것 은 정치가 하나(왕)에서 나온다는 것이다. '서인이 논의하지 않는다'는 것은 아래로 백성의 뜻이 안정되어 사사로이 논의할 바가 없다는 것이다.

○止齋陳氏曰 此章 備春秋之終始 禮樂征伐 自天子出 是春秋以前時節 自諸侯 出 隱桓莊閔之春秋也 自大夫出 僖文宣成之春秋也 陪臣執國命 襄昭定哀之春 秋也

지재 진씨가 말했다. 이 장은 춘추(시대)의 처음부터 끝까지를 다 갖추었다. 예악정벌이 천자로부터 나온 것은 춘추 이전의 시절이고, 제후로부터 나온 것은 춘추시대 중 은공 환공 장공 민공의 시절이고, 대부로부터 나온 것은 춘추시대 중 희공 문공 선공 성공의 시절이고, 배신이 국권을 쥔 것은 춘추시대 중 양공 소공 정공 애공의 시절이다.

○新安陳氏曰 此章 自有道及於無道 末又因無道而及於有道 其欲維持名分 挽今而返之古歟

신안 진씨가 말했다. 이 장은 (처음에는) 도 있음(도 있는 상황)으로부터 도 없음(도 없는 상황)에 이르렀고, 끝에 가서는 또 도 없음으로부터 도 있음에 이르렀으니 명분을 유지함으로써 오늘날을 만회해 옛날로 돌아가고자 하심이리라.

16.3   孔子曰 祿之去公室 五世矣 政逮於大夫 四世矣
故 三桓之子孫 微矣 夫음扶

공자께서 말씀하셨다. 봉록이 공실을 떠난 것이 5세가 되었고, 정치가 대부에게 이른 것이 4세가 되었다. 그런 까닭에 3환의 자손은 미약해질 것이다.

【집주】

魯 自文公薨 公子遂 殺子赤 立宣公 而君失其政

노나라는 문공이 죽은 후 공자 수가 자적을 죽이고 선공을 세운 때부터 임금이 그 정권을 잃기 시작해

【세주】

左傳 文公十八年 文公二妃敬嬴 生宣公 敬嬴 嬖而私事襄仲 公子遂 襄仲欲立之 叔仲惠伯不可 仲 見於齊侯而請之 齊侯 新立而欲親魯 許之 冬十月 仲 殺惡及視 惡 太子 視 其母弟 而立宣公 夫人姜氏 歸於齊 哭而過市曰 天乎 仲爲不道 殺適立庶 市人 皆哭

『(춘추)좌전』에 다음과 같이 나와 있다. 문공 18년 (추), 문공의 둘째 부인 경영이 선공을 낳았다. 경영은 후궁으로서 사사로이 양중〈공자 수〉을 섬겼다. 양중은 그(선공)를 세우려 했는데 숙중혜백이 불가하다 했다. 양중이 제나라 제후를 뵙고 청하니 제나라 제후는 새로 즉위해 노나라와 친하고 싶어 허락했다. 동 10월 양중이 오와 시를 죽이고 〈오는 태자이고 시는 어머니가 같은 동생이다.〉 선공을 세웠다. 부인 강씨가 제나라로 돌아가 곡하며 저자를 지나면서 '하늘이여, 양중이 무도해서 적자를 죽이고 서자를 세웠다'라 하니 저자 사람들이 모두 곡했다.

○新安倪氏曰 春秋 是年 書冬十月子卒 公羊傳曰 子卒者 孰謂 謂子赤也 何以

不日 隱之也 何隱爾 弑也 是子卒之書 左氏 以爲惡 公羊 以爲赤 集註曰 子赤 本公羊傳也

신안 예씨가 말했다. 『춘추』에는 이 해에 '동 10월 아들이 죽었다'라고 기록했는데, 『(춘추)공양전』에서는 "'아들이 죽었다'라 한 것은 누구를 말하는가? 자적을 말한다. 왜 날짜를 적지 않았는가? 숨긴 것이다. 무엇을 숨긴 것인가? 시해이다(시해를 숨긴 것이다)"라 했다. 이 '아들이 죽었다'라는 기록에 대해, 좌씨(『춘추좌씨전』)는 (그 아들 이름이) 오라고 했고, 공양(『춘추공양전』)은 적이라 했다. 집주에서는 자적이라 했으니 『(춘추)공양전』을 본받은 것이다.

【집주】

歷成襄昭定 凡五公 逮 及也 自季武子始專國政 歷悼平桓子 凡四世 而爲家臣陽虎所執

성공, 양공, 소공, 정공을 거쳐 모두 다섯 임금이 그러했다. '체'는 미치는 것이다. 계무자가 국정을 전횡하기 시작한 이래 계도자, 계평자, 계환자를 거쳐 모두 4세대가 되었는데, (4세인 계환자가) 가신 양호에 잡히게 되었다.

【세주】

張存中曰 見前章集註 家臣屢叛下

장존중이 말했다. 앞 장(본 편 1장) 집주의 '가신이 번번이 반란을 일으킨다' 이하를 보라.

【집주】

三桓 三家 皆桓公之後 此 以前章之說 推之 而知其當然也

3환(이라 하는 것)은 세 집안이 모두 환공의 후예이기 때문이다. 이는 앞 장(본 편 2장)의 설로 추론해 당연히 그럴 것임을 아신 것이다.

○此章 專論魯事 疑與前章皆定公時語

이 장은 오로지 노나라의 일을 논했으니 아마도 앞 장과 함께 모두 정공 때의 말씀인 듯하다.

【세주】

雙峯饒氏曰 此章大意 正接前章自大夫出一條而言

쌍봉 요씨가 말했다. 이 장의 대의는 바로 앞 장의 '(정치가) 대부로부터 나온다'는 한 구절과 연결해 말한 것이다.

【집주】

蘇氏曰 禮樂征伐 自諸侯出 宜諸侯之强也 而魯以失政

소씨가 말했다. 예악정벌이 제후로부터 나오면 당연히 제후가 강한 것인데 노나라(의 제후)가 그 때문에 정권을 잃고,

【세주】

陳氏曰 魯 雖無桓文之覇 然 征伐 亦不無 按春秋可見 凡興兵 非奉王命 及請命而擅興者 皆謂之征伐自諸侯出 魯 豈得爲無僭者

진씨가 말했다. 노나라는 비록 환공이나 문공의 패도는 없었지만 그러나 (천자의 명 없는) 정벌이 없지 않았음은 『춘추』를 살펴보면 알 수 있다. 무릇 군대를 일으킴에 왕명을 받들지 않았거나 명을 청했지만 (명이 내려오지 않았는데도) 멋대로 (군대를) 일으키는 것은 모두 '정벌이 제후로부터 나왔다'라 하니, 노나라가 어찌 참람함이 없었다고 할 수 있으랴.

【집주】

政逮於大夫 宜大夫之强也 而三桓以微 何也 强 生於安 安 生於上下之分扶問反定 今諸侯大夫 皆陵其上 則無以令其下矣 故 皆不久而失之也

정치가 대부에게 미치면 당연히 대부가 강한 것인데 3환이 그 때문에 미약해

진다는 것은 왜인가? (답하자면) 강함은 편안함에서 생기고, 편안함은 상하의 분수가 안정되는 데서 생긴다. 지금 제후와 대부가 모두 그 윗사람을 능멸하니 그 아랫사람에게 영이 설 도리가 없다. 그러므로 모두 얼마 안 되어 잃게 되는 것이다.

【세주】

或問 田恒三晉 何以不失 朱子曰 孔子之言 常理也 如書言 惠迪吉 從逆凶 易言 積善餘慶 不善餘殃者也 氣數舛戾 則當然而不然者 多矣 孰得而齊之 況田恒三晉傳世 亦皆不過五六 胡氏 又以後世篡奪之迹考之 如莽 懿 高歡 楊堅 五胡十國 南朝四姓 五代八氏 皆得之非道 或止其身 或子孫四五傳而極矣 唯晉祚差永 而 史謂 元帝牛姓 猶呂政之紹嬴 以此論之 常理 未嘗不驗也 天定勝人 其此之謂歟

혹자가 물었다. 전항(제나라에서 여러 대에 걸쳐 실권을 쥐었던 가문의 대부)과 3진(진나라가 나누어진 세 나라, 즉 한, 위, 조)은 어찌 잃지 않았습니까? 주자가 답했다. 공자의 말씀은 통상의 이치로서, 예컨대『서경』(「우서 대우모」1장)에서 말한 '길함을 따르면 길하고 거스름을 따르면 흉하다'라 한 것이나『주역』(「곤괘」문언전)에서 말한 '선을 쌓으면 경사가 많고, 불선을 쌓으면 재앙이 많다'라 한 것과 같다. 기수가 이지러지면 마땅히 그러해야 하는데도 그렇지 않은 경우가 많으니 어찌 가지런할 수 있으랴. 황차 전항과 3진이 세대를 전한 것은 또한 5, 6세대에 불과함에랴. 호씨가 또 후세의 찬탈 행적을 고찰했는데 (그 논의를 보면), (왕)망(신의 건국자), (사마)의(서진의 건국자), 고환(북제의 건국자), 양견(수의 건국자), 5호의 10국, 남조의 4성, 5대의 8씨가 모두 도 아닌 방식으로 (나라를) 얻었는데, 혹은 당대에서 그치거나 혹은 자손이 4, 5대 전하고 끝났다. 오직 진나라(동진)가 비교적 길었는데, 역사서에서는 '원제는 우씨 성으로 (진나라의) 여씨(여불위의 자손)가 영씨(진시황)를 이은 것(진시황이 죽은 이후 진나라는 사실상 진시황의 후손이 아님)과 같다'라 했다. 이로서 논하건대, 통상의 이치는 일찍이 증명되지 않은 것이 없다. '하늘이 정한 것이 사람을 이긴다'라는 것은 이를 말함이리라.

○南軒張氏曰 斯言 發於魯定之世 蓋 魯 自宣公賴襄仲而立 而三家始盛 專制魯

國之賦 而祿去公室矣 又一世 而政 悉移於大夫 自成公而下 爲國君者 拱手聽命而已 孔子 於祿去公室 政在大夫 而知三桓子孫之必微 以理之順逆 勢之陵犯 而知之也 夫三家 視其君而起不奪不厭之心 則夫陪臣 視之 亦何憚而不萌此心乎 方三家 專公室之祿 而竊魯國之政 本其私意 欲以利其子孫 而豈知子孫之微 實兆於此哉

남헌 장씨가 말했다. 이 말씀은 노나라 정공의 시절에 나온 것이다. 대개 노나라는 선공이 양중에게 의존해 즉위한 이래 3가가 성하기 시작해 노나라의 세금을 마음대로 하고 봉록이 공실을 떠나게 되었다. 또 한 세대 후에는 정치가 모두 대부에게로 옮겨졌다. 성공 이후로는 나라의 임금이 된 자는 손을 맞잡고 명을 들을 뿐이었다. 공자께서는 봉록이 공실을 떠나고 정치가 대부에게 있다는 점으로부터 3환의 자손이 반드시 미약해질 것임을 아셨는데, 이치에 따르는지 거스르는지, 세력이 (윗사람을) 능멸하고 범하는지를 가지고 아셨던 것이다. 저 3가는 그 임금을 보고 빼앗지 않으면 만족하지 않는 마음을 일으켰으니 저 배신이 그것을 보고 또한 무엇을 꺼려 이런 마음을 내지 않으랴. 바야흐로 3가가 공실의 녹봉을 마음대로 하고 노나라의 정권을 훔친 것은 본래 그 사사로운 뜻이 그 자손을 이롭게 하려는 것이었지만, 어찌 자손이 미약하게 되는 조짐이 실로 이에 있는 줄 알았으랴.

○慶源輔氏曰 此二章 想只是一時之言 分章者 以前章 通論天下之勢 後章 論魯事 故 於其中加孔子曰三字 而析爲二章爾

경원 보씨가 말했다. 이 두 장(본 편 2장과 3장)은 아마도 단지 같은 때의 말씀인 듯한데, 장을 나눈 것은 앞 장은 천하의 형편을 통론하신 것이고, 뒤 장은 노나라의 일을 논하신 것이기 때문에 그 가운데에 '공자왈' 세 글자를 넣어 나눔으로써 두 장으로 만든 것이다.

○厚齋馮氏曰 昭公之亂 樂祁曰 魯君必出 政在季氏 三世矣 魯之喪政 四公矣 以此知當時智者 已有此論 夫子 故述之

후재 풍씨가 말했다. 소공의 난에 대해 악기가 말하기를 "노나라 임금은 반드시 쫓겨날 것이다. 정치가 계씨에게 있은 것이 3세대이고, 노나라가 정치를 잃은 것이 네 임금이다"라 했다(『춘추좌전』 소공 25년 춘). 이로써 당시의 지혜로운 자가 이미 이런 논의를 했음을 알겠다. 공자께서는 의도적으로 그것을 진술하셨다.

○洪氏曰 前言十世五世 理也 今言五世四世者 實也 非其有而有者 必失 不宜大而大者 必微

홍씨가 말했다. 앞에서 10세 5세라 한 것은 이치이고, 지금 5세 4세라 한 것은 사실이다. 가지지 않아야 하는데 가진 자는 반드시 잃고, 마땅히 크지 않아야 하는데 큰 자는 반드시 미약해진다.

16.4 孔子曰 益者三友 損者三友 友直 友諒 友多聞 益矣 友便辟 友善柔 友便佞 損矣 便 平聲 辟 婢亦反

공자께서 말씀하셨다. 이익이 되는 친구가 셋이요, 손해가 되는 친구가 셋이다. 곧은 이를 벗하고 신실한 이를 벗하고 견문이 많은 이를 벗하면 이익이다. 편벽한 이를 벗하고 잘 굽히는 이를 벗하고 지나치게 말 잘하는 이를 벗하면 손해이다.

【집주】

友直 則聞其過 友諒信也 則進於誠 友多聞 則進於明

곧은 이를 벗하면 그(자신의) 허물을 듣게 되고, 신실한 이를《(양은) 믿음 있는 것이다.》 벗하면 참됨으로 나아가고, 견문이 많은 이를 벗하면 (지식의) 밝음으로 나아간다.

【세주】

胡氏曰 直者 責善而無所回互 諒者 固執而無所更易 多聞者 有所參訂而不膠偏見 集註言 友之之益 所謂聞過 則眞有所聞 所謂進於誠明 則猶有待於進也 蓋 友諒與多聞 未卽至於誠明 而誠明 可由是而入耳

호씨가 말했다. 곧은 자는 선을 권고하면서 완곡하게 말하지 않고, 신실한 자는 단단히 지켜 바꾸지 않고, 견문이 많은 자는 참고해 바로잡은 것이 있어 오류나 편견이 없다. 집주에서는 그런 이를 벗하는 이익을 말했는데, 소위 '허물을 듣는다'는 것은 진짜로 듣는 것이 있는 것이고, 소위 '참됨과 밝음으로 나아간다'는 것은 다만 나아가기를 기대할 수 있다는 것이다. 대개 신실한 이와 견문이 많은 이를 벗한다 해서 즉시 참됨과 밝음에 도달하는 것은 아니고, 참됨과 밝음은 이로 말미암아 들어갈 수 있을 뿐이다.

【집주】

便 習熟也 便辟 謂習於威儀而不直

'편'은 익숙한 것이다. '편벽'은 겉모습을 엄숙하게 하는 것에는 익숙하지만 (내면은) 곧지 않은 것을 말한다.

【세주】

胡氏曰 便 順適也 字書云 安也 順適且安 故云 習熟也 便辟 書註以爲足恭 是也

호씨가 말했다. '편'은 순응해 적응하는 것이다. 자서에는 '편안한 것이다'라 했으니, 순응해 적응하고 또 편안한 것이다. 그러므로 (집주에서는) '익숙한 것이다'라 했다. '편벽'에 대해 『서경』의 주에 '주공(지나치게 공손함)'이라 한 것이 그 예이다.

【집주】

善柔 謂工於媚悅而不諒 便佞 謂習於口語而無聞見之實 三者損益正相反也

'선유(잘 굽힘)'는 아부해 기쁘게 하기는 잘하지만 신실하지 않은 것을 말한다. '편영(지나치게 말 잘함)'은 말 잘하는 것에 익숙하지만 견문의 실질은 없는 것을 말한다. 세 경우의 손익은 완전히 상반된다.

【세주】

雙峯饒氏曰 與直者友 則有過必聞 與諒者友 則信實相示 與多聞者友 則多識前言往行 知識日廣 三者 雖常情所敬憚 然 友之却有益 便辟者 威儀習熟 善柔者 每事阿順 便佞者 語言可聽 三者 皆常情所狎悅 而友之却有損 擧三者爲勸 又擧三者爲戒

쌍봉 요씨가 말했다. 곧은 자와 벗하면, (내가) 허물이 있으면 (그 허물에 관해) 반드시 들을 수 있다. 신실한 자와 벗하면 신실함을 서로 보여준다. 견문이 많은 자와 벗하면 과거의 말과 행위를 많이 알게 되어 지식이 날로 넓어진다. 세 가지는 비록 보통 사람의 마음으로는 외경해 꺼리는 것이지만, 벗하면 오히려 이익이 있다. 편벽한 자는 겉모습 꾸미기에 익숙하고, 잘 굽히는 자는 매사 아부해 순종하고, 말 잘하는 자는 그 말이 들을 만하다. 세 가지는 모두 보통 사람의 마음이 친근하고 기쁘게 여기는 것이지만, 벗하면 오히려 손해가 있다. (이익이 되는) 세 사람을 들어 권하고, 또 (손해가 되는) 세 사람을 들어 경계로 삼았다.

【집주】

○尹氏曰 自天子以至於庶人 未有不須友以成者 而其損益 有如是者 可不謹哉

윤씨가 말했다. 천자로부터 서인에 이르기까지 친구를 기다려(친구의 도움을 통해) 완성되지 않는 경우가 없는데, (친구에는) 그 손익이 이와 같은 것이 있으니 삼가지 않아서 되겠는가.

【세주】

或問 三友之說 盡於集註之說而已矣 朱子曰 是 亦釋其文之正意云爾 若推而言之 則是三者之於人 皆有薰陶漸漬之益焉 皆有嚴憚畏謹之益焉 皆有興起慕效之益焉 不但如彼之所言而已也 曰 損者之友 其相反柰何 曰 便辟 則無責善之誠矣 善柔 則無固守之節矣 便佞 則無貫通之實矣

혹자가 물었다. 세 친구의 설은 집주의 설명이 완전할 뿐입니다. 주자가 답했다. 이는 또한 그 글(경문)의 본뜻을 해석한 것일 뿐이다. 만약 미루어 말한다면, 이 세 경우가 사람에게 있어서 모두 훈도하고 점차 젖어들게 하는 이익이 있고, 모두 엄히 꺼리고 두려워 삼가게 하는 이익이 있고, 모두 흥기하고 사모해 본받게 하는 이익이 있으니, 단지 그(주자 자신의 집주)가 말한 바와 같은 것만은 아니다. 물었다. 손해가 되는 친구가 그와 반대가 되는 것은 왜 그렇습니까? 답했다. 편벽한 자는 선을 권유하는 성의가 없고, 잘 굽히는 자는 굳게 지키는 절조가 없고, 말 잘하는 자는 꿰뚫는 실질[사태를 꿰뚫어보는 식견]이 없다.

○南軒張氏曰 友者 所以輔成己德者 直者 有過必聞 諒者 忠信相與 多聞者 知識可廣 是三者友之 則使人常懷進脩而不敢自足 得不日益乎 便辟 便佞 謂便於辟與佞者 善柔 謂善爲柔者 辟 則容止足恭 柔 則每事卑屈 佞 則巧言爲悅 是三者友之 則使人日趨於驕惰焉 得不日損乎 自天子至於庶人 皆當謹乎此也

남헌 장씨가 말했다. 벗이란 나의 덕을 보완해 이루어주는 것이다. 곧은 이는 허물이 있으면 반드시 들을 수 있고, 신실한 이는 충신(진실함과 믿음)을 서로 함께할 수 있고, 견문이 많은 이는 지식을 넓힐 수 있다. 이 세 종류의 사람을 벗하면 사람으로 하여금 항상 닦아 나아가려는 생각을 가져 감히 자족할 수 없게 하니 날로 이익이 되지 않으랴. '편벽'과 '편녕'은 벽(치우침)과 영(말 잘함)에 익숙한 것을 말하고, '선유'는 잘 굽히는 것을 말한다. 벽하면 행동이 지나치게 공손하고, 유하면 매사에 비굴하고, 영하면 교묘한 말로 기쁘게 한다. 이 세 종류의 사람을 벗하면 사람으로 하여금 날로 교만과 게으름으로 치닫게 하니 날로 손해가 되지 않으랴. 천자로부터 서인에 이르기까지 모두 마땅히 이를 삼가야 한다.

○吳氏曰 益者 增其所未能 損者 壞其所本有 友道損益 豈止於三 夫子 蓋略言之 從是推之 皆可求也 三樂 亦然

오씨가 말했다. 이익이란 아직 못하는 것을 (할 수 있도록) 늘려주는 것이고 손해란 본래 가진 것을 파괴하는 것이다. 친구 사귀는 도의 손익이 어찌 세 가지에 그치랴. 공자께서는 대략을 말씀하신 것이니, 이로부터 미루어나가면 다 구할 수 있다. '세 가지 즐거움(다음 장의 내용)' 또한 그러하다.

16.5 孔子曰 益者三樂 損者三樂 樂節禮樂 樂道人之
善 樂多賢友 益矣 樂驕樂 樂佚遊 樂宴樂 損矣
樂 五敎反 禮樂之樂 音岳 驕樂宴樂之樂 音洛

공자께서 말씀하셨다. 이익이 되는 좋아함이 셋이고, 손해가 되는 좋아함이 셋이다. 예악 분별하기를 좋아하는 것, 남의 선 말하기를 좋아하는 것, 현명한 벗 많은 것을 좋아하는 것은 이익이다. 교만 떠는 즐거움을 좋아하는 것, 편안히 노는 것을 좋아하는 것, 잔치의 즐거움을 좋아하는 것은 손해이다.

【집주】
節 謂辨其制度聲容之節

'절'은 그 (예의) 제도 및 (악의) 소리와 모습의 절조를 분별하는 것[예악이 적절한지 살피는 것]을 말한다.

【세주】
新安陳氏曰 禮之制度 樂之聲容

신안 진씨가 말했다. (제도는) 예의 제도이고, (소리와 모습은) 악의 소리와 모습이다.

【집주】
驕樂 則侈肆而不知節 佚遊 則惰慢而惡聞善 宴樂 則淫溺而
狎小人 三者損益 亦相反也

교만 떨기를 즐기면 사치하고 방자해 절제를 모르고, 편안히 놀면 게으르고 늘어져 선한 말 듣기를 싫어하고, 잔치를 즐기면 음란함에 빠져 소인을 가까이한다. 세 가지의 손익은 또한 서로 반대된다.

【세주】
朱子曰 三樂 惟宴樂 最可畏 所謂宴安酖毒 是也 三者 如驕樂 只是放恣侈靡 最害事 到得宴樂 便是狎近小人 疎遠君子

주자가 말했다. 세 즐거움 중에 오직 잔치의 즐거움이 가장 두려워할 만하다. 소위 '잔치와 안락은 독약이다'라는 말이 그것이다. 세 가지 중에 교만 떨기를 즐기는 것은 단지 방자하고 사치스러운 것이어서 일에 가장 해로울 뿐이지만, 잔치 즐기기에 이르게 되면 곧 소인을 가까이하고 군자를 멀리하게 된다.

○ 或問 三者之爲益 曰 君子之於禮樂也 講明不置 則存之熟 是非不謬 則守之正 存之熟 則內有以養其莊敬和樂之實 守之正 則外有以善其威儀節奏之文 與夫道人善 而悅慕勉强之意 新 多賢友 而直諒多聞之士 集 樂是三者而不已焉 雖欲不收其放心以進於善 亦不可得矣 其爲益 豈不大哉 曰 損者之相反 奈何 曰 驕樂 則不敬不和矣 佚遊 則忌人之善矣 宴樂 則憚親勝己矣

혹자가 세 가지가 이익이 되는 것에 관해 물었다. 답했다. 군자가 예악에 관해 밝게 연구해 내버려두지 않으면 보존하는 것이 완숙해지고, 옳고 그름(의 판단)이 잘못되지 않으면 지키는 것이 바르게 된다. 보존하는 것이 완숙해지면 안으로 장중함과 경건함, 조화로움과 즐거움의 내실을 기를 수 있고, 지키는 것이 바르면 밖으로 위엄 있는 태도와 절도 있는 동작의 문채(외면적 장식)를 잘하게 된다. 그리고 남의 선을 말하면 기뻐하고 흠모해 힘써 노력하려는 뜻이 새로워지고, 현명한 벗이 많으면 곧고 신실하고 견문 많은 선비가 모여든다. 이 세 가지를 좋아해 그치지 않으면, 비록 흩어진 마음을 거두어 선으로 나아가려 하지 않아도 또한 그럴 수 없다. 그 이익됨이 어찌 크지 않으랴. 물었다. 손해되는 것이 (이익되는 것과) 상반된다는 것은 왜 그렇습니까? 답했다. 교만 떨기를 즐기면 경건하지 않고 조화롭지 않다. 편안히 놀면 남의 선을 꺼린다. 잔치를 즐기면 나보다 나은 이와 친하기를 꺼린다.

○ 南軒張氏曰 樂節禮樂 則足以養中和之德 樂道人之善 則足以擴忠恕之心 樂

多賢友 則足以賴輔成之功 是 烏得不日益乎 樂驕樂 則長傲 樂佚遊 則志荒 樂宴樂 則志溺 是 烏得不日損乎 損益之原 存于敬肆而已

남헌 장씨가 말했다. 예악 분별하기를 좋아하면 중화의 덕을 기르기에 족하고, 남의 선 말하기를 좋아하면 충서의 마음을 확충하기에 족하고, 현명한 벗 많은 것을 좋아하면 완성을 도와주는 효과를 (벗에게) 기대기에 족하다. 이 어찌 날로 이익되지 않을 수 있으랴. 교만 떠는 즐거움을 좋아하면 잘난 척하고 오만하게 되고, 편히 노는 것을 좋아하면 뜻이 황폐해지고, 잔치의 즐거움을 좋아하면 뜻이 (음일에) 빠지게 된다. 이 어찌 날로 손해되지 않을 수 있으랴. 손해와 이익의 원천은 경건함과 방자함에 있을 뿐이다.

○勉齋黃氏曰 節禮樂者 欲其循規蹈矩而不敢縱肆也 道人善者 志於爲善以成其身也 多賢友者 樂於取友以自規正也 驕樂者 恃氣以凌物 則不復循規蹈矩矣 佚遊者 怠惰而自適 則不復志於爲善矣 宴樂者 多欲以求安 則不復望人之規正矣 此 其所以相反也

면재 황씨가 말했다. 예악을 분별하는 것은 그 법도를 따르고 실천해 감히 제멋대로 하지 않기를 바라는 것이다. 남의 선을 말하는 것은 선을 행해 자신을 완성시키는 데 뜻을 두는 것이다. 현명한 벗이 많은 것은 벗에게서 얻어 자신을 바로잡기를 좋아하는 것이다. 교만 떠는 즐거움이란 기세를 믿고 남을 능멸하는 것이니 다시는 법도를 따르고 실천하지 않는다. 편히 노는 것이란 게을러 편안히 있는 것이니 다시는 선을 행하는 데 뜻을 두지 않는다. 잔치를 즐기는 것은 욕심이 많아 편안함을 구하는 것이니 다시는 남이 바로잡아 주기를 바라지 않는다. 이것이 그 상반되는 이유이다.

○雙峯饒氏曰 節禮樂三句 都是天理一邊 驕樂三句 都是人欲一邊 心 向天理上 則德 日進而有益 心 向人欲上 則德 日退而有損

쌍봉 요씨가 말했다. '절예악(예악 분별하기)' (이하) 세 구절은 모두 천리 쪽이고, '교락(교만 떠는 즐거움)' (이하) 세 구절은 모두 인욕 쪽이다. 마음이 천리로 향하면 덕이 날로 진보해 이익이 있고, 마음이 인욕으로 향하면 덕이 날로 퇴보해 손해가 있다.

○ 節禮樂 只是謹之於毫釐之際 不敎他過 亦不敎他不及

예악을 분별하는 것은 다만 털끝만 한 차이에 대해서도 삼가, 그것이 지나치지도 않게, 또 그것이 모자라지도 않게 하는 것이다.

○ 驕樂 是奢侈 如峻宇雕墻之類 佚遊 如從流上下 博奕田獵之類 宴樂 如飮食聲色之類

교만 떠는 즐거움이란 사치이니, 예컨대 높은 집 화려한 담장 같은 것이다. 편히 노는 것은 이리저리 (세속의) 흐름을 따르는 것 같은 것으로, 바둑 장기나 사냥 같은 것이다. 잔치를 즐기는 것이란 먹고 마시는 것, 소리나 모습(음란한 음악이나 춤) 같은 것이다.

○ 吳氏曰 驕樂 以驕爲樂 宴樂 以宴爲樂 宴 合食也 易象曰 君子 以飮食宴樂 飮食宴樂之合於禮者 何可廢 但不可以是爲樂而荒淫耳

오씨가 말했다. 교만 떠는 즐거움이란 교만 떠는 것을 즐거움으로 삼는 것이다. '연락(잔치의 즐거움)'이란 잔치를 즐거움으로 삼는 것이다. '연'은 모여 먹는 것이다. 『주역』(수괘)의 〈상전〉에 '군자는 먹고 마심으로써 잔치를 즐긴다'라 했다. 먹고 마시는 잔치의 즐거움이 예에 맞는 것이라면 어찌 폐할 수 있겠는가? 다만 이를 즐거움으로 삼아 지나치게 탐닉해서는 안 될 뿐이다.

【집주】
○ 尹氏曰 君子之於好樂並去聲 可不謹哉

윤씨가 말했다. 군자가 좋아하는 것에 대해 삼가지 않아서 되겠는가.

【세주】
覺軒蔡氏曰 三友 損益之資於外者 三樂 損益之發於中者也

각헌 채씨가 말했다. 세 친구(세 가지 친구가 손익이 되는 것)는 손익이 바깥 (나 아닌 남)에 의해 이루어지는 것이고, 세 좋아함(세 가지 좋아함이 손익이 되는 것)은 손익이 (내 마음) 안으로부터 나오는 것이다.

16.6 孔子曰 侍於君子 有三愆 言未及之而言 謂之躁 言及之而不言 謂之隱 未見顏色而言 謂之瞽

공자께서 말씀하셨다. 군자를 모심에 세 가지 허물(잘못된 방식)이 있다. 말이 미치지 않는데(말할 만한 상황이 아닌데) 말하는 것을 조급함이라 하고, 말이 미치는데 말하지 않는 것을 숨김이라 하고, 안색을 보지 않고 말하는 것을 눈멂이라 한다.

【집주】
君子 有德位之通稱

군자란 덕이나 지위가 있는 자를 통칭한 것이다.

【세주】
胡氏曰 不亦君子乎 專以德言 無君子莫治野人 專以位言 此章君子 兼德位而言

호씨가 말했다. '또한 군자가 아닌가(『논어』1, 「학이」1장)'라 한 것은 오로지 덕으로 말한 것이고, '군자가 없으면 야인을 다스릴 수 없다(『맹자』5, 「등문공상」3장)'라 한 것은 오로지 지위로 말한 것이다. 이 장의 군자는 덕과 지위를 겸해 말한 것이다.

【집주】
愆 過也 瞽 無目 不能察言觀色

'건'은 허물이다. '고'는 눈이 없는 것이니 말을 살피고 안색을 살필 수 없다.

○尹氏曰 時然後言 則無三者之過矣

윤씨가 말했다. 때가 그러한(적절한) 연후에 말하면 이 세 가지의 허물이 없다.

【세주】

朱子曰 聖人此言 只是戒人言語以時 不可妄發

주자가 말했다. 성인의 이 말씀은 단지 사람들에게 때에 맞게 말하고 망발해서는 안 된다는 것을 경계하신 것이다.

○南軒張氏曰 言而當其可 非養之有素者 不能然也 不然 鮮不蹈此三愆者矣

남헌 장씨가 말했다. (말)할 만할 때에 말하는 것은 평소 기른 것이 있는 자가 아니라면 그럴 수 없다. 그렇지 않은 경우, 이 세 허물을 저지르지 않는 자가 드물다.

○勉齋黃氏曰 言 有及未及者 或數人侍坐 長者 當先言 不言 則及少者 或君子先有問 則承問者 當先對 不以少長拘也 旣有及未及 而又有未見顏色者 雖及之而言 亦須觀長者顏色 或意他在 或有不樂 則亦未審言也

면재 황씨가 말했다. 말을 함에 있어서는 미치거나 미치지 않는 경우가 있다. 혹 여러 사람이 모시고 앉았을 때, 나이 많은 자가 마땅히 먼저 말해야 하고, (나이 많은 자가) 말하지 않으면 어린 자에게 미친다. 혹 군자가 먼저 물어보면 그 질문을 받은 자가 마땅히 먼저 대답해야 하니, 나이의 장유에 구애되지 않는다. 이미 미치고 미치지 않음의 구별은 (할 수) 있으면서도 아직 안색을 살피지 못하는 자도 있으니, 비록 미쳐서 말하더라도 또한 모름지기 나이 많은 자의 안색을 살펴야 한다. 혹시 (장자의) 뜻이 다른 데 있거나 혹은 즐거워하지 않으면 또한 말을 살피지(신중하게 하지) 못한 것이다.

○汪氏曰 時然後言 斷盡此章 可與言否 各有其時 時未可言而遽言 是躁急而不遜 時可以言而不言 是隱匿而不發 不躁不隱 時可以言 而或所與言者 意不在是 則亦非可言之時也 不察而强聒之 非惟不入其耳 或反貽其怒矣 謂之瞽 可也

왕씨가 말했다. '때가 그러한 연후에 말한다'는 말은 단연코 이 장의 (뜻을) 다했다. 더불어 말할 수 있는지 아닌지는 각각 그 때가 있다. 때가 말할 만하지 않은데 성급히 말하면 조급해서 겸손하지 않은 것이고, 때가 말할 만한데도 말하지 않으면 숨겨서 꺼내놓지 않는 것이다. 조급한 것도 아니고 숨기는 것도 아니어서 말할 만한 때라 하더라도, 혹시 더불어 말하는 상대방의 뜻이 이에 있지 않으면 또한 말할 만한 때가 아닌 것이다. (그것을) 살피지 않고 억지로 떠들어대면 단지 그 귀에 들어가지 않을 뿐만 아니라 혹 거꾸로 그 노여움을 사기도 하니, 그것을 일러 눈멂이라 해도 된다.

○雲峯胡氏曰 言 貴乎時中 躁者 先時而過乎中 隱者 後時而不及乎中 瞽者 冥然不知所謂中者也

운봉 호씨가 말했다. 말은 때에 맞는 것을 귀히 여긴다. 조급함이란 (적절한) 때보다 먼저 해 적중함(꼭 맞음)을 넘긴 것이고, 숨김이란 (적절한) 때보다 나중에 해 적중함에 못 미친 것이고, 눈멂이란 눈 감은 듯 소위 적중함이라는 것을 모르는 것이다.

16.7 孔子曰 君子 有三戒 少之時 血氣未定 戒之在色 及其壯也 血氣方剛 戒之在鬪 及其老也 血氣旣衰 戒之在得

공자께서 말씀하셨다. 군자에게 세 가지 경계할 것이 있다. 어릴 적에는 혈기가 안정되지 않으니 경계할 것은 색에 있고, 장년이 되어서는 혈기가 방장하니 경계할 것이 싸움에 있고, 늙어서는 혈기가 쇠하니 경계할 것이 얻음(얻으려는 탐욕)에 있다.

【집주】

血氣 形之所待以生者 血陰而氣陽也

혈기는 신체가 의존해 살아가는 것이다. 혈은 음이고 기는 양이다.

【세주】

厚齋馮氏曰 血 稟於陰 行於脈之內 而爲榮 氣 稟於陽 行於脈之外 而爲衛

후재 풍씨가 말했다. 혈은 음으로부터 품부 받은 것으로 맥의 안에서 운행해 (몸을) 번성하게 하고, 기는 양으로부터 품부 받은 것으로 맥의 밖에서 운행해 (몸을) 지킨다.

【집주】

得 貪得也 隨時知戒 以理勝之 則不爲血氣所使也

'득(얻음)'은 얻기를 탐하는 것이다. 시기에 따라 경계할 것을 알아 이(理)로써 이겨나가면 혈기에 의해 부림을 당하지 않는다.

○范氏曰 聖人同於人者 血氣也 異於人者 志氣也 血氣 有時而衰

志氣 則無時而衰也 少未定 壯而剛 老而衰者 血氣也 戒於色 戒
於鬪 戒於得者 志氣也 君子 養其志氣 故 不爲血氣所動 是以 年
彌高 而德彌邵也

범씨가 말했다. 성인이 다른 사람과 같은 점은 혈기이고, 다른 사람과 다른 점은 지기(의지)이다. 혈기는 쇠해질 때가 있지만 지기는 쇠해지는 때가 없다. 어릴 때는 안정되지 않고, 장년이 되어서는 굳건하고, 늙어서는 쇠해지는 것이 혈기이다. 색을 경계하고 싸움을 경계하고 탐욕을 경계하는 것이 지기이다. 군자는 지기를 기르므로 혈기에 의해 움직여지지는 않는다. 그런 까닭에 나이가 높아질수록 덕도 더욱 높아진다.

【세주】

朱子曰 人之血氣 固有强弱 然而志氣 則無時而衰 苟常持得這志 縱血氣衰極 也
不由他 又曰 到老而不屈者 此 是志氣 血氣 雖有盛衰 君子 常當隨其偏處警戒
勿爲血氣所役也 人之血氣衰時 則義心 亦從而衰 夫子三戒 正爲血氣而言 又曰
氣 只是一箇氣 便浩然之氣 也只是這箇氣 但只是以道義充養起來 及養得浩然
却又能配義與道也

주자가 말했다. 사람의 혈기는 본디 강약이 있다. 그러나 지기는 쇠해지는 때가 없다. 만약 항상 이 지기를 유지할 수 있으면 설령 혈기가 극도로 쇠하더라도 또한 그로 말미암지 않는다(쇠약한 혈기의 영향을 받지 않는다). 또 말했다. 늙음에 이르러도 굴하지 않는 것, 이것이 지기이다. 혈기는 비록 성쇠가 있지만 군자는 항상 그 치우친 곳에 따라 마땅히 경계해 혈기에 의해 부려지지 않도록 해야 한다. 사람이 혈기가 쇠해질 때 의로운 마음도 또한 따라 쇠해지니, 공자의 세 가지 경계할 것은 바로 혈기 때문에 말씀하신 것이다. 또 말했다. 기는 다만 하나의 기일 뿐이니, 호연지기도 또한 단지 이 기일 뿐이다. 다만, 도의로써 채워 길러나가기 시작해 호연하게 기르는 데 이르면 또 능히 의와 도에 짝할(합치할) 수 있다.

○南軒張氏曰 人有血氣 身役於血氣 有始終盛衰之不同 則其所役 亦隨而異 夫

血氣未定 則動而好色 血氣方剛 則銳而好鬪 血氣旣衰 則歉而志得 凡民皆然 爲其所役者也 於此而知戒 則義理存 義理存 則不爲其所役矣 此 學者所當警懼而不忘者也

남헌 장씨가 말했다. 사람은 혈기가 있다. 몸이 혈기에 의해 부려지는 것은 시작과 끝, 성함과 쇠함의 차이가 있으니 부림을 당하는 것 또한 그(혈기의 시종성쇠)에 따라 다르다. 무릇 혈기가 안정되지 않으면 흔들려서 색을 좋아하고, 혈기가 방장하면 날카로워 싸움을 좋아하고, 혈기가 이미 쇠하면 헛헛해서 얻는 것에 뜻을 둔다. 모든 사람이 그러하기 때문에 부림을 당하게 되는 것이다. 이에 대해 경계할 줄 알면 의리가 보존되고, 의리가 보존되면 부림을 당하지 않게 된다. 이는 배우는 자가 마땅히 경계하고 두려워해 잊지 말아야 하는 것이다.

○勉齋黃氏曰 三者 自少至老 皆所當戒 然 三者之好 又各隨其血氣 而有最甚者焉 故 各指其最甚者 而使之深戒也 血氣未定 不能勝人 而志氣尙銳 歲月尙長 亦未急於貪得 故 惟色爲可戒 蓋 男女之欲 惟年少爲最甚者也 血氣旣剛 則涉歷旣深 而貪得之念 尙如未定之日 惟其剛强 有足恃者 故 惟鬪爲可戒 血氣旣衰 則色與鬪之念 皆無足逞者 而日暮途遠 憂戚百集 故 於得爲可戒也

면재 황씨가 말했다. 세 가지는 어릴 때부터 늙음에 이르기까지 모두 마땅히 경계해야 하는 것이다. 그러나 세 가지 좋아하는 것(색, 투, 득)은 또 각각 그 혈기(의 성쇠)에 따라 가장 심한 것이 있다. 그러므로 각각 그 가장 심한 것을 지적해 깊이 경계하게 하신 것이다. 혈기가 안정되지 않아 남을 이길 수 없지만, 지기는 오히려 예리하고 세월은 아직도 장구히 남았으니 또한 얻기를 탐하는 데 급급하지는 않다. 그러므로 오직 색이 경계할 만한 것이 된다. 대개 남녀의 욕심(성욕)은 진정 나이 어릴 때 가장 심한 것이다. 혈기가 이미 군건해지면 섭렵한(경험한) 것이 이미 깊지만, 얻기를 탐하는 생각은 아직도 (혈기가) 아직 안정되지 않았을 때와 같아(급급하지 않아), 오직 그 굳건함만이 족히 자부할 만한 것이 있다. 그러므로 오직 싸움이 경계할 만한 것이 된다. 혈기가 이미 쇠하면 색이나 싸움의 생각은 모두 왕성하지 않고, 날은 저물고

길은 멀어 근심과 걱정이 100가지로 모인다. 그러므로 얻는 것에 대해 경계
할 만하게 된다.

○慶源輔氏曰 人之血氣未定 則常動而易流 方剛 則勇銳而好勝 旣衰 則收斂而
多貪 此 血氣之變也 常動而易流 則戒色 勇銳而好勝 則戒鬪 收斂而多貪 則戒
得 此 志氣之常也 常者爲主 而使變者不得肆焉 此 聖賢之學 而君子終身之務也

경원 보씨가 말했다. 사람의 혈기가 안정되지 않으면 항상 흔들려 (방탕으로)
흐르기 쉽다. 방장하면 용맹하고 날카로워 이기기를 좋아한다. 이미 쇠하면
위축되어서 탐심이 많아진다. 이것이 혈기의 변화이다. 항상 흔들려 흐르기
쉬우면 색을 경계하고, 용맹하고 날카로워 이기기를 좋아하면 싸움을 경계하
고, 위축되어 탐심이 많아지면 얻는 것을 경계하는 것, 이것이 지기의 정상적
인 것이다. 정상적인 것을 주로 삼아 변칙적인 것이 마음대로 하지 못하게 하
는 것, 이것이 성현의 학문이고 군자가 종신토록 힘써야 할 일이다.

○雙峯饒氏曰 魂者 氣之靈 魄者 血之靈 心 是魂魄之合 氣屬天 血屬地 心屬人
人者 天地之心 心 是血氣之主 能持其志 則血氣 皆聽命於心 不能持其志 則心
反聽命於血氣

쌍봉 요씨가 말했다. 혼이란 기의 영이고, 백이란 혈의 영이다. 마음은 혼과
백의 결합이다. 기는 하늘에 속하고 혈은 땅에 속하며 마음은 사람에 속한다.
(따라서) 사람이란 하늘과 땅의 마음이다. 마음은 혈기의 주인이니 능히 그
지기를 유지하면 혈기는 모두 마음의 명령을 듣는다. 그 지기를 유지하지 못
하면 마음은 거꾸로 혈기의 명령을 듣는다.

○新安陳氏曰 三戒 皆隨時而就衆人所易犯者言也 朱子 欲以理勝氣 則不爲血
氣所使 范氏 欲以志帥氣 則不爲血氣所動 意 不相遠 志 亦定向於理而已

신안 진씨가 말했다. 세 가지 경계할 것은 모두 때에 따라 뭇사람들이 쉽게
범할 수 있는 것에 관해 말씀하신 것이다. 주자는 이로써 기를 이겨 혈기에
부려지지 않게 되기를 바랐고, 범씨는 지로써 기를 거느려 혈기에 흔들리지

않게 되기를 바랐다. [두 사람의] 뜻은 서로 멀지 않으니, [범씨가 말한] 지는 역시 [주자가 말한] 이(理)로 방향을 정한 것일 뿐이다.

○新安倪氏曰 年彌高 德彌邵 出楊雄法言 邵 亦高也

신안 예씨가 말했다. '나이가 높아질수록 덕도 더욱 높아진다'는 말은 양웅의 『법언』에 나오는데, '소(높음, 아름다움)' 또한 높다는 뜻이다.

16.8-1 孔子曰 君子 有三畏 畏天命 畏大人 畏聖人之言

공자께서 말씀하셨다. 군자는 두려워하는 것이 셋이 있다. 천명을 두려워하고, 대인을 두려워하고, 성인의 말씀을 두려워한다.

【집주】

畏者 嚴憚之意也 天命者 天所賦之正理也 知其可畏 則其戒謹恐懼 自有不能已者 而付畀之重 可以不失矣 大人聖言 皆天命所當畏 知畏天命 則不得不畏之矣

'외'란 존경해 삼간다는 뜻이다. 천명이란 하늘이 부여한 바른 이치이다. 그것이 두려워할 만한 것임을 알면 경계하고 삼가고 두려워하는 것을 저절로 그칠 수 없어 부여된 중책을 잃지 않을 수 있다. 대인과 성인의 말씀은 모두 천명으로서 마땅히 두려워해야 할 것이니, 천명을 두려워할 줄 알면 그것(대인과 성인의 말씀)을 두려워하지 않을 수 없다.

【세주】

程子曰 畏聖人之言 則可以進德

정자가 말했다. 성인의 말씀을 두려워하면 덕이 진보할 수 있다.

○朱子曰 大人 不止有位者 是 指有位有齒有德之大人

주자가 말했다. (여기서 말하는) 대인이란 지위가 있는 자에 그치지 않는다. 이는 지위가 있고 나이가 있고 덕이 있는 대인을 가리킨다.

○畏天命三字 好 自理會得道理 便謹去做不敢違 便是畏之也 如非禮勿視聽言動 與夫戒謹恐懼 皆所以畏天命

'외천명(천명을 두려워한다)' 세 글자가 좋다. 도리를 이해하면 곧 삼가 행해서 감히 어기지 않는 것이 두려워하는 것이다. 예컨대 예가 아니면 보지도 듣지도 말하지도 움직이지도 않는 것이나 경계하고 삼가고 두려워하는 것은 모두 천명을 두려워하는 것이다.

○ 要緊 須是知得天命 卽是天理 若不先知這道理 自是儚然 何由知其可畏 纔知得 便自不容不畏

요긴한 점은 모름지기 천명이 곧 천리임을 아는 것이다. 만약 이 도리를 먼저 알지 않으면 그 자체로 어리석은 것이니 무슨 연유로 두려워할 만한 것을 알겠는가? (이 도리를) 알기만 하면 곧 저절로 두려워하지 않을 수 없다.

16.8-2 小人 不知天命而不畏也 狎大人 侮聖人之言

소인은 천명을 알지 못해 두려워하지 않고, 대인을 우습게 여기고, 성인의 말씀을 모독한다.

【집주】

侮 戲玩也 不知天命 故 不識義理 而無所忌憚 如此

'모'는 가지고 노는 것이다. 천명을 알지 못하기에 의리를 알지 못해 이처럼 거리끼는 것이 없다.

○尹氏曰 三畏者 修己之誠 當然也

윤씨가 말했다. 세 가지를 두려워하는 것은 참되게 자신을 닦는 일의 당연함이다.

【세주】

汪氏曰 尹氏此說 所以別夫衆人怵迫於利害之畏也

왕씨가 말했다. 윤씨의 이 설은 '뭇사람이 이익과 손해에 이끌리고 압박되어 두려워하는 것'과 구별하려는 것이다.

【집주】

小人 不務修身誠己 則何畏之有

소인은 몸을 닦고 자신을 참되게 하는 일에 힘쓰지 않으니 무슨 두려워하는 것이 있겠는가.

【세주】

南軒張氏曰 畏天命 奉順而不敢逆也 畏大人 尊嚴而不敢易也 畏聖人之言 佩服而惟恐違也 然而 是三言 主於畏天命 蓋 其畏大人 畏聖人之言 亦以其知天命之可畏而已 小人 不知天命之所存 是以 冥行而莫之畏 不畏天命 則其狎大人 侮聖人之言 亦無所不至矣 大人 德與位之通稱也

남헌 장씨가 말했다. 천명을 두려워한다는 것은 (천명을) 받들어 순종해 감히 거스르지 않는 것이다. 대인을 두려워한다는 것은 존엄히 여겨 감히 소홀히 하지 않는 것이다. 성인의 말씀을 두려워한다는 것은 (그 말씀을 써서) 옷에 차고 오직 어길까 염려하는 것이다. 그러나 이 세 말은 '천명을 두려워함'이 주가 된다. 대개 대인을 두려워하는 것과 성인의 말씀을 두려워하는 것은 또한 천명이 두려워할 만한 것임을 알기 때문일 뿐이다. 소인은 천명이 존재하는 것을 모르기에 만연히 행동해 두려워하지 않는다. 천명을 두려워하지 않으면 대인을 우습게 알거나 성인의 말씀을 모독해 또한 이르지 않는 곳이 없다. 대인은 덕과 지위를 통칭한 것이다.

○孟子謂 說大人 則藐之 與斯言 有以異乎 孟子之言 謂當正義以告之 不當爲其勢位所動耳 若夫尊嚴之分 則固未嘗不存也 言 各有所指耳

맹자는 '대인을 설득할 때는 경시한다(『맹자』14, 「진심 하」34장)'라 했으니 이 장의 말씀과는 다른 점이 있다. 맹자의 말은 마땅히 바른 도리로 고해야지 그 세력이나 지위에 의해 흔들려서는 안 된다는 의미일 뿐이지, 존엄함의 구분은 본디 존재하지 않는 경우가 없다. 말(공자의 말씀과 맹자의 말)은 각각 그 가리키는 것이 있을(다를) 뿐이다.

○趙氏曰 大人 有德位者之稱 是天命之所存 聖人之言 謂方册之所載 是天命之所發也

조씨가 말했다. 대인은 덕과 지위가 있는 자를 말하니, 이는 천명이 (그 사람에게) 들어 있는 것이다. 성인의 말씀은 전적에 실려 있는 것을 말하니, 이는 천명이 (글로) 드러난 것이다.

○厚齋馮氏曰 此以上五章 皆三事 皆規誨之辭 非必一時之言 記者 以類相從耳

후재 풍씨가 말했다. 이 위로부터 다섯 장은 모두 '세 가지 일'로 되어 있는데, 모두 규제하고 깨우쳐주시는 말씀이다. 꼭 같은 때의 말씀은 아닌데, 기록하는 자가 비슷한 것끼리 모았을 뿐이다.

○新安陳氏曰 三畏 本平說 上一節 本無知字意 然 以小人不知天命推之 則見得 君子所以畏天命者 以其知天命也 故 集註 於上一節 亦兩以知字言之 欲知天命者 可不格物以致其知 欲畏天命者 可不誠意以正其心哉

신안 진씨가 말했다. 세 가지 두려워할 것은 본디 병렬적인 말씀이다. 위 한 구절은 원래 '지(안다)'라는 뜻이 없다. 그러나 '소인은 천명을 알지 못한다'라는 구절로 미루어보면 군자가 천명을 두려워하는 까닭은 천명을 알기 때문임을 알 수 있다. 그러므로 집주에서는 위 한 구절에 대해 또한 두 '지(안다)' 자를 써서 말했다. 천명을 알려는 자가 사물을 궁구해 지식에 도달하지 않아서 되겠는가? 천명을 두려워하려는 자가 뜻을 참되게 해 그 마음을 바르게 하지 않아서 되겠는가?

16.9 孔子曰 生而知之者 上也 學而知之者 次也 困而學之 又其次也 困而不學 民 斯爲下矣

공자께서 말씀하셨다. 나면서부터 아는 자가 상등이며, 배워서 아는 자가 다음이고, 막혀 있지만 배우는 자가 또 그다음이다. 막혀 있으면서도 배우지 않으면 백성[사람]은 이에 하등이 된다.

【집주】

困 謂有所不通 言人之氣質不同 大約有此四等

'곤'은 통하지 않는 것(꽉 막힌 것, 머리 나쁨)이 있다는 뜻이다. 사람의 기질은 같지 않아 대략 이 네 등급이 있다는 말씀이다.

○楊氏曰 生知 學知 以至困學 雖其質不同 然 及其知之 一也 故 君子 惟學之爲貴 困而不學 然後爲下

양씨가 말했다. 나면서부터 아는 자, 배워서 아는 자, 막혀 있지만 배우는 자에 이르기까지, 비록 그 기질은 같지 않으나 알게 됨에 이르러서는 마찬가지이다. 그러므로 군자는 오직 배우기를 귀히 여긴다. 막혀 있으면서도 배우지 않은 연후에 하등이 된다.

【세주】

朱子曰 生知者 堯舜孔子也 學知者 禹稷顏回也 困者 行有不得之謂 知其困而學焉 以增益其不能 此 困而學之之事也 亦以卑矣 然 能從事於斯 則其成 猶不在善人君子之後 不能從事於斯 則靡然流於下愚 而不知返 均之困耳 而二者相去之間 如是之遠 學與不學之異耳

주자가 말했다. 나면서부터 아는 자는 요와 순과 공자이다. 배워서 아는 자는 우와 후직과 안회이다. '곤'이란 '해도 얻지 못함(능력 부족)'이 있다는 뜻이다. (자신이) 힘든 자임을 알아 배움으로써 그 능하지 못한 것을 늘리는(개선하는) 것, 이것이 막혀 있지만 배우는 자의 일이니, 역시 낮기는 하다. 그러나 이에 능히 종사할 수 있으면 그 성취는 오히려 선인이나 군자의 뒤에 있지 않다(마찬가지이다). 이에 종사할 수 없으면 쓸리듯 하우(하등의 바보)로 흘러가 되돌아올 줄 모른다. 힘든 것은 마찬가지이지만 두 경우의 거리가 이처럼 먼 것은 배우느냐 배우지 않느냐의 차이일 뿐이다.

○ 或問 氣質四等之說 曰 人之生也 氣質之稟 淸明純粹 絶無査滓 則於天地之性 無所間隔 而凡義理之當然 有不待學 而了然於胷中者 所謂生而知之 聖人也 其不及此者 則以昏明淸濁正偏純駁之多少勝負爲差 其或得於淸明純粹 而不能無少査滓者 則雖未免乎少有間隔 而其間易達 其礙易通 故 於其所未通者 必知學以通之 而其學也 則亦無不通矣 所謂學而知之 大賢也 或得於昏濁偏駁之多 而不能無少淸明純粹者 則必其窒塞不通 然後知學 其學 又未必無不通也 所謂困而學之 衆人也 至於昏濁偏駁之甚 而無復少有淸明純粹之氣 則雖有不通 而憫然莫覺以爲當然 終不知學以求其通也 此 則下民而已矣

혹자가 기질 4등급의 설에 관해 물었다. 답했다. 사람이 태어남에, 품부 받은 기질이 청명하고 순수해 찌꺼기가 전혀 없으면 천지의 성과 간격이 없어, 모든 의리의 당연함에 대해 배우기를 기다리지 않고도 가슴속이 명료한 자가 있다. (이런 자가) 소위 '생이지지'로서 성인이다. 이에 미치지 못하는 자는 어둠과 밝음, 맑음과 혼탁함, 바름과 치우침, 순수함과 잡박함이 많거나 적거나 이기거나 지거나 해 차이가 있다. 혹은 청명하고 순수한 기질을 얻었지만 약간의 찌꺼기가 없지 못한 자는 비록 약간의 간격이 있는 것을 면하지 못하지만 그 간격은 쉽게 도달할 수 있고 그 장애는 쉽게 통할 수 있다. 그러므로 그 통하지 못한 것에 대해서는 반드시 배워 통할 줄 아니 그 배움은 또한 통하지 않는 것이 없다. (이런 자가) 소위 '학이지지'로서 대현이다. 혹은 혼탁하고 치우치고 잡박한 것을 많이 얻었지만 약간의 청명하고 순수한 것이 없지 않은 자는 반드시 막혀 통하지 않는 것이 있은 후에야 배울 줄 아니 그 배움은 또 통하지 않는 것이 꼭 없는 것은 아니다. (이런 자가) 소위 '곤이학지'로 보통사람이다. 혹은 혼탁하고 치우치고 잡박함이 심해 다시는 조금의 청명하고 순수한 기질도 없는 자에 이르러서는 비록 통하지 않는 것이 있어도 어리석게도 깨닫지 못하고 당연하다고 생각하니 끝내 배워 통하기를 구할 줄 모른다. 이는 하등의 백성(사람)일 뿐이다.

○南軒張氏曰 困學 雖在二者下 然而 至則一者 以其性之本善故爾 困而不學 是自暴自棄 則爲下愚矣 又曰 中庸言及 其知之則一者 言其終所至之同也 此有三等之分者 言其始所進之異也

남헌 장씨가 말했다. '곤학'은 비록 두 경우의 아래에 있지만 그러나 도달하면 마찬가지인 것은 그 성의 원래 선함 때문이다. '곤이불학'은 자포자기로서, 하우가 된다. 또 말했다. 『중용』에서 언급한 '그 알게 됨은 마찬가지이다(『중용』 20장)'라는 것은 그 끝내 도달하는 바가 같다는 말이다. 이 장에서 세 등급의 구분이 있는 것은 그 진보의 출발점이 다르다는 것을 말한 것이다.

○慶源輔氏曰 人之氣質 不同 然 及其知之 則一者 蓋 以人性之本善故耳 是以君子 唯學之爲貴 學 則昏濁者 可使淸明 偏駁者 可使純粹 惟其昏濁之甚 自暴自棄 而不自知有學焉 此 則所謂下愚之民也

경원 보씨가 말했다. 사람의 기질은 같지 않지만 그러나 알게 됨에 이르러서는 마찬가지인 것은 대개 사람의 성이 원래 선하기 때문일 뿐이다. 그런 까닭에 군자는 오직 배우기를 귀히 여긴다. 배우면 혼탁한 것은 청명하게 할 수 있고, 치우치고 잡박한 것은 순수하게 할 수 있다. 오직 혼탁함이 심해 자포자기하고 스스로 배움이 있는 줄 모르는 것, 이것이 소위 하우인 백성이다.

○凡心思智慮行止動作 有所窒塞 而不得通 則困之謂也

모든 생각과 사려와 행위와 동작에 막혀 통하지 못한 것이 있으면 '곤'이라 한다.

○雙峯饒氏曰 生知 學知 困知 屬天質 學不學 屬人事 蓋 以氣質言之 只有三等 若民斯爲下 則全是人事不盡 蓋 困 是窮而不通之意 四面都窒塞 行不去了 却憤

悱奪發 轉來爲學 如此 尙可以勉進於中上 若又困而不學 則打入下等去 更無可出時矣 此 聖人 勉人務學處

쌍봉 요씨가 말했다. '생지', '학지', '곤지'는 천질(천부적 재질)에 속하고, '학', '불학'은 인사(사람이 하는 일)에 속한다. 대개 기질로 말하자면 단지 세 등급이 있을 뿐이고, '사람은 이에 하등이 된다'는 것은 오로지 인사를 다하지 않은 것이다. 대개 '곤'은 궁해서 통하지 않는다는 뜻이다. 사면이 모두 가로막혀 나아갈 수 없으면 오히려 분격하고 분발해 배우기로 전환한다. 이리하면 오히려 중등이나 상등으로 힘써 나아갈 수 있다. 만약 또 막혀 있으면서도 배우지 않으면 하등으로 들어가 다시는 빠져나올 수 있는 때가 없다. 이는 성인께서 사람들에게 배움에 힘쓸 것을 격려하신 것이다.

○雲峯胡氏曰 以生知爲上 則學知者 爲中 困知者 爲下矣 而聖人 不以品之下者 遽絶之 但曰 困而不學 民斯爲下 蓋 困而學 猶可以進於上 困而不學 遂爲下 而無復上之望矣

운봉 호씨가 말했다. 생지가 상등이 되면 학지자는 중등이 되고, 곤지자는 하등이 된다. 그런데도 성인께서는 (곤지자를) 하등으로 분류해 성급히 끊지 않으시고, 다만 '막혀 있으면서도 배우지 않으면 사람은 이에 하등이 된다'라 하셨다. 대개 막혀 있지만 배우면 오히려 상등으로 진보할 수 있지만, 막혀 있으면서도 배우지 않으면 마침내 하등이 되어 다시는 올라갈 가망이 없다.

16.10 孔子曰 君子 有九思 視思明 聽思聰 色思溫 貌
思恭 言思忠 事思敬 疑思問 忿思難 見得思義
難 去聲

공자께서 말씀하셨다. 군자에게는 아홉 가지 생각함이 있다. 볼 때는 밝음을 생각하고, 들을 때는 또렷함을 생각하고, 안색을 가질 때는 따스함을 생각하고, 모습을 가질 때는 공손함을 생각하고, 말할 때는 진실함을 생각하고, 일할 때는 경건함을 생각하고, 의문이 있을 때는 물을 것을 생각하고, 분노가 있을 때는 어려워질 것을 생각하고, 얻을 것(이 득)을 보면 의를 생각한다.

【집주】
視無所蔽 則明無不見 聽無所壅 則聰無不聞 色 見形甸反於面者 貌
擧身而言 思問 則疑不蓄 思難 則忿必懲 思義 則得不苟

봄에 가려진 것이 없으면 밝아서 못 보는 것이 없고, 들음에 막힌 것이 없으면 또렷해 들리지 않는 것이 없다. '색'은 얼굴에 나타나는 것이고, '모'는 몸 전체를 말한다. 묻기를 생각하면 의문이 쌓이지 않고, 어려워질 것을 생각하면 분노가 반드시 다스려지고, 의를 생각하면 얻는 것이 구차하지 않다.

【세주】
朱子曰 視不爲惡色所蔽 爲明 聽不爲姦人所欺 爲聰 若視聽糊塗 是非不辨 則下面諸事 於當思處 皆不知所以思矣 有爲氣質所壅蔽 有爲私欲所壅蔽 有爲讒邪所壅蔽 若思明思聰 便須去其壅蔽

주자가 말했다. 보는 것이 나쁜 색에 의해 가려지지 않은 것이 밝음이다. 듣는 것이 간사한 사람에 의해 속임을 당하지 않는 것이 또렷함이다. 만약 보는 것과 듣는 것이 가려져 시비를 가리지 못하면 아래의 여러 일들(안색, 모습 등)에 있어서의 마땅히 생각해야 할 것에 대해 모두 어떻게 생각해야 할지 모르게 된다. 기질에 의해 막히고 가려지는 경우가 있고, 사욕에 의해 막히고 가려지는 경우가 있고, 참소나 간사함에 의해 막히고 가려지는 경우가 있으니, 만약 밝음을 생각하고 또렷함을 생각한다면 모름지기 그 막힘과 가려짐을 제거해야 한다.

○新安倪氏曰 視外明 而聽內明 蔽 是蔽於外 壅 是壅於內 故 集註 於視之明 以無所蔽言 於聽之聰 以無所壅言也

신안 예씨가 말했다. 봄은 밖이 밝은 것이고, 들음은 안이 밝은 것이다. '폐'는 밖에서 가리는 것이고, '옹'은 안에서 막힌 것이다. 그런 까닭에 집주에서는 보는 것의 밝음에 대해서는 '무소폐(가려짐이 없음)'라 말했고, 듣는 것의 밝음에 대해서는 '무소옹(막힘이 없음)'이라 말했다.

【집주】
○程子曰 九思 各專其一

정자가 말했다. 아홉 가지 생각함은 (아홉 가지 일들 중) 각각 하나의 일만을 오로지 (생각)하는 것이다.

【세주】
朱子曰 九思 不是雜然而思 當這一件上思這一件 問 各專其一 是主一之義 曰 然

주자가 말했다. 아홉 가지의 생각은 뒤섞어 생각하는 것이 아니라, 이 한 가지 일에 대해서는 이 한 가지를 생각하는 것이다. 물었다. 각각 하나만을 오로지 한다는 것은 '주일(마음을 하나로 함)'의 뜻입니까? 답했다. 그렇다.

○雲峯胡氏曰 事思敬 九思之一 九思 各專其一 則皆主乎敬者也

운봉 호씨가 말했다. '일에는 경건함을 생각함'은 아홉 가지 생각 중의 하나이지만, 아홉 가지 생각에서 각각 그 하나를 오로지 하는 것은 모두 경건함을 주로 삼는 것이다.

【집주】

謝氏曰 未至於從七恭反容中去聲道 無時而不自省悉井反察也 雖有不存焉者 寡矣 此之謂思誠

사씨가 말했다. 조용히 도에 맞는 경지에 이르지 못했다면 스스로 성찰하지 않는 때가 없어야 한다. (그리하면) 비록 보존되지 않은 것이 있다 하더라도 많지는 않다. 이를 일러 '참됨을 생각함'이라 한다.

【세주】

朱子曰 視聽 如何要得他聰明 如有物 必有則 只一箇物 自家各有箇道理 況耳目之聰明 得之於天 本來自合如此 只爲私欲蔽惑 而失其理 聖人 敎人做工夫 內外夾持 積累成熟 便會無些子滲漏

주자가 말했다. 보고 듣는 것은 어찌해야 그것을 밝고 또렷하게 할 수 있는가? 예컨대 사물이 있으면 반드시 그 법칙이 있어 단지 하나의 사물이라도 그 자신 각자의 도리를 가지고 있으니, 하물며 귀와 눈의 또렷함과 밝음은 하늘로부터 얻어 본래 저절로 마땅히 이러한 것(밝고 또렷한 것)임에랴. 다만 사욕에 가리어지고 미혹되어 그 이치를 잃을 뿐이다. 성인께서는 사람으로 하여금 공부하게 하셨으니, 안과 밖을 겸해 지키고, 쌓이고 무르익으면 곧 조금의 새어나감도 없게 할 수 있다.

○又云 忿思難 如一朝之忿 忘其身 及其親 此 不思難之故也

또 말했다. '분노가 있을 때는 어려워질 것을 생각한다'는 것은, 예컨대 하루 아침의 분노에 자신을 잊고 부모에게 (화가) 미치니, 이는 어려워질 것을 생각하지 않은 까닭이다(라는 말이다).

○問 人 當隨事而思 若無事而思 則是妄想 曰 若閑時 不思量義理 則臨事而思 已無及 若只塊然守自家箇軀殼 直道有事方思 閑時却莫思量 這却甚易 只守此

一句 足矣 何用事事須先理會 何故 中庸 却不先說篤行之 却先說博學之審問之
愼思之明辨之 大學 何故 不先便說正心誠意 却先說致知 是如何

물었다. 사람이 마땅히 일에 따라(일이 일어나면 그에 따라) 생각해야지, 만약 일이 없는데 생각하면 망상입니다. 답했다. 만약 한가할(일 없을) 때 의리를 생각하지 않으면 일에 임해서는 이미 (생각이) 미치지 않는다. 만약 단지 흙덩이처럼 자신의 몸뚱이만 지키면서 곧장 '일이 있으면 비로소 생각하고, 한가한 때에는 생각하지 않는다. 이는 오히려 매우 쉬운 일이니 단지 이 한 구절을 지키면 충분하다. 무엇하러 모든 일을 반드시 먼저 이해해야 하겠는가?' 라 한다면, 무슨 까닭에 『중용』에서는 '독행'을 먼저 말하지 않고 오히려 '박학', '심문', '신사', '명변'을 먼저 말했겠으며, 『대학』에서는 무슨 까닭에 '정심'과 '성의'를 먼저 말하지 않고 오히려 '치지'를 먼저 말했겠는가? 이는 무슨 이유인가?

○南軒張氏曰 九思 當乎此 則思乎此 天理 所由擴 而人欲 所由遏也 然 是九者 要當養之於未發之前 而持之於方發之際 不然 但欲察之於流 而收之於暫 則但見其紛擾 而無力矣

남헌 장씨가 말했다. 아홉 가지 생각함이란 이것을 당면하면 이것을 생각하는 것이니, 천리가 그로 말미암아 넓혀지며 인욕이 그로 말미암아 끊어진다. 그러나 이 아홉 가지는 마땅히 아직 나타나기 전에 길러야 하고, 막 나타나려 할 때 유지해야 한다. 그렇지 않고 다만 흘러가는 것을 살펴[이미 진행되는 일을 살펴] 잠시 동안에 거두어들이려[수습하려] 하면 다만 그 분란스러움(정신 사나움)만 드러날 뿐, (사태를 해결할) 힘은 없다.

○勉齋黃氏曰 九思 固各專其一 然 隨其所當思而思焉 則亦泛然而無統矣 苟能以敬義爲主 戒懼謹獨 而無頃刻之失 然後爲能隨其所當思而思矣

면재 황씨가 말했다. 아홉 가지 생각은 본디 각각 그 하나를 오로지 하는 것이지만, 그러나 당면한 바의 생각에 따라 생각하면 또한 막연해서 계통이 없다. 진실로 경과 의를 주로 삼아 경계하고 두려워하고 홀로 있음을 삼가 잠시

도 잃지 않을 수 있어야 하니, 그런 연후에야 그 당면한 바의 생각에 따라 생각할 수 있다.

○雙峯饒氏曰 九者之目 有次第 視聽色貌言 是就自身說 事疑忿得 是就事上說 一身之間 視聽向前 其次 則有色貌 又其次 言出於口 又其次 見之行事 視與聽對 色與貌對 言與事對 疑與忿對 得 又是就事上說 三者之中 疑思問 屬知 忿思難 見得思義 屬行

쌍봉 요씨가 말했다. 아홉 가지 항목은 순서가 있다. 보는 것, 듣는 것, 안색, 모습, 말은 자신에 관한 말이고, 일, 의문, 분노, 얻는 것은 일에 관한 말이다. 일신에 관련된 것 중에 보는 것과 듣는 것이 먼저 있고, 그다음은 안색과 모습이 있고, 또 그다음은 말이 입에서 나오고, 또 그다음은 일을 행하는 데서 드러난다. 보는 것과 듣는 것이 대응되고, 안색과 모습이 대응되고, 말과 일이 대응되고, 의문과 분노가 대응된다. 얻는 것 또한 일에 관련된 말이다. 세 가지(의, 분, 득) 중에 '의문이 있으면 물을 것을 생각함'은 지에 속하고, '분노가 있으면 어려워질 것을 생각함'과 '얻을 것을 보면 의를 생각함'은 행에 속한다.

○齊氏曰 孔子曰 吾 嘗終日不食 終夜不寢 以思 無益 而今乃有九思 彼 爲思而不學者言 此 爲不思者而言也

제씨가 말했다. 공자께서는 "내가 일찍이 종일토록 먹지 않고 밤새도록 자지 않고 생각했는데 이익이 없었다(『논어』15, 「위령공」 30장)"라 하셨는데, 지금은 '아홉 가지 생각함이 있다'라 하셨으니, 저것은 '생각만 하고 배우지는 않는 자'를 위한 말씀이고, 이것은 '생각을 하지 않는 자'를 위한 말씀이다.

○新安陳氏曰 君子 苟未至於不思而得 當隨時隨處 而各致其思 則處己待人 應事接物 無不各中其則矣 豈但九者而已哉 馮氏謂 九者 日用常行之要 是也

신안 진씨가 말했다. 군자가 만약 생각하지 않아도 깨닫는 경지에 아직 도달하지 못했다면 마땅히 때에 따라 장소에 따라 각각 그 생각을 다해야 한다.

그리하면 스스로 처신함과 남과 접함, 일에 응함과 사물에 접함에 각각 그 법칙에 맞지 않는 경우가 없다. 어찌 다만 아홉 가지뿐이겠는가. 풍씨가 '아홉 가지는 일상에서 항상 사용하는 것 중에 핵심이다'라 한 말이 그 말이다.

16.11-1 孔子曰 見善如不及 見不善如探湯 吾見其人矣 吾聞其語矣 探吐南反

공자께서 말씀하셨다. '선을 보면 미치지 못할 듯이 하고, 불선을 보면 끓는 물에 손대보듯이 한다'라 했는데, 나는 그런 사람을 보았고, 나는 그런 말을 들었다.

【집주】

眞知善惡 而誠好惡並去聲之 顏曾冉閔之徒 蓋 能之矣 語 蓋 古語也

진정 선과 악을 알아 그것을 진정으로 좋아하고 싫어하는 것, (이 일을) 안자, 증자, 염백우, 민자건의 무리는 대개 할 수 있었다. '어(말)'는 대개 옛말이다.

【세주】

慶源輔氏曰 見善如不及 則表裏皆好 而無一念之不好 不患其不爲之矣 見不善如探湯 則表裏皆惡 而無一念之不惡 不患其或爲之矣 此 唯知至意誠者 能之 故 顏曾冉閔之徒 足以當之

경원 보씨가 말했다. 선을 보기를 미치지 못할 것처럼 하면 안과 밖이 모두 (선을) 좋아해 좋아하지 않는 생각이 하나도 없어 (선을) 행하지 않을 우려가 없다. 불선을 보기를 끓는 물에 손대보듯이 하면 안과 밖이 모두 (불선을) 싫어해 싫어하지 않는 생각이 하나도 없어 혹시 (불선을) 행할 우려가 없다. 이는 다만 앎이 지극하고 뜻이 참된 자만이 할 수 있다. 그러므로 안자, 증자, 염백우, 민자건의 무리는 충분히 이에 해당될 수 있다.

16.11-2 隱居以求其志 行義以達其道 吾聞其語矣 未見其人也

'은거해서 그 뜻을 추구하고, 의를 행해서 그 도를 이룬다'라 했는데, 나는 그런 말은 들었지만 그런 사람은 (현실에서) 보지 못했다.

【집주】

求其志 守其所達之道也 達其道 行其所求之志也

그 뜻을 추구한다는 것은 이루려는 도를 지키는 것이다. 그 도를 이룬다는 것은 그 추구하는 뜻을 행하는 것이다.

【세주】

南軒張氏曰 其退也 所以安其義之所安 而其進也 所以推其道於天下 蓋 其所達之道 即其所求之志也

남헌 장씨가 말했다. 물러나는 것은 의에 있어서의 편안함을 편안히 여기려 함이고, 나아가는 것은 그 도를 천하로 미루어가려 함이다. 대개 그 이루려는 도는 곧 그 추구하는 뜻이다.

○新安陳氏曰 聞其語 可見四句皆古語也

신안 진씨가 말했다. 그런 말을 들었다고 하셨으니, 네 구절이 모두 옛말인 것을 알 수 있다.

【집주】

蓋 惟伊尹太公之流 可以當之 當時 若顏子 亦庶乎此 然 隱而未見形甸反 又不幸而蚤死 故 夫子云然

대개 오직 이윤과 태공의 무리만이 해당될 수 있다. 당시에 안자의 경우는 거의 이와 같았지만 그러나 숨어 있어(벼슬을 하지 않아) 드러나지 못했고, 또 불행히 일찍 죽었다. 그런 까닭에 공자께서 그렇게 말씀하셨다.

【세주】

朱子曰 行義 以達其道 所行之義 卽所達之道也 未行 則蘊諸中 行 則見諸事也

주자가 말했다. 의를 행해 그 도를 이룬다 할 때의 행하는 의란 곧 이루려는 도이다. 아직 행하지 않았을 때는 마음속에 축적되어 있고, 행하면 일에 드러난다.

○問 集註謂 伊尹太公之流 可以當之 顔子所造所得 二賢 恐無以過之 而云亦庶乎此 下語輕重抑揚處 疑若於顔子少貶者 若云古之人有行之者 伊尹太公之流 是也 若顔子 可以當之矣 然 隱而未見 又不幸蚤死 故 夫子 言然 不知可否 曰 當時 正以事言 非論其德之淺深也 然 語意之間 誠有如所論者

물었다. 집주에서 '이윤과 태공의 무리가 해당될 수 있다'라 했는데 안자가 도달하고 얻은 것을 두 현인이 넘지는 않은 것 같습니다. 그런데도 '(안자는) 또한 거의 이와 같았다'라 했으니 말을 하는(말투의) 경중이나 억양으로 보아 안자에 대해 약간은 폄하하는 것이 있는 듯합니다. 만약 '옛사람으로 이를 행한 사람이 있다면 이윤이나 태공의 무리가 이에 해당된다. 안자의 경우는 이에 해당될 수 있다. 그러나 숨어 있어 드러나지 않았고, 또 불행이 일찍 죽었다. 그런 까닭에 공자께서 그처럼 말씀하셨다'라 하면 괜찮을지 아닐지 모르겠습니다. 답했다. 당시에는 바로 일에 관해 말씀하신 것이고, 그 덕의 얕고 깊음을 논하신 것은 아니다. 그러나 말 뜻 사이에 진정 논한 바[질문자의 주장]와 같은 것이 있다.

○問 行義以達其道 莫是所行合義否 曰 志 是守所達之道 道 是行所求之志 隱居以求之 使其道充足 行義 是得時得位 而行其所當爲 臣之事君 行其所當爲而已 行所當爲 以達其所求之志 又問 如孔明 可以當此否 曰 也是 如伊尹 耕於有莘之野 而樂堯舜之道 是 隱居以求志 及幡然而起 使是君爲堯舜之君 使是民爲堯舜之民 是 行義以達其道 曰 如漆雕開之未能自信 莫是求其志否 曰 所以未能信者 但以求其志 未說行義以達其道

물었다. '의를 행해 그 도를 이룬다'는 것은 '행하는 바가 의에 합치한다'는 것

아닙니까? 답했다. '지(뜻)'는 이루려는 도를 지키는 것이고, '도'는 추구하는 뜻을 행하는 것이다. 은거해서 추구해 그 도가 충족되게 한다. 의를 행하는 것은 때와 지위를 얻어 그 마땅히 해야 할 바를 행하는 것이다. 신하가 임금을 섬김에는 그 마땅히 해야 할 바를 행할 뿐이니, 마땅히 행할 바를 행함으로써 그 추구하는 뜻을 이룬다. 또 물었다. 공명의 경우는 이에 해당될 수 있습니까? 답했다. 물론 그렇다. 예컨대 이윤은 유신의 들에서 농사지으면서 요순의 도를 즐겼으니 이는 은거해 그 뜻을 추구한 것이다. 떨쳐 일어나서는 그 임금을 요순과 같은 임금으로 만들고 그 백성을 요순의 백성과 같은 백성으로 만들었으니 이는 의를 행해 그 도를 이룬 것이다. 물었다. 칠조개가 '(나는) 아직 자신할 수 없습니다'라 한 경우는 그 뜻을 추구한 것 아닙니까? 답했다. '아직 자신할 수 없다'라 한 것은 단지 그 뜻을 추구하는 것에 관한 것이고, 의를 행해 그 도를 이루는 것에 관해서는 말하지 않았다.

○新安陳氏曰 惟伊尹太公 可以當之者 方其耕莘釣渭 則隱居求志也 及遇湯文而大用 則行義達道也 窮達無意 體用相須 當時 如顏子之用則行舍則藏 亦庶幾乎此 然 夫子 雖許顏子以此 而顏子 未用且不壽 則於行義達道 未見顏子之如此也 朱子嘗謂 以其事言 非以其德之淺深言 是也 前一節 眞知善惡而誠好惡之者 此 知至意誠之事 方篤信自脩 未達於用也 後一節 求志以守所達之道 達道以行所求之志者 則身脩而推以齊治平之事 體用全 而爲大人矣 此 夫子所以有見與未見之分耳

신안 진씨가 말했다. 오직 이윤과 태공이 해당될 수 있다는 것은, 바야흐로 신에서 농사짓고 위수에서 낚시한 것은 은거해 뜻을 추구한 것이고, 탕왕과 문왕을 만나서 크게 쓰인 것은 의를 행해 도를 이룬 것으로, 궁함과 현달함에 아무 뜻이 없었고, 체와 용이 같이 갖추어져 있었다는 것이다. 당시 안자의 '쓰이면 행세하고 버려지면 숨음' 같은 것은 또한 거의 이와 같은 것이다. 그러나 공자께서는 비록 안자에게 이를 인정하셨지만 안자는 쓰이지 않았고, 또 오래 살지 못했으니 의를 행해 도를 이루는 것에 관해서는 안자가 그러한 지를 보지 못하셨다. 주자가 일찍이 '(이는) 일에 관해 말씀하신 것이고 덕의 얕고 깊음을 말씀하신 것은 아니다'라 한 것이 그것이다. (집주의) 앞의 한 절에서 '진정 선악을 알아 진정으로 그것을 좋아하고 싫어한다'라 한 것, 이는 '앎을 지극하게 하고 뜻을 참되게 하는 일'에 대해서는 바야흐로 독실하게 믿어 스스로 닦았지만 쓰임에는 이르지 못한 것이다. 뒤의 한 절에서 '뜻을 추구해 그 이루려는 도를 지키고 도를 이루어 추구하는 뜻을 행한다'라 한 것은 몸을 닦고 (그것을) 제가 치국 평천하의 일로 밀고 나가 체와 용이 완전해 대인(큰 업적을 이룬 인물)이 되는 것이다. 이것이 공자께서 '보았다'와 '보지 못했다'로 나누신 이유일 뿐이다.

16.12-1 齊景公 有馬千駟 死之日 民 無德而稱焉 伯夷 叔齊 餓于首陽之下 民 到于今稱之

제 경공은 말이 천사(4,000마리)나 있었는데, 죽는 날 백성들이 그 덕을 칭송하는 사람이 없었고, 백이와 숙제는 수양산 아래에서 굶어 죽었지만 백성들이 지금도 칭송한다.

【집주】
駟 四馬也

'사'는 네 마리 말이다.

【세주】
胡氏曰 一車之用 兩服兩驂也

호씨가 말했다. 수레 한 대에 복마(힘쓰는 말) 두 마리와 참마(곁말, 예비용 말) 두 마리를 쓴다.

【집주】
首陽 山名

'수양'은 산 이름이다.

【세주】
胡氏曰 在河東蒲阪縣

호씨가 말했다. 하동 포판현에 있다.

○新安陳氏曰 富貴而無善可稱 身死而名隨滅 貧賤而有善可稱 世遠而名愈芳 是 名之稱不稱 初不繫於富貴貧賤也

신안 진씨가 말했다. 부귀하면서도 칭송할 만한 선이 없으면 몸이 죽으면 이름도 따라 사라진다. 빈천하면서도 칭송할 만한 선이 있으면 세월이 멀어져도 이름은 더욱 향기롭다. 이는 이름이 칭송되느냐 아니냐가 애초에 부귀빈천과 관련이 없기 때문이다.

16.12-2 其斯之謂與 與平聲

이는 그것을 말함이리라.

【집주】

胡氏曰 程子 以爲第十二篇錯簡 誠不以富亦祇以異 當在此章之首 今詳文勢 似當在此句之上 言人之所稱 不在於富 而在於異也 愚謂 此說近是 而章首 當有孔子曰字 蓋 闕文耳 大抵 此書後十篇 多闕誤

호씨가 말했다. 정자는 제12편(「안연」 제10장)이 착간으로서 (거기 있는) '성불이부 역지이이(진정 부 때문이 아니라 또한 단지 특이하기 때문이다)'라는 구절은 당연히 이 장의 앞에 있어야 한다고 했다. 지금 문세를 자세히 살펴보면 (그 구절이) 마땅히 이 구절 위에 있어야 할 것 같으니, (그렇게 되면) 사람들이 칭송하는 것은 부에 달려 있는 것이 아니라 특이함에 달려 있다고 말씀하신 것이다. 내가 생각건대, 이 설이 옳은 것에 가까운 것 같고, 또 장의 첫머리에 당연히 '공자께서 말씀하셨다'라는 글자가 있어야 하니, 대개 빠진 글일 뿐이다. 대개 이 책의 후반부 10편에는 빠지고 잘못된 것이 많다.

【세주】

厚齋馮氏曰 夫人 必有異於流俗 而後稱之 君子 所以 疾沒世而名不稱也 以千駟之馬 較首陽之餓夫 貧富貴賤 蓋 不侔矣 而後世稱之者 乃在此而不在彼也 君子

之於斯世 其可自同於流俗哉

후재 풍씨가 말했다. 무릇 사람은 반드시 유속(세상에 유행하는 풍속)과 다른 후에야 칭송된다. 군자는 그런 까닭에 죽은 다음에 이름이 일컬어지지 않는 것을 싫어한다. 4,000마리의 말을 수양산에서 굶어 죽은 사람과 비교해보면 빈부귀천은 대개 같지 않다. 그렇지만 후세에 칭송된 것은 곧 이(굶어 죽은 사람)에 있었지 저(말을 많이 가진 사람)에 있지 않았다. 군자가 이 세상에 있어서 스스로 유속에 동화되어서야 되겠는가.

○葉氏少蘊曰 伯夷叔齊 同隱首陽 而孟子不言叔齊者 制行立敎以示天下 爲之始者 伯夷也 叔齊 則從之而已 孟子 論敎之所始 故 獨與伯夷 夫子 論行之所異 故 兼稱叔齊也

섭소온이 말했다. 백이와 숙제는 같이 수양산에 숨었는데 맹자가 숙제를 말하지 않은 것은 행동을 절제해 가르침을 세움으로써 천하에 보이는 일을 처음 한 사람은 백이이고 숙제는 그를 따랐을 뿐이기 때문이다. 맹자는 가르침이 비롯된 바(누구에게서 시작되었는지)를 논했기 때문에 오직 백이만을 인정했고, 공자께서는 (그들의) 행위가 (제 경공이나 유속과) 다르다는 점을 논했기 때문에 숙제를 함께 말씀하셨다.

16.13-1 　陳亢 問於伯魚曰 子 亦有異聞乎 亢音剛

　　　　진항이 백어에게 물었다. 그대는 또한 달리 들은 것이 있습니까?

【집주】

亢 以私意窺聖人 疑必陰厚其子

항은 사사로운 생각으로 성인을 엿보았기에 틀림없이 (공자께서) 그 아들에게 은밀하게 후했으리라 의심했다.

16.13-2 　對曰 未也 嘗獨立 鯉 趨而過庭 曰 學詩乎 對曰 未也 不學詩 無以言 鯉 退而學詩

　　　　(백어가) 대답했다. 없습니다. 일찍이 (아버지, 즉 공자가) 홀로 서 계실 때 제가 빠르게 뜰을 지나는데 '시를 배웠느냐'라 하시기에 '아직 아닙니다'라 답하자 '시를 배우지 않으면 말(대화)을 할 수 없다'라 하셨습니다. 저는 물러나 시를 배웠습니다.

【집주】

事理通達 而心氣和平 故 能言

(시를 배우면) 사리에 통달하고 심기가 화평해진다. 그러므로 능히 말(대화)할 수 있다.

【세주】

慶源輔氏曰 詩 本人情 該物理 故 學之者 事理通達 其爲教 溫柔敦厚 使人不絞不訐 故 學之者 心氣和平 事理通達 則無昏塞之患 心氣和平 則無躁急之失 此其所以能言

경원 보씨가 말했다. 시는 인정에 근본을 두고 사물의 이치를 갖추고 있으므로 그것을 배우는 자는 사리에 통달한다. 그 가르침으로서의 성격은 온유하고 돈후해 사람으로 하여금 급히 비판하거나 대놓고 비난하지 않게 한다. 그러므로 그것을 배우는 자는 심기가 화평해진다. 사리에 통달하면 어둡고 막힐 우려가 없고, 심기가 화평하면 조급해 저지르는 잘못이 없다. 이것이 능히 말할 수 있는 이유이다.

○新安陳氏曰 誦詩三百 而使能專對 亦學詩能言之驗

신안 진씨가 말했다. 시 300편을 읊어 사신 가서 독자적으로 대응할 수 있는 것 또한 '시를 배우면 말할 수 있음'의 증거이다.

16.13-3 他日 又獨立 鯉 趨而過庭 曰 學禮乎 對曰 未也 不學禮 無以立 鯉 退而學禮

다른 날 또 홀로 서 계실 때 제가 빠르게 뜰을 지나는데 '예를 배웠느냐'라 하시기에 '아직 아닙니다'라 답하자 '예를 배우지 않으면 설 수 없다'라 하셨습니다. 저는 물러나 예를 배웠습니다.

【집주】

品節詳明 而德性堅定 故 能立

품절(신분에 따른 의례제도)에 상세히 밝아지고 덕성이 굳고 단단해진다. 그러므로 능히 설 수 있다.

【세주】

慶源輔氏曰 禮 有三千三百之目 其序 截然而不可亂 故 學之者 品節詳明 其爲敎 恭儉莊敬 使人不淫不懾 故 學之者 德性堅定 品節詳明 則義精而莫之惑 德性堅定 則守固而莫之搖 此 其所以能立

경원 보씨가 말했다. 예에는 3,300가지의 항목이 있는데 그 순서는 자른 듯해 어지럽힐 수 없다. 그러므로 그것을 배우는 자는 품절에 상세히 밝아진다. 그 가르침으로서의 성격은 공손하고 검소하고 장엄하고 경건해 사람으로 하여금 음란하거나 두려워하지 않게 한다. 그러므로 그것을 배우는 자는 덕성이 굳고 단단해진다. 품절에 상세히 밝으면 의리에 정밀해 미혹시킬 수 없고, 덕성이 굳고 단단하면 굳게 지키니 흔들 수 없다. 이것이 설 수 있는 이유이다.

○新安陳氏曰 夫子嘗曰 立於禮 又學禮能立之證

신안 진씨가 말했다. 공자께서 일찍이 '예에서 선다'라 하셨으니, 또한 '예를 배우면 설 수 있음'의 증거이다.

16.13-4 聞斯二者

이 두 가지를 들었습니다.

【집주】

當獨立之時 所聞 不過如此 其無異聞 可知

홀로 서 계실 때 들은 것이 이러한 것에 불과했으니, 달리 들은 것이 없음을 알 수 있다.

16.13-5 陳亢 退而喜曰 問一得三 聞詩聞禮 又聞君子之
遠其子也 遠去聲

진항이 물러나와 기뻐하면서 말했다. 하나를 물어 셋을 얻
었다. 시(배울 것)와 예(배울 것)를 듣고 또 군자께서 그 아
들을 멀리하셨음을 들었다.

【집주】

尹氏曰 孔子之教其子 無異於門人 故 陳亢 以爲遠其子

윤씨가 말했다. 공자께서 그 아들을 가르치심에, (다른) 문인들과 차이가 없
으셨다. 그런 까닭에 진항은 아들을 멀리한다고 여겼다.

【세주】

程子曰 聖人之敎 未嘗私厚其子 學詩學禮 止可告之若此 學 必待其自肯

정자가 말했다. 성인의 가르침은 그 아들이라 해서 사사로이 후한 적이 없었
다. 시를 배우고 예를 배우라 하신 것은 다만 이처럼 알려줄 만해서(알려줄
만한 수준이 되었기에) 알려주신 것일 뿐이다. 배움은 반드시 그 스스로 하려
하기를 기다려야 한다.

○朱子曰 陳亢 實以私己之心窺孔子 故 有此問 及其聞伯魚之說 而又以孔子爲
遠其子 則以其私意之未忘 而以爲聖人 故推其子而遠之也 殊不知 聖人 曷嘗有
是心哉 但其敎人之法 不過如此 而自世人之私厚其子者觀之 則亦可以有警云爾

주자가 말했다. 진항은 실로 사사로운 자신의 마음으로 공자를 엿보았기 때
문에 이런 질문을 했다. 백어의 말을 듣고서는 또 공자께서 그 아들을 멀리한
다고 여겼으니, 사사로운 생각을 잊지 못하고 성인께서 고의로 그 아들을 밀
어내어 멀리한다고 여긴 것이다. (이는) 잘 알지 못한 것으로, 성인께서 어찌
일찍이 이런 마음이 있으셨겠는가. 다만, (성인의) 사람을 가르치는 방법은

이와 같은 것에 불과하지만, 자신의 아들에게 사사로이 후하게 하는 세상 사람들의 입장에서 볼 때는 역시 놀라운 점이 있다고 말할 만하다.

○南軒張氏曰 聖人竭兩端之敎 於親疎賢愚 無以異也 其告門人 固嘗曰 興於詩 立於禮 而此語伯魚 必先之以學詩 次之以學禮 學之序 固當然也 不學詩 無以言 易其心而後能言也 不學禮 無以立 謹其節而後有立也 陳亢 初疑伯魚之有異聞 及聞斯言 乃亦夫子之所以敎門人者 故 有遠其子之言 謂不私其子也 味伯魚答陳亢之辭氣 亦可見其薰陶之所得矣

남헌 장씨가 말했다. 성인께서 '두 끝을 다해 가르치심(『논어』9, 「자한」 7장)'은 친한 자나 소원한 자, 현명한 자나 어리석은 자나 다름이 없다. 문인들에게 알려주셨을 때는 본디 '시에서 일어나고 예에서 선다(『논어』8, 「태백」 8장)'라 하셨고, 이를 백어에게 말씀해주실 때는 반드시 시를 배우는 것을 먼저로 하고 예를 배우는 것을 다음으로 하라 하셨으니, 배움의 순서상 본디 당연한 것이다. 시를 배우지 않으면 대화를 할 수 없으니 그 마음을 다스린 후에야 능히 대화할 수 있다. 예를 배우지 않으면 설 수 없으니 그 예절을 삼간 후에야 설 수 있다. 진항은 처음에는 백어가 달리 들은 것이 있으리라 의심했고, 이 말을 듣고는 (이 말이) 곧 또한 공자께서 문인들에게 가르치신 것임을 알았다. 그런 까닭에 그 아들을 멀리한다는 말을 했는데, (그 말의 뜻은) 그 아들에게 사사로이 하지 않으신다는 것이었다. 백어가 진항에게 대답한 말의 어조를 감상해보면 또한 (백어가 받은) 훈도의 성과를 알 수 있다.

○潛室陳氏曰 詩 能興起人心 禮 可固人肌膚之會 筋骸之束 於初學 爲最近 故 聖人 以此爲學者門戶

잠실 진씨가 말했다. 시는 인심을 흥기하게 할 수 있고, 예는 사람의 살과 가죽의 모임과 근골의 묶임(몸의 형체를 갖춤)을 굳건하게 할 수 있으니, 초학자에게는 가장 가까운 것이다. 그러므로 성인께서는 이를 배우는 자의 문호(들어가는 입구)로 삼으셨다.

○問 陳亢謂 聖人遠其子 未免以私意窺聖人 曰 古者 易子而敎之 父子之間 不

責善 乃天理如此 非私意也

물었다. 진항은 성인께서 그 아들을 멀리하신다고 했으니 사사로운 생각으로 성인을 엿본 것을 면하지 못했습니다. 답했다. 옛날에는 아들을 서로 바꾸어 가르쳤으니, 부자간에는 책선(잘하라고 강요함)하지 않는 것이다. 천리가 이와 같으니 (진항의 생각이) 사사로운 생각은 아니다.

○問 伯魚 聖人之子 陳亢 意其有異聞 及止聞詩禮之訓 乃知聖人遠其子 愚意 伯魚之資稟 稍劣 故 聖人 止以是告也 使其有曾顔之資 亦當以曾顔者告之矣 若一以遠其子 則是有心於爲公也 聖人然乎哉 曰 父子主恩 義方之訓 只說到這處 若伯魚 天資穎悟 卽飮食起居 無非敎也 天何言哉 四時行焉 百物生焉 聖人 何隱乎爾 曾顔可至 伯魚亦可至 自是日用不知耳

물었다. 백어는 성인의 아들이니 진항이 달리 들은 것이 있으리라 생각했는데, 단지 시와 예의(시와 예를 배우라는) 가르침이 있었다는 말만을 듣자 성인께서 그 아들을 멀리하시는 줄 알았습니다. 제가 생각건대, 백어의 자질은 약간 열등한 까닭에 성인께서는 이를 알려주시는 데 그쳤습니다. 만약 증자나 안자의 자질이었다면 역시 당연히 증자나 안자에게 알려주신 것을 알려주셨을 것입니다. 만약 하나라도 그 아들을 멀리하려는 마음이 있었다면, 이는 공(공적으로 하려는 것)에 (의도적인) 마음이 있었던 것입니다. (어찌) 성인이 그렇겠습니까. 답했다. 부자간은 은혜를 주로 하니, 마땅히 지켜야 할 가르침(아버지가 아들을 훈계하는 말)에 관해서는 단지 이런 것에 대해 말씀하셨을 뿐이다. 만약 백어가 선천적 자질이 영민했다면 곧 먹고 마시고 기거하고 하는 것(공자의 일상)이 가르침이 아닌 것이 없었을 것이다. '하늘이 무슨 말을 하는가? 사시가 운행하고 만물이 태어날 뿐이니(『논어』17, 「양화」19장)' 성인께서 무엇을 숨기시겠는가? 증자나 안자가 도달할 수 있다면 백어 또한 도달할 수 있는데, 본디 일상에서 깨닫지 못한 것일 뿐이다.

○新安陳氏曰 得三 謂聞詩聞禮與遠其子爲三也 夫子 固不私其子 亦何嘗遠其子 當其可而敎之 敎子與敎門人 一耳 興詩立禮 詩禮雅言 與此之聞詩聞禮 平日敎門人 如此 敎子 亦不過如此 陋哉 亢之見也 味伯魚答亢之辭氣 雍容詳密 亦可

見濡染薰陶之所得矣 惜其不壽 而不至大成就耳

신안 진씨가 말했다. 세 가지를 얻었다는 것은 시를 들은 것, 예를 들은 것, 그 아들을 멀리한 것이 (합쳐) 셋이 된다는 말이다. 공자께서는 본디 그 아들에게 사사로이 하지도 않으셨지만 또 어찌 일찍이 그 아들을 멀리하셨겠는가? 가능한 때가 되어야 가르치시는 것은 아들을 가르치는 경우나 문인을 가르치는 경우나 마찬가지일 뿐이다. '시에서 흥하고 예에서 선다', '시와 예를 항상 말씀하셨다' 등의 경우와 여기서의 시(를 배우라는 말씀)를 듣고 예를 들은 것(을 비교해보면), 평소 문인을 가르치시는 것도 이러하셨고, 아들을 가르치시는 것 또한 이러하신 데 불과했다. 누추하구나, 항의 견식이여. 백어가 항에게 답한 말의 어조를 감상해보면 온화하고 세밀하니 또한 유염(영향을 받아 물듦)과 훈도(아름다운 도야를 받음)의 성과를 알 수 있다. 장수하지 못해 큰 성취에 이르지 못했음이 아까울 뿐이다.

16.14 邦君之妻 君稱之 曰夫人 夫人自稱 曰小童 邦人稱之 曰君夫人 稱諸異邦 曰寡小君 異邦人稱之 亦曰君夫人

나라(제후국) 임금의 처에 대해, 임금이 부를 때는 부인이라 하고, 부인이 스스로를 부를 때는 소동이라 하고, 나라 사람들이 부를 때는 군부인이라 하고, 다른 나라에 대해 부를 때는 과소군이라 하고, 다른 나라 사람들이 부를 때는 역시 군부인이라 한다.

【집주】

寡 寡德 謙辭

'과'는 덕이 모자란다는 것이니 겸손의 말이다.

○吳氏曰 凡語中所載 如此類者 不知何謂 或古有之 或夫子嘗言之 不可考也

오씨가 말했다. 무릇 『논어』 중에 실려 있는 이와 같은 말들은 무엇을 말하는지 알 수 없다. 혹 옛날에 이런 일이 있었다는 것인지, 혹은 공자께서 말씀하신 적이 있다는 것인지, 고찰할 수 없다.

【세주】

南軒張氏曰 此 正名之意也 春秋時 以妾母爲夫人者 多矣 甚則以妾爲夫人 如魯惠晉平之爲者 名實之乖 一至於此 正其名 所以責其實也

남헌 장씨가 말했다. 이는 이름을 바로 잡으시려는 뜻이다. 춘추시대에 첩인 어머니(서모)를 부인이라 하는 경우가 많았다. 심지어는 첩을 부인이라 하기도 했으니, 예컨대 노나라 혜공, 진공, 평공의 행위는 이름과 실제가 어그러저 하나같이 이에 이르렀다. 그 이름을 바로잡으신 것은 그 실제를 추궁하시려는 것이다.

○覺軒蔡氏曰 按記曲禮篇曰 天子之妃 曰后 諸侯 曰夫人 大夫 曰孺人 士 曰婦人 庶人 曰妻 公侯 有夫人 有世婦 有妻 有妾 夫人 自稱於天子 曰老婦 自稱於諸侯 曰寡小君 自稱於其君 曰小童 自世婦以下自稱 曰婢子 孔氏正義曰 此一節 論天子以下妃妾稱謂之法 諸侯曰夫人者 夫人之名 唯諸侯得稱 諸侯 以敵體一人正者 爲夫人 畿內諸侯之妻 其助祭獻蠒 得接見天子 故 自稱 曰老婦 其自稱於諸侯曰寡小君者 諸侯 相饗 夫人亦出 故 得自稱也 君之妻曰小君 而云寡者 從君謙也 自稱於其君曰小童者 與夫言自謙 若未成人 言無知也 當夫子時 諸侯 僭天子 大夫 僭諸侯 家臣 僭大夫 非一日矣 以至婢妾 亦僭夫人 然 正名定分 當自諸侯始 故 夫子 有志於古禮 而嘗言之 記者 附見於衛靈公之篇末 豈因南子而發歟 觀此 則知君臣夫婦之經 不可以不正 君臣夫婦之倫正 則名實稱矣

각헌 채씨가 말했다. 『예기』, 「곡례(하)」편을 살펴보면, "천자의 비는 후라 하고, 제후는 부인이라 하고, 대부는 유인이라 하고, 사는 부인이라 하고, 서인은 처라 한다. 공후에게는 부인이 있고, 세부가 있고, 처가 있고, 첩이 있다. 부인은 천자에게 스스로를 칭할 때는 노부라 하고, 제후에게 스스로를 칭할 때는 과소군이라 하고, (자신의 남편인) 임금에게 스스로를 칭할 때는 소동이라 한다. 세부 이하가 스스로를 칭할 때는 비자라 한다"라 했다. (이에 관해) 공씨(공영달)의 『(예기)정의』에서는 "이 한 구절은 천자 이하의 비나 첩의 호칭법을 논한 것이다. 제후의 경우를 부인이라 한 것은 부인이라는 호칭은 오직 제후만 부를 수 있다는 것이다. 제후와 동격인 한 사람으로서 바른 자(정처)를 부인이라 한다. 왕기 내의 제후의 처는 그 제사를 돕고 잠사를 바쳐 천자를 접견할 수 있기 때문에 스스로를 노부라 칭한다. 제후에게 스스로를 과소군이라 칭한다는 것은 제후가 서로 접대할 때 부인 또한 (그 자리에) 나오므로 (손님인 제후에게) 스스로를 (과소군이라) 칭할 수 있다는 것이다. 임금의 처를 소군이라 하는데 '과'라고 (덧붙여) 말하는 것은 (남편인) 임금을 따라 (자신도) 낮추는 것이다(남편인 임금을 과군이라 하는 것에 맞추어 자신도 과소군이라 낮춘다). (남편인) 임금에게 스스로를 소동이라 칭하는 것은 남편과 대화함에 스스로를 낮추어 마치 어른이 못 된 것처럼 하는 것으로, 무지하다는 말이다"라 했다. 공자 당시에 제후는 천자를 참칭하고, 대부는 제후를 참칭하고, 가신은 대부를 참칭한 것이 하루 이틀이 아니었고, 노비인 첩이 또한 부인을 참칭하기에 이르렀다. 그러나 이름을 바로잡고 분수를 정하는 것은 마땅히 제후에서부터 시작해야 하기 때문에 공자께서는 옛 예에 뜻을 두시고 일찍이 그것(옛 예)을 말씀하셨다. 기록하는 자가 그 말씀을「위령공」편[「계씨」편의 잘못인 듯] 말에 붙여놓았으니, 어찌 남자(위 영공의 부인)로 인해 하신 말씀이겠는가?[만약 남자 때문에 하신 말씀이라면「위령공」편 말에 있어야 한다.] 이 말씀을 살펴보면, 군신과 부부의 원칙은 바로잡지 않을 수 없다는 것과 군신과 부부의 윤리가 바르게 되면 이름과 실제가 일치하게 된다는 것을 알 수 있다.

○陳氏用之曰 國君 理陽道 而出命正人於其外 故 謂之君 夫人 理陰德 而出命正人於其內 故 亦謂之君 易曰 其君之袂 詩曰 我以爲君 禮稱女君 春秋 書小君 是也

진용지가 말했다. 나라의 임금은 양의 도를 다스려 (궁궐) 밖으로 명을 내어 사람을 바로잡는다. 그런 까닭에 군이라 한다. 부인은 음의 덕을 다스려 (궁궐) 안으로 명을 내어 사람을 바로잡는다. 그런 까닭에 역시 군이라 한다.『주역』(54「귀매」괘 〈6 5〉의 효사)에 "그 군(정처)의 소매"라 한 것,『시경』(「용풍」, 〈순지분분〉)에 "내가 군(임금의 처)이라 부르랴"라 한 것,『예기』에 '여군'이라 칭한 것,『춘추』에 '소군'이라 기록한 것들이 그 예이다.

○厚齋馮氏曰 是時 嫡妾不正 稱號不審 必夫子 嘗言古禮如此 故 記之

후재 풍씨가 말했다. 이 당시에 적처와 첩(의 구별)이 바르지 않아 호칭이 정확하지 않았기에 틀림없이 공자께서 일찍이 옛 예를 이처럼 말씀하셨을 것이다. 그런 까닭에 기록했으리라.

陽貨第十七

【집주】

凡二十六章

모두 26장이다.

17.1-1 陽貨 欲見孔子 孔子不見 歸孔子豚 孔子 時其亡 而往拜之 遇諸途 歸如字 一作饋

양화가 공자를 만나고 싶어 했는데 공자께서는 만나지 않으셨다. 공자께 돼지를 보냈는데 공자께서는 그 없는 틈을 타 사례하러 가셨다가 길에서 그와 마주치셨다.

【집주】

陽貨 季氏家臣 名 虎 嘗囚季桓子 而專國政

양화는 계씨의 가신으로 이름은 호이다. 일찍이 계환자를 가두고 국정을 전횡했다.

【세주】

左傳 定公五年 季平子卒 旣葬 陽虎 囚季桓子

『(춘추)좌전』에 보면 다음과 같이 나와 있다. 정공 5년, 계평자가 죽고 이미 장사지낸 후 양호가 계환자를 가두었다.

【집주】

欲令平聲孔子來見己 而孔子 不往

공자로 하여금 와서 자기를 만나게 하고자 했으나 공자께서는 가지 않으셨다.

【세주】

葉氏少蘊曰 虎與南子 異 南子 君夫人 可以見 而虎 可以不見也

섭소온이 말했다. 호(양화)와 남자는 (경우가) 다르다. 남자는 군주의 부인이니 만날 수 있지만 호는 만나지 않아도 된다.

【집주】

貨 以禮 大夫 有賜於士 不得受於其家 則往拜其門 故 瞰苦濫反孔子之亡 而歸之豚 欲令孔子來拜 而見之也

(양)화는, 예법상 대부가 사에게 선물을 했는데 그(사의) 집에서 받지 못하면 (대부의) 집으로 가 사례하는 것이기에, 공자께서 안 계신 틈을 엿보고 돼지를 보냈으니 공자로 하여금 와 사례하게 해 만나려 했던 것이다.

【세주】

朱子曰 貨之歸豚 蓋 以大夫自處

주자가 말했다. 화가 돼지를 보낸 것은 대개 대부로 자처한 것이다.

17.1-2 謂孔子曰 來 予 與爾言 曰 懷其寶而迷其邦 可謂仁乎 曰 不可 好從事而亟失時 可謂知乎 曰 不可 日月逝矣 歲不我與 孔子曰 諾 吾 將仕矣
好亟知並去聲

(양화가) 공자께 말하기를 "오시오. 내가 그대와 할 말이 있습니다"라 하고, "보물을 품고도 나라를 혼미하게 두면 인이라 할 수 있습니까?"라 했다. 답하시기를 "안 됩니다"라 했다. (양화가 말하기를) "일에 종사하기를 좋아하면서 번번이 때를 잃으면 지라 할 수 있습니까?"라 했다. 답하시기를 "안 됩니다"라 했다. (양화가 말하기를) "시간은 흐릅니다. 세월은 내공재와 함께하지 않습니다"라 했다. 공자께서 말씀하시기를 "좋습니다. 내가 장차 벼슬하겠습니다"라 했다.

【집주】

懷寶迷邦 謂懷藏道德 不救國之迷亂 亟 數音朔也 失時 謂不及事 幾平聲之會 將者 且然而未必之辭

'보물을 품고도 나라를 혼미하게 둔다'는 것은 도와 덕을 품어 숨기고 있으면서도 나라의 혼란을 구하지 않는다는 것이다. '기'는 '번번이'이다. '때를 잃는다'는 것은 일할 기회를 잡지 못한다는 말이다. '장'이란 장차 그렇게 하겠지만 꼭 그런다는 것은 아니라는 말이다.

【세주】

新安陳氏曰 將之一字 其辭 活 其意 婉 不輕絶之 亦未嘗輕許之 聖人之遠小人 所以不惡而嚴也

신안 진씨가 말했다. '장' 한 글자는, 그 말은 살아 움직이고 그 뜻은 완곡하니, 가벼이 거절하지도 않으신 것이고 또한 일찍이 가벼이 허락하지도 않으신 것이다. 성인께서 소인을 멀리하시는 것은 나쁘게 하지는 않으면서 엄히 하는 방식이었다.

【집주】

貨語 皆譏孔子而諷 使速仕 孔子 固未嘗如此 而亦非不欲仕也 但不仕於貨耳 故 直據理答之 不復扶又反與辯 若不諭其意者

화의 말은 모두 공자를 비판해 풍자함으로써 속히 벼슬을 하게 하려는 것이었다. 공자께서는 본디 일찍이 이런(양화의 말과 같은) 적이 없으셨지만 또한 벼슬하고 싶지 않으신 것은 아니었다. 다만 양화에게 벼슬하지 않으신 것뿐이다. 그런 까닭에 곧바로 이치에 근거해 대답하시고, 다시 더불어 변론하지 않으셨으니 마치 그 뜻을 깨닫지 못한 자처럼 하셨다.

【세주】

慶源輔氏曰 君子 未嘗不欲仕 曰吾將仕矣 此 所謂據理而答之也 不復與辯者 不

與辯已固未嘗如此 亦非不欲仕 直不可仕於貨之意也 蓋 陽虎 雖暴戾 然 其與夫子言 亦未嘗悖違乎理也 曰懷寶 則貴之矣 曰亟失時 則惜之矣 曰仁 曰知 則亦嘗聞其說 而非懜然全不曉矣 此 固聖人盛德之容儀 有以感之 故 夫子 亦據直理答之 若夫聖人之心事 則非虎之可知而可語也

경원 보씨가 말했다. 군자는 벼슬하려 하지 않는 적이 없다. '내가 장차 벼슬하겠다'라는 말씀, 이는 소위 이치에 근거해 답하신 것이다. 다시 더불어 변론하지 않으신 것은 (공자 자신은) 원래 이러한 적이 없음을 변론하지 않으신 것으로, (이는) 또한 벼슬하기를 바라지 않는 것이 아니라 다만 양화에게 벼슬할 수는 없다는 뜻이다. 대개 양호는 비록 사납지만 공자와 더불어 나눈 말은 또한 일찍이 이치에 어긋난 것은 없었다. '보물을 품고'라 한 말은 (공자를) 귀히 여긴 것이고, '번번이 때를 잃는다'는 말은 그것을 안타까워한 것이고, 인이니 지니 했으니 또한 일찍이 그 말씀을 들은 적이 있어 무지하게 전혀 깨닫지 못한 것은 아니었다. 이는 본디 성인의 융성한 덕의 모습에 느낀 바 있었기 때문으로, 그런 까닭에 공자께서는 또한 바른 이치에 근거해 답하셨다. 성인의 심사에 관해서는 양호가 알 수 있거나 말할 수 있는 것이 아니다.

【집주】

○陽貨之欲見孔子 雖其善意 然 不過欲使助己爲亂耳

양화가 공자를 만나려 한 것은 비록 선의이기는 하지만 그러나 자기를 도와 난을 일으키기를 바란 것에 불과하다.

【세주】

慶源輔氏曰 觀懷寶失時之語 有愛敬聖人之心 知其爲善意 然 意欲其助己耳

경원 보씨가 말했다. 보물을 품고 있다, 때를 잃는다 등의 말을 보면 성인을 사랑하고 존경하는 마음이 있으니 그것이 선의임을 알겠다. 그러나 자기를 돕기를 바란 것일 뿐이다.

【집주】

故 孔子不見者 義也 其往拜者 禮也 必時其亡而往者 欲其稱去聲也 遇諸途而不避者 不終絶也 隨問而對者 理之直也 對而不辯者 言之孫而亦無所詘與屈同也

그런 까닭에 공자께서 만나지 않으신 것은 의이고, 가서 답례하신 것은 예이다. 반드시 그 없을 때를 틈타 가신 것은 상응하기를 바라신 것이고, 길에서 마주쳤을 때 피하지 않으신 것은 끝내 끊지는 않으신 것이다. 묻는 데 따라 대답하신 것은 이치의 곧음이고, 대답하되 변론하지 않으신 것은 말씀은 공손하지만 또한 굽힌 것은 없으신 것이다.

【세주】

新安陳氏曰 言遜 則易詘 惟聖人 能遜言而無所詘

신안 진씨가 말했다. 말을 공손히 하면 굽히기 쉽다. 오직 성인만이 말을 공손히 하면서도 굽히지 않을 수 있다.

○問 陽貨瞰亡 此 不足責 孔子 亦瞰亡 不幾於不誠乎 朱子曰 非不誠也 彼 以瞰亡來 我 亦以瞰亡往 一來一往 禮甚相稱 但孔子 不幸遇諸塗耳

물었다. 양화가 (공자가) 안 계신 틈을 엿본 것, 이는 질책하기에는 부족합니다. 공자 또한 (양화가) 없는 틈을 엿보았으니 참되지 못한 것에 가깝지 않습니까? 주자가 답했다. 참되지 않은 것은 아니다. 그가 없는 틈을 엿보고 왔으니 나 또한 없는 틈을 엿보아 간다. 한 번 가고 한 번 왔으니 예가 매우 서로 걸맞다. 다만 공자께서는 불행히도 길에서 마주치셨을 뿐이다.

○吳氏曰 小人行事 君子 豈得效之 非謂禮尙往來 欲其相稱 不往 不可 往拜 則墮小人之計 故 權衡如此 又曰 不見 正也 往拜 權也 隨問而答 辭順禮恭 在此無詘 而在彼亦無所忤也 貨 天資小人 術旣狡深 語皆機警 而夫子 雍容應之 曲盡其道 貨 終無所施其奸也 非聖人而能若是乎

오씨가 말했다. 소인의 행사를 군자가 어찌 본받을 수 있겠는가. 예는 왕래함(동일한 방식으로 주고받음)을 숭상하기에 서로 걸맞게 하려 하셨다는 말은 아니다. 가지 않는 것은 안 되지만 가서 답례하면 소인의 계략에 빠지는 것이기 때문에 이처럼 재량하셨을 뿐이다. 또 말했다. 만나지 않으신 것은 정도이고, 가서 답례하신 것은 권도이다. 묻는 데 따라 답하시어 말은 온순하고 예는 공손했지만 이로서는(공자로서는) 굽힌 것이 없고, 그로서는 또한 거슬릴 것이 없었다. 양화는 선천적 소인으로서 수법은 매우 교활하고 음험하고, 말은 모두 재빠르고 재치 있었지만 공자께서는 평온히 대응하시어 그 도를 상세히 다하셨으니 양화는 마침내 그 간교함을 부릴 곳이 없었다. 성인이 아니고서 이처럼 할 수 있으랴.

○慶源輔氏曰 聖人之事 雖縱橫曲折 千條萬緖 然 無非義理之當然 不自往見者 義也 其往拜者 禮也 不終絶者 仁也 隨問而答 對而不辯者 知也 四者 一出於誠 信也 只此一事 而五性具焉 夫 然後 見聖人之全德

경원 보씨가 말했다. 성인의 일은 비록 종으로 횡으로 굽고 꺾이어 천 갈래 만 갈래이지만 그러나 의리의 당연함이 아닌 것이 없다. 스스로 가서 만나지 않으신 것은 의이고, 가서 답례하신 것은 예이다. 끝내 끊지 않으신 것은 인이고, 묻는 데 따라 답하시면서도 대응해 변론하지 않으신 것은 지이다. 네 가지가 하나같이 성신(참되고 진실함)에서 나왔으니 비록 이는 하나의 일이지만 5성이 갖추어져 있다. 무릇 그러한 연후에야 성인의 완전한 덕이 드러난다.

【집주】
楊氏曰 揚雄謂 孔子於陽貨也 敬所不敬 爲詘身以信與伸同道 非知孔子者

양씨가 말했다. 양웅은 "공자가 양화에 대해, 존중할 만하지 않은 것을 존중했고, 몸을 굽힘으로써 도를 펴려 했다"라 했는데, (양웅은) 공자를 아는 자가 아니다.

【세주】

揚子法言 或問 聖人 有詘乎 曰有 曰 焉詘乎 曰 仲尼於南子 所不欲見也 於陽虎 所不欲敬也 見所不見 敬所不敬 不詘如何 或曰 衛靈公問陳 則何以不詘 曰 詘 身 將以信道也 如詘道而信身 雖天下 不可爲也

양자의 『법언』(8, 「오백」)에 다음과 같이 나와 있다. 혹자가 물었다. 성인도 굽힌 적이 있습니까? 답했다. 있다. 물었다. 어떻게 굽혔습니까? 답했다. 중니는 남자에 대해서는 만나고 싶지 않았고, 양호에 대해서는 존중하고 싶지 않았다. 만나고 싶지 않은 것을 만나고 존중하고 싶지 않은 것을 존중한 것이 굽힌 것이 아니고 무엇인가? 혹자가 물었다. 위 영공이 진법을 물었을 때는 왜 굽히지 않았습니까? 답했다. 몸을 굽히는 것은 그리함으로써 장차 도를 펴려는 것이다. 도를 굽혀 몸을 펴는 것은 비록 천하라 해도(천하를 준다 해도) 할 수 없는 것이다.

【집주】

蓋 道外無身 身外無道 身詘矣 而可以信道 吾未之信如字也

대개 도 밖에 몸 없고(도와 별도로 몸이 있는 것이 아니고), 몸 밖에 도 없다(몸과 별도로 도가 있는 것이 아니다). 몸을 굽혔는데 도를 펼 수 있다는 것, 나는 믿지 못한다.

【세주】

朱子曰 虎 是惡人 本不可見 孔子 乃見之 亦近於詘身 却不知 聖人 是禮合去見他 不爲詘 到與他說話時 只把一兩字答他 辭氣溫厚 而不自失 非聖人 斷不能如此

주자가 말했다. 양호는 악인이니 원래 만날 수 없는데 공자께서 만나셨으니 또한 몸을 굽힌 것에 가깝기는 하다. 그러나 이는 알지 못한 것으로, 성인께서는 예에 합당하게 그를 만나셨으니 굽힌 것이 아니고, 그와 더불어 이야기하실 때는 단지 한두 마디 말씀으로 답하셨으니 어조는 온후했지만 스스로 잃으신(잘못하신) 것은 없었다. 성인이 아니면 결코 이처럼 할 수 없다.

○或問 此章之說 曰 觀夫子所以告微生畝 與夫辯長沮桀溺之語 則聖人之自言 未嘗不正其理 而明辯之也 至於告陽貨 則隨其所問 應答如響 而略無自明之意 則亦是 陽貨之暴 有不足告 而姑孫辭以答之 然 味其旨 則亦無非義理之正 與其 中心之實然者 則是初未嘗詘也 胡張之說 善矣

혹자가 이 장의 설에 관해 물었다. 답했다. 공자께서 미생묘에게 알려주신 것과 장저와 걸닉에게 변론하신 말씀을 보면, 성인 스스로 하신 말씀은 일찍이 그 이치를 바르게 해 명확하게 변론하지 않으신 적이 없다. 그런데 양화에게 알려주실 때는 그 묻는 데 따라 마치 메아리처럼 응답하시고 스스로를 밝히려는 뜻은 거의 없으셨으니 이는 역시 양화가 난폭해 알려줄 만하지 못했기 때문으로, 잠시 겸손한 말로 답하신 것이다. 그러나 그 뜻을 감상해보면, 또한 의리의 바름이 아닌 것이 없고, 마음속의 실제와 일치했으니 애초에 굽힌 적이 없으셨던 것이다. 호씨(호인)와 장씨(장식)의 설은 좋다.

○胡氏曰 揚氏謂 孔子於陽貨 爲詘身以信道 雄之意 蓋 以身與道爲二物也 是以 其自爲也 黽勉莽賢之間 而擬論語周易 以自附於夫子 豈不謬哉

호씨가 말했다. 양씨(양웅)는 '공자는 양화를 대함에 몸을 굽혀 도를 펴려 했다'라 했는데, 양웅의 뜻은 대개 몸과 도를 두 물건으로 생각한 것이다. 그런 까닭에 그 스스로 한 일이란 (왕)망과 (동)현 사이에서 애쓰는 것이었고,『논어』와 『주역』을 모방함으로써 자신을 (공자와 동격인 양) 공자께 갖다 붙인 것이니 어찌 잘못이 아니랴.

○南軒張氏曰 陽貨見孔子一節 不只是遜辭答他 道 亦在其中 懷其寶而迷其邦 固不可謂之仁 我 却不是迷其邦 好從事而亟失時 固不可謂之知 我 却不是亟失時 日月逝矣 歲不我與 我 又却不是不仕 只是我仕時 却與你別 聖人之言 本末備具

남헌 장씨가 말했다. 양화가 공자를 만난 이 한 구절은 단지 말씨를 겸손히 해 그에게 답한 것만은 아니고, 도 또한 그 가운데 들어 있다. 보물을 간직하고서도 나라를 혼미하게 두는 것은 본디 인이라 할 수 없지만, (그 말에 대해)

'나는 나라를 혼미하게 두는 것이 아니다'라 말씀하신 것이고, 일에 종사하기를 좋아하면서도 번번이 때를 잃는 것은 본디 지(혜)라 할 수 없지만, (그 말에 대해) '나는 번번이 때를 잃는 것은 아니다'라 말씀하신 것이고, '시간은 흐르니 세월은 나와 함께하지 않는다'라는 말에 대해서는 '내가 벼슬하지 않으려는 것이 아니고 다만 내가 벼슬할 때 너와는 함께하지 않는다'라 말씀하신 것이니, 성인의 말씀은 본말을 구비했다.

○勉齋黃氏曰 日月逝矣 歲不我與 蓋 謂夫子旣老 可以有爲之日月 已過矣 歲運而往 其去甚速 豈復與我 而爲我少緩乎 是 亦諷使速仕也

면재 황씨가 말했다. '시간은 흐르니 세월은 나와 함께하지 않는다'라는 말은 대개 '선생은 이미 늙어 일을 해낼 만한 시간이 이미 지났다. 세월이 흘러가는 것은 그 속도가 매우 빠르니 (세월이) 어찌 다시 나와 함께하겠으며, 나를 위해 조금이라도 늦추어주겠는가'라는 말이니, 이 또한 풍유해 속히 벼슬하게 하려는 것이다.

○問 陽貨 欲見孔子 孔子 不見 至於公山弗擾 以費畔 召 子欲往 夫陽貨與此人 皆一時叛臣 孔子 不見陽貨 而欲見此人 何也 潛室陳氏曰 聖人 道大德宏 無可無不可 雖是惡人 苟其一時意向之善 交際之誠 聖人 無不與者 陽貨 則見之之意 不實 交際之禮 不誠 故 孔子 不欲見之 孟子曰 苟善其禮際 斯君子受之矣

물었다. 양화가 공자를 만나려 했는데 공자께서는 만나지 않으셨습니다. 공산불요가 비읍을 근거로 배반했을 때, (그가) 부르자 공자께서는 가시려 했습니다. 무릇 양화와 이 사람(공산불요)은 모두 한때의 반역자인데 공자께서 양화는 만나지 않으시고 이 사람은 만나려 하신 것은 왜입니까? 잠실 진씨가 답했다. 성인께서는 도가 위대하시고 덕이 굉장하시니 가한 것도 불가한 것도 없으시다. 비록 악인이라 하더라도 한때 의향이 선하고 교제함이 참되다면 성인께서 함께하지 않으신 적이 없다. 양화는 만나려는 뜻이 진실하지 못하고 교제의 예도 참되지 못했다. 그런 까닭에 공자께서는 만나려 하지 않으셨다. 맹자는 '그 교제의 예가 선하면 군자는 받아들인다'라 했다(『맹자』10, 「만장 하」13장).

○雲峯胡氏曰 此 一事耳 而見聖人一言一動 無非時中之妙 陽貨 欲見孔子 而遽見之 非中也 旣有饋而不往拜之 非中也 不時其亡 則中小人之計 非中也 不幸遇諸塗而又避之 則絶小人之甚 非中也 理之直者 其辭 易至於不遜 非中也 辭之遜而或有所詘 非中也 聖人 不徇物而亦不苟異 不絶物而亦不苟同 愈雍容不迫 而愈剛直不屈 此 其所以爲時中之妙也

운봉 호씨가 말했다. 이는 하나의 일일 뿐이지만, 성인의 말씀 하나 동작 하나가 때에 맞는 오묘함이 아닌 것이 없음이 드러난다. 양화가 공자를 만나려 한다고 성급히 만나는 것은 맞는(적절한) 일이 아니다. 이미 선물을 받았는데 가서 사례하지 않는 것은 맞는 일이 아니다. 그 없는 때를 틈타지 않으면 소인의 꾀에 빠지는 것이니 맞는 일이 아니다. 불행히 길에서 마주쳤는데 또 피하면 소인을 지나치게 끊는 것이니 맞는 일이 아니다. 이치에 곧은 자(곧이곧대로 이치대로 하는 자)는 그 말이 불손에 이르기 쉬우니 맞는 일이 아니다. 말은 겸손한데 혹시 굽히는 것이 있다면 맞는 일이 아니다. 성인께서는 남을 따르지도 않지만 또한 구차하게 다르게 하지도 않으시고, 남을 끊지도 않지만 또한 구차하게 동조하지도 않으신다. 온화하고 급박하지 않으실수록 더욱 강직하고 굽히지 않으시니, 이것이 때에 맞는 오묘함이 되는 이유이다.

17.2　　子曰 性相近也 習相遠也

공자께서 말씀하셨다. 성은 서로 가깝지만(성 때문에 서로 비슷하지만) 습관은 서로 멀다(습관 때문에 서로 달라진다).

【집주】

此所謂性 兼氣質而言者也 氣質之性 固有美惡之不同矣 然 以其初而言 則皆不甚相遠也 但習於善 則善 習於惡 則惡 於是 始相遠耳

여기서 말하는 성이란 기질을 겸해 말한 것이다. 기질의 성은 본디 아름답거나 악하거나 하는 차이가 있지만, 그러나 그 처음(의 상태)을 말하자면 모두 서로 매우 먼 것은 아니다. 다만 선에 습관이 되면 선해지고 악에 습관이 되면 악해지니, 이에 비로소 서로 멀어질 뿐이다.

○程子曰 此 言氣質之性 非言性之本也 若言其本 則性卽是理 理無不善 孟子之言性善 是也 何相近之有哉

정자가 말했다. 이는 기질의 성을 말하는 것이지 본래의 성(본연지성)을 말하는 것이 아니다. 만약 그 본래(본연의 성)를 말하는 것이라면 성은 곧 이이며 이는 선하지 않은 것이 없다. 맹자가 성이 선하다 한 것이 그것이다. 무슨 '서로 가까움'이 있겠는가?(본연의 성의 경우, 서로 가까움이라는 말은 성립하지 않는다.)

【세주】

朱子曰 性相近 是氣質之性 若本然之性 則一般 無相近

주자가 말했다. '성이 서로 가깝다(라 할 때의 성)'는 기질지성이다. 만약 본연지성이라면 같으니(누구나 동일한 것이니) '서로 가까움'이 (있을 수) 없다.

○性 是天賦予人 只一同 氣質所稟 却自有厚薄 人 有厚於仁 而薄於義 餘於禮 而不足於智 便自氣質上來

성은 하늘이 사람에게 부여한 것이니 단지 다 같을 뿐이다. 품부받은 기질은 각각 두텁고 얇음이 있으니, 어떤 사람은 인에는 두텁고 의에는 얇은 경우가 있고, 예에는 남지만 지에는 부족한 경우가 있다. (이는) 곧 기질(의 차이)에서 오는 것이다.

○先有天理了 却有箇氣 氣積於質 而性具焉

먼저 천리가 있고 그리고 기가 있다. 기가 질에 쌓여 성이 갖추어진다(기질의 성이 형성된다).

○質 竝氣而言 則是形質之質 若生質 則是資質之質

질은 기와 함께 말할 때는 형질로서의[후천적으로 형성된다는 의미의] 질이다. 만약 생질(태어난 자질)이라 하면 자질로서의[선천적으로 주어져 있다는 의미의] 질이다.

○天命之性 若無氣質 却無安頓處 如一勺之水 非有物盛之 則水無歸著

만약 기질이 없으면 천명지성은 편히 놓아둘 곳(존재할 곳)이 없다. 예컨대 한 숟가락의 물이 채울 그릇이 없으면 물이 돌아가 붙을 곳이 없는 것과 같다.

○稟得木氣多 則少剛强 稟得金氣多 則少慈祥 推之皆然

목의 기운을 많이 받으면 굳셈이 부족하고, 금의 기운을 많이 받으면 자상함이 부족하다. 미루어 나가면 다 그러하다.

○孔子言性 雜乎氣質言之 故 不曰同 而曰相近 蓋 以爲不能無善惡之殊 但未至如所習之遠耳

공자께서 말씀하신 성은 기질을 섞어 말씀하신 것이다. 그러므로 '같다'고 하지 않으시고 '서로 가깝다'라 하셨으니, 대개 선악의 차이가 없을 수는 없지만 다만 습관(의 차이)만큼 먼 데까지 이르지는 않는다고 여기셨을 뿐이다.

○ 天命之謂性 則通天下一性耳 何相近之有 言相近者 是指氣質之性而言 孟子所謂 犬牛人 性之殊者 亦指此而言也

천명을 성이라 할 때(의 성은) 천하를 통틀어 하나의 성일 뿐이다. 무슨 서로 가까움이 있겠는가? 서로 가깝다고 말한 것은 기질의 성을 가리켜 말한 것이다. 맹자가 말한 '개와 소와 사람은 성이 다른 것이다'라는 말 또한 이(기질의 성)를 가리켜 말한 것이다.

○ 南軒張氏曰 原性之理 無有不善 人物所同也 論性之存乎氣質 則人 禀天地之精五行之秀 固與禽獸草木異 然 就人之中 不無淸濁厚薄之不同 而實亦未嘗不相近也 不相近 則不得爲人之類矣 而人 賢不肖之相去 或相倍蓰 或相什百 或相千萬者 則因其淸濁厚薄之不同 習於不善而日遠耳 習者 積習而致也 善學者 克其氣質之偏 以復其天性之本 而其近者 亦可得而一矣

남헌 장씨가 말했다. 원래 성(본연지성)의 이는 선하지 않은 것이 없으니, 사람과 사물이 같이하는 것이다. 기질에 존재하는 성(기질지성)을 논하자면 사람은 천지의 정수와 5행의 정수를 품부받았으니 본디 금수초목과 다르다. 그러나 사람 중에 청탁과 후박의 차이가 없을 수는 없지만, 실로 또한 서로 가깝지 않은 경우가 없다. 서로 가깝지 않으면 사람의 무리가 될 수 없는 것이다. 그러나 사람의 현명함과 못남은 그 거리가 두 배 다섯 배, 혹은 열 배 백 배, 혹은 천 배 만 배나 되는 경우가 있으니, (기질의) 청탁과 후박의 차이, 그리고 불선에 습관이 되어 날로 멀어진 것 때문일 뿐이다. '습'이란 습관이 쌓여 이른(형성된) 것이다. 잘 배운 자는 그 기질의 치우침을 극복해 본래의 천성을 회복하니, 그 '가까움'이 또한 '동일함'이 될 수 있다.

○ 慶源輔氏曰 性之本 謂不兼乎氣質而言之者也 旣不兼乎氣質 則純以理言耳 理 則天地人物 一而已矣 何相近之可言哉

경원 보씨가 말했다. '성지본(본래의 성)'은 '기질을 겸하지 않고 말한 것'이라는 의미이다. 이미 기질을 겸하지 않았다면 순수하게 이를 말한 것일 뿐이다. 이는(이라는 점에서 보면) 하늘과 땅, 사람과 사물이 하나일 뿐이다. 무슨 말할 만한 '서로 가까움'이 있겠는가?

○雙峯饒氏曰 此章 程子 專以爲氣質之性 朱子 以爲兼氣質而言 兼字 尤精 蓋謂之相近 則是未免有些不同處 不可指爲本然之性 然 其所以相近者 正以本然之性 寓在氣質之中 雖隨氣質而各爲一性 而其本然者 常爲之主 故 氣質 雖殊 而性 終不甚相遠也 此 是以本然之性 兼氣質而言之 非專主氣質而言也 問 如何見得性相近 曰 如惻隱羞惡 人 皆有之 然 有惻隱多於羞惡者 亦有羞惡多於惻隱者 雖不盡同 亦不甚相遠 故曰 相近

쌍봉 요씨가 말했다. 이 장에 대해, 정자는 오로지 기질지성이라 여겼고, 주자는 기질을 겸해 말한 것이라 여겼는데, '겸' 자(주자의 주장)가 더욱 정밀하다. 대개 '서로 가깝다'라 하면 약간 다른 것이 있음을 면하지 못하니 그것을 가리켜 본연지성이라 할 수는 없다. 그러나 서로 가까운 이유는 바로 본연지성이 기질 중에 깃들어 있기 때문이다. 비록 기질에 따라 각각 하나의 (다른) 성이 되지만 그 본연의 것이 항상 주가 되기 때문에 기질은 비록 다르지만 성은 마침내 서로 매우 멀지는 않은 것이다. 이는 본연지성을 기질과 겸해 말한 것이지, 오로지 기질만을 주로 해 말한 것이 아니다. 물었다. 어찌 성이 서로 가까운지 알 수 있습니까? 답했다. 예컨대 측은지심이나 수오지심은 사람이 다 가지고 있지만 측은지심이 수오지심보다 많은 경우가 있고 또 수오지심이 측은지심보다 많은 경우가 있어, 비록 완전히 같지는 않지만 또한 서로 매우 먼 것은 아니다. 그러므로 '서로 가깝다'라 했다.

○吳氏曰 習與性成 言性習始此 中人上下之質 相去 本不甚遠 唯習於善 則日造乎高明 習於惡 則日淪乎汚下 以是而相遠耳 上知 生知安行 何事於習 下愚 習於惡 則有之 習於善 則無矣 上知下愚 相去遠矣 又豈待習而然哉

오씨가 말했다. '습여성성(습, 즉 습관이 성, 즉 성격을 형성한다.『서경』, 「상서 태갑 상」 3장)'이라 했으니, 성과 습을 말한 것은 이에서 시작되었다. 보통사람을 기준으로 그 아래위는 그 차이가 본래 매우 멀지는 않으나 다만 선에 습관이 되면 날로 고명한 데 이르고, 악에 습관이 되면 날로 더럽고 낮은 데 빠진다. 이 때문에 서로 멀 뿐이다. '상지'는 태어나면서부터 알고 편안히 여겨 행하니 습관에 무슨 일(관련)이 있으랴. '하우'는 악에 습관이 되는 경우는 있고, 선에 습관이 되는 경우는 없으니, 상지와 하우는 그 차이가 멀다. 또 어찌 습관을 기다린 다음에야 그러하랴. (상지와 하우의 경우는 습관과 상관없이 그 차이가 멀다.)

○雲峯胡氏曰 伊尹曰 習與性成 是 專主氣質而言 習如此 性之成也 遂如此 所以言性在習之後 夫子曰 性相近習相遠 是 兼氣質而言 性如此 而習 則未必皆如此 所以言性在習之先 若論天命之性 則純粹至善 一而已矣 不可以相近言 此所謂性者 兼氣質而言也 天命之性 不離乎氣質之性 其初猶未甚相遠 蓋 天命之性 猶未漓也 赤子之生 無有五方 其聲一也 性之相近也如之 長則言語不通 飲食不同 有至死莫能相爲者 習之相遠也如之

운봉 호씨가 말했다. 이윤이 말하기를 '습이 성을 형성한다'라 했는데, 이는 오로지 기질을 주로 해 말한 것이다. 습이 이러하면 성이 형성되는 것도 마침내 이와 같다는 것으로, 성이 습의 뒤(시간상 나중)에 있다고 말한 것이다. 공자께서는 '성은 서로 가깝고 습은 서로 멀다'라 하셨는데, 이는 기질을 겸해 말씀하신 것이다. 성이 이와 같아도 습이 반드시 모두 이와 같은 것은 아니라는 것으로, 성이 습보다 앞(시간상 먼저)에 있다고 말한 것이다. 만약 천명지성을 논하자면 순수하고 지선해 동일할 뿐이니, '서로 가깝다'고 말할 수 없다. 여기서 말하는 성이란 기질을 겸해 말한 것이다. 천명지성은 기질지성을 떠나지 않으니, 처음에는 아직 서로 매우 멀지는 않다. 대개 천명지성이 아직 새어나가지 않았기 때문이다. 아기가 태어나면 5방(동서남북중의 지방, 또는 중국과 4이)과 상관없이 그 소리는 다 같다. 성이 서로 가까운 것도 그것과 마찬가지이다. 자라서는 언어가 통하지 않고 음식이 달라 죽을 때까지도 서로 함께할 수 없는 경우가 있으니, 습이 서로 먼 것도 그것과 마찬가지이다.

○新安陳氏曰 人有此形 則有此心 有此心 則稟受此理 性者 心中所稟受之理也

纔說性字 則已寓於氣質中矣 非氣質 則性 安所寓乎 性善 以天地之性言 非天地之性 懸空不著乎氣質 而自爲一物也 就氣質中 指出天地本然賦予之理 不雜乎氣質而言之耳 然 天地之性 雖不雜乎氣質 亦不離乎氣質 孟子之言性善 指其不雜乎氣質者言之也 乃是純言天地之性也 孔子之言性相近 以其不離乎氣質者言之也 乃是 兼言氣質之性也 兼云者 言本然之性 夾帶言氣質之性也 朱子有云 孔子雜乎氣質言之 雜 卽兼也 輔氏饒氏 推集註兼氣質而言之說 終欠透徹 不得已而發此云

신안 진씨가 말했다. 사람이 이 형체가 있으면 곧 이 마음이 있다. 이 마음이 있으면 곧 이 이를 품부받은 것이다. 성이란 마음에 품부받은 이이다. 성이라고 말하기만 하면 이미 (성이) 기질 중에 깃들어 있다(는 의미가 포함된다). 기질이 아니면 성이 어디에 깃들겠는가? 성이 선하다는 것은 천지지성을 말하는 것이다. 천지지성이 기질에 붙지 않고 허공에 매달려 스스로 하나의 물건이 되는 것은 아니니, (천지지성이란) 기질 중에서 천지본연의 부여된 이치를 지적해내어 기질을 섞지 않고 말한 것(기질과 개념적으로 구분한 것)일 뿐이다. 그러나 천지지성은 비록 기질과 섞이지는 않지만 또한 기질을 떠나지는 않는다. 맹자가 성이 선하다고 말한 것은 기질과 섞이지 않은 것을 가리켜 말한 것이니, 순수하게 천지지성을 말한 것이다. 공자께서 성이 서로 가깝다고 말씀하신 것은 기질을 떠나지 않은 것을 말씀하신 것이니, 곧 기질의 성을 겸해 말씀하신 것이다. '겸해서 말했다'는 것은 본연지성을 말하는 것이 기질지성을 말하는 것을 함축하고 있다는 것이다. 주자가 '공자께서는 기질을 섞어(雜) 말씀하셨다'라 한 적이 있는데, 거기서 '잡(섞음)'이란 곧 겸했다는 것이다. 보씨와 요씨는 집주의 '기질을 겸해 말했다'는 설을 추론하기를, (공자의 이 말씀이) 종내 투절함을 결여해 부득이하게[집주에서 주자가 공자의 이 말을 해석하기가 곤란해서 부득이하게] 이 설을 내놓은 것이라 했다.

17.3 子曰 唯上知與下愚 不移 知去聲

공자께서 말씀하셨다. 오직 상지(가장 지혜로운 자)와 하우(가장 어리석은 자)만이 변하지 않는다.

【집주】

此 承上章而言 人之氣質 相近之中 又有美惡一定 而非習之所能移者

이는 앞의 장과 이어 '사람의 기질이 서로 가까운 중에 또 아름답고 악하기가 일정해 습관(후천적 영향)에 의해 변할 수 없는 사람이 있음'을 말씀하신 것이다.

【세주】

慶源輔氏曰 二章相承 此 必一時之言

경원 보씨가 말했다. 두 장은 서로 이어져 있으니 이는 필시 같은 때의 말씀이다.

【집주】

○程子曰 人性本善 有不可移者 何也 語其性 則皆善也 語其才 則有下愚之不移

정자가 말했다. 사람의 성은 본디 선한데도 (선으로) 변할 수 없는 자가 있는 것은 왜인가? 성으로 말하자면 모두 선하지만 재질로 말하자면 변할 수 없는 하우가 있다.

【세주】

新安陳氏曰 程子此言 才字 與孟子言天之降才 不同 孟子 以理言 程子 以氣言也

신안 진씨가 말했다. 정자의 이 말에서의 '재' 자는 맹자의 '천지강재(하늘이 내려준 재질. 『맹자』11, 「고자 상」 7장)'(의 '재' 자)와는 다르다. 맹자의 경우는 이에 관한 말이고, 정자의 경우는 기에 관한 말이다.

【집주】

所謂下愚 有二焉 自暴自棄也 人 苟以善自治 則無不可移 雖昏愚之至 皆可漸磨而進也 惟自暴者 拒之以不信 自棄者 絶之以不爲

소위 하우란 두 가지가 있으니, 자포자(자신에게 포악한 자)와 자기자(스스로 포기한 자)이다. 사람이 만약 선으로 스스로를 다스린다면 변하지 못할 리 없으니, 비록 지극히 어둡고 어리석어도 모두 가히 점차 닦아 나아갈 수 있다. 오직 자포자는 (도를) 거부해 믿지 않고, 자기자는 (능력이 안 된다고) 끊어버리고 행하지 않는다.

【세주】

朱子曰 拒之以不信 只是說沒這道理 絶之以不爲 是知有這道理 自割斷了不肯做 自暴者 有强悍意 剛惡之所爲 自棄者 有懦弱意 柔惡之所爲也

주자가 말했다. '거부해 믿지 않는다'는 것은 단지 이 도리가 (아예) 없다고 말하는 것이고, '끊어버리고 행하지 않는다'는 것은 이 도리가 있는 것은 알면서도 스스로 끊어버리고(한계를 긋고) 하려 들지 않는 것이다. 자포란 강포하다는 뜻이 있으니, 강파른 악인의 소행이다. 자기란 유약하다는 뜻이 있으니 부드러운 악인의 소행이다.

【집주】

雖聖人與居 不能化而入也 仲尼之所謂下愚也 然 其質 非必昏且愚也 往往强戾而才力有過人者 商辛 是也

(이 경우는) 비록 성인께서 함께하셔도 변화시켜 (선으로) 들어가게 할 수 없으니, 중니께서 말씀하신 하우이다. 그러나 그 기질이 반드시 어둡고 어리석

은 것은 아니고, 왕왕 강포하고 사나우면서 재주와 힘은 남보다 나은 경우가 있으니, 상신(상의 마지막 임금 주)이 그 예이다.

【세주】

史記 帝乙之子 辛 卽帝紂 資辯捷疾 聞見甚敏 材力過人 手格猛獸

『사기』(「은본기」)에 "제을의 아들 신은 곧 주 임금이다. 말솜씨가 뛰어나고 행동이 재빨랐다. 듣고 보는 것이 매우 민첩했고 재주와 힘이 남보다 나아 손으로 맹수를 때려잡았다"라 했다.

○新安陳氏曰 如商紂 强 足以拒諫 智 足以飾非 固非懵然昏愚 往往爲戾氣所蔽錮 而不可與入於善耳

신안 진씨가 말했다. 상주(상나라 주 임금)의 경우에는 강포함은 간언을 물리치기에 족했고 지혜는 잘못을 꾸미기에 족했으니, 본디 몽매하게 어둡고 어리석은 것은 아니었다. 왕왕 사나운 기운에 가려지고 가두어져 함께 선으로 들어갈 수 없었을 뿐이다.

【집주】

聖人 以其自絶於善 謂之下愚 然 考其歸 則誠愚也

성인께서는 (바보라서 하우라 하신 것이 아니라) 스스로 선과 절연했기 때문에 하우라 하셨지만, 그러나 그 귀결됨(선과 절연한 그 결과)을 살펴보면 진정한 바보이다.

【세주】

朱子曰 性相近 是通善惡智愚說 上智下愚 是就中摘出懸絶者說

주자가 말했다. 성이 서로 가깝다는 것은 [보통의] 선인과 악인, 지혜로운 자와 어리석은 자를 두루 말씀하신 것이고, 상지와 하우는 그중에서 현격한 자를 지적해 말씀하신 것이다.

○問 集註謂 氣質相近之中 又有一定而不可易者 復擧程子無不可移之說 似不合 曰 且看孔子說底 却自有不移底人 如堯舜 不可爲桀紂 桀紂 不可使爲堯舜之類 程子 却又推其說 須知其異而不害其爲同

물었다. 집주에서는 기질이 서로 비슷한 중에 또 일정해서 바뀔 수 없는 자가 있다고 하면서 다시 정자의 '변하게 할 수 없는 자는 없다'는 설을 거론했으니, 맞지 않는 듯합니다. 답했다. 또 공자께서 말씀하신 것을 보면 본디 변하지 않는 사람이 있으니, 예컨대 요순은 걸주가 될 수 없고, 걸주는 요순이 되게 할 수 없는 것 같은 것들이다. 정자는 또 그 설을 밀고 나갔다[확대 해석했다]. 모름지기 그것[정자의 설]과 집주의 주자의 설]이 다르기는 하지만 같다고 하기에 지장이 없다는 것을 알아야 한다.

○習與性成 而至於相遠 則固有不移之理 然 人性本善 雖至惡之人 一日而能從善 則爲一日之善人 豈有終不可移之理

습관이 성격을 형성해 서로 멀어지는 데 이르면 진정 변하지 않을 이치가 있다. 그러나 인성은 본디 선하니, 비록 지극히 악한 사람이라도 하루 능히 선을 따를 수 있으면 하루 동안의 선인이 된다. 어찌 끝내 변하지 못할 리가 있으리오.

○以聖言觀之 則曰不移而已 不曰不可移也 以程子之言考之 則以其不肯移而後 不可移耳 蓋 聖人之言 本但以氣質之稟 而言其品第 未及乎不肯不可之辯也 程子之言 則以稟賦甚異 而不肯移 非以其稟賦之異 而不可移也

성인의 말씀을 보면, '변하지 않는다'라 하셨을 뿐, '변하게 할 수 없다'라고는 하지 않으셨다. 정자의 말로(정자의 말을 근거로 성인의 말씀을) 살펴보면 변하려 하지 않은 후에야 변하게 할 수 없다는 것일 뿐이다. 대개 성인의 말씀은 본래 다만 품부받은 기질을 가지고 그 등급을 말씀하셨을 뿐이고, '(변)하려 하지 않는 것'과 '(변)하게 할 수 없는 것'을 구분해 언급하지는 않으셨다. 정자의 말은 품부받은 것이 매우 다르기 때문에 변하려 하지 않는다는 말이지, 품부받은 것이 다르기 때문에 변하게 할 수 없다는 말은 아니다.

○問 程子謂 語其才 則有下愚之不移 與孟子非天之降才爾殊 如何 曰 孟子說 與程子小異 孟子 專以發於性者言之 故 以爲才無不善 程子 兼指其稟於氣者言 之 則人之才 固有昏明強弱之不同矣 以事理考之 則程子爲密 蓋 才稟於氣 氣淸 則才淸 氣濁 則才濁 如后稷 自㓜而岐嶷 越椒 自㓜而惡 是氣稟如此 孟子謂 盡 得才之善 固是好 必竟氣稟 有善惡不同 後人 看不出 所以 引惹得許多善惡混等 說來 自濂溪太極圖 始說陰陽五行之變不齊 二程 始因其說 推出氣質之性來

물었다. 정자는 '그 재질을 말하자면 변하지 않는 하우가 있다'라 했는데, 맹자의 '하늘이 내려준 재질이 그렇게 다른 것이 아니다(『맹자』11, 「고자 상」 7장)'라는 말과는 어떠합니까? 답했다. 맹자의 설은 정자와는 약간 다르다. 맹자는 오로지 성으로부터 발현된 것을 말했기 때문에 재질은 선하지 않은 것이 없다고 말했고, 정자는 기로부터 품부된 것을 겸해 가리켜 말했으니, 사람의 재질은 본디 어둠과 밝음, 강함과 약함의 차이가 있다고 했다. 일의 이치로 고찰해보면 정자의 말이 정밀하다. 대개 재질은 기에 의해 품부되니 기가 맑으면 재질도 맑고 기가 탁하면 재질도 탁하다. 예컨대 후직은 어려서부터 총명했고 월초는 어려서부터 악했으니 기품이 그러했던 것이다. 맹자가 '(사람은 누구나) 재질의 선함을 완전하게 얻는다'라 한 것은 물론 좋기는 하지만, 필경 기품에는 선악의 차이가 있다. 그런데 뒷사람들은 (그 점을) 보아내지 못했고, 그 때문에 허다한 '선악이 혼합된 설[성선악설처럼 본성이 선하기도 하고 악하기도 하다는 설 등]'을 끌어오게 되었다. 염계(주돈이)의 「태극도」에서부터 비로소 음양오행의 변화가 가지런하지 않다는 것을 설명하기 시작했고, 이정(정호와 정이)이 비로소 그 설에 근거해 기질의 성을 추론해내었다.

○雙峯饒氏曰 善底性 不肯移而爲惡 惡底性 不肯移而爲善 肯不肯 雖屬心 其所以肯不肯者 才實爲之也 又曰 性相近 是說性 上知下愚 是說才 善惡 性也 知愚 才也 性雖相近 而才之等級 不齊 有相去甚懸絶者 才旣懸絶 則性 亦非習之所能移矣

쌍봉 요씨가 말했다. 선한 성(본성이 선한 자)은 변화해 악하게 되려 하지 않고, 악한 성도 변화해 선하게 되려 하지 않는다. 되려 하거나 되려 하지 않는 것은 비록 마음에 속하지만 되려 하거나 되려 하지 않는 이유는 실제로는 재

117

질이 그렇게 하는 것이다. 또 말했다. 성이 서로 가깝다는 것은 성을 설명한 것이고, 상지와 하우는 재질을 설명한 것이다. 선악은 성이고 지혜로움과 어리석음은 재질이다. 성은 비록 가깝지만, 재질의 등급은 가지런하지 않아 그 거리가 매우 현격한 경우가 있다. 재질이 이미 현격히 차이나면 성 또한 습관에 의해 변할 수 있는 것이 아니다.

○吳氏曰 下愚 以質言 自暴自棄 以人事言 質雖可移 而自不移者 暴棄之謂也

오씨가 말했다. 하우는 기질에 관한 말이고, 자포자기는 사람의 일에 관한 말이다. 기질은 비록 변할 가능성이 있는데도 스스로 변하려 하지 않는 것을 포기라 한다.

【집주】
或曰 此與上章 當合爲一 子曰二字 蓋 衍文耳

혹자가 말했다. 이 장과 앞 장은 마땅히 합쳐 하나의 장으로 해야 한다. (이 장의) '자왈' 두 글자는 대개 연문(필요없는 글)일 뿐이다.

17.4-1　子之武城 聞弦歌之聲

　　　　　공자께서 무성에 가셔서 거문고와 노래 소리를 들으셨다.

【집주】

弦 琴瑟也 時 子游 爲武城宰 以禮樂爲敎 故 邑人 皆弦歌也

'현'은 금슬이다. 이때 자유가 무성의 재가 되어 예악을 가르침으로 삼았기 때문에 읍의 사람들이 모두 거문고를 연주하고 노래를 불렀다.

17.4-2　夫子 莞爾而笑曰 割鷄 焉用牛刀 莞華版反 焉於虔反

　　　　　공자께서 빙그레 웃으시며 말씀하셨다. 닭 잡는 데 어찌 소 잡는 칼을 쓰는가?

【집주】

莞爾 小笑貌 蓋 喜之也 因言其治小邑 何必用此大道也

'완이'는 조금 웃는 모습이니, 대개 기쁘게 여기신 것이다. 이어 '작은 읍을 다스리는 데 하필 이 대도를 쓸 필요가 있는가'라 말씀하셨다.

17.4-3　子游對曰 昔者 偃也 聞諸夫子曰 君子學道 則愛人 小人學道 則易使也 易去聲

　　　　　자유가 대답해 말했다. 전에 제가 선생님께 들었는데, '군자가 도를 배우면 사람을 사랑하고, 소인이 도를 배우면 부리기 쉽다'라 하셨습니다.

【집주】

君子小人 以位言之 子游所稱 蓋 夫子之常言 言君子小人 皆不可以不學 故 武城雖小 亦必敎以禮樂

군자와 소인은 지위를 가지고 말한 것이다. 자유가 말한 것은 대개 공자께서 항상 하시던 말씀으로, 군자나 소인이나 모두 배우지 않아서는 안 되기 때문에 무성이 비록 작지만 또한 반드시 예악으로 가르쳐야 한다는 말이다.

【세주】

朱子曰 君子學道 是曉得那己欲立而立人 己欲達而達人底道理 方能愛人 小人學道 不過曉得那孝弟忠信而已 故 易使也

주자가 말했다. 군자가 도를 배우는 것은 저 '내가 서고자 하면 남을 세우고 내가 달하고자 하면 남을 달하게 한다(『논어』6,「옹야」28장)'는 도리를 깨우치는 것이니 바야흐로 사람을 사랑할 수 있다. 소인이 도를 배우는 것은 저 '효제충신'을 깨우치는 것에 불과할 뿐이다. 그러므로 부리기 쉽다.

○雙峯饒氏曰 君子小人 以位言 方其學時 君子小人 猶未分也 後來入仕者 則用此道以愛人 在閭閻畎畝間者 亦自知義 所以 易使

쌍봉 요씨가 말했다. 군자와 소인은 지위로 말한 것이지만, 바야흐로 배울 때에는 아직 군자와 소인으로 나누어지지 않는다. 나중에 벼슬을 하게 되는 자는 이 도를 써서 사람을 사랑하고, 여염이나 논밭 사이에 있게 되는 자 또한 스스로 의를 알기 때문에 부리기 쉽다.

17.4-4 子曰 二三子 偃之言 是也 前言 戲之耳

공자께서 말씀하셨다. 제자들아. 언의 말이 옳다. 앞의 말은 농담이었다.

【집주】

嘉子游之篤信 又以解門人之惑也

자유의 돈독한 믿음을 가상히 여기시고, 또 그로써 문인들의 의혹을 풀어주셨다.

○治有大小 而其治之必用禮樂 則其爲道 一也 但衆人 多不能用 而子游 獨行之 故 夫子 驟聞而深喜之 因反其言以戲之 而子游 以正對 故 復扶又反是其言 而自實其戲也

다스림(의 대상)에는 크고 작음이 있지만 그 다스림에는 반드시 예악을 써야 하니, 그것이 도(올바른 방법)가 되는 것은 마찬가지이다. 다만 뭇사람들이 쓰지 못하는 경우가 많았는데 자유 홀로 시행했다. 그런 까닭에 공자께서 갑자기 들으시고 깊이 기뻐하셨다. 이어 그 말씀을 뒤집어 농담을 하셨는데, 자유는 정색으로 대답했다. 그런 까닭에 다시 그(자유의) 말을 시인하시고, 스스로 그것이 농담임을 밝히셨다.

【세주】

朱子曰 禮樂之用 通乎上下 一身 有一身之禮樂 一家 有一家之禮樂 一邑 有一邑之禮樂 以至推之天下 則有天下之禮樂 亦隨其大小 而致其用焉 不必其功大名顯 而後施之也

주자가 말했다. 예악의 쓰임은 아래위를 다 통한다. 한 개인의 몸에는 개인의 예악이 있고, 한 집안에는 한 집안의 예악이 있고, 한 읍에는 한 읍의 예악이 있다. 이를 천하에까지 미루어보면 천하의 예악이 있으니, 또한 그 대소에 따라 그 쓰임을 다하는 것이다. 꼭 공이 크고 이름이 현저한 다음에야 효과가 크고 이름이 날 만해야 시행하는 것은 아니다.

○南軒張氏曰 莞爾而笑者 聞弦歌而喜也 割雞焉用牛刀者 謂其治小以大也 君子學道 則有以養其仁心 故 愛人 小人學道 則亦和順以服事其上 故 易使 夫子

聞子游之語 恐學者疑於前言 以寡國小民爲可忽也 故 告二三子 以子游之言爲是 而謂前言爲戱之 辭氣抑揚之間 豈弟和平 無非教也

남헌 장씨가 말했다. 빙그레 웃으신 것은 거문고와 노래 소리를 들으시고 기뻐하신 것이다. '닭 잡는 데 어찌 소 잡는 칼을 쓰는가'라는 말씀은 작은 것을 다스리는 데 큰 것을 쓴다는 말씀이다. 군자가 도를 배우면 인한 마음을 기를 수 있는 까닭에 사람을 사랑하게 된다. 소인이 도를 배우면 또한 온화하고 순종하는 마음으로 그 윗사람을 섬기고 복종하니 부리기 쉽게 된다. 공자께서 자유의 말을 들으시고는 배우는 자들이 앞의 말씀 때문에 오해해 작은 나라 적은 백성은 소홀히 해도 된다고 생각할까 우려하시어 제자들에게 '자유의 말이 옳다'고 알려주시고, 앞의 말씀이 농담이었다고 말씀하셨다. 어조와 억양이 온화하고 화평하시어 가르침이 아닌 것이 없다.

○勉齋黃氏曰 弦歌 弦且歌也 合樂曰歌 人聲絲聲 皆堂上之樂也 教以弦歌 而謂之學道者 使人人習於和平中正之音 以養其心 而所歌之詩 又皆溫柔敦厚 合乎禮義 則自然皆趨於人所當行之道 乃所謂學道也 君子 在上者 能學道 則知撫乎下矣 小人 在下者 能學道 則知順乎上矣 上撫乎下 下順乎上 安有不治者乎

면재 황씨가 말했다. '현가'란 거문고를 연주하면서 (동시에) 노래 부르는 것이다. 함께 연주하는 것을 '가'라 한다. 사람의 소리와 현의 소리[현악에 맞추어 사람이 노래하는 것]는 모두 당 위에서 연주하는 음악이다. 거문고 연주와 노래 부르는 것을 가르쳤는데 그것을 도를 배우는 것이라 한 것은, 모든 사람으로 하여금 화평하고 중정한 음악을 익혀 그 마음을 기르게 하고, 노래하는 시가 또 모두 온유하고 돈후해 예의에 맞아 자연히 모두 '사람이 마땅히 행해야 할 도'를 추구하게 되기 때문이니, 그것이 소위 '도를 배움'이다. 군자는 위에 있는 자이니 도를 배울 수 있으면 아랫사람을 어루만질 줄 알게 된다. 소인은 아래에 있는 자이니 도를 배울 수 있으면 윗사람에 순종할 줄 알게 된다. 윗사람은 아랫사람을 어루만지고 아랫사람은 윗사람에게 순종하는데 어찌 다스려지지 않는 경우가 있으랴.

○慶源輔氏曰 治之用禮樂 如飢之必用食 渴之必用飮 豈謂小邑寡民 而可以無禮樂爲哉 舍禮樂 則必將專於刑罰 而民 無措其手足矣 豈聖學之所尙邪

경원 보씨가 말했다. 다스림에 예악을 쓰는 것은 배고픔에 반드시 먹을 것을 쓰고 목마름에 반드시 마실 것을 쓰는 것과 마찬가지이다. 어찌 작은 읍, 적은 백성이라 해서 예악 없이 할(다스릴) 수 있다 하겠는가? 예악을 버리면 반드시 장차 오로지 형벌에만 의존할 것이니 백성은 손발을 둘 곳이 없을 것이다. 어찌 성인의 학문이 숭상하는 것이겠는가?

○厚齋馮氏曰 古之學者 春誦夏弦 蓋 御琴瑟歌咏諷誦之耳 城以武名 乃岩險用武之地 以左傳考之可見 夫習俗尙武 子游 乃能以道化其民 使習於禮樂 變甲冑之俗 爲弦歌之聲 此 夫子所以喜之 而以戲言發實語也

후재 풍씨가 말했다. 옛날의 배우는 자들은 봄에는 (시를) 읊고 여름에는 거문고를 연주했으니, 대개 금슬을 연주하고 노래 부르고 암송했을 뿐이다. 성의 이름에 '무' 자가 들어 있으니 바위가 험해 군대를 쓰는 땅(군사요충지)이었을 것이다. 『(춘추)좌전』으로 고찰해보면 알 수 있다. 무릇 습속이 무를 숭상했는데 자유는 도로써 백성을 교화하고 예악을 익히게 해, 갑주의 풍속(무력을 숭상하는 풍속)을 바꾸어 거문고 연주하고 노래 부르는 소리로 만들었다. 이것이 공자께서 기뻐하시고 (자신의 앞서의 말이) 농담이라고 밝혀 말씀하신 이유이다.

○雙峯饒氏曰 弦歌 如何見得是學道 又弦歌 是樂 集註 如何添禮字說 古者敎人 春秋敎以禮樂 冬夏敎以詩書 纔敎 便兼詩書禮樂 不應只敎以弦歌 春習樂 夏習詩 秋習禮 冬習書 皆因時以爲敎 春夏 陽氣發達之時 聲屬陽 故 敎以詩樂 想夫子過武城 是春夏時也 聞弦歌 便知其以禮樂爲敎 學詩書禮樂 卽是學道

쌍봉 요씨가 말했다. 거문고 연주하고 노래하는 것이 어째서 도를 배우는 것임을 알 수 있는가? 또 거문고 연주하고 노래하는 것은 악인데 집주에서는 왜 '예' 자를 덧붙였는가? (답하자면) 옛날에 사람을 가르칠 때는 봄 가을에는 예악을 가르치고 겨울 여름에는 시와 서를 가르쳤다. 가르치기만 하면(가르치는 경우에는 언제나) 곧 시 서 예악을 겸하는 것으로, 단지 거문고 연주하고 노래하는 것만을 가르쳤다는 것은 타당하지 않다. 봄에는 악을 익히고, 여름에는 시를 익히고, 가을에는 예를 익히고, 겨울에는 서를 익히니 모두 때에 따라 가르침으로 삼는 것이다. 봄과 여름은 양기가 발달하는 시기이고 소리는 양에 속하기 때문에 시와 악을 가르친다. 아마도 공자께서 무성을 지나가셨을 때가 봄이나 여름이어서 거문고 연주하고 노래 부르는 것을 들으시고는 곧 예악을 가르침으로 삼았음을 아셨던 것 같다. 시서예악을 배우는 것이 곧 도를 배우는 것이다.

○勿軒熊氏曰 子游 宰武城之事 凡兩見 一 以人才爲重 一 以道化爲先 皆見其知本

물헌 웅씨가 말했다. 자유가 무성의 읍재 노릇 한 일은 모두 두 번 나온다. 하나는 인재를 중시한 것이고 하나는 도로 교화하는 것을 우선으로 삼은 것이니 모두 그 근본을 알았음을 알 수 있다.

○雲峯胡氏曰 所謂道者 仁義禮樂而已 以禮樂爲教 故 上焉教此者 知有撫下之仁 下焉學此者 知有事上之義

운봉 호씨가 말했다. 소위 도라는 것은 인의예악일 뿐이다. 예악을 가르침으로 삼았기 때문에 윗사람으로서 이를 가르치는 자는 아랫사람을 어루만지는 인이 있음을 알게 되고, 아랫사람으로서 이를 배우는 자는 윗사람을 섬기는 의가 있음을 알게 된다.

17.5-1 公山弗擾 以費畔 召 子 欲往

공산불요가 비읍을 근거로 배반했다. (그가) 부르자 공자께서 가시고자 했다.

【집주】

弗擾 季氏宰 與陽虎共執桓子 據邑以叛 叛與畔同

불요는 계씨의 가재로 양호와 함께 (계)환자를 잡고 읍을 점거해 배반했다. ('반(叛)'은 '반(畔)'과 같다.)

【세주】

○厚齋馮氏曰 公山 氏 弗擾 名 一云 不狃 字 子洩 費邑宰也 與陽虎共執桓子 虎 敗出奔 弗擾 據邑以叛

후재 풍씨가 말했다. 공산은 씨이고 불요는 이름이다. 어떤 데는 '불뉴'라고도 한다. 자는 자설로, 비읍의 읍재이다. 양호와 함께 계환자를 잡았다. 양호가 패해 도망가자 불요는 읍을 점거해 배반했다.

○左傳 定公五年 事見季氏篇首章 集註 家臣屢叛下

『(춘추)좌전』 정공 5년의 일로서, (『논어』) 「계씨」편(16편) 첫 장 집주의 '가신누반(가신들이 번번이 배반했다)' 아래에 그 일이 나온다.

○十二年 仲由 爲季氏宰 將墮三都 叔孫氏 墮郈 季氏 將墮費 公山不狃 叔孫輒 帥費人襲魯 公與三子 入季氏之宮 登武子之臺 費人攻之 弗克 入及公側 仲尼 命申句須樂頎下伐之 費人北 國人追之 敗諸姑蔑

(『춘추좌전』에 다음과 같이 나와 있다.) 정공 12년 (하), 중유가 계씨의 가재가 되어 장차 3도를 허물려 했는데 숙손씨는 후를 허물었고, 계씨는 장차 비를 허물려 했다. 공산불뉴와 숙손첩은 비읍의 사람들을 이끌고 노나라(의 수도)를

습격했다. 공과 세 사람(계손 숙손 맹손)은 계씨의 궁으로 들어가 무자대에 올랐다. 비 사람들이 공격했지만 이기지 못했다. (공격자 중에 어떤 사람이) 들어가 공의 옆에 가자 중니는 신구수와 악기에게 내려가 공격할 것을 명했다. 비 사람들이 패배하자 나라 사람들이 쫓아갔다. 고멸에서 패배시켰다.

17.5-2 子路不說曰 末之也已 何必公山氏之之也 說音悅

자로가 기뻐하지 않으면서 말했다. (갈 곳이) 없지만, 하필 공산씨에게 가시겠습니까?

【집주】

末 無也 言道旣不行 無所往矣 何必公山氏之往乎

'말'은 '없다'는 뜻이다. 도가 이미 행해지지 않으니 갈 곳이 없지만 (그렇다고 해서) 하필 공산씨에게 가시겠느냐는 말이다.

17.5-3 子曰 夫召我者 而豈徒哉 如有用我者 吾 其爲東周乎 夫音扶

공자께서 말씀하셨다. 무릇 나를 부르는 자가 어찌 공연히 그러겠느냐? 만약 나를 쓰는 자가 있다면 나는 (그의 나라를) 동주(동쪽의 주나라)로 만들리라.

【집주】

豈徒哉 言必用我也 爲東周 言興周道於東方謂東魯

'어찌 공연히 그러겠느냐'라는 것은 '반드시 나를 쓰려 한다'는 말이다. '동쪽의 주나라로 만든다'는 것은 '동방〈동쪽에 있는 노나라를 말한다.〉에서 주나라의 도를 흥하게 한다'는 말이다.

【세주】

○ 邢氏曰 如有用我者 我 則興周道於東方 其使魯爲東周乎

형씨가 말했다. '만약 나를 쓰는 자가 있다면 나는 곧 동방에서 주나라의 도를 흥하게 하겠다'라 하셨는데, 그것은 노나라를 동쪽의 주나라가 되게 하겠다는 것이리라.

【집주】

○ 程子曰 聖人 以天下 無不可有爲之人 亦無不可改過之人 故 欲往 然而終不往者 知其必不能改 故也

정자가 말했다. 성인(의 생각)으로서는 천하에 일을 해내지 못하는(해내게 할 수 없는) 사람도 없고, 또한 허물을 고치지 못할(고치게 할 수 없는) 사람도 없다. 그런 까닭에 가고자 하셨다. 그러나 끝내 가지 않으신 것은 그가 반드시 고치지 못할 것을 아셨기 때문이다.

【세주】

程子曰 公山弗擾 以費叛 不以召叛臣逆黨 而召孔子 則其志 欲遷善悔過 而未知其術耳 使孔子而不欲往 是 沮人爲善也 何足以爲孔子

정자가 말했다. 공산불요가 비읍을 근거로 배반했을 때 배신한 신하나 역적의 무리를 부르지 않고 공자를 불렀으니, 그 뜻은 개과천선하려는 것인데 그 방법을 몰랐을 뿐이었다. 만약 공자께서 가지 않으려 하셨다면 이는 남이 선을 행하려는 것을 막는 것이다. 어찌 공자라 하기에 족하겠는가.

○ 公山召我 而豈徒哉 是 孔子 意他 雖叛而召我 其心不徒然 往而敎之遷善 使不叛 則已 此 則於義 實有可往之理 而孔子 亦有實知其不能改 而不往者 佛肸

召 亦然

'공산이 나를 부르는 것이 어찌 공연한 것이랴', 이 말씀은 공자께서 '그가 비록 배반해 나를 부르지만 그 마음은 공연한 것은 아니다. 가서 선으로 옮겨가도록 가르쳐 배반하지 않게 하면 그만이다'라 생각하신 것이다. 이는 의리상으로는 실로 갈 수 있는 이치가 있는 것이지만, 또 공자께서 실로 그가 능히 고치지 못할 것을 아시고 가지 않으신 것이다. 필힐이 불렀을 때도 또한 그러하다.

○朱子曰 夫子云 吾其爲東周乎 興東周之治也 孔子之志 在乎東周 然 苟有用我者 亦視天命如何耳 聖人胷中 自有處置 非可執定本以議之也

주자가 말했다. 공자께서 말씀하시기를 '내가 동주를 만들리라'라 하신 것은 동주의 다스림을 흥하게 하겠다는 것이니, 공자의 뜻은 동주에 있었다. 그러나 만약 나를 쓰는 자가 있어도 또한 천명이 어떠한지 보아야 할 뿐이다. [천명이 어떠한지에 따라] 성인의 가슴속에는 응당 조치할 방법이 있으셨을 것이니 고정된 원칙만을 고집해 논의할 수 있는 것이 아니다.

○諸家 皆言不爲東周 集註 却言興周道於東方 何也 曰 這 是古註 如此說 其字乎字 只是閑字 只是有用我 便也要做些小事 何處是有不爲東周底意 這處 與二十年之後吳其爲沼乎 辭語一般 亦何必要如此翻轉 文字 須寬看 子細玩味 方見得聖人語言

여러 학자들은 모두 [경문 '기위동주호'를 '동주가 되겠느냐'라는 의문문으로 보아] '동주가 되지 않는다'라 했는데, 집주에서는 오히려 '동방에서 주나라의 도를 일으킨다'라 했으니 왜입니까? 답했다. 이(여러 학자들의 말)는 고주이다. 그렇게 해석하면 '기(其)' 자와 '호(乎)' 자는 단지 한가한 글자(무의미한 글자)가 되고 마니, 다만 '나를 쓰는 자가 있다면 곧 사소한 일이라도 하겠다'라는 말이 되고 만다. 어디에 '동주가 되지 못한다'는 뜻이 있는가? 이곳과 '20년 후 오나라는 못이 되리라(『삼국지』, 「오지」, 〈제갈각전〉)'라는 구절은 그 어조가 같으니 또한 어찌 반드시 이처럼 뒤집어 해석하리오? 문자는 모름지기 여유 있게 보아야 한다. 자세히 감상해야 비로소 성인의 말씀(의 본의)을 알 수 있다.

○問 弗擾 果能用夫子 夫子 果往從之 亦不過勸得他改過自新 舍逆從順而已 亦如何便興得周道 曰 聖人 自不可測 改過 不過臣順季氏而已 此 只是常法 聖人 須別有措置

물었다. 불요가 과연 공자를 쓸 수 있었고, 공자께서 과연 가서 따르셨다 해도, 또한 그에게 허물을 고치고 스스로 새로워져 역리를 버리고 순리를 따르도록 권하는 데 불과했을 것입니다. 또한 어찌 주나라의 도를 흥하게 할 수 있겠습니까? 답했다. 성인은 본디 헤아릴 수 없다. 허물을 고친다고 해도 (그것은) 계씨에게 신하로 순종하는 것에 불과하니, 이는 단지 통상적인 방법일 뿐이다. 성인께서는 틀림없이 (그것 말고) 별다른 조치가 있으셨을 것이다.

○蘇氏曰 孔子之不助畔人 天下之所知也 畔而召孔子 其志 必不在於惡矣 故 孔子 因其有善心而收之 使不自絕而已 弗擾之不能爲東周 亦明矣 然而用孔子 則有可以爲東周之道 故 子欲往者 以其有是道也 卒不往者 知其必不能也

소씨가 말했다. 공자께서 배반한 사람을 돕지 않으실 것은 천하가 아는 바이다. 배반했는데 공자를 부른 것은 그 뜻이 틀림없이 악에(악행을 하려는 데) 있지는 않았을 것이다. 그러므로 공자께서는 선심이 있다는 점에 근거해 거두어들여 스스로 포기하지 않도록 하게 하시려는 것뿐이었다. 불요가 동주가 될 수 없는 것 또한 분명하지만, 그러나 공자를 쓰면 동주가 될 수 있는 방법이 있었을 것이다. 그러므로 공자께서 가려 하신 것은(이치상으로는) 이런 방법이 있기 때문이었고, 끝내 가지 않으신 것은(현실적으로는) 반드시 그럴 수 없음을 아셨기 때문이었다.

○慶源輔氏曰 魯 在周之東 故云爾 蓋 聖人 無小成苟就之事 如獲用焉 不興周道以繼文武 不已也

경원 보씨가 말했다. 노나라는 주나라의 동쪽에 있기 때문에 그렇게 말씀하셨을 뿐이다. 대개 성인께는 작고 구차한 성취의 일이 없다. 만약 쓰였다면 주나라의 도를 흥하게 해 문왕과 무왕을 잇지 않으면 그치지 않으셨을 것이다.

○雙峯饒氏曰 當時 子路 更欠一問 如何可爲東周 夫子 必告以爲之之道 如問衛君待子而爲政 子將奚先 夫子 便告以正名 今 聖人 不曾說出 難爲臆度

쌍봉 요씨가 말했다. 당시에 자로는 또 '어찌해야 동주를 만들 수 있습니까?'라는 질문 하나를 빠뜨렸다. (만약 물었다면) 공자께서는 틀림없이 그렇게 할 방법을 알려주셨을 것이다. 예컨대 '위군이 선생님을 모시고 정치를 한다면 선생님께서는 장차 무엇을 먼저 하시겠습니까?'라 묻자 공자께서는 곧 '정명(이름을 바로 함)'을 알려주셨다(『논어』13, 「자로」 3장). 지금 성인께서 말씀해주지 않으셨으니 억측하기 어렵다.

○雲峯胡氏曰 門人 豈有不說於夫子者 而子路不說者 二 豈知夫子之於南子 其辭不見者 義也 不得已而見 亦有可見之禮也 夫子之於公山弗擾 其欲往者 仁也 而卒不往者 蓋 有知人之知也 聖人一動一靜 莫非適乎時中 而子路 未之知也 然 非子路之疑 則聖人之心 又孰得而知之乎

운봉 호씨가 말했다. 문인들이 어찌 공자께 기뻐하지 않는 것이 있겠는가마는, 자로가 기뻐하지 않은 것이 두 번이었다. (자로가) 어찌 공자께서 남자에 대해 '사양하고 만나지 않은 것'이 의이며 '부득이해서 만난 것'이 또한 만나도 되는 예가 있기 때문임을 알겠으며, 또 공자께서 공산불요에 대해 '가려하신 것'이 인이며 '마침내 가지 않으신 것'이 대개 사람을 아는 지혜가 있기 때문임을 알겠는가. 성인의 동정 하나하나는 때에 맞는 적정함이 아닌 것이 없는데 자로는 (그 점을) 아직 몰랐다. 그러나 자로의 의문이 아니었다면 성인의 마음을 또 누가 알 수 있었으리요.

17.6 子張 問仁於孔子 孔子曰 能行五者於天下 爲仁
矣 請問之 曰 恭寬信敏惠 恭則不侮 寬則得衆
信則人任焉 敏則有功 惠則足以使人

자장이 공자께 인을 물었다. 공자께서 말씀하셨다. 천하에 다섯 가지를 행할 수 있으면 인이다. (자장이 그것이 무엇인지를) 청해 묻자 답하셨다. 공(공손함) 관(너그러움) 신(믿음 있음) 민(민첩함) 혜(은혜로움)이다. 공손하면 모욕받지 않고, 너그러우면 뭇사람을 얻고, 믿음 있으면 사람들이 맡기고, 민첩하면 공이 있고, 은혜로우면 족히 사람을 부릴 수 있다.

【집주】

行是五者 則心存而理得矣 於天下 言無適而不然 猶所謂雖之夷狄
不可棄者 五者之目 蓋 因子張所不足而言耳 任 倚仗也 又言其效
如此

이 다섯 가지를 행하면 마음이 보존되어 이치를 얻는다. '천하'라는 말은 어디 간들 그렇지 않음이 없다는 말이니, 이른바 '오랑캐 사회에 가더라도 버릴 수 없다(『논어』13,「자로」19장)'는 것과 같다. 다섯 항목은 대개 자장의 부족한 점이기 때문에 말씀하신 것일 뿐이다. '임'은 기대는 것이다. 또 그 효과가 이러하다는 말씀이다.

【세주】

問 敏字 於求仁工夫 似不甚切 朱子曰 不敏 則便有怠忽 纔怠忽 便心不存而間
斷多 便是不仁

물었다. '민' 자는(민첩함이라는 항목은) 인을 구하는 공부에 매우 긴요하지는 않은 것 같습니다. 주자가 답했다. 민첩하지 않으면 곧 소홀함이 있는 것이다. 소홀함이 있기만 하면 곧 마음이 보존되지 않아 끊어짐이 많으니 곧 불인이다.

○任 是堪倚靠 是能爲人擔當事也

'임'은 (남의) 기댐을 감당하는 것이고 능히 남을 위해 일을 담당하는 것이다.

○勉齋黃氏曰 行五者 則心存理得 何也 曰 心主乎五者 則無非僻之雜 而心之德常存 以五者施之事 則無悖謬之失 而事之理常得 又言其效 通指不侮至使人五者 欲其以是驗之 如答顔冉問仁 亦以歸仁無怨之效言也

면재 황씨가 말했다. 다섯 가지를 행하면 마음이 보존되고 이치를 얻는 것은 왜인가? 답하자면, 마음에 이 다섯 가지를 주로 삼으면 잘못되거나 편벽한 것이 섞이지 않아 마음의 덕이 항상 보존되고, 다섯 가지를 일에 시행하면 패리하거나 오류를 범하는 잘못이 없어 일의 이치가 항상 얻어진다. 또 그 효과를 말씀하시어 '모욕받지 않음'에서 '사람을 부림'까지 다섯 가지를 두루 지적하셨으니, 이로써 겪어보기를 바라신 것이다. 예컨대 안회나 염유가 인을 물었을 때 역시 '귀인(인으로 인정함)', '무원(원망이 없음)' 등의 효과의 말로 대답하신 것과 같다.

○慶源輔氏曰 五者 皆心所具之理 而仁之發也 恭 則仁之著 寬 則仁之量 信 則仁之實 敏 則仁之力 惠 則仁之澤 能行此五者 則心存理得 而仁 不外是也 然 是心 一有間斷之時 則亡矣 是理 一有虧闕之處 則失矣 故 其行是五者 必自一家一國以至於天下 無適而不然 然後其心公平 其理周遍 而仁之體用 備矣 夫仁道 無不該 乃萬善之綱領也 今 特以此五者言之故 以爲因子張所不足而言 堂堂乎張 疑其不足於恭 愛欲生 惡欲死 疑其不足於寬 問行而告以忠信 疑其不足於信 問政而告以無倦 疑其不足於敏 色取仁而行違 疑其不足於惠也

경원 보씨가 말했다. 다섯 가지는 모두 마음에 갖추어져 있는 이치로서 인의 발현이다. 공은 인의 나타남[신체적 표현]이고, 관은 인의 국량[넉넉함]이고,

신은 인의 진실함이고, 민은 인의 힘[노력함]이고 혜는 인의 은택이다. 이 다섯 가지를 행할 수 있으면 마음이 보존되고 이치를 얻으니 인은 이 이외의 것이 아니다. 그러나 이 마음은 한 번이라도 끊어지는 때가 있으면 없어지고, 이 이치는 한 번이라도 이지러지는 곳이 있으면 잃어버린다. 그러므로 이 다섯 가지를 행하는 것은 반드시 한 집안 한 나라에서부터 천하에 이르기까지 어디 가든 그러하지 않음이 없어야 하고, 그런 연후에야 그 마음이 공평하고 그 이치가 두루 미치어서 인의 체와 용이 갖추어지는 것이다. 무릇 인의 도는 갖추어지지 않은 것이 없으니 곧 모든 선의 강령이다. (그런데도) 지금 다만 이 다섯 가지만을 말씀하신 까닭에 (집주에서는) '자장의 부족한 점이기 때문에 말씀하신 것'이라 했다. '당당하구나 자장은(『논어』19, 「자장」 16장)'이라 했으니 아마도 공에 부족함이 있었던 것 같고, '사랑하면 살기를 바라고 미워하면 죽기를 바란다(『논어』12, 「안연」 10장)'라 했으니 아마도 관에 부족함이 있었던 것 같고, 행세함에 관해 물었을 때 '충신'을 알려주신 것(『논어』15, 「위령공」 5장)을 보면 아마도 신에 부족함이 있었던 것 같고, 정치를 물었을 때 '게으르지 말 것'을 알려주신 것(『논어』12, 「안연」 14장)을 보면 아마도 민에 부족함이 있었던 것 같고, '겉으로는 인을 채택하는 듯이 하지만 행동은 어그러진다(『논어』12, 「안연」 20장)'라 한 것을 보면 아마도 혜에 부족함이 있었던 것 같다.

【집주】

○張敬夫曰 能行此五者於天下 則其心 公平而周遍 可知矣 然 恭其本與音余

장경부가 말했다. 천하에 이 다섯 가지를 행할 수 있으면 그 마음이 공평하고 두루 미친다는 것을 알 수 있다. 그러나 '공(공손함)'이 그것의 근본이리라.

【세주】

○慶源輔氏曰 所謂其心公平而周遍者 非體仁之深者 不知此味也 所謂恭其本與者 所以指示學者 尤切 蓋 恭 則此心收斂 不至於放縱 此心 收斂不放縱 則夫

寬信敏惠 自有所不能已者

경원 보씨가 말했다. 소위 '그 마음이 공평하고 두루 미침'은 인을 깊이 체득한 자가 아니면 이 맛을 알지 못한다. 소위 '공이 그것의 근본임'은 배우는 자에게 가리켜주는 것이 더욱 절실하다. 대개 공하면 이 마음이 거두어져(단속되어) 방종에 이르지 않고, 이 마음이 거두어져 방종하지 않으면 저 관 신 민 혜는 저절로 그칠 수 없게 된다.

○胡氏曰 五常百行 何莫非仁 而獨以是言 故 疑其爲子張之所不足也 語恭其本者 四者 皆以事言 而恭 則切於身也 倂及其效者 欲其因是而驗之

호씨가 말했다. 5상과 100가지 행실이 어찌 인 아닌 것이 있겠는가? 그런데 단지 이(다섯 가지만)를 말씀하셨기 때문에 (집주에서는) 자장의 부족한 것 때문에 그런 것이 아닌가 의심했다. '공이 그 근본'이라 한 것은 (나머지) 네 가지는 모두 일에 관한 말이고 공만이 몸에 절실한 것이기 때문이다. 그 효과를 아울러 말씀하신 것은 이로 인해 겪어보기를 바라셨기 때문이다.

○雙峯饒氏曰 朱子 以心存理得爲仁 是 指能行五者而言 南軒 以公平周遍爲仁 是 兼行於天下而言 二者 互相備 必心存理得 始能公平周遍 又曰 南軒 於五者 以恭爲主 亦與胡氏釋千乘之國章 謂五者以敬爲主 同意 恭敬 則心存 心存 然後 理得 故 能行下四者

쌍봉 요씨가 말했다. 주자는 '마음이 보존되고 이치를 얻음'을 인이라 했는데, 이는 '다섯 가지를 능히 행함'을 가리켜 말한 것이다. 남헌(장식)은 '공평하고 두루 미침'을 인이라 했는데, 이는 '(이 다섯 가지를) 천하에 행함'을 겸해 말한 것이다. 두 가지(두 사람의 말)는 서로 보완된다. 반드시 마음이 보존되고 이치를 얻어야 비로소 공평하고 두루 미칠 수 있다. 또 말했다. 남헌은 이 다섯 가지에 대해 공이 주가 된다고 했는데, (이는) 호씨가 〈천승지국〉장(『논어』1, 「학이」 5장)을 해석하면서 '다섯 가지(경 신 절용 애인 사민이시)는 경(경건함)이 주가 된다'라 한 것과 같은 뜻이다. 공손하고 경건하면 마음이 보존되고, 마음이 보존된 연후에 이치가 얻어진다. 그런 까닭에 다음의 네 가지를 행할 수 있다.

○雲峯胡氏曰 子張 平日問達 問行 其志 欲得行於彼也 故 夫子 因其問仁 而告之以能行乎此者也 能行此五者 則心存而理得 能行之於天下 則其心 公平而溥遍矣

운봉 호씨가 말했다. 자장은 평소 '달(현달함)'을 묻고 '행(행세함)'을 물었으니 그 뜻이 저기[학문의 세계 아닌 세속]서 행세할 수 있기를 바란 것이다. 그런 까닭에 공자께서는 그가 인을 물은 것을 기회로 '여기[공자의 문하, 학문의 세계]서 행할 수 있는 것'을 알려주셨다. 이 다섯 가지를 능히 행할 수 있으면 마음이 보존되고 이치를 얻는다. 그것을 능히 천하에 행하면 그 마음은 공평하고 두루 미친다.

【집주】
李氏曰 此章 與六言六蔽五美四惡之類 皆與前後文體 大不相似

이씨가 말했다. 이 장과 '6언', '6폐'(본 편 8장), '5미', '4악'(『논어』20, 「요왈」2장) 같은 것들은 모두 앞뒤의 문체와 매우 다르다.

【세주】
朱子曰 六言 六蔽 五美等語 雖其意是 然 皆不與聖人常時言語一樣 家語 此樣話 亦多 大抵 論語後數篇 間不類以前諸篇

주자가 말했다. '6언', '6폐', '5미' 등의 말은 비록 그 뜻이 옳기는 하지만 그러나 모두 성인의 평상시의 말씀과 같은 방식은 아니다. 『(공자)가어』에도 이런 방식의 이야기가 또한 많다. 대개 『논어』의 후반부 몇 편은 간혹 앞의 편들과 비슷하지 않은 경우가 있다.

○厚齋馮氏曰 孔門問仁 無稱問仁於孔子者 抑此其齊論歟

후재 풍씨가 말했다. 공자 문하에서 인을 물은 경우에 '공자께 인을 물었다'라고 한 경우가 없다. 아마도 이는 제나라 논어이리라.

17.7-1 佛肸召 子欲往 佛 音弼 肸 許密反

필힐이 부르자 공자께서 가고자 하셨다.

【집주】

佛肸 晉大夫趙氏之中牟宰也 中牟 趙氏邑

필힐은 진나라 대부 조씨의 (읍인) 중모의 (읍)재이다. 〈중모는 조씨의 읍이다.〉

17.7-2 子路曰 昔者 由也 聞諸夫子曰 親於其身 爲不善者 君子 不入也 佛肸 以中牟畔 子之往也 如之何

자로가 말했다. 전에 제가 선생님께 들었는데, "그 자신의 몸으로 스스로 불선을 행하는 자에게 군자는 들어가지 않는다"라 하셨습니다. 필힐은 중모를 근거로 배반했는데 선생님께서 가시고자 하는 것은 어쩐 일입니까?

【집주】

子路 恐佛肸之浼夫子 故 問此 以止夫子之行 親 猶自也 不入 不入其黨也

자로는 필힐이 공자를 더럽힐까 염려했다. 그런 까닭에 이 질문을 해 공자께서 가시는 것을 막으려 했다. '친'은 '스스로'이다. 들어가지 않는다는 것은 그 무리에 들어가지 않는다는 것이다.

【세주】

慶源輔氏曰 所謂親於其身爲不善而君子不入者 正恐其汚己也 此 固子路之所知也 至於人之不善 不能浼聖人 則非子路之所能知也 故 引此爲問 欲以止夫子之行耳

경원 보씨가 말했다. 소위 '그 자신의 몸으로 스스로 불선을 행하는 자에게 군자는 들어가지 않는 것'은 바로 자신을 더럽힐까 염려하는 것이다. 이는 본디 자로가 아는 것이었지만, 남의 불선이 성인을 더럽힐 수 없다는 것은 자로가 알 수 있는 것이 아니었다. 그런 까닭에 이 말씀을 끌어대어 질문으로 삼아 공자께서 가시는 것을 막고자 했을 뿐이다.

○聖人 道大德弘 所過者化 人之不善 一經聖人照臨之 則大者革心 小者革面之不暇 何至有浼於聖人 若夫昏頑之至 不可以常理化者 則聖人 又自有以處之 在上 則或若堯舜之待三苗 在下 則若夫子之待陽貨公山佛肸 亦豈能浼於聖人哉

성인께서는 도가 크고 덕이 넓으시어 지나가시는 곳은 교화된다. 불선한 사람도 한 번 성인께서 비추고 왕림하시면 크게는 마음을 고치고 작게는 안색을 고치기에 틈이 없으니 어찌 성인을 더럽히는 데 이르겠는가? 만약 지극히 어둡고 고집스러워 보통의 이치로 교화할 수 없는 자 하더라도 성인께서는 또 당연히 조치할 방법이 있으시다. (성인들은) 위(임금의 자리)에 계시면 혹은 마치 요순이 3묘를 대우하듯이 하시고, 아래에 계시면 마치 공자께서 양화나 공산, 필힐을 대우하듯이 하시니, 또한 어찌 (그들이) 성인을 더럽힐 수 있으랴.

17.7-3 子曰 然 有是言也 不曰堅乎 磨而不磷 不曰白乎 涅而不緇 磷 力刃反 涅 乃結反

공자께서 말씀하셨다. 그렇다. 그런 말이 있기는 하다. (그렇지만) 단단하다고 해야 되지 않겠느냐, 갈아도 얇아지지 않는다면. 희다고 해야 되지 않겠느냐, 물들여도 검어지지 않는다면.

【집주】

磷 薄也 涅 染皂物

'인'은 얇은 것이다. '열'은 물건을 검게 염색하는 것이다.

【세주】

齊氏曰 涅 水中黑土 今 江東皂泥

제씨가 말했다. '열'은 물속의 검은 흙으로, 지금의 강동의 조니(검은 진흙)이다.

【집주】

言人之不善 不能浼己 楊氏曰 磨不磷 涅不緇 而後無可無不可 堅白不足 而欲自試於磨涅 其不磷緇也者 幾平聲希

남의 불선이 자신을 더럽힐 수 없다는 말씀이다. 양씨가 말했다. 갈아도 얇아지지 않고 물들여도 검어지지 않은 다음에야 (꼭) 해야 하는 것도 없고 하지 않아야 하는 것도 없을 수 있다. 단단함과 흼이 부족한데도 스스로 갈고 물들이기를 시험해보고자 하면 얇아지지 않고 검어지지 않는 자가 거의 드물다.

【세주】

問 公山之召 子路不悅 夫子 雖以東周之意 諭之子路 意似有所未安也 故 於佛肸之召 又擧所聞以爲問 其自信不苟如此 學者 未至聖人地位 且當以子路爲法 庶乎不失其身 不可以聖人體道之權藉口 恐有學步邯鄲之患也 朱子曰 得之

물었다. 공산의 부름에 자로가 기뻐하지 않자 공자께서 비록 동주의 뜻(동주를 만들겠다는 뜻)을 자로에게 깨우쳐주셨지만 아마도 (자로의 마음에) 편안하지 않은 바가 있었던 듯합니다. 그런 까닭에 필힐의 부름에 대해 또 들은 것을 들어 질문했으니 그 자신의 신념에 구차하지 않기가 이와 같았습니다. 배우는 자는 아직 성인의 경지에 이르지 못했으니 또한 마땅히 자로를 모범으로 삼아야 아마도 자신(의 신념)을 잃지 않을 것입니다. 성인의 '도를 체현한 권도'를 변명거리로 삼아서는 안 되니, 한단의 걸음을 배우는 잘못(세련된 한단의 걸음을 배우려다 자신의 원래 걸음걸이까지 잃는 잘못)이 있을까 염려됩니다. 주자가 답했다. 옳다.

○南軒張氏曰 子路之說 在子路 則當然 蓋 子路 以己處聖人 而未能以聖人觀聖人也

남헌 장씨가 말했다. 자로의 말은 자로로서는 당연한 것이다. 대개 자로는 자신의 수준에서 성인을 대했고, 아직 성인의 입장에서 성인을 살피지는 못했다.

○慶源輔氏曰 磨不磷涅不緇 而後無可無不可者 聖人之事也 堅白不足 而欲自試於磨涅 則後世不度德不量力 輕擧妄動 始欲自附於聖人 而終 則陷其身於不義之流也

경원 보씨가 말했다. '갈아도 얇아지지 않고 물들여도 검어지지 않은 다음에야 해야 하는 것도 없고 하지 말아야 하는 것도 없다'는 것은 성인의 일이다. '단단함과 흼이 부족한데 스스로 갈고 물들이기를 시험하고자 한다'는 것은, 후세인으로서 (자신의) 덕을 헤아리지 않고 힘을 헤아리지 않고 경거망동해 처음에는 스스로 (자신을) 성인에 갖다 붙이려 하다가 끝내는 자신의 몸을 불의의 무리에 빠트리는 것이다.

○新安倪氏曰 楊氏謂 堅白不足以下 非夫子所言之本意 乃爲子路輩言也
신안 예씨가 말했다. 양씨가 말한 '단단함과 흼이 부족 운운' 이하는 공자 말씀의 본뜻은 아니고 자로 같은 무리들을 위한 말이다.

17.7-4　吾 豈匏瓜也哉 焉能繫而不食 焉 於虔反

내가 어찌 조롱박이겠느냐. 어찌 매달려 있으면서 먹지 않을 수 있겠느냐.

【집주】

匏 瓠也 匏瓜 繫於一處 而不能飲食 人 則不如是也

'포'는 바가지이다. 포과(조롱박)는 한군데에 매달려 먹고 마시지 못하지만 사람은 그렇지 않다.

【세주】

朱子曰 不食 謂不求食 非謂不可食也 今俗猶言無口匏 亦此意

주자가 말했다. '먹지 않는다'는 것은 먹을 것을 구하지 않는다는 뜻이지 먹을 수 없다는 뜻이 아니다. 요즈음 세상에서 말하는 '입 없는 바가지'라는 것 또한 이 뜻이다.

○勉齋黃氏曰 匏瓜 繫而不食 蓋 言匏瓜蠢然一物 繫 則不能動 不食 則無所知 吾乃人類 在天地間 能動作有思慮 自當見之於用 而有益於人 豈微物之比哉 世之奔走以餬其口於四方者 往往借是言以自況 失聖人之旨矣 此 不可以不辯

면재 황씨가 말했다. '조롱박이 매달려 있으면서 먹지 않는다'는 것은 대개 '조롱박은 미미한 하나의 물건으로, 매달려 있으니 움직일 수 없고, 먹지 않으니 아는 것도 없다. 나는 사람의 무리로 천지간에서 능히 움직일 수 있고 생각할 수 있으니 본디 마땅히 쓰여서 사람에게 유익해야 한다. 어찌 미물에 비교할 수 있겠는가'라는 말씀이다. 세상에서 호구하느라 사방으로 분주하게 뛰어다니는 자가 왕왕 이 말씀을 빌려 스스로를 묘사하지만, 성인의 (말씀의) 뜻을 잃은 것이다. 이는 논변하지 않을 수 없다.

【집주】

○張敬夫曰 子路昔者之所聞 君子守身之常法 夫子今日之所言 聖人體道之大權也 然 夫子於公山佛肸之召 皆欲往者 以天下無不可變之人 無不可爲之事也 其卒不往者 知其人之終不可變 而事之終不可爲耳 一 則生物之仁 一 則知人之知也

장경부가 말했다. 자로가 전에 들은 것은 군자가 몸을 지키는 통상적인 법이고 공자께서 오늘 말씀하신 것은 성인의 도를 체현한 큰 권도이다. 그러나 공자께서 공산과 필힐의 부름에 모두 가고자 하신 것은 천하에 변할 수 없는 사람은 없고 할 수 없는 일은 없기 때문이다. 끝내 가지 않으신 것은 그 사람이 끝내 변할 수 없고 그 일이 끝내 할 수 없는 것임을 아셨기 때문일 뿐이다. 하나는 사물을 살리는 인이고 하나는 사람을 알아보는 지이다.

【세주】

程子曰 佛肸召子 必不徒然 其往 義也 然 不往者 度其不足與有爲也

정자가 말했다. 필힐이 공자를 부른 것은 틀림없이 공연한 것은 아니었으니 가시는 것은 의이다. 그러나 가지 않으신 것은 (필힐이) 더불어 일을 해내기에 부족함을 헤아리셨기 때문이다.

○朱子曰 公山弗擾佛肸召而欲往者 乃聖人虛明應物之心 答其善意 自然而發 終不往者 以其爲惡已甚 義不復可往也 此 乃聖人體用不偏 道並行而不相悖處 然 兩條告子路不同者 卽其所疑而喩之耳 子路 於公山氏 疑夫子之不必往 故 夫子言 可往之理 於佛肸 恐其浼夫子也 故 夫子 告以不能浼己之意

주자가 말했다. 공산불요와 필힐이 부르자 가시고자 한 것은 성인의 '허령하고 밝게 사물에 응하는 마음'으로, 그 선의에 답해 자연히 나온 것이다. 끝내 가지 않으신 것은 그 악을 행한 것이 매우 심해 의리상 다시는 갈 수 없는 것이었기 때문이다. 이는 곧 성인께서 체와 용이 치우치지 않으신 것으로 (두 다른) 도를 같이 행해도 서로 모순되지 않은 곳이다. 그러나 자로에게 알려주신 두 구절이 다른 것은 그 의문을 가진 것에 의거해 깨우쳐주셨기 때문일 뿐이다. 자로가 공산씨의 경우에는 공자께서 꼭 가실 필요는 없다고 의심했기 때문에 공자께서는 갈 수 있는 이치가 있음을 말씀하셨고, 필힐의 경우에는 공자를 더럽힐까 염려했기 때문에 공자께서는 자신을 더럽힐 수 없다는 뜻을 알려주셨다.

○夫子 於佛肸之召 但謂其不能浼我而已 於公山氏之召 却眞箇要去做

공자께서는 필힐의 부름에 대해서는 다만 '나를 더럽힐 수 없다'는 것만 말씀하셨을 뿐이고, 공산씨의 부름에 대해서는 오히려 진짜로 가서 해보려 하셨다.

○問 佛肸弗擾之召 孔子欲往 此意 如何 曰 此 是一時善意 聖人之心 適與之契 所以 欲往 然 更思之 則不往矣 蓋 二人 暫時有尊賢向善之誠心 故 感得聖人有欲往之意 然 違道叛逆 終不能改 故 聖人 亦終不往也 譬如雲陰 忽略開霽 有些光明 又被重陰遮蔽了 問 陽貨欲見 却終不許他 曰 貨 全無善意 來時便已不好了 故 亦不能略感聖人

물었다. 필힐과 불요의 부름에 공자께서 가고자 하셨는데, 그 뜻은 어떠합니까? 답했다. 이는 일시의 선의로서 성인의 마음에 마침 꼭 맞았기에 가려 하셨다. 그러나 다시 생각해보시고는 가지 않으셨다. 대개 두 사람은 잠시 현인을 존경하고 선을 향하는 참된 마음이 있었던 것으로, 그런 까닭에 성인을 감동시켜 가시려 하는 마음을 가지게 할 수 있었다. 그러나 도를 어기고 반역을 저질러 끝내 고치지 못했기에 성인께서도 또한 끝내 가지 않으셨다. 비유컨대, 검은 구름이 홀연히 약간 열리고 개어 약간의 광명이 있다가 또 다시 두꺼운 어둠에 가려져버린 것이다. 물었다. 양화가 만나려 했을 때는 끝내 그를 허락하지 않으셨습니다. 답했다. (양)화는 전혀 선의가 없었다. (만나러) 왔을 때 이미 좋지 않았기 때문에 또한 조금도 성인을 감동시키지 못했다.

○慶源輔氏曰 自聖人言之 則固無不可爲之時 亦無不可爲之事 無不可敎之人 然 其所遇 則有不可必者 天 未欲平治天下 則在時者 有不可爲也 上之人 不我用

則在事者 有不可爲也 誨之諄諄 聽之藐藐 則在人者 有不可敎也

경원 보씨가 말했다. 성인의 입장에서 말하자면 본디 할 수 없는 때가 없고, 또한 할 수 없는 일이 없고, 가르칠 수 없는 사람이 없다. 그러나 그 만난 경우에 따라서는 꼭 그렇게 할 수는 없는 경우가 있다. 하늘이 아직 천하를 태평하게 하고자 하지 않으면 때에 있어서는 할 수 없는 때가 있다. 윗사람이 나를 쓰지 않으면 일에 있어서는 할 수 없는 일이 있다. 지성으로 타이르는데도 전혀 알아듣지 못하면 사람에 있어서는 가르칠 수 없는 자가 있다.

17.8-1 子曰 由也 女 聞六言六蔽矣乎 對曰 未也 女音汝下同

공자께서 말씀하셨다. 유야, 너는 6언(여섯 덕목)과 6폐(여섯 가려짐)에 관해 들어보았느냐? (자로가) 대답해 말했다. 아직 못 들었습니다.

【집주】

蔽 遮掩也

'폐'는 가려짐이다.

【세주】

胡氏曰 如爲物遮掩 僅得其一偏 而不見其全體也

호씨가 말했다. (폐란) 물건(물욕)에 가려져 겨우 그 한쪽만 보고 전체는 보지 못하는 것이다.

○慶源輔氏曰 謂各隨其意之所向 以遮掩其正理

경원 보씨가 말했다. (폐란) 각자 자신의 뜻이 지향하는 바를 따름으로써 바른 이치를 가리는 것을 말한다.

17.8-2 居 吾語女 語去聲

앉아라. 내가 너에게 말해주마.

【집주】

禮 君子 問更平聲端 則起而對出記曲禮 故 夫子 諭子路 使還坐而告之

『예기』에 "군자가 새로운 항목을 물으면 일어나 대답한다"라고 했다.(『예기』, 「곡례(상)」에 나온다.) 그런 까닭에 공자께서 자로를 깨우쳐주심에, 다시 앉게 하고 알려주셨다.

17.8-3 好仁不好學 其蔽也愚 好知不好學 其蔽也蕩 好信不好學 其蔽也賊 好直不好學 其蔽也絞 好勇不好學 其蔽也亂 好剛不好學 其蔽也狂好知竝去聲

인을 좋아하지만 배우기를 좋아하지 않으면 그 가려짐(제대로 보지 못한 결과)은 우(어리석음)이다. 지(앎)를 좋아하지만 배우기를 좋아하지 않으면 그 가려짐은 탕(방탕함, 잡학에 빠짐)이다. 신(믿음)을 좋아하지만 배우기를 좋아하지 않으면 그 가려짐은 적(해 끼침)이다. 직(곧음)을 좋아하지만 배우기를 좋아하지 않으면 그 가려짐은 교(급급함)이다. 용(용감함)을 좋아하지만 배우기를 좋아하지 않으면 그 가려짐은 난(어지럽힘)이다. 강(굳셈)을 좋아하지만 배우기를 좋아하지 않으면 그 가려짐은 광(조급함)이다.

【집주】

六言 皆美德 然 徒好之 而不學以明其理 則各有所蔽 愚 若可陷可罔之類 蕩 謂窮高極廣而無所止 賊 謂傷害於物

6언은 모두 아름다운 덕이다. 그러나 한갓 좋아하기만 하고 배워서 그 이치를 밝히지 않으면 각각(의 덕)은 그 가려짐이 있다. '우(어리석음)'는 빠트릴 수 있고 속일 수 있는 것 같은 것이다. '탕'은 높고 넓은 것을 끝까지 추구해 그칠 바를 모르는 것이다. '적'은 남에게 해를 입히는 것이다.

【세주】

朱子曰 固執必信 而不好學 必至於賊害物 如證父攘羊 便是

주자가 말했다. 굳게 지켜 반드시 믿음 있으려 하면서도 배우기를 좋아하지 않으면 반드시 남을 해치는 데 이른다. 예컨대 아버지가 양을 훔친 것을 증언하는 것이 그 예이다.

○雙峯饒氏曰 信而不明理 則不度事理之可否 而欲必踐其言 如此者 必至於害事 如尾生之信 是自賊其身者也

쌍봉 요씨가 말했다. 믿음 있지만 이치에 밝지 않으면 사리의 가부를 헤아리지 않고 반드시 그 말을 실천하려 한다. 이런 자는 반드시 일을 해치기에 이른다. 예컨대 미생(다리 밑에서 만나자는 약속을 지키려다가 물에 떠내려가 죽었다는 자)의 믿음은 스스로 그 몸을 해치는 것이다.

【집주】

勇者 剛之發 剛者 勇之體

'용(용감함)'이란 '강(굳셈)'의 발현이며 '강'이란 '용'의 본체(본질)이다.

【세주】

朱子曰 勇 只是敢爲 剛 有堅强之意

주자가 말했다. '용'은 다만 용감하게 행하는 것이고, '강'은 굳센 뜻이 있는 것이다.

○慶源輔氏曰 人之資稟 得於陰陽者 惟有剛 有柔 勇 則剛之發出者也

경원 보씨가 말했다. 사람의 자질로서 음과 양으로부터 얻은 것은 다만 '강(굳셈)'과 '유(유약함)'가 있다. '용'은 '강'이 드러난 것이다.

○雙峯饒氏曰 剛屬質 體也 勇屬氣 用也

쌍봉 요씨가 말했다. '강'은 질(바탕)에 속하니 체(본체)이다. '용'은 기에 속하니 용(쓰임, 작용)이다.

【집주】

狂 躁率也

'광'은 조급하고 경솔한 것이다.

【세주】

慶源輔氏曰 此 與狂狷之狂 不同 躁率 則近乎剛惡也 故 特釋之

경원 보씨가 말했다. 이것(여기서의 광)과 '광견'의 광과는 다르다. 조급하고 경솔한 것은 강파른 악에 가깝다. 그래서 특별히 (조급하고 경솔한 것이라고) 해석했다.

○雙峯饒氏曰 躁率 輕擧妄動之意

쌍봉 요씨가 말했다. '조솔(조급하고 경솔함)'이란 경거망동한다는 뜻이다.

○程子曰 六言六蔽 正與恭而無禮則勞 寬而栗 剛而無虐之義 同 蓋 好仁而不好學 乃所以愚 非能仁而愚 徒好而不知學 乃愚

정자가 말했다. '6언 6폐(이 장의 말씀)'는 바로 '공손하되 예가 없으면 수고롭다', '관대하되 엄정하다', '굳세되 잔혹하지 않다' 등의 뜻과 같다. 대개 인을 좋아하면서도 배우기를 좋아하지 않는 것이 곧 어리석은 것이다. (여기서 말하는 어리석음이란 '능히 인해서 어리석음(인해서 어리석은 듯 보임)'이 아니고, 헛되이 (인을) 좋아하기만 하고 배울 줄 몰라서 어리석은 것이다.

○南軒張氏曰 學 所以明善也 不知學 則徒慕其名 而莫知善之所以爲善矣 好仁 不好學之蔽 如欲力行自守以爲仁 而不知學以明之 則其所行所守 未免於私意 適足以爲愚而已 至於好知不好學 則用其聰明 而不知約之所在 故 其蔽 蕩 好信 不好學 則守其小諒 而不知義之所存 故 其蔽 賊 好直不好學 則務徑情 而不知含 蓄 故 其蔽 絞 絞者 訐而已 好勇不好學 則犯難 而不知止 故 其蔽 亂 好剛不好 學 則務勝 而不知反 故 其蔽 狂 是六者 本爲達德善行 而不好學 則非所以爲德 行 而反以自蔽 學 如行大道 日闢而通也 不學 如守暗室 終窒而蔽矣

남헌 장씨가 말했다. 배우는 것은 선을 밝히려는 것이다. 배울 줄 모르면 헛되이 그 이름을 사모할 뿐, 선이 왜 선이 되는지 그 이유를 알 수 없다. 인을 좋아하면서도 배움을 좋아하지 않은 (결과로서의) 가려짐은 예컨대 '힘써 행하고 스스로 지켜 인을 행하려 하지만 배워서 밝힐 줄 몰라, 그 행하고 지키는 바가 사사로운 뜻에 의한 것임을 면하지 못해 어리석다 하기에 꼭 알맞을 뿐인 것'이다. 지를 좋아하면서도 배우기를 좋아하지 않는 경우는 그 총명을 쓰면서도 약(요약함, 즉 핵심)이 어디 있는지 모르니, 그런 까닭에 그 가려짐은 탕(잡학에 빠짐)이다. 신을 좋아하면서도 배우기를 좋아하지 않으면 작은 신념을 지키느라 의가 어디 있는지 모르니, 그런 까닭에 그 가려짐은 적(자신이나 남을 해침)이다. 직을 좋아하면서도 배우기를 좋아하지 않으면 생각대로 곧바로 행하는 데 힘써, 함축(마음속 생각을 노골적으로 드러내지 않음)을 모르니 그 가려짐은 교(곧기에 급급함)이다. '교'란 (남의 잘못을) 들춰냄일 뿐이다. 용을 좋아하면서도 배우기를 좋아하지 않으면 어려운 일을 함부로 해(모험을 좋아해) 그칠 줄 모르니, 그런 까닭에 그 가려짐은 난(어지럽힘)이다. 강을 좋아하면서도 배우기를 좋아하지 않으면 (남을) 이기기에 힘쓰고 돌이킬 줄 모르니, 그런 까닭에 그 가려짐은 광(조급함)이다. 이 여섯 가지는 본래는 뛰어난 덕이고 선한 행동이지만 배우기를 좋아하지 않으면 덕행이 되는 것이 아니라 거꾸로 자폐(스스로 가림, 스스로에게 가려짐이 됨)가 된다. 배움은 마치 큰 길을 가는 것 같아 날로 넓어져 통한다. 배우지 않는 것은 마치 깜깜한 방에 지키고 앉아 있는 것 같아 끝내는 막히고 가려진다.

○問 蔽之爲義 何也 勉齋黃氏曰 集註 以爲遮掩 言有所不見之謂也 學 所以明

理者 學 謂效之師友之言行 求之方冊之紀載 皆學也 所以 學 欲觀夫理之所當然者 而效法之也

물었다. '폐'의 뜻은 무엇입니까? 면재 황씨가 답했다. 집주에서는 가려지는 것이라 했는데, '보지 못하는 바가 있다는 의미'라 말한 것이다. 배움은 이치를 밝히려는 것이다. 배움이란 스승이나 벗의 언행을 본받고 책에 기록된 것을 구하는 것을 말하니 (그런 일들이) 모두 배움이다. 그러므로 배움이란 이치의 당연한 바를 살피고 그것을 본받으려 하는 것이다.

○仁知信直勇剛 皆美德也 又必學以明其理 何哉 六者 德之大目耳 輕重淺深 當施不當施之間 其理 固多端也 今 但見其大目而好之 不務學以究其理之曲折 則見其一 而蔽其一 未有不流於一偏者也 仁 主於愛 偏 則不分輕重賢否 而流於愚 知 知人所難知 偏 則窮高極遠 而流於蕩 信而偏 則執一不通 而流於賊 直而偏 則迫切不舒 而流於絞 勇 則直徑而亂 剛 則堅守而强 是 皆得其大目 而不學有所蔽 以至於此也

인 지 신 직 용 강은 모두 아름다운 덕이다. (그런데도) 또 반드시 배워서 그 이치를 밝혀야 하는 것은 왜인가? 여섯 가지는 덕의 큰 항목일 뿐이다. 경중(어느 항목이 더 중요한지)과 심천(한 항목을 어느 정도로 중시해야 할지), 마땅히 행해야 할지 행하지 말아야 할지 등에 있어서는 그 이치가 본디 다양하다. 지금 다만 그 큰 항목만 보고 좋아할 뿐, 배워서 그 자세한 이치를 탐구하는 데 힘쓰지 않으면 한 측면만 보고 다른 한 측면은 가려지니, 한쪽으로 치우침에 흐르지 않는 경우가 없다. 인은 사랑을 주로 하니 치우치면 (대상의) 경중(누구를 더 사랑해야 할지)과 현부(현명한지 아닌지)를 가리지 못해 어리석음(어리석은 사랑)으로 흐른다. 지는 사람들이 알기 어려운 것을 아는 것이니 치우치면 높고 먼 것을 끝까지 추구해 방탕함으로 흐른다. 믿음이 있되 치우치면 하나만을 고집해 통하지 않아 끼침으로 흐른다. 곧되 치우치면 절박해서 느긋하지 못해 급급함으로 흐른다. 용감하면 곧바로 (생각대로) 행해 어지럽힌다. 굳세면 굳게 지켜 강경하다. 이는 모두 그 큰 항목은 얻었지만 배우지 않아 가려진 것이 있어 이 지경에 이른 것이다.

○覺軒蔡氏曰 此 皆不明理 而惑於所似 故也 格物以致其知 則其蔽 徹矣

각헌 채씨가 말했다. 이는 모두 이치에 밝지 않아 비슷한 것에 미혹되었기 때문이다. 사물을 탐구해 그 앎을 다하면 그 가려짐은 없어진다.

【집주】

○范氏曰 子路 勇於爲善 其失之者 未能好學以明之也 故 告之以此 曰勇曰剛曰信曰直 又皆所以救其偏也

범씨가 말했다. 자로는 선을 행하는 데 용감했지만, 그 잘못은 배움을 좋아해 (그 이치를) 밝히는 일은 잘하지 못했다는 점에 있었다. 그러므로 이를 알려주셨다. 용이니 강이니 신이니 직이니 하고 말씀하신 것은 또 모두 그의 치우침을 구제하시려는 것이었다.

【세주】

慶源輔氏曰 范氏 就子路身上 發明尤切 子路 好勇 且有何必讀書之說 其失 正在於未能好學以明善也 剛勇直信 皆其氣稟之偏 故 特告之

경원 보씨가 말했다. 범씨가 자로의 신상에 관해 밝혀낸 것은 더욱 절실하다. 자로는 용감함을 좋아했고 또 '하필 독서해야 하는가'라는 말을 했으니 그 잘못은 진정 '배우기를 좋아해 선을 밝힘'에 능하지 못했다는 데 있다. 강과 용, 직, 신은 모두 (자로의) 기질이 치우친 것이다. 그런 까닭에 특별히 알려주셨다.

○陳用之曰 信直勇剛 子路之所好也 先之以仁知 使之知所好也 或曰 此 子路初見夫子之時

진용지가 말했다. 신과 직, 용, 강은 자로가 좋아했던 것이다. 먼저 지와 인에 관해 말씀하시고, (그다음) 그로 하여금 좋아하는 것에 관해 알게 하셨다. 혹자는 이를 자로가 공자를 처음 뵈었을 때의 일이라 했다.

17.9-1 子曰 小子 何莫學夫詩 夫音扶

공자께서 말씀하셨다. 제자들아, 어찌 시를 배우지 않느냐.

【집주】

小子 弟子也

'소자'는 제자이다.

【세주】

厚齋馮氏曰 何莫云者 謂弟子何爲而莫之學也

후재 풍씨가 말했다. '어찌 아니'라 하신 것은 '제자들이 무엇 때문에 배우지 않는가'라는 말씀이다.

17.9-2 詩 可以興

시는(시를 배우면) 일으킬 수 있고,

【집주】

感發志意

의지를 감동시킨다.

【세주】

朱子曰 讀詩 見不美者 令人羞惡 見其美者 令人興起 須是反覆讀 使詩與心相入 自然有感發處

주자가 말했다. 시를 읽을 때, 아름답지 않은 것을 보면 사람으로 하여금 부끄럽고 싫어하게 하고, 아름다운 것을 보면 사람으로 하여금 일어나게 한다. 모름지기 반복해서 읽어 시와 마음이 서로 기르게 하면 사람은 자연히 감동되는 바가 있다.

17.9-3   可以觀
살필 수 있고,

【집주】

考見得失

득실을 살펴본다.

【세주】

勉齋黃氏曰 興群怨 皆指學詩者而言 觀 則似指詩而言 謂可考詩人之得失也 然以爲觀己之得失 亦可通 下文 旣有多識 爲以此識彼 則此觀 爲觀己然 後四語 皆一意也

면재 황씨가 말했다. 흥(일으킴), 군(무리지음), 원(원망함)은 모두 시를 배우는 자(에게 일어나는 효과)를 가리켜 한 말이다. 관(살핌)의 경우는 시를 가리켜 말한 것 같으니, 시인(작자)의 득실을 살필 수 있다는 말이다. 그러나 (배우는 자) 자신의 득실을 살핀다고 해도 또한 통할 수 있다. 아래 글에 이미 '다식(많이 알게 됨)'이 있으니 이것(시)을 통해 저것(사물)을 알게 되는 것이라 한다면, 이 '관'은 '자신을 살핌'이 되는 것 같다. 뒤의 네 구절은 모두 한 뜻(배우는 자에 있어서의 효과)이다.

○新安陳氏曰 觀詩所美所刺者之得失 亦因可以考見我之得失 兼此二意 方爲盡

신안 진씨가 말했다. 시가 찬양한 자와 비판한 자의 득실을 살피고, 또한 그로 인해 나의 득실도 살필 수 있다. 이 두 뜻을 겸해야 비로소 완전하다.

17.9-4　可以群

　　　　　　무리 지을 수 있고,

【집주】

和而不流

화합하지만 (방탕으로) 흐르지는 않는다.

【세주】

新安陳氏曰 和以處衆 曰群 和而不流 故 可以處衆 若和而流 則失於雷同 非處衆之道矣

신안 진씨가 말했다. 화합함으로써 무리에 처하는 것을 '군'이라 한다. 화합하되 흐르지 않기 때문에 무리에 처할 수 있다. 만약 화합하되 흐르면 부화뇌동의 잘못을 저지르는 것이니, 무리에 처하는 도리가 아니다.

17.9-5　可以怨

　　　　　　원망할 수 있고,

【집주】

怨而不怒

원망하지만 노하지는 않는다.

【세주】

慶源輔氏曰 當怨不怨 則失之疏 怨而怒 則又失之過 程子所謂 小弁擊鼓 皆怨而各當乎理者 是也

경원 보씨가 말했다. 마땅히 원망해야 하는데 원망하지 않으면 소원함의 잘못을 저지르는 것이고, 원망하면서 노하면 또 지나침의 잘못을 저지르는 것이다. 정자가 말한 바, '〈소변〉(『시경』, 「소아 소민」)과 〈격고〉(『시경』, 「국풍 패풍」)는 모두 원망하지만 각각 이치에 합당하다'라 한 것이 그 예이다.

17.9-6 邇之事父 遠之事君
가까이는 부모를 섬길 수 있고 멀리는 임금을 섬길 수 있고,

【집주】

人倫之道 詩無不備

인륜의 도로서 시에 갖추어지지 않은 것이 없지만

【세주】

新安陳氏曰 如關雎 言夫婦 棠棣 言兄弟 伐木 言朋友之類

신안 진씨가 말했다. (시에 인륜의 도가 갖추어져 있다는 것은) 예컨대 〈관저〉(「국풍 주남」)는 부부에 관해 말했고, 〈당체〉(「소아 녹명」, 〈상체〉)는 형제에 관해 말했고, 〈벌목〉(「소아 녹명」)은 붕우에 관해 말한 것 같은 것들이다.

【집주】

二者 擧重而言

두 가지는 (인륜 중) 중요한 것을 들어 말씀하신 것이다.

【세주】

新安陳氏曰 父子君臣 人倫中之大者

신안 진씨가 말했다. 부자와 군신은 인륜 중에 큰 것이다.

17.9-7   多識於鳥獸草木之名
조수와 초목의 이름에 대해 많이 알 수 있다.

【집주】

其緒餘 又足以資多識

그 나머지의 부수적인 것(효과)도 또한 다식(많은 지식)의 밑천이 되기에 족하다.

○學詩之法 此章盡之 讀是經者 所宜盡心也

시를 공부하는 방법에 관해서는 이 장이 완전히 다 말했으니, 이 경전(시경)을 읽는 자가 마땅히 마음을 다해야 할 점이다.

【세주】

慶源輔氏曰 論語之論及詩者 多矣 而惟此章爲備 學者 苟於此盡心焉 則有以感發其志意 而爲善不懈 有以考見其得失 而於事無惑 和而不流 以處群居之常 怨而不怒 以處人情之變 孝父忠君 而人倫之大者 無愧 博物洽聞 而一物之小者 不遺 詩之爲益 不旣多乎

경원 보씨가 말했다. 『논어』에서 시를 논급한 것이 많지만 오직 이 장이 갖추어져 있다. 배우는 자가 만약 이에 대해 마음을 다한다면, 그 의지를 감동시키는 것이 있어 선을 행함에 게을리하지 않을 것이고, 득실을 살펴보는 것이

155

있어 일에 있어 미혹되지 않을 것이다. '화합하지만 흐르지 않음'으로 통상적인 무리지음(사회생활)에 처하고, '원망하지만 노하지 않음'으로 인정의 변칙적 사태에 처한다. 부모에게 효도하고 임금에게 충성해 인륜의 큰 항목에 부끄러움이 없다. 온갖 사물에 대해 지식을 두루 넓혀 하나의 작은 사물도 남겨두지 않는다. (이러하니) 시의 이익됨이 원래 많지 않은가.

17.10　子 謂伯魚曰 女 爲周南召南矣乎 人而不爲周南 召南 其猶正牆面而立也與 女音汝 與平聲

공자께서 백어에게 말씀하셨다. 너는 주남과 소남을 배웠느냐? 사람으로서 주남과 소남을 배우지 않으면 그것은 바로 담장을 마주하고 서 있는 것과 같다.

【집주】

爲 猶學也

'위'는 배운다는 뜻이다.

【세주】

厚齋馮氏曰 爲 如高叟爲詩之爲

후재 풍씨가 말했다. '위'는 '고수위시(고수가 시를 배움)'라 할 때의 '위'와 같다.

【집주】

周南 召實照反南 詩首篇名 所言 皆修身齊家之事

주남과 소남은 『시경』의 첫 편의 이름으로, 말한 내용은 모두 수신제가의 일이다.

【세주】

慶源輔氏曰 二南 見文王齊家之化 於修身 疑未之及 蓋 身者 家之本 聖人之化 未有不本於身者 文王之化 自內及外 則修身之事 固在其中矣

경원 보씨가 말했다. 2남(주남과 소남)에는 문왕의 '제가의 교화(집안을 가지런히 하는 교화)'는 나오지만 수신에 관해서는 아마도 언급하지 않은 것 같다. (그렇지만) 대개 신(몸, 개인)이란 가(집안)의 근본이고, 성인의 교화는 몸에 근본을 두지 않는 경우가 없고, 문왕의 교화는 안으로부터 밖으로 미쳤을 것이니, 수신의 일은 본디 그(제가의 교화) 가운데 있는 것이다.

【집주】

正牆面而立 言卽其至近之地 而一物無所見 一步不可行

'바로 담장을 마주해 선다'는 것은 지극히 가까운 거리에서 마주해 하나의 사물도 볼 수 없고 한 걸음도 갈 수 없다는 말이다.

【세주】

程子曰 二南 人倫之本 王化之基 苟不爲之 則無所自入 古之學者 必興於詩 不學詩 無以言 故 猶正牆面而立

정자가 말했다. 2남은 인륜의 근본이고 왕화의 기초이다. 만약 배우지 않으면 들어갈 길이 없다. 옛날의 배우는 자들은 반드시 시에서 일어났고, 시를 배우지 않으면 대화할 수 없었다. 그러므로 바로 담장을 마주하고 서 있는 것과 같다.

○朱子曰 不知所以修身齊家 則不待出門 便已動不得了 所以 謂之正牆面者 謂其至近之地 亦行不得 故也

주자가 말했다. 수신제가의 방법을 모르면 문을(집 밖으로) 나서는 것을 기다릴 필요도 없이(집 밖으로 나서서야 비로소 어찌할지 모르는 것이 아니라) 곧 이미 움직일 수도 없게 된 것이다. 그러므로 '바로 담장을 마주한다'라 했는데, (이는) '지극히 가까운 거리여서 또한 움직일 수 없기 때문이다'라는 말이다.

○問 不知修身齊家 則自然推不去 是一步不可行 如何是一物無所見 曰 自一身一家 已自都理會不得 況其遠者乎 此 可見知與行相須之義 周南之詩 言文王后妃 閨門之化 召南之詩 言諸侯之國夫人 大夫妻 被文王后妃之化 而成德之事 蓋文王治岐 而化行於江漢之域 自北而南 故 其樂章 以南名之 用之鄕人 用之邦國以敎天下後世 誠意正心修身齊家之道 蓋 詩之正風也

물었다. 수신제가를 모르면 자연히 나아갈 수 없다는 것은 '한 걸음도 갈 수 없음'[행에 관한 말]이지 어찌 '하나의 사물도 볼 수 없음'[지에 관한 말]이겠습니까? 답했다. 일신과 일가서부터 이미 스스로 모두 이해하지 못했으니 하물며 먼 것이겠는가? 여기서 지와 행이 서로를 필요로 한다는 뜻을 알 수 있다. 주남의 시는 문왕의 왕비의 규중에서의 교화를 말했고, 소남의 시는 제후의 부인과 대부의 처가 문왕의 왕비의 교화를 입어 덕을 이룬 일을 말했다. 대개 문왕이 기 땅을 다스림에 교화가 강한의 지역(양자강과 한수 지역, 당시로는 남쪽 지방)에 행해졌으니 북으로부터 남으로 미쳤다. 그런 까닭에 그 음악은 '남'이라고 이름했다. 시골 사람에게 (이 음악을) 쓰고 나라(수도)에 (이 음악을) 써서 천하 후세에게 성의정심수신제가의 도를 가르쳤으니 [2남은] 대개 시의 정풍(국풍 가운데 올바른 것들)이다.

○厚齋馮氏曰 此 疑在伯魚過庭之後 已告之學詩 恐其未必踐言 而復告之也

후재 풍씨가 말했다. 이 일은 아마도 백어가 뜰을 지났을 때의 일(『논어』16, 「계씨」13장)보다 뒤에 있었을 것이다. 이미 시를 배우라고 알려주셨는데 그 말을 꼭 실천하지는 못했을까 염려해 다시 알려주신 것이다.

○新安陳氏曰 詩有二南 猶易有乾坤 學詩 自此入 而修齊治平之道 皆自此出 誠學詩 先務也 孔子過庭之傳 既以學詩 居學禮之先 此 又以二南 爲學詩之先 所以丁寧其子者 豈有他說哉

신안 진씨가 말했다. 시에 2남이 있는 것은 역에 건곤이 있는 것과 같다. 시를 배우는 것은 이로부터 들어가며, 수신 제가 치국 평천하의 도는 모두 이로부터 나오니, 참으로 시 공부에 있어서 먼저 힘써야 할 일이다. 공자의 '과정의 전(뜰을 지날 때 백어에게 알려주신 일)'에서는 이미 시 배우는 것을 예 배우는 것보다 앞에 두셨고, 여기서는 또 2남을 시 배우는 일의 처음으로 삼으셨다. 그 아들에게 간곡히 당부하신 것에 관해 어찌 다른 설이 있겠는가.

○新安倪氏曰 書周官曰 不學牆面 孔子取譬 本此

신안 예씨가 말했다. 『서경』, 「(주서) 주관」편에 '배우지 않으면 담장을 마주한 것이다'라 했는데, 공자께서 비유하신 것은 이에 근거한 것이다.

17.11 子曰 禮云禮云 玉帛云乎哉 樂云樂云 鍾鼓云乎哉

공자께서 말씀하셨다. 예니 예니 하지만 옥백(예물인 옥과 비단)을 말하는 것이겠는가? 악이니 악이니 하지만 종고(악기인 종과 북)를 말하는 것이겠는가?

【집주】

敬而將之以玉帛 則爲禮

경건함을 옥과 비단으로 실행하면 예가 된다.

【세주】

將 如幣之未將之將

'장'은 '폐지미장(아직 폐백을 실행하지 않음, 『맹자』13, 「진심 상」 37장)'이라 할 때의 '장'이다.

【집주】

和而發之以鍾鼓 則爲樂

조화로움을 종과 북으로 표현하면 음악이 된다.

【세주】

發 如英華發外之發

'발'은 '영화발외(아름다움이 밖으로 피어난다)'라 할 때의 '발'이다.

【집주】

遺其本 而專事其末 則豈禮樂之謂哉

그 근본을 버려두고 오로지 말단을 일삼는 것을 어찌 예나 악이라 하리오.

【세주】

胡氏曰 玉帛 五玉三帛 禮文之重者也 鐘 金聲 鼓 革聲 樂器之大者也 非玉帛 無以爲禮 非鐘鼓 無以爲樂 然 禮樂 有本有末 玉帛鐘鼓 末也 禮之本 在於敬 假玉帛以將之 樂之本 在於和 假鐘鼓以發之 周末 文滅其質 但以玉帛鐘鼓爲禮樂耳

호씨가 말했다. 옥백은 다섯 가지 옥과 세 가지 비단을 말하니 예의 꾸밈 중에 중대한 것이다. 종은 쇳소리이고 고는 가죽소리이니 악기 중에 큰 것이다. 옥백이 아니면 예를 행할 방법이 없고, 종고가 아니면 음악을 행할 방법이 없다. 그러나 예악에는 근본이 있고 말단이 있으니 옥백 종고는 말단이다. 예의 근본은 경건함에 있으니 옥백을 빌려 실행하는 것이고, 음악의 근본은 조화로움에 있으니 종고를 빌려 표현하는 것이다. 주나라 말에 문이 그 질을 없앴으니 단지 옥백종고를 예악이라 여겼을 뿐이다.

○南軒張氏曰 玉帛 固可以行禮也 鐘鼓 固可以爲樂也 謂玉帛鐘鼓 爲非禮樂 則不可 然 禮樂 豈止乎玉帛鐘鼓之間哉 得其本 則玉帛鐘鼓 莫非吾情文之所寓 不然 特虛器而已 所謂本者 反之吾身而求之 則知其不遠也

남헌 장씨가 말했다. 옥백은 본디 예를 행할 수 있는 것(도구, 수단)이고, 종고도 본디 음악을 (연주)할 수 있는 것(기구)이다. 옥백과 종고를 예 아니고 음악 아니라 해서는 안 되지만, 그러나 예악이 어찌 옥백과 종고 사이에 그치겠는가? 그 근본을 얻으면 옥백과 종고는 나의 정(마음, 정서)과 문(장식, 꾸밈)이 깃든 것이 아님이 없지만, 그렇지 않으면 다만 헛된 도구일 뿐이다. 소위 근본이라 하는 것은 내 몸에 돌이켜 구하면 그것이 멀리 있지 않음을 알게 되는 그것이다.

○慶源輔氏曰 敬者 在中之禮 禮之本也 玉帛 則禮之器 所以將吾敬而播之於外者也 禮之末也 和者 在中之樂 樂之本也 鐘鼓 則樂之器 所以發吾和而播之於外者也 樂之末也 本末具擧 內外兼備 夫然後可謂禮樂之全 苟爲專務其本 而不事於末 固爲不可 至於徒事其末 而反遺其本 則又豈所謂禮樂者哉 云乎哉者 猶言此不得謂之禮樂也

경원 보씨가 말했다. '경(경건함)'이란 마음속의 예(예의 정신)로서 예의 근본이다. 옥백은 예의 도구로서 나의 경을 실행해 밖으로 펼치는 것이니 예의 말단이다. '화(조화로움)'는 마음속의 악으로서 악의 근본이다. 종고는 악의 도구로서 나의 화를 표현해 밖으로 펼치는 것이니 악의 말단이다. 근본과 말단을 모두 다하고 안과 밖을 겸비한 연후에야 예와 악을 완전히 했다고 말할 수 있다. 만약 오로지 근본에만 힘쓰고 말단을 행하지 않는 것은 본디 안 되는 것이지만, 단지 말단만을 일삼고 거꾸로 그 근본을 버려두기에 이른다면 (그것이) 또 어찌 소위 예악이라는 것이겠는가? '운호재(~말하는 것이겠는가)'라는 것은 '이는 예악이라 할 수 없다'는 말씀이다.

【집주】

○程子曰 禮 只是一箇序 樂 只是一箇和 只此兩字 含蓄多少義理 天下 無一物無禮樂 且如置此兩椅 一不正 便是無序 無序 便乖乖 便不和 又如盜賊 至爲不道 然 亦有禮樂 蓋 必有總屬 必相聽順 乃能爲盜 不然 則叛亂無統 不能一日相聚而爲盜也 禮樂 無處無之 學者 要須識得

정자가 말했다. 예는 단지 하나의 질서일 뿐이고, 악은 단지 하나의 조화로움일 뿐이니, 단지 이 두 글자이지만 수많은 의리를 함축하고 있다. 천하에 예악이 없는 사물은 없다. 또 (탁자에) 이 의자 둘을 놓을 때 하나가 바로 놓이지 않으면 곧 질서가 없고, 질서가 없으면 곧 어그러지고, 어그러지면 곧 조화롭지 못하다. 또 도적처럼 지극히 무도한 경우에도 또한 예악이 있다. 대개 반드시 통솔하는 자가 있어 반드시 서로 말을 듣고 복종해야 비로소 도둑질 할 수 있는 것이지, 그렇지 않으면 반란을 일으켜 통솔되지 않으니 하루라도 서로 모여 도둑질할 수가 없다. 예악은 없어도 되는 곳이 없으니 배우는 자는 모름지기 깨달아야 한다.

【세주】

胡氏曰 程子 欲人知禮樂之理 無所不在 學者 記其語 雜以方言 至於盜賊 亦有禮

樂 姑借近且粗者以明之 非眞所謂禮樂也 序和二字 尤親切 又見禮爲樂之本

호씨가 말했다. 정자는 사람들이 예악의 이치가 없는 곳이 없다는 것을 알기를 바랐고, 배우는 자가 그 말을 기억하기를 바랐기 때문에 속된 말을 섞어 도적에게도 예악이 있다고 했는데, 잠시 가깝고 거친 것을 빌려 밝히려 한 것이지 진짜로 (도적의 예악을) 예악이라 한 것은 아니다. '서'와 '화' 두 글자는 더욱 친절하니 또 예가 악의 근본임을 보여준다.

○慶源輔氏曰 禮樂之本 雖細微之事 凶惡之人 一皆有之 不特玉帛鐘鼓之間 要之 只是箇序與和底道理 人 能識得此箇禮樂 則知天下無一物無禮樂 隨處受用 然 其實 不出序與和二字

경원 보씨가 말했다. 예악의 근본은 비록 세밀한 일[마음속에 있어 알아차리기 어려운 일]이지만 흉악한 사람도 하나같이 모두 가지고 있으니 단지 옥백종고 사이에만 있는 것은 아니다. 요컨대 (예악의 근본은) 단지 하나의 질서와 조화로움의 도리일 뿐이다. 사람이 능히 이 예악을 깨달으면 천하에는 예악이 없는 사물이 없어 어디서든 쓰이지만 그러나 사실은 서(질서)와 화(조화로움) 두 글자를 벗어나지 않는다는 것을 알게 된다.

○趙氏曰 朱子 以敬與和言 是就心上說 程子 以序與和言 是就事上說 二說相須 其義始備

조씨가 말했다. 주자는 '경(경건함)'과 '화(조화로움)'를 말했으니 이는 마음에 관해 말한 것이고, 정자는 '서(질서)'와 '화(조화로움)'를 말했으니 이는 일에 관해 말한 것이다. 두 설이 서로 보완되어야 그 뜻이 비로소 갖추어진다.

○雙峯饒氏曰 二說相須 其義始備 如人而不仁如禮何章 集註 擧季氏 人心亡矣 亦是就人心上說 擧程子 失正理 則無序而不和 亦是就事理上說

쌍봉 요씨가 말했다. 두 설이 서로 보완되어야 그 뜻이 비로소 갖추어진다. 예컨대 〈인이불인예여하(사람이 불인하면 예 같은 것이 무엇이겠는가)〉장(『논어』3, 「팔일」3장)의 집주에서는 계씨[유씨(游氏)의 잘못인 듯]의 '사람의 마음이 없다'라는 말을 인용했으니 역시 사람의 마음에 관해 말한 것이고, 정자의 '바른 이치를 잃으면 질서가 없고 조화롭지 못하다'라는 말을 인용했으니 역시 일의 이치에 관해 말한 것이다.

○厚齋馮氏曰 復曰云者 謂人所常言也 乎哉 疑而反之之辭 謂禮樂之所云者 止云玉帛鐘鼓而已哉 蓋 禮者 天地之序 樂者 天地之和 玉帛 有等差 所以明其序 鐘鼓 有聲音 所以發其和 是時 禮樂廢壞 皆僭竊其文 而不知其本 諸侯 僭天子 大夫 僭諸侯 則無序矣 征伐相尋 國異政 家殊俗 則不和矣 夫子之言 亦必有爲而發也

후재 풍씨가 말했다. 거듭 '운'이라 한 것은 사람들이 늘상 하는 말이라는 뜻이다. '호재'는 의심해 뒤집는 말이니, '운운하는 바의 예악이라는 것이 단지 옥백과 종고를 말하는 것일 뿐이겠느냐'라는 뜻이다. 대개 예란 천지의 질서이고 악이란 천지의 조화로움이다. 옥백에 등급이 있는 것은 그 질서를 밝히려는 것이고, 종고에 소리가 있는 것은 그 조화로움을 드러내려는 것이다. 이때 예악이 무너져 모두들 그 규정을 참람히 훔치면서 그 근본은 알지 못했다. 제후는 천자(의 예)를 참람히 하고 대부는 제후를 참람히 했으니 질서가 없었다. 정벌이 서로 이어져 나라마다 정치가 달라지고 집안마다 풍속이 달라졌으니 조화롭지 못했다. 공자의 말씀은 또한 틀림없이 의도(이유)가 있어 나온 것이다.

17.12 子曰 色厲而內荏 譬諸小人 其猶穿窬之盜也與

荏 而審反 與 平聲

공자께서 말씀하셨다 겉으로는 위엄 있으면서 안으로는 유약한 것은, 소인에 비유하자면, 벽을 뚫고 담을 넘는 도둑과 같다.

【집주】

厲 威嚴也 荏 柔弱也 小人 細民也 穿 穿壁 窬 踰牆 言其無實盜名 而常畏人知也

'여'는 위엄 있는 것이다. '임'은 유약한 것이다. '소인'은 미천한 백성이다. '천'은 벽을 뚫는 것이고, '유'는 담장을 넘는 것이다. 실질은 없이 이름을 훔치면서 항상 남이 알까 두려워한다는 말씀이다.

【세주】

朱子曰 不直心 而私意如此 便是穿窬之類 又曰 裏面 是如此 外面 却不如此 外面 恁地 裏面 却不恁地

주자가 말했다. 마음이 곧지 않으면서 사사로운 뜻이 이러하면 곧 벽을 뚫고 담을 넘는 무리이다. 또 말했다. 안은 이와 같은데 겉은 오히려 이와 같지 않고, 겉은 그러한데 안은 오히려 그렇지 않다.

○問 色厲而內荏 何以比之穿窬 曰 爲他意 只在要瞞人 故 其心 常怕人知 如做賊然

물었다. '겉은 위엄 있는데 안은 유약한 것'이 왜 '벽을 뚫고 담을 넘는 것'에 비유됩니까? 답했다. 그의 뜻이 단지 남을 속이려는 데 있기 때문이다. 그러므로 그 마음은 마치 도둑질하는 것처럼 항상 남이 알까 두려워한다.

○勉齋黃氏曰 穿窬 內懷爲盜之實 而外飾非盜之狀 以欺人 故 以譬夫內本柔弱 而外爲嚴厲 以欺人者也

면재 황씨가 말했다. 벽을 뚫고 담을 넘는 것은 안으로는 도둑으로서의 실상을 품고 겉으로는 도둑 아닌 모습으로 꾸며 남을 속이는 것이다. 그런 까닭에 그것으로 안은 본디 유약하면서 겉으로는 위엄 있고 사납게 해 남을 속이는 자를 비유했다.

○雙峯饒氏曰 色 不止顏色 凡形見於外者 皆是 如前篇 以論篤爲色莊 是也 外示莊厲 而內實柔弱 譬如穿窬之人 日間顯顯處 與平人無異 而夜間幽暗處 則爲盜

쌍봉 요씨가 말했다. '색'은 안색에 그치지 않으니, 무릇 겉으로 나타나는 것이 모두 색이다. 예컨대 전편(『논어』11, 「선진」 20장)에서 언론이 독실한 자를 색장(겉으로 장엄한 자)이라 한 것이 그 예이다. 겉으로는 장하고 사납게 보이지만 내실은 유약한 것은 비유컨대 벽을 뚫고 담을 넘는 사람과 같으니, 낮 동안 훤히 드러나는 곳에서는 보통 사람과 다르지 않지만 밤에 어두운 곳에서는 도둑이 된다.

○王氏回曰 此 有爲之言 曰譬諸小人 則指當時之大人也

왕회가 말했다. 이는 의도가 있어 하신 말씀이다. '소인에 비유한다면'이라 하신 것은 당시의 대인(높은 벼슬하는 자들)을 가리키신 것이다.

○雲峯胡氏曰 易 泰卦 以內健外順 爲君子之道 否卦 以內柔外剛 爲小人之道 此 則厲者 外爲剛之容 荏者 內蘊柔之惡者也

운봉 호씨가 말했다. 『주역』의 「태괘」(〈단전〉)에는 안으로 강건하고 밖으로 유순한 것을 군자의 도라 했고, 「부괘」(〈단전〉)에서는 안으로 유약하면서 밖으로 굳센 것을 소인의 도라 했다. 여기서 '여'란 겉으로 굳센 모습을 하는 것이고, '임'이란 안으로 유약한 악을 가지고 있는 것이다.

17.13 子曰 鄕原 德之賊也

공자께서 말씀하셨다. 향원은 덕을 해치는 자이다.

【집주】

鄕者 鄙俗之意 原 與愿同 荀子原慤 註 讀作愿 是也

'향'이란 비속하다는 뜻이다. '원(原)'은 '원(愿)'과 같다. 순자의 '원각(原慤, 공손하고 성실함)'이라는 말에 대해 주석에서 '"원(愿)'이라 읽는다"라고 한 것이 그 예이다.

【세주】

荀子 正論篇 上端誠 則下原慤矣 謂在上者 能端莊誠實 則下 知謹愿而純慤也

『순자』, 「정론」편에 "윗사람이 단정하고 성실하면 아랫사람은 공손하고 성실하다"라 했다. 〈위에 있는 사람이 단정하고 성실할 수 있으면 아랫사람이 삼가고 공손할 줄 알아 순정하고 성실하게 된다는 말이다.〉

【집주】

鄕原 鄕人之愿者也 蓋 其同流合污 以媚於世 故 在鄕人之中 獨以愿稱

향원은 향인으로서 성실한 자이다. 대개 유속에 동조하고 더러운 것에 영합해 세상에 아부하는 까닭에 향인들 사이에서는 홀로 성실하다고 일컬어진다.

【세주】

勉齋黃氏曰 旣以鄕爲一鄕 又以爲鄙俗者 鄕之得名 本以鄙俗爲言也 故曰 我 猶未免爲鄕人也 亦猶都鄙之稱 都之爲言 美也 鄙之爲言 俗也 然則鄕者 亦鄙俗之類歟 其稱原人 而必加之以鄕者 以見其鄙俗 非公論之所在 故 是非錯謬 而稱之以爲原也

면재 황씨가 말했다. 이미 향을 한 번 향이라 해놓고 또 비속하다고 한 것은 향이라는 이름이 본래 비속하다는 뜻이 있기 때문이다. 그런 까닭에 "나는 오히려 향인임을 면하지 못했다(『맹자』8, 「이루 하」 28장)"라 한 것 또한 이미 도회와 시골의 (구분되는) 이름(개념)이다(그런 개념이 적용된 말이다). 도(도회)의 말뜻은 아름답다는 것이고, 비(시골)의 말뜻은 속되다는 것이다. 그러니 향(시골)이라는 것은 또한 비속한 무리이리라. '원인(성실한 사람)'이라 칭하면서 꼭 '향(시골)'이라는 글자를 덧붙인 것은 그것이 비속한 것임을 드러내려는 것이다. (향은) 공론이 있는 곳이 아니기 때문에 옳고 그름의 판단이 잘못되어 그를 '원(성실)'하다고 칭하게 된 것이다.

【집주】

夫子 以其似德非德 而反亂乎德 故 以爲德之賊 而深惡焉故反之 詳見形甸反孟子末篇

공자께서는 그것이 덕과 비슷하지만 덕이 아니고 오히려 덕을 어지럽히는 것이기 때문에 덕을 해치는 자라 하시고 깊이 미워하셨다. 『맹자』 끝 편(「진심 하」 37장)에 자세히 나온다.

【세주】

朱子曰 鄕原者 爲他做得好 便人皆稱之 而不知其有無窮之禍 如五代馮道者 此眞鄕原也

주자가 말했다. 향원이란 남을 위해 잘하기 때문에 사람들이 모두 칭찬하지만 그 끝없는 재앙이 있음을 모른다. 예컨대 5대의 풍도(5대의 여러 나라에 걸쳐 재상을 지낸 인물), 이 자는 진짜 향원이다.

○鄕原 最是孟子說得數句好 曰生斯世也 爲斯世也 善斯可矣 此 是鄕原本情

향원에 관해서는 맹자가 몇 구절로 가장 잘 말했다. "이 세상에 살면서 이 세상을 위한다. (남들이) 좋다고 하면 그만이다(『맹자』14, 「진심 하」 37장)"라 했는데, 이것이 향원의 본마음이다.

○鄉原 無甚見識 其所謂原 亦未必眞愿 乃卑陋而隨俗之人耳 蘇氏謂 其近似中庸而非也 故曰 德之賊 孟子曰 一鄉 皆稱原人 無所往而不爲原人 與中庸相近 必與狂狷相遠 狂者 進取 狷者 有所不爲 鄉原者 未嘗進取而無所不爲者也 狂狷 與中庸相遠 而孔子 取其志之彊 可以引而至於道也 鄉原 與中庸相近 而夫子 惡之 惡其安於陋 而不可與有爲

향원은 별로 견식도 없는데 '원(성실함)'이라 불리는 것은 또한 진짜로 꼭 성실하기 때문이 아니고, 비루하고 세속을 따르는 사람일 뿐이다. 소씨는 "중용과 비슷한 듯하지만 아니다. 그래서 덕을 해치는 자라 한다"라 했고, 맹자는 "한 향촌이 모두 성실한 사람이라 해, 어디가든 성실한 사람이라 하지 않는 경우가 없다(『맹자』14, 「진심 하」37장)"라 했으니, 중용과 서로 가깝지만 (비슷한 듯하지만) 광자(뜻만 큰 자)나 견자(고지식한 자)와는 틀림없이 서로 멀다. 광자는 진취적이고 견자는 하지 않는 일이 있는데, 향원은 진취적인 적이 없고 하지 않는 일이 없는 자이다. 광자나 견자는 중용과 서로 멀지만 공자께서는 그 뜻이 굳세어 이끌어 도에 이르게 할 수 있다는 점을 취하셨다. 향원은 중용과 서로 가깝지만 공자께서 미워하셨는데, 누추한 것에 안주해 더불어 일을 해낼 수 없다는 점을 미워하셨다.

○勉齋黃氏曰 德者 務合乎理者也 鄉原 求媚於世 則不必皆合乎理 而委曲遷就 似乎理 而實非理 使人之爲善者 莫知乎理之正 是 天下之正德 反爲鄉原所害也 如廉潔 理之正也 鄉原 不以爲廉潔以異俗 故 亦同乎流俗 而外爲說以自蓋 使人視之似廉潔 然 實非廉潔 而反以害廉潔之正也 故 貪夫 不足以害夫廉 似廉非廉者 乃所以害夫廉也 此 夫子所以深惡之也

면재 황씨가 말했다. 덕 있는 자는 이치에 맞기를 힘쓰는 자이다. 향원은 세상에 아부하기를 구하니 꼭 모두 이치에 맞는 것은 아니고 왜곡해 타협한다. 이치와 비슷하지만 실제로는 이치가 아니니 선을 행하려는 사람으로 하여금 올바른 이치를 알지 못하게 한다. 이것이 천하의 올바른 덕이 거꾸로 향원에 의해 해를 당하게 되는 이유이다. 예컨대 청렴은 바른 이치이지만 향원은 청렴을 세속과 다른 방식으로 생각하지는 않는다. 그런 까닭에 또한 세속에 동조하면서도 겉으로는 스스로(의 생각)를 가려 말함으로써 사람들로 하여금 청렴한 것처럼 보게 한다. 그러나 실제로는 청렴이 아니어서 거꾸로 올바른 청렴을 해친다(청렴에 대한 잘못된 생각을 가지게 한다). 그러므로 탐욕은 청렴을 해치기 부족하지만(탐욕은 청렴의 의미를 오해하게 하지는 않지만, 청렴한 듯하지만 청렴하지 않은 것은 청렴을 해치는 것이 된다. 이것이 공자께서 깊이 미워하신 이유이다.

○ 雙峯饒氏曰 一鄕 有君子有小人 鄕原 都要他說好 同流合汚 是要媚小人 似忠信似廉潔 是要媚君子 所以 人人 道他好 人 見以此得名 都去學他 最敗風俗 故曰 德之賊 上章言盜 盜 猶畏人之知 此章言賊 則肆行無忌矣

쌍봉 요씨가 말했다. 한 고을에는 군자가 있고 소인이 있다. 향원은 그들 모두가 (자기를) 좋다고(좋은 사람이라고) 말하게 하려 한다. 유속에 동조하고 더러움에 영합하는 것은 소인에게 아부하려는 것이고, 진실하고 믿음직한 것처럼, 청렴한 것처럼 하는 것은 군자에게 아부하려는 것이다. 그러므로 모든 사람이 그를 좋다고 말한다. 사람들이 (향원이) 이런 이름을 얻는 것을 보고 모두 가서 그를 배우려 하니 (향원은) 풍속을 가장 많이 파괴한다. 그래서 '덕을 해치는 자'라 하셨다. 앞 장에서는 '도둑'을 말씀하셨는데, 도둑은 오히려 남이 알까 두려워나 하지만 이 장에서 말한 '적(해치는 자)'은 제멋대로 행동해 거리낌이 없다.

○ 新安陳氏曰 眞非 不足以惑人 惟似是而非者 最易以惑人 故 夫子 以爲德之賊

신안 진씨가 말했다. 진짜 잘못은 사람을 미혹하기에 부족하다. 오직 옳은 듯하면서 옳지 않은 것이 사람을 미혹하기 가장 쉽다. 그런 까닭에 공자께서 덕을 해치는 자라 하셨다.

17.14 子曰 道聽而塗說 德之棄也

공자께서 말씀하셨다. 길에서 듣고 길에서 말해버리는 것은 덕을 버리는 일이다.

【집주】

雖聞善言 不爲己有 是 自棄其德也

비록 선한 말을 듣기는 했지만 자신의 소유로 하지 못하면 이는 스스로 그 덕을 버리는 것이다.

○王氏曰 君子 多識前言往行去聲 以畜勅六反其德

왕씨가 말했다. 군자는 지난 사람들의 (훌륭한) 말과 행동을 많이 기억함으로써 그 덕을 축적한다.

【세주】

新安倪氏曰 此 易 大畜卦 大象傳辭 引以論此 甚切 蓋 此章所指 正與易之說反

신안 예씨가 말했다. 이는 『주역』, 「대축괘」, 〈대상전〉의 말이다. 이를 인용해 이 구절을 논한 것은 매우 적합하다. 대개 이 장이 가리키는 바는 『주역』의 말과 정반대가 된다.

【집주】

道聽塗說 則棄之矣

길에서 듣고 길에서 말해버리는 것은 그것을 버리는 것이다.

【세주】

朱子曰 此二章 賊字 棄字 說得重而有力 蓋 鄕原 只知偸合苟容 似是而非 而人

皆稱之 故曰 德之賊 道聽塗說者 纔聽來 便說了 更不能蓄 旣不能有之於心 不能行之於身 是 棄其德也 故曰 德之棄

주자가 말했다. 이 두 장에서는 '적' 자와 '기' 자가 중요하고 힘 있는 말이다. 대개 향원은 다만 거짓으로 영합하고 구차하게 용납되는 것만 아니, 옳은 것 같지만 틀린 것인데, 사람들은 모두 그를 칭찬한다. 그런 까닭에 '덕을 해치는 자'라 하셨다. 길에서 듣고 길에서 말해버리는 자는 듣기만 하면 곧 말해버려 다시는 축적하지 못하니, 이미 마음에 그것을 가지지도 못하고 몸에 그것을 행하지도 못한다. 이는 덕을 버리는 것이다. 그런 까닭에 '덕을 버리는 일'이라 하셨다.

○南軒張氏曰 聞善者 存而體之 則其德 蓄聚 若徒以資口說而已 則於德何有哉

남헌 장씨가 말했다. 선한 말을 들은 것을 보존하고 체현하면 그 덕은 축적된다. 만약 헛되이 입으로 말하는 밑천으로만 삼을 뿐이라면 덕에 무엇이(무슨 이득이) 있으리오.

○勉齋黃氏曰 觀此 則輕浮淺露者 眞不足以爲學也

면재 황씨가 말했다. 이를 보면, 경박하고 얕은 자는 배웠다고 하기에 진정 부족하다.

○胡氏曰 德之棄 與上章德之賊 文勢相類 彼 以似德而亂德 故云 德之賊 此 可以進德而不進 故云 德之棄

호씨가 말했다. 덕을 버리는 일은 앞 장의 '덕을 해치는 자'와 문세가 서로 비슷하다. 저것은 덕과 비슷하지만 덕을 어지럽히는 자이기 때문에 덕을 해치는 자라 하셨고, 이것은 덕으로 나아갈 수 있는데도 나아가지 않는 것이기 때문에 덕을 버리는 일이라 하셨다.

○鄭氏曰 無所得而竊其名 故曰 賊 有所聞而不蓄諸己 故曰 棄

정씨가 말했다. (덕을) 얻은 것이 없으면서 그 이름을 훔치기 때문에 '적(도둑)'이라 하셨고, 들은 것은 있는데 자신에게 축적하지 못하므로 '기(버림)'라 하셨다.

○或云 上章 言德之賊 此章 言德之棄 語意 似相承 雙峯饒氏曰 是如此 但兩箇德字 來歷 亦自不同 上章所謂德 是得之於天者 此章所謂德 是得之於人者 有所聞於人 而不能蓄之以爲己有 是棄其所得於人者 鄕原之人 似德而非德 以人僞亂天理 是害其所得於天者也 所得於天 卽仁義禮智之謂

혹자는 '앞 장에서는 덕을 해치는 자라 했고 이 장에서는 덕을 버리는 일이라 했으니 그 말 뜻이 서로 이어지는 것 같다'라 했는데, (이에 관해) 쌍봉 요씨가 말했다. 그렇기는 하다. 다만, 두 '덕' 자는 그 내력이 또한 서로 다르다. 앞 장에서 말한 바의 덕은 하늘로부터 얻은 것이고, 이 장에서 말한 바의 덕은 사람에게서 얻은 것이다. 남에게서 들은 것이 있는데 축적해 자신의 것으로 하지 못하는 것은 남에게서 얻은 것을 버리는 일이다. 향원인 사람은 덕과 비슷하지만 덕이 아니어서 인간의 거짓을 가지고 천리를 어지럽히는 것이니 하늘로부터 얻은 것을 해치는 자이다. 하늘로부터 얻은 것이란 인의예지를 말한다.

○新安陳氏曰 人之聞善 蘊蓄於不言之表者 其德固 淺露於輕言之際者 其德棄矣

신안 진씨가 말했다. 사람이 선한 말을 듣고 겉으로 말하지 않으면서 (속으로) 축적하는 자는 그 덕이 견고해지고, 가벼이 말해버리면서 얄팍하게 드러내는 자는 그 덕이 버려진다.

17.15-1 子曰 鄙夫 可與事君也與哉 與平聲

공자께서 말씀하셨다. 비루한 자, (이런 자와) 함께 임금을 섬길 수 있겠는가?

【집주】

鄙夫 庸惡陋劣之稱

'비부'는 용렬하고 악하고 누추한 자를 부르는 이름이다.

【세주】

慶源輔氏曰 庸 謂凡常 惡 只是惡 陋 謂猥瑣 劣 謂昏弱 四者 皆鄙也

경원 보씨가 말했다. '용'은 범상한 것이고, '악'은 다만 악한 것이고, '누'는 누추한 것이고, '열'은 어둡고 유약한 것이니, 넷은 모두 '비(비루함)'이다.

17.15-2 其未得之也 患得之 旣得之 患失之

아직 얻지 못했으면 얻을 것을 걱정하고, 이미 얻었으면 잃을 것을 걱정한다.

【집주】

何氏曰 患得之 謂患不能得之

하씨가 말했다. '얻을 것을 걱정한다'는 것은 얻지 못할까 걱정한다는 뜻이다.

【세주】

胡氏曰 患得之 語急而文省耳

호씨가 말했다. '얻을 것을 걱정한다'는 말은 말이 급하고 글이 생략되어 있는 것일 뿐이다.

○新安陳氏曰 得 謂得富貴權利

신안 진씨가 말했다. '득(얻는 것)'이란 부귀 권세 이익을 얻는 것을 말한다.

17.15-3 苟患失之 無所不至矣

구차히 잃을 것을 걱정해 이르지 않는 곳이 없다(하지 않는 일이 없다).

【집주】

小則吮疽䑛痔䑛神祗反 以舌取物也痔直理反 大則弑父與君 皆生於患失而已

작게는 (권력자에게 아부하느라) 종기를 빨고 치질을 핥는 것, 크게는 아버지와 임금을 시해하는 것, 이 모두는 잃을 것을 걱정하는 데서 생길 뿐이다.

【세주】

莊子 列禦寇篇 秦王有病 召醫 破癰潰痤者 得車一乘 癰痤 皆疽之屬也 痤 徂和反 䑛痔者 得車五乘 所治愈下 得車愈多 子豈䑛其痔邪 何得車之多也

『장자』, 「열어구」편에 다음과 같이 나와 있다. 진왕이 병이 있어 의원을 불렀다. 종기를 터뜨리고 고름을 빼주는 자는 마차 한 대를 얻고 〈'옹'과 '좌'는 모두 종기의 종류이다. '좌'는 저와 화의 반절이다.〉 치질을 핥는 자는 마차 다섯 대를 얻었다. 치료하는 곳이 낮은(더러운) 곳일수록 마차를 더 많이 얻었다. 그대는 어찌 치질을 핥았는가? 어찌 그리 많은 마차를 얻었는가?

○前漢 佞幸傳 文帝 常病癰 鄧通 常爲上嗽_{山角反}吮之 上 不樂 從容問曰 天下誰最愛我者乎 通曰 宜莫若太子 太子 入問疾 上 使太子齰癰_{齰 仕客反 齧也 齧出其膿血} 太子 齰癰而色難之 已而聞通常爲上齰之 太子 慙 繇是深恨通

전한(『한서』) 「영행전」(〈등통〉조)에 다음과 같이 나와 있다. 문제는 항상 종기를 앓았는데 등통은 항상 임금을 위해 (종기를) 빨았다. 임금이 좋아하지 않고 조용히 묻기를 "천하에 누가 나를 가장 사랑하는가?"라 하자 통이 "당연히 태자만 한 사람이 없습니다"라 했다. 태자가 문병 왔을 때 임금이 태자로 하여금 종기를 빨게 했다. 〈'색'은 (음이) 사와 객의 반절로, 깨문다는 뜻이다. (종기를) 깨물어 그 피고름을 빼는 것이다.〉 태자가 종기를 빨면서 곤란한 안색을 했다. 얼마 후 통이 항상 임금을 위해 종기를 빤다는 것을 듣고 태자가 부끄러워했다. 이로 말미암아 통을 깊이 원망했다.

○雲峯胡氏曰 吮癰舐痔 是柔惡 弑父與君 是剛惡 故 集註 不特曰庸陋劣 而且以惡之一字加之

운봉 호씨가 말했다. 종기를 빨고 치질을 핥는 것은 부드러운 악이고 아버지와 임금을 시해하는 것은 강파른 악이다. 그런 까닭에 집주에서는 단지 '용렬하고 누추하다'라고만 하지 않고 또한 '악하다'는 한 글자를 더했다.

【집주】
○胡氏曰 許昌靳居觀反裁之 有言曰 士之品 大槪有三 志於道德者 功名 不足以累其心

호씨가 말했다. 허창(지명)의 근재지가 말한 것이 있는데, '선비의 품질은 대개 세 종류가 있다. 도덕에 뜻을 둔 자에게 공명은 그 마음에 누가 되기에 부족하고,

【세주】
新安陳氏曰 功名 功業聲名也 今 俗人 認貴仕爲功名 非矣

신안 진씨가 말했다. 공명이란 공업(업적)과 성명(명성)이다. 요즈음 속인들

은 높은 벼슬하는 것을 공명이라 생각하는데, 잘못이다.

【집주】

志於功名者 富貴 不足以累其心 志於富貴而已者 則亦無所不至矣 志於富貴 卽孔子所謂鄙夫也

공명에 뜻을 둔 자에게 부귀는 그 마음에 누가 되기에 부족하다. 부귀에만 뜻을 둔 자는 또한 이르지 않는 곳이 없다. 부귀에 뜻을 둔 자가 곧 공자께서 말씀하신 비부이다'라 했다.

【세주】

南軒張氏曰 自古 亂臣賊子 其初 豈敢遽萌簒弑之心 惟患失也 蹉跌至此 履霜堅氷 馴致其道也 然則計利自便之萌 是 乃弑父與君之原也

남헌 장씨가 말했다. 자고로 난신적자가 어찌 처음부터 감히 급하게 찬역의 마음을 싹틔웠으리요. 다만 잃을 것을 걱정하는 까닭에 잘못을 저질러 이에 이른다. 서리가 내리면 단단한 얼음이 어는 것처럼 그 방식에 (차츰) 익숙해진 것이다. 그러니 이익을 계산하고 자기 편한 대로 하려는 마음이 싹트는 것이다. 이것이 곧 아버지와 임금을 시해하게 되는 원인이다.

○慶源輔氏曰 此解無所不至矣一句 甚當 夫患得患失 則惟利欲是狗 而不復顧理義之所在矣 其可與之事君也哉 然 其患得也 則求以得之而已 雖行險徼倖 乘閒抵巇 則其惡 猶有止也 至於患失 則無不至矣 小則吮癰舐痔 不惜身命 大則弑父與君 禍及國家

경원 보씨가 말했다. '이르지 않는 곳이 없다'는 한 구절에 대한 이(집주의) 해석은 매우 합당하다. 무릇 얻을 것을 걱정하고 잃을 것을 걱정하면 오직 이익의 욕심만이 추구하는 것이어서 다시는 의리가 있는 곳(의리의 마땅한 바)을 돌아보지 않으니, 더불어 임금을 섬길 수 있겠는가? 그러나 얻을 것을 걱정하는 것은 단지 구해 얻으려는 것일 뿐이니, 비록 모험을 하고 요행을 바라 기회를 틈타고 빈틈을 비집지만 그 악은 오히려 그치는 곳이 있다. 잃을 것을 걱정하는 경우는 이르지 않는 곳이 없으니, 작게는 종기를 빨고 치질을 핥아 몸을 아끼지 않고, 크게는 아버지와 임금을 시해해 화가 나라와 집안에 미친다.

○志於道德 則功名 不必外求而得 其或終無所成 則亦全吾道德而已矣 在我 亦何所損哉 若夫志於功名 則其心 已是謀利計功 幸而得之 則已矣 不然 則行險徼倖 枉尺直尋 殆將不能免 志於富貴 則患得患失 終必至於無所不至矣 其爲庸惡陋劣之態 亦可想而見也

도덕에 뜻을 두면 공명은 꼭 밖으로 구해 얻을 필요가 없다. 혹시 끝내 (공명을) 이룬 것이 없더라도 또한 나의 도덕은 온전히 했을 뿐이니, 나로서는 또한 무슨 손해가 있으리오. 만약 공명에 뜻을 두었다면 그 마음은 이미 이익을 도모하고 공을 계산하니, 요행히 얻었으면 괜찮지만 그렇지 않으면 모험을 하고 요행을 바라 척(한 자, 즉 작은 것)을 굽혀 심(여덟 자, 즉 큰 것)을 펴는 일(잘못)을 장차 거의 면할 수 없다. 부귀에 뜻을 두면 얻을 것을 걱정하고 잃을 것을 걱정해 끝내는 반드시 이르지 않는 곳이 없는 지경에 이르니, 그 용렬하고 악하고 누추한 모습은 또한 가히 상상해볼 수 있다.

○胡氏曰 靳氏三品之說 本非此章正意 然 能推見鄙夫之所以若此 志於道德 聖賢之徒也 志於功名 豪傑之士也 志於富貴 卽鄙夫也 聖賢 非不事功名也 可爲則爲 不得爲則不爲 不害於道德也 豪傑 非惡富貴也 視功名爲重 則富貴爲輕也 鄙夫 則富貴之外 他無所志 故 得失之患 其害至此

호씨가 말했다. 근씨의 3품설은 본래 이 장의 본뜻은 아니다. 그러나 비부가 이렇게 되는 이유를 미루어 알게 해준다. 도덕에 뜻을 둔 자는 성현의 무리이다. 공명에 뜻을 둔 자는 호걸인 선비이다. 부귀에 뜻을 둔 자가 곧 비부이다. 성현은 공명을 일삼지 않는 것은 아니지만 할 만하면 하고 해서 안 되는 것이면 하지 않으니 도덕에 해가 되지 않는다. 호걸은 부귀를 싫어하는 것은 아니지만 공명을 무겁게 보므로 부귀는 가벼운 것이 된다. 비부는 부귀 외에는 다른 뜻 둔 것이 없다. 그러므로 (비부는) 얻고 잃는 것을 걱정해 그 해가 이 지경에 이른다.

○厚齋馮氏曰 孟子曰 鄙夫 寬 謂所見隘陋也 所見隘陋之人 知有富貴而已 小用之 則敗事 大用之 則誤國 豈容一日得志也哉

후재 풍씨가 말했다. 맹자는 '(성현의 풍모를 들으면) 비부는 넓어진다(『맹자』 10,「만장 하」1장)'라 했는데, (이 말은) (비부는 원래는) 소견이 좁고 누추하다는 말이다. 소견이 좁고 누추한 사람은 부귀가 있다는 것만 알 뿐이다. 작게 쓰면 일을 그르치고, 크게 쓰면 나라를 오도한다. 어찌 하루라도 (비부가) 뜻 얻는 것을 용납할 수 있으랴.

○齊氏曰 古之君子 未得之 則求之性分之所固有 旣得之 則安於職分之所當然 舜 木居鹿遊 若將終身 則得 不足以動其心 牛羊倉廩 若固有之 則亦何失之慮 學者 以孔子之言 觀鄙夫之如彼 以孟子之言 觀聖人之如此 亦可以知所鑒矣

제씨가 말했다. 옛날의 군자는 아직 얻지 못했으면 본성에 본디 있는 것을 구했고, 이미 얻었으면 직분에 마땅한 바를 편안히 여겼다. 순임금은 나무와 함께 거처하고 사슴과 더불어 놀면서(『맹자』13,「진심 상」16장) 마치 장차 종신토록 그리할 것처럼 했으니 얻을 것이 그 마음을 흔들기에 부족했다. (임금이 된 뒤에는) 소와 양과 창고를 마치 원래 가지고 있었던 것처럼 했으니 또한 무슨 잃을 것을 걱정했겠는가. 배우는 자가 공자의 말씀으로 비부가 그와 같음을 살피고, 맹자의 말로 성인이 이와 같음을 살피면 또한 가히 비추어볼 바를 알 수 있을 것이다.

17.16-1 子曰 古者 民有三疾 今也 或是之亡也

공자께서 말씀하셨다. 옛날에 백성에게 세 가지 병이 있었는데 지금은 혹 그것마저도 없는 듯하다.

【집주】

氣失其平 則爲疾 故 氣稟之偏者 亦謂之疾

기가 그 고름(고루 운행함)을 잃으면 병이 된다. 그런 까닭에 기질이 치우친 것도 병이라 한다.

【세주】

慶源輔氏曰 氣稟之偏 亦謂之疾 此 以德言之也 人身之氣 當平和而安寧 一失其平 則爲疾矣 人之德 氣稟得中 則爲善 一失之偏 則亦爲疾矣

경원 보씨가 말했다. '기질이 치우친 것 또한 병이라 한다'는 이 말은 덕에 관한 말이다. 사람 몸의 기는 마땅히 고르고 조화로워야 안녕하다. 한 번 그 고름을 잃으면 병이 된다. 사람의 덕은 기질이 중정함을 얻으면 선하게 되고 한 번 (중정함을) 잃어 치우치면 또한 병이 된다.

○陳用之曰 人之陰陽 節適 則平 偏倚 則疾 性之有疾 猶身之有疾也

진용지가 말했다. 사람의 음양(의 기)은 잘 맞으면 고르고 치우치면 병이 된다. 본성에 병이 있는 것은 몸에 병이 있는 것과 같다.

【집주】

昔所謂疾 今亦亡與無通之 傷俗之益偸也

과거에 병이라 하던 것이 지금은 또한 그마저도 없으니, 풍속이 더욱 야박해진 것을 가슴 아파하신 것이다.

【세주】

厚齋馮氏曰 或是之亡 不敢爲決然之辭 恐尙亦有之

후재 풍씨가 말했다. '혹 그마저도 없다'라 하신 것은 감히 결코 (없다고) 단정하지는 않으시는 말씀이니 어쩌면 아직도 또한 있을지도 모른다는 말씀이다.

17.16-2 古之狂也 肆 今之狂也 蕩 古之矜也 廉 今之矜也 忿戾 古之愚也 直 今之愚也 詐而已矣

옛날의 광(지나치게 높은 것을 지향함)이란 거침없음이었는데 지금의 광은 제멋대로 하는 것이다. 옛날의 긍(긍지 있음, 지나치게 몸가짐을 엄격히 함)이란 날카로움이었는데 지금의 긍이란 사나움이다. 옛날의 우(어리석음)란 곧바로 하는 것이었는데 지금의 우란 속임수를 쓰는 것일 뿐이다.

【집주】

狂者 志願太高 肆 謂不拘小節 蕩 則踰大閑矣

'광'이란 뜻하고 바라는 것이 지나치게 높은 것이다. '사'는 작은 규정에 구애되지 않는 것이다. '탕'은 큰 문지방(넘지 말아야 할 규범)을 넘는 것이다.

【세주】

禮義 爲大閑

예의가 큰 문지방이다.

【집주】

矜者 持守太嚴

'궁'이란 (몸가짐을) 지키는 것이 지나치게 엄격한 것이다.

【세주】

如不矜細行之矜 非矜誇之矜

'불긍세행(세세한 행동을 단속하지 않으면)'이라 할 때의 긍이지 '긍과(뽐내고 자랑한다)'라 할 때의 긍이 아니다.

【집주】

廉 謂稜角陗與峭同厲 忿戾 則至於爭矣

'염'은 뾰족한 모서리가 있어 험하고 날카로운 것을 말한다. '분려(사나움)'란 다투기에 이르는 것이다.

【세주】

厚齋馮氏曰 君子 矜而不爭 矜而忿戾 小人也

후재 풍씨가 말했다. 군자는 긍지 있되 다투지 않는다(『논어』15, 「위령공」 21장). 긍지 있되 사나우면 소인이다.

【집주】

愚者 暗昧不明 直 謂徑行自遂 詐 則挾私妄作矣

'우'란 어두워 밝지 못한 것이다. '직'은 곧바로 자신의 뜻을 행하는 것을 말한다. '사(속임)'는 사사로운 뜻으로 망령되이 행동하는 것이다.

○范氏曰 末世滋僞 豈惟賢者不如古哉 民性之蔽 亦與古人異矣

범씨가 말했다. 말세에 거짓이 성하니, 어찌 오직 현자만이 옛날만 못하겠는가? 백성의 성품의 폐단도 또한 옛사람과 다르다.

【세주】

朱子曰 廉 是側邊廉隅 這 只是那分處 所謂廉者 爲是分得那義利去處 譬如物之側稜 兩下分去

주자가 말했다. '염'은 측면의 모서리이니, 이는 다만 그 나뉘는 곳일 뿐이다. 소위 염이란 그것 때문에 의리와 이익으로 나뉘는 곳이니, 비유컨대 물건의 옆 모서리가 (측면을) 양쪽으로 나누는 것과 같다.

○問 智則能詐 愚者 無智巧 何故能詐 曰 如狂而不直 侗而不愿之類

물었다. 지혜로우면 능히 속일 수 있지만 어리석은 자는 교묘한 지혜가 없으니 무슨 까닭에 속일 수 있겠습니까? 답했다. '광이부직(광간하면서 곧지도 않음,『논어』8,「태백」16장)', '통이불원(무지하면서 근실하지도 않음,『논어』8,「태백」16장)'과 비슷한 것이다.

○南軒張氏曰 疾 生乎氣稟之偏 狂而肆者 過於進爲也 矜而廉者 廉隅露見也 愚而直者 直情徑行也 此 雖偏而爲疾 然 猶爲疾之常 至於狂而放 則流而爲蕩 矜而爭 則溢而爲忿戾 愚而衒直 則變而爲詐 是 蓋 世衰俗弊 則習益遠 故也 言疾 則固爲偏 而今也倂與古之疾而亡之 則益甚矣 古者三疾 學則可瘳也 至於今之疾 悖理亂常之甚 蓋 難反矣 然 困而能學 亦聖人之所不棄也

남헌 장씨가 말했다. 병은 기질의 치우침에서 생긴다. 광간하면서 거침이 없는 것은 지나치게 (앞으로) 행해 나가는 것이다. 몸가짐이 지나치게 엄격하면서 날카로운 것은 뾰족한 모서리가 드러난 것이다. 어리석으면서 곧바로 하는 것은 마음에 있는 대로 곧바로 하는 것이다. 이는 비록 치우친 것이어서 병이지만 그러나 오히려 보통의 병일 뿐이다. 광간하면서도 방종하면 흘러서 방탕함이 되고, 몸가짐이 지나치게 엄격하면서도 다투면 넘쳐서 사나움이 되고, 어리석으면서도 곧바로 하는 것을 자랑하면 변해서 사기가 된다. 이는 대개 세상이 쇠퇴하고 풍속이 무너져 익힌 것(습관 든 것)이 더욱 (올바른 방향과) 멀어졌기 때문이다. 병이라 했으니 본디 치우친 것이지만 지금은 옛날의 병마저도 모두 없어졌으니 더욱 심한 것이다. 옛날의 세 병은 배우면 고칠 수 있었지만 오늘날의 병의 경우는 심히 이치에 어긋나고 강상을 어지럽히는 것이니 대개 돌이키기 어렵다. 그러나 막혀 있으면서도 배울 줄 안다면 또한 성인께서 버리지 않으신다.

○問 古者 民有三疾 今也或是之亡也 晦翁謂 氣稟之偏者 謂之疾 而取范氏末世滋僞 豈賢者不如古 民性之蔽 亦與古異 竊謂 時固有古今 而氣稟之性 亦有古今之異歟 潛室陳氏曰 氣數 有淳漓 故 生物 有厚薄 只正春時 生得物如何 迨春末 生物便別 後世 生聖賢 旣與古不同 卽生暗蔽愚人 亦欲如古不得

물었다. '옛날에 백성에게 세 가지 병이 있었는데 지금은 혹 그마저도 없는 듯하다'는 말씀에 대해 회옹(주자)은 '기품이 치우친 것을 병이라 한다'라 하고, 범씨의 '말세에 거짓이 성하니 어찌 현자만이 옛날만 못하겠는가, 백성의 성품 또한 옛날과 다르다'라는 말을 채택했습니다. 제가 가만히 생각건대, 시절에는 본디 옛날과 지금이 있지만 (그렇다고 해서) 기질의 성품 또한 고금의 차이가 있겠습니까? 잠실 진씨가 답했다. 기수(기의 운용에 따른 변화)에는 두터움과 엷음이 있는 까닭에 사물이 나는 것도 두터움과 엷음이 있다. 단지 정춘(2월) 때는 사물이 어찌어찌 나기는 하지만 끝 봄에 이르러서는 사물이 나는 것이 특별하다. 후세에 성현이 나는 것이 이미 옛날과 같지 않으니 어둡고 가려진 어리석은 사람이 나는 것 또한 옛날과 같기를 바랄 수 없다.

○雙峯饒氏曰 語中說古今處 皆是嘆今之不如古 狂肆矜廉愚直 是氣質之偏 所謂疾也 肆變而蕩 廉變而忿戾 直變而詐 是習俗所染 乃習與性成而爲惡 不止於疾矣

쌍봉 요씨가 말했다. 『논어』중에 옛날과 지금을 말한 곳은 모두 지금이 옛날만 못함을 탄식한 것이다. 광과 사, 긍과 염, 우와 직은 기질의 치우침이니 소위 병이다. '사'가 변해 '탕'이 되고, '염'이 변해 '분려'가 되고, '직'이 변해 '사'가 된 것, 이는 습속에 오염된 것으로, 습관과 더불어 성격이 형성되어 악해진 것이니 병에 그치지 않는다.

○雲峯胡氏曰 氣稟之性 適乎中 則無疾 凡過與不及 皆疾也 狂者 知之過 矜者

行之過 愚者 不能知而徑行 不及者也 故 古者 皆以爲疾

운봉 호씨가 말했다. 기질의 성이 중정함에 맞으면 병이 없는 것이다. 무릇 넘침이나 모자람은 모두 병이다. '광'은 앎이 지나친 것이고 '긍'은 행동이 지나친 것이며 '우'는 알지 못하면서 곧바로 행하는 것이니, 미치지 못하는 것이다. 그런 까닭에 옛날에는 (이 셋을) 모두 병으로 여겼다.

○新安陳氏曰 古之疾 已是氣質之偏 今幷與古之疾而無之 蓋 已流於私欲之僞 去古益遠 而復乎善益難矣 夫子 所以 傷之歟

신안 진씨가 말했다. 옛날의 병은 물론 기질의 치우침이었지만 지금은 옛날의 병마저도 없다. 대개 이미 사욕의 거짓으로 흘렀으니, 옛날과 멀어질수록 선으로 회복되기 더욱 어렵다. 공자께서는 그런 까닭에 가슴 아파하셨으리라.

17.17　子曰 巧言令色 鮮矣仁

공자께서 말씀하셨다. 교묘한 말과 아부하는 안색에는 인이 드물다.

【집주】

重平聲出

거듭 나왔다.

17.18 子曰 惡紫之奪朱也 惡鄭聲之亂雅樂也 惡利口之覆邦家者 惡去聲覆芳服反

공자께서 말씀하셨다. 자주색이 빨간색을 빼앗는 것을 미워한다. 정나라 음악이 아악을 어지럽히는 것을 미워한다. 말 잘하는 입이 나라를 뒤엎는 것을 미워한다.

【집주】

朱 正色 紫 間去聲色

주(빨강)는 정색(원색)이고, 자(자주색)는 간색(중간색)이다.

【세주】

新安陳氏曰 朱 南方赤之正色 合黑赤而成 紫 北方之間色

신안 진씨가 말했다. 빨간색은 남방의 적색의 원색으로 흑색과 적색이 합쳐 이루어진다. 자주색은 북방의 간색이다.

【집주】

雅 正也 利口 捷給 覆 傾敗也

'아'는 바른 것이다. '이구(말 잘하는 입)'는 재빨리 응대하는 것이고, '복'은 기울어 망하는 것이다.

○范氏曰 天下之理 正而勝者 常少 不正而勝者 常多 聖人 所以惡之也 利口之人 以是爲非 以非爲是 以賢爲不肖 以不肖爲賢 人君 苟悅而信之 則國家之覆也 不難矣

범씨가 말했다. 천하의 이치에, 바른데 이기는 자는 항상 적고, 바르지 않은데 이기는 자는 항상 많으니, 성인께서 그런 까닭에 미워하셨다. 말 잘하는 입을 가진 사람은 옳은 것을 그르다 하고 그른 것을 옳다 하고, 현명한 자를 못났다 하고 못난 자를 현명하다 하는데, 임금이 진정으로 (그런 자를) 기뻐해 믿는다면 나라가 엎어지는 것도 어렵지 않다.

【세주】

朱子曰 紫 近黑色 過了那朱 旣爲紫 便變做朱不得 便是奪了朱 雅樂 平淡 鄭 便過而爲淫哇 蓋 過了雅 便是亂雅 邦家 力勢也甚大 然 被利口之人說一兩句 便有傾覆之慮 豈不可畏哉

주자가 말했다. 자주색은 흑색에 가까워 저 빨간색을 넘었다. 이미 자주색이 되어버리면 빨간색으로 바뀔 수 없으니, (이것이) 곧 빨간색을 빼앗은 것이다. 아악은 평담한데 정나라 음악은 넘어서 음란하게 되었다. 대개 바름을 넘어버리는 것이 곧 바름을 어지럽히는 것이다. 나라는 힘이 매우 큰 것이지만 말 잘하는 사람의 한두 마디 말에 의해 곧 엎어질 우려가 있으니 어찌 두려워하지 않을 수 있으랴.

○不正底物事 自常易得勝那正底物事 且如以朱染紫 一染了 便退不得 朱 却不能變得紫也

바르지 않은 사물이 본디 항상 저 바른 사물을 이기기 쉽다. 또 예컨대 빨간색을 자주색으로 염색하는 경우 한 번 염색하면 곧 되돌릴 수 없으니, 빨간색이 다시는 자주색을 (빨간색으로) 바꿀 수 없다.

○南軒張氏曰 以其似是而非 有以惑人之觀聽 是以 聖人 惡之 利口所以覆邦家者 蓋 變其事實 使是非邪正 率皆紊亂 邦家之所由傾覆也

남헌 장씨가 말했다. 옳은 것 같지만 틀린 것을 가지고 사람의 이목을 미혹하기 때문에 성인께서 미워하셨다. 말 잘하는 입이 나라를 뒤엎는 까닭은 대개 그 사실을 바꾸어 시비(옳고 그름)와 사정(그릇됨과 바름)을 모두 문란하게 하기 때문으로, (이것이) 나라가 기울어 엎어지는 이유이다.

○勉齋黃氏曰 是非善惡 最相反也 聖人不之惡者 以人心自有正理 而正不正之相反 易辯也 惟夫似是而實非 似善而實惡 則人心疑惑 而足以亂正 此 孔子所以惡鄕原 而又及乎此也

면재 황씨가 말했다. 시와 비, 선과 악은 가장 상반된다. (그런데도) 성인께서 (비나 악을) 미워하지 않으신 것은 인심에는 본디 바른 이치가 있어 정 부정의 상반됨은 쉽게 가릴 수 있기 때문이다. 오직 옳은 듯하면서도 실제로는 그르고, 선한 듯하면서도 실제로는 악한 것이 사람의 마음을 미혹해 올바른 것을 어지럽히기에 족하다. 이것이 공자께서 향원을 미워하시고 또 이 말씀을 하시기에 이른 까닭이다.

○慶源輔氏曰 氣數 難得相値 時節 難得常好 故 邪正相乘之際 而正 常屈於邪 疑似之間 每惡其雜亂 而致詳焉 此 亦贊天地之一端

경원 보씨가 말했다. 기수(운수)는 서로 같기가 어렵고 시절은 항상 좋기가 어렵다. 그러므로 사와 정이 서로 경쟁할 때 정은 항상 사에 진다. (진짜가 아니면서) 비슷한 것들에 대해 매번 그 잡스럽고 어지러운 것을 미워해 상세히 밝히는 것, 이것 또한 천지를 돕는 하나의 방식[우주의 운행을 돕는 한 방식]이다.

○雙峯饒氏曰 紫 以間色亂正色 以其能悅人之目也 鄭衛之樂 以淫聲亂正聲 以其能悅人之耳也 故 聖人 惡之 後世 果卒爲二者所勝 古人 玄衣朱裳 今之朝服 直以紫爲上 至於常服 亦皆衣紫 所奏之樂 莫非鄭衛淫哇之音 人心好惡之失其正 如此 況於聽言之際 安得不爲利口者所惑邪

쌍봉 요씨가 말했다. 자주색은 간색으로서 정색을 어지럽히는데, (이는 그것이) 능히 사람의 눈을 즐겁게 하기 때문이다. 정나라 위나라의 음악은 음란한 소리로서 바른 소리를 어지럽히는데, 능히 사람의 귀를 즐겁게 하기 때문이다. 그런 까닭에 성인께서 미워하셨다. 후세에는 결국 이 두 가지(자주색과 정위의 음악)가 이긴 바 되었다. 옛사람들은 검은 상의 빨간 치마를 입었지만, 지금의 조복은 거침없이 자주색을 높은 것으로 삼고, 통상복의 경우에도 또한 모두 자주색을 입고, 연주하는 음악은 정나라 위나라의 음란한 음악이 아닌 것이 없다. 인심의 좋아하고 싫어함이 올바름을 잃은 것이 이와 같은데, 황차 (남의) 말을 들을 때 어찌 말 잘하는 자에게 미혹되지 않을 수 있으랴.

○汪氏曰 辨朱紫以目 辨雅鄭以耳 具耳目者 能之 猶未爲甚難 惟利口之覆邦家 則當辨之以心 人主之心 常爲所惑 而不能辨 故 范氏 備述其態以曉人 苟非自正其心 辨之豈不難哉

왕씨가 말했다. 자주색과 빨간색은 눈으로 분별하고 아악과 정나라 음악은 귀로 분별한다. 귀와 눈을 갖춘 자는 (분별)할 수 있으니 오히려 매우 어렵지는 않다. 오직 말 잘하는 자가 나라를 엎는 것은 마땅히 마음으로 분별해야 한다. (그러나) 임금의 마음은 항상 미혹되어 분별하지 못하는 까닭에 범씨가 그 사태를 갖추어 기술해 사람들을 깨우쳐주었다. 만약 스스로 그 마음을 바르게 하지 않으면 분별하는 것이 어찌 어렵지 않으랴.

○雲峯胡氏曰 前篇 以佞人對鄭聲言 此 又以利口對鄭聲言 集註 釋佞字 曰辨給也 釋利口 曰捷給也 捷 則顚倒是非於片言之頃 使人悅而信之 有不暇於致詳者 視佞爲尤甚 故 覆亡之禍 立見 有甚於殆焉者矣

운봉 호씨가 말했다. 전편(『논어』15, 「위령공」10장)에서는 '영인(말 잘하는 사람)'을 정나라 음악에 대비해 말씀하셨고, 여기서는 또 '이구(말 잘하는 입)'를 정나라 음악에 대비해 말씀하셨다. 집주에서는 '영' 자를 해석해 변급(말 잘함)이라 했고, '이구'를 해석해 '첩급(재빠르게 응대함, 눈치 빠르게 응대함)'이라 했다. '첩(재빠름, 눈치 빠름)'이란 말 한마디 하는 사이에 옳고 그름을 뒤집어 사람으로 하여금 기뻐 믿게 해 자세히 알아볼 틈도 없게 하는 것으로서, '영'에 비해 더 심하다. 그런 까닭에 엎어지고 망하는 재앙이 즉시 나타나니, 훨씬 더 심한 바가 있다.

17.19-1 子曰 予欲無言

공자께서 말씀하셨다. 나는 말을 하지 않고자 한다.

【집주】

學者 多以言語觀聖人 而不察其天理流行之實 有不待言而著者 是以 徒得其言而不得其所以言 故 夫子 發此以警之

배우는 자는 말로써 성인을 살필 뿐 천리 유행의 실제가 말을 기다리지(통하지) 않고 드러나는 것이 있음을 살피지 못하는 경우가 많다. 그런 까닭에 헛되이 그 말씀을 얻어듣기는 하지만 그 말씀을 하신 이유는 깨닫지 못한다. 그런 까닭에 공자께서 이 말씀을 하시어 경계하셨다.

【세주】

慶源輔氏曰 此 亦有兩意 一 是天理流行之實 凡動靜語默 皆是初不待言而著 學者 惟不察乎此 而但以言語觀聖人 是以 徒得其言 而不得其所以言 故 夫子 發此以警之 一 是以言而教人 固聖人之本心 因言以進道 亦學者之當務 但學者 心麤氣暴 其於聖人之言 領略之意 常多 體察之意 常少 是以 徒得其言 而不得其所以言 故 夫子 發此以警之

경원 보씨가 말했다. 이 또한 두 가지 의미가 있다. 하나는 '천리 유행의 실제와 모든 동정어묵(움직이고 멈추고 말하고 침묵함, 즉 모든 행동)이 애초부터 말을 기다리지 않고도 드러나는 것인데 배우는 자가 이를 살피지 못하고 다만 말로써 성인을 살피려 하기 때문에 헛되이 그 말씀을 얻어들을 뿐, 그 말씀하신 이유를 깨닫지 못한다. 그런 까닭에 공자께서 이 말씀을 하시어 경계하셨다'라는 의미이다. 또 하나는 '말씀으로 사람을 가르치시는 것은 진정 성인의 본심이고, 말씀으로 인해 도로 나아가는 것은 또한 배우는 자의 마땅한 일인데, 다만 배우는 자가 마음이 거칠고 기가 난폭해 성인의 말씀에 대해 대충만 이해하려는 생각이 항상 많고 몸으로 살피려는 생각은 항상 적기 때문에 헛되이 그 말씀만 얻어들을 뿐 그 말씀하신 이유는 깨닫지 못한다. 그런 까닭에 공자께서 이 말씀을 하시어 경계하셨다'라는 의미이다.

17.19-2 子貢曰 子 如不言 則小子 何述焉

자공이 말했다. 선생님께서 말씀을 하지 않으시면 저희들이 무엇을 기술하겠습니까?

【집주】

子貢 正以言語觀聖人者 故 疑而問之

바로 자공이 말로써 성인을 살핀 자이다. 그런 까닭에 의심해 질문했다.

【세주】

慶源輔氏曰 此語 必在未聞性與天道之前

경원 보씨가 말했다. 이 말을 한 것은 틀림없이 아직 성과 천도에 대해 듣기 전이었을 것이다.

17.19-3 子曰 天何言哉 四時行焉 百物生焉 天何言哉

공자께서 말씀하셨다. 하늘이 무슨 말을 하더냐. 4계절이 운행하고 모든 사물이 나지만 하늘이 무슨 말을 하더냐.

【집주】

四時行 百物生 莫非天理發見形甸反流行之實 不待言而可見如字 聖

人一動一靜 莫非妙道精義之發 亦天而已 豈待言而顯哉

4계절이 운행하고 모든 사물이 나는 것은 천리가 발현되고 유행하는 실제가 아닌 것이 없으니 말을 기다리지 않고도 볼 수 있다. 성인의 일동일정(모든 행동)은 오묘한 도와 정밀한 의리의 발현이 아닌 것이 없으니 또한 하늘일 뿐이다. 어찌 말을 기다려 드러나겠는가?

【세주】

慶源輔氏曰 百物生 是天理之發見也 四時行 是天理之流行也 發見 則自其初而言之 流行 則倂擧其終也 妙道 言其體 精義 言其用 夫子 但言天之理 更不及己之事 則天人一貫 而天卽己 己卽天矣 此 所以謂聖人之言也

경원 보씨가 말했다. 모든 사물이 나는 것은 천리의 발현(드러남)이다. 4계절이 운행하는 것은 천리의 유행(흐름)이다. 발현이란 그 시초로부터 말하는 것이고(천리를 원인으로 한다는 점을 말한 것이고), 유행이란 그 마침까지 아울러 드는 것이다(천리의 작용의 결과를 포함하는 말이다). 묘도(오묘한 도)는 그 본체를 말하고, 정의(정밀한 의리)란 그 쓰임을 말한다. 공자께서는 다만 하늘의 이치를 말씀하시고 다시 자신의 일은 언급하지 않으셨으니, 하늘과 사람이 일관되어 하늘이 곧 자신이고 자신이 곧 하늘이다(라는 의미를 함축하고 있다). 이것이 성인의 말씀이라 하는 이유이다.

○新安陳氏曰 輔氏 卽集註天理發見流行之實 而强分之 以發見爲百物生 流行爲四時行 下句 雖是 上句 實非 發見流行 不必分言也 一陰一陽之謂道 陰陽非道 所以一陰一陽者 爲道 道 形而上者也 無形之可見也 陰陽 形而下者也 卽道之發見於有形者也 四時之氣 流行 而爲春暖夏熱秋凉冬寒 非發見而何 若以四時行百物生之序言之 必四時之氣流行而後 百物之品 發生 雲行雨施 方品物流形 乾道變化 方各正性命 豈有先言百物生 而後言四時行之理哉 輔氏 過於密察 反成病敗 愚 不可以不辨

신안 진씨가 말했다. 보씨는 집주의 '천리발현유행지실(천리가 발현되고 유행하는 실제)'이라는 말에 대해 억지로 나누어 발현을 '모든 사물의 남'이라 하고 유행을 '4계절의 운행'이라 했다. 아래 구절은 비록 옳으나 위 구절은 실로 틀렸다. 발현과 유행은 꼭 나누어 말할 필요가 없다. '일음일양을 도라 한다'라 할 때, '음과 양'이 도가 아니고 '한 번 음이 되고 한 번 양이 되는 것'이 도이다. 도는 형이상의 것이니 볼 수 있는 형체가 없고, 음양은 형이하의 것이니 곧 도가 형체 있는 것에 발현된 것이다. 사계절의 기가 유행해 봄은 따뜻하고 여름은 덥고 가을은 서늘하고 겨울은 추우니 (이것이) 발현이 아니고 무엇인가? 만약 '사계절의 운행'과 '모든 사물의 남'을 순서대로 말하자면 반드시 사계절의 기가 유행한 후에야 모든 품목의 사물이 태어난다. 구름이 흘러가고 비가 내린 다음에야 비로소 사물이 흘러 형성되고, 건도(하늘의 도)가 변화해야 비로소 각각의 성명이 바르게 된다. 어찌 '모든 사물의 남'을 먼저 말하고 '사계절의 운행'을 나중에 말할 수 있겠는가? 보씨는 지나치게 자세히 살피다가 거꾸로 잘못과 실패를 저질렀으니 내가 따지지 않을 수 없다.

【집주】

此 亦開示子貢之切 惜乎 其終不喩也

이 또한 자공에게 절실하게 열어 보여주신 것인데, 아깝게도 그는 끝내 깨닫지 못했다.

【세주】

新安陳氏曰 無曾子之唯 亦無領會之言 見其未喩

신안 진씨가 말했다. 증자처럼 '예' 하고 답하지도 않았고 또 깨달음의 말도 없는 것이 깨닫지 못했음을 보여준다.

【집주】

○程子曰 孔子之道 譬如日星之明 猶患門人未能盡曉 故曰 予欲無言 若顏子 則便默識如字 其他 則未免疑問 故曰 小子何述 又曰 天何言哉 四時行焉 百物生焉 則可謂至明白矣 愚按 此與前篇無隱之意 相發 學者 詳之

정자가 말했다. 공자의 도는 비유하자면 해나 별처럼 밝은데도 오히려 문인들이 완전히 깨닫지 못할까 우려하신 까닭에 '나는 말을 하지 않고자 한다'라 하셨다. 만약 안자라면 곧 말없이 깨달았겠지만 그 나머지는 의문이 생기는 것을 면할 수 없었을 것이다. 그런 까닭에 '저희들이 무엇을 기술하겠습니까?' 라 하자, 또 말씀하시기를 '하늘이 무슨 말을 하더냐. 사계절이 운행하고 모든 사물이 난다'라 하셨으니 가히 지극히 명백하다 하겠다. 내가 살피건대, 이 장과 전편의 '숨기지 않음(『논어』7, 「술이」 23장)'의 뜻은 서로 밝혀주니 배우는 자는 자세히 살펴야 한다.

【세주】

朱子曰 此語 子貢 聞之而未喩 故 有疑問 到後來自云 夫子之文章 可得而聞也 夫子之言性與天道 不可得而聞也 方是契此旨處 顔曾 則不待疑問 若子貢以下 又不知所疑矣

주자가 말했다. 이 말을 자공이 듣고도 깨닫지 못한 까닭에 의문이 있었다. 나중에 스스로 말하기를 '선생님의 문장은 들을 수 있었으나 선생님께서 성과 천도를 말씀하시는 것은 들을 수 없었다(『논어』9, 「공야장」 12장)'라 했는데, 바로 이 장의 뜻과 부합하는 곳이다. 안자나 증자라면 의문을 가질 필요가 없었을 것이고, 만약 자공 이하라면 또 무엇을 의심해야 할지 몰랐을 것이다.

○問 予欲無言一章 恐是言有所不能盡 故 欲無言否 曰 不是如此 只是不消得說 蓋 以都撒出來了 如四時行焉 百物生焉 天 又更說箇甚底 若是言不能盡 便是有 未盡處 聖人 言處也盡 做處也盡 動容周旋 無不盡 惟其無不盡 所以 不消得說

물었다. '나는 말하지 않고자 한다'는 이 한 장은 아마도 말로 다할 수 없는 것이 있기 때문에 말하지 않고자 하신 것 아닙니까? 답했다. 그런 것이 아니라 단지 말할 필요가 없다는 것으로, 대개 '모두 다 드러났다. 예컨대 사계절이 운행하고 모든 사물이 나지만 하늘이 또 다시 무엇을 말하는가'라는 뜻이다. 만약 말로 다할 수 없는 것이 있다고 한다면 (이는) 곧 미진한 점이 있는 것이다. 성인께서는 말에 있어서도 완전하고 행위에 있어서도 완전해 움직이거나 조용히 계시거나 이리저리 조치하심에 완전하지 않은 것이 없으셨다. 진정 완전하지 않은 것이 없기 때문에 말할 필요가 없으셨다.

○問 四時行 百物生 皆天命之流行 其理 甚著 不待言而後明 聖人之道 亦猶是也 行止語默 無非道者 不爲言之有無而損益也 有言 乃不得已爲學者發爾 曰 甚善

물었다. '사계절의 운행'과 '만물의 남'은 모두 천명의 유행으로, 그 이치는 잘 드러나 있으니 말을 기다린 다음에야 밝혀지는 것이 아닙니다. 성인의 도 또한 이와 같습니다. 행동하고 그치고 말하고 침묵하고 하시는 것이 도 아닌 것이 없으니, 말씀이 있고 없고에 따라 더해지고 덜어지는 것이 아닙니다(말씀을 하신다 해서 더 잘 드러나는 것도 아니고 안하신다 해서 숨겨지는 것도 아니다). 말씀이 있으셨던 것은 부득이 배우는 자를 위해 하신 것일 뿐입니다. 답했다. 매우 좋다.

○問 四時行 百物生 兩句 自爲體用 蓋 陰陽之理 運行不息 故 萬物 各遂其生 聖人之心 純亦不已 故 動容周旋 自然中禮 曰 是此意

물었다. '사계절의 운행', '만물의 남' 이 두 구절은 그 자체로 (각각) 체와 용이 됩니다. 대개 음양의 이치는 운행해 쉬지 않기 때문에 만물이 각각 그 삶을 완수합니다. 성인의 마음도 순수해(완전해) 또한 그치지 않으시니 그런 까닭에 움직이거나 조용히 계시거나 이리저리 조치하시는 것이 자연히 예에 맞는 것입니다. 답했다. 그것이 이 뜻(이 장의 뜻)이다.

○問 夫子 以子貢專求之言語之間 故 告之予欲無言 以發之 子貢 未能無疑 故 曰 天何言哉 四時行焉 百物生焉 蓋 欲其察之踐履事爲之實也 程子謂 猶患門人 未能盡曉 故曰 予欲無言 夫恐其不能盡曉 當更告之 而曰欲無言 何也 或云 予欲無言一章 實兼無隱乎爾之義 蓋 四時行 百物生 所謂無隱也 程子 蓋 推明夫子啓發子貢之意 欲其求之於踐履事爲之實者 未知是否 曰 恐人不能盡曉 而反欲無言 疑得甚好 更熟玩之 當自見得分明也

물었다. 공자께서는 자공이 오로지 언어 사이에서만 (성인의 뜻을) 구하려 했기 때문에 '나는 말하지 않고자 한다'라는 말씀을 알려주심으로써 계발하셨는데, 자공은 의문이 없지는 못했습니다. 그런 까닭에 '하늘이 무슨 말을 하더냐. 사계절이 운행하고 만물이 나지만'이라 하셨는데, 대개 그가 행위 실천의 실제를 살피기를 바라신 것입니다. 정자는 "오히려 문인들이 완전히 깨닫지 못할까 우려하신 까닭에 '나는 말하지 않고자 한다'라 하셨다"라 했는데, 무릇 완전히 깨닫지 못할까 우려하셨으면 당연히 다시 알려주셔야지, '말하지 않고자 한다'라 하신 것은 왜입니까? 혹자는 "'여욕무언' 이 한 장은 실로 '너희에게 숨기는 것이 없다'라는 말씀의 뜻을 겸하고 있으니 대개 사계절의 운행이나 만물의 남이 소위 '숨기는 것이 없음'이다"라 했습니다. 정자는 대개 공자께서 자공에게 계발해주시려 했던 뜻을 미루어 밝혀 '행위 실천의 실제에서 구하기를 바라셨다'라 한 것 같습니다만, [제 생각이] 옳은지 그른지 모르겠습니다. 답했다. '사람들이 완전히 깨닫지 못할까 우려하셨는데 거꾸로 말하지 않고자 하셨다'라는 의문은 매우 잘 된 것이다(좋은 의문이다). 다시 깊이 감상하면 당연히 (그 의문의 답을) 스스로 분명히 알게 될 것이다.

○新安陳氏曰 韜仲之問 文公 使更熟玩之 竊謂 聖道 明如日星 門人 猶未能盡曉者 以其徒求之言語之間 而不知動作語默 無非聖道之形見 此 所以聖道雖明 而其見 滯於言語間 不能盡曉也 苟謂 恐其不能盡曉 當更告之 聖人 方病學者徒求之言語 而又益詳於言語 言語愈詳 知識愈滯 未能盡曉者 何由而曉邪 使能不徒求之言語 而必察聖人之一動一靜 莫非妙道精義之發 則能知聖人之動靜 無非理 必悟聖人之語默 無非教也

신안 진씨가 말했다. 도중(劉炳)의 질문(바로 위 세주의 질문)에 대해 문공(주자)은 다시 깊이 감상하게 했다. 내가 생각건대, 성인의 도는 밝기가 마치 해나 별 같은데 문인들이 오히려 완전히 깨닫지 못하는 것은 헛되이 언어의 사이에서 구하려 해 동작어묵(행동과 말과 침묵, 즉 행동거지)이 성인의 도가 드러난 것이 아님이 없음을 알지 못했기 때문이다. 이것이 성인의 도는 비록 밝으나 그(제자들의) 견식(지식)이 언어의 사이에 정체되어 완전히 깨닫지 못하게 되는 이유이다. 만약 '완전히 깨닫지 못할까 우려하셨다면 당연히 다시 알려주셔야 한다'라고 말한다면, 성인께서 바야흐로 배우는 자들이 헛되이 언어에서 구하려 하는 것을 걱정하시면서 또 언어로 더욱 상세히 알려주셔야 한다는 말이 된다. 언어가 상세하면 할수록 지식은 더욱 정체되니, 완전히 깨닫지 못한 자가 무엇으로 말미암아 깨달을 수 있겠는가? 만약 헛되이 언어에서 구하지 않고 반드시 성인의 모든 동정이 오묘한 도와 정밀한 의리의 발현이 아닌 것이 없음을 살필 수 있다면, 성인의 동정은 이치 아닌 것이 없음을 알 수 있고, 성인께서 말씀하는 것이나 침묵하는 것이나 모두 가르침이 아님이 없음을 틀림없이 깨닫게 될 것이다.

○ 南軒張氏曰 四時行百物生者 天道之流行無息也 天 雖不言 而何隱哉 聖人 動靜語默之間 無非至理之所在 再曰 天何言哉 所以發之者 深矣

남헌 장씨가 말했다. '사계절의 운행과 만물의 남'은 하늘의 도가 유행해 쉬지 않는 것이다. 하늘은 비록 말하지 않지만 무엇을 숨기겠는가? 성인께서 움직이고 고요히 계시고 말씀하고 침묵하시는 데에는 지극한 이치가 존재하지 않은 것이 없다. 두 번 '하늘이 무슨 말을 하는가'라 하셨으니 계발하려 하신 것이 깊다.

○ 覺軒蔡氏曰 集註 以此章 與前篇無隱之意 相發 蓋 四時行百物生 莫非天理發見流行之實 正所以發夫子之無隱也 學者 玩此而有得焉 不惟見聖人一動一靜 純乎天理之妙 不待言而顯 便當反之於踐履事爲之實 俛焉孳孳 庶幾有得乎希聖希天之事 更玩四時行百物生 尤見其體用一原 陰陽之理 運行不息 而萬物 各遂其生之妙 聖人 亦天而已

각헌 채씨가 말했다. 집주에서는 이 장이 전편의 '숨기는 것이 없음'의 뜻과 함께 서로를 밝혀준다고 했는데, 대개 '사계절의 운행과 만물의 남은 천리가 발현되어 유행하는 실제가 아닌 것이 없음'이라는 (집주의) 말은 진정 공자의 '숨김 없음'(의 뜻)을 드러낸 것이다. 배우는 자가 이를 감상하면 얻는 것이 있으리니, 단지 성인의 일동일정이 순수히 천리의 오묘함이어서 말을 기다리지 않고도 드러난다는 것을 알게 될 뿐만 아니라, 또 마땅히 행위 실천의 실제로 돌아가 열심히 힘쓰면 아마도 성인을 희구하고 하늘을 희구하는 일에도 얻는 것이 있으리라. 다시 '사계절의 운행'과 '만물의 남'(이라는 구절)을 감상해보면, 그 체와 용이 하나의 근원으로, 음양의 이치가 운행해 쉬지 않아[체] 만물이 각기 그 삶의 오묘함을 완수한다는 것[용]을 더 잘 알게 된다. (그러니) 성인께서는 또한 하늘일 뿐이다.

○雙峯饒氏曰 予欲無言 聖人 是要人就他躬行處體認 莫只於他言語上求 蓋 就躬行處體認 便件件把作實事看 若只就言語上求 只將作空言看了 無益於得也 此與吾無隱乎爾章 大同小異 那 是說行處 無非至理 別無深晦底道理 此 是說行處 都是實理 不必於吾言語上求

쌍봉 요씨가 말했다. '나는 말을 하지 않고자 한다'라는 말씀은 성인께서 사람들에게 그(공자)의 몸소 실천하는 것에 관해 체인하게 하시고 단지 그의 언어에서만 구하지는 말도록 하신 것이다. 대개 몸소 실천하신 것에 관해 체인하면 곧 모든 일을 실질적인 일로 볼 것이고, 만약 단지 언어에서만 구한다면 공허한 말로 보고 말 것이니 깨달음에 도움이 되지 않을 것이다. 이 장과 '나는 너희들에게 숨기는 것이 없다'는 장은 대동소이하다. 그것(〈무은장〉)은 행하는 것이 지극한 이치가 아닌 것이 없어서 따로이 깊고 어두운(드러나지 않은) 도리는 없다는 것을 말한 것이고, 이것(본 장)은 행하는 것이 모두 진실한 이치여서 나의 언어에서 구할 필요가 없다는 것을 말한 것이다.

○厚齋馮氏曰 夫子 示子貢以一貫之學 此 又示以無言之天 卒於聞性與天道 子貢之學 可謂日進無疆者矣

후재 풍씨가 말했다. 공자께서 자공에게 '일관의 배움(가르침)'을 보여주셨고, 여기서는 또 '말없는 하늘'을 보여주셨고, 마침내 '성'과 '천도'에 관해 듣게 되었으니 자공의 배움은 가히 날로 진보해 끊임이 없는 것이라 하겠다.

○雲峯胡氏曰 集註 妙道精義之發 妙道 其體也 天理之渾然者也 精義 其用也 天理之粲然者也 朱子 感興末篇 始曰 玄天幽且默 仲尼欲無言 萬物各生遂 德容自淸溫 末曰 日予昧前訓 坐此枝葉繁 發憤永刊落 奇功收一原 三復是詩 朱子之學 晚年造詣深矣 學者 宜致思焉

운봉 호씨가 말했다. 집주에서는 '오묘한 도와 정밀한 의리의 발현'이라 했는데, 오묘한 도란 본체이고 천리의 혼연함(완전함)이며, 정밀한 의리란 쓰임이고 천리의 찬연함이다. 주자는 감흥시(재거감흥 20수)의 말편에서 처음에는 "검은 하늘은 어둡고 또 말 없으며, 중니는 말씀하지 않고자 하셨다. 만물은 각기 삶을 완수하고 덕스러운 모습은 저절로 맑고 따스하다"라 했고, 끝에서는 "말하노니, 내가 옛 가르침에 어두워 이 말단의 번다함에 구애되었다. 발분해 다 떨쳐버리고 기이한 공로로 하나의 근원을 거두리라"라 했다. 이 시를 세 번 반복해보니 주자의 학문이 만년에 그 조예가 깊었도다. 배우는 자는 마땅히 생각을 다해야 하리라.

○新安倪氏曰 按以妙道精義 分體用 蓋 因輔氏之說 而申明之 舉感興末篇 則因蔡氏之說 而詳言之也 蔡氏 說此章 嘗謂 先師 於感興卒章 特發其義 而收奇功於一原 其所以勉學者 深矣 但 此 能述之 尤爲詳明 萬物各生遂 接玄天幽且默而言 德容自清溫 接仲尼欲無言而言 即動靜無非敎之意也 又按徽庵程氏 嘗提掇欲之一字 而講之曰 先聖 雖欲無言 而未得以無言也 不以無言 期諸子 而獨以無言期子貢 何哉 高於子貢者 自能忘言以會道 與回言終日而無所不說 不必示之以無言也 下於子貢者 方將因言以求道 但敎之 以不知言無以知人 言及之而不言 謂之隱 可與言而不與之言 失人 未可示之以無言也 惟天資學力 賢如子貢 而猶以言語觀聖人 不得不示之以無言耳 此說 就子貢身上 發明甚切 謹附於此

신안 예씨가 말했다. 살피건대, (운봉 호씨의 말에서) 오묘한 도와 정밀한 의리를 체와 용으로 나눈 것은 대개 보씨의 설에 근거해 더욱 자세히 밝힌 것이고, 감흥시의 말편을 인용한 것은 채씨의 설에 근거해 자세히 말한 것이다. 채씨는 이 장을 설명하면서 일찍이 "선사(주희)는 감흥시의 졸장(마지막 장)에서 특별히 그 의의를 드러내어 '일원에 대해 기이한 공로를 거두리라'라고 했으니 배우는 자를 면려하신 것이 깊다"라 했다. 다만, 이에 대해서는 더욱 상명하게 기술할 수 있으니, '만물각수생(만물이 각기 그 삶을 완수함)'은 '현천유차묵(검은 하늘은 어둡고 또 말이 없음)'과 연결해 말한 것이고, '덕용자청온(덕스러운 모습은 저절로 맑고 따스함)'은 '중니욕무언(중니께서는 말하지 않고자 하심)'과 연결해 말한 것으로, 곧 (공자의) 움직임과 고요함은 가르침이 아닌 것이 없다는 뜻이다. 또 살피건대, 휘암 정씨는 일찍이 '욕' 한 글자('욕무언'에서의 욕)를 들어 제시하면서 강론하기를 "선성께서 비록 말씀하지 않고자 하셨으나 말씀하지 않을 수는 없으셨다. 무언으로(말씀하지 않으심을 통해) 여러 제자들(이 깨달을 것)을 기대하지 않으셨으면서도 오직 자공만은 무언으로 기대하신 것은 왜인가? 자공보다 높은 자의 경우는 스스로 말을 잊고 도를 깨달을 것이니 '안회와 더불어 종일토록 말했는데', '기뻐하지 않는 것이 없었다'라 한 것처럼 굳이 '무언'을 보여주실 필요가 없다. 자공보다 낮은 자의 경우는 바야흐로 말씀으로 인해 도를 구할 것이니 다만 '말을 모르면 사람을 알 방법이 없다'(『논어』20, 「요왈」3장)', '말이 미칠 수 있는데도 말하지 않는 것을 숨김이라 한다(『논어』16, 「계씨」6장)', '더불어 말할 만한데도 말하지 않으면 사람을 잃는다(『논어』15, 「위령공」7장)'라 가르치신 것처럼, '무언'을 보여주실 수 없다. 오직 선천적 자질과 학력이 자공만큼 현명하면서도 오히려 언어를 통해 성인을 살피려는 경우에만 '무언'을 보여주시지 않을 수 없을 뿐이다"라 했다. 이 설은 자공의 신상에 관해 밝혀낸 것이 매우 적절하기에 삼가 여기에 붙여놓는다.

17.20　孺悲 欲見孔子 孔子 辭以疾 將命者 出戶 取瑟
　　　而歌 使之聞之

유비가 공자를 뵙고자 했다. 공자께서는 병을 핑계로 사절
하셨다. (유비의) 말을 전하는 자가 문을 나서자 거문고를
잡고 노래하시어 그로 하여금 듣게 하셨다.

【집주】

孺悲 魯人 嘗學士喪禮於孔子

유비는 노나라 사람으로 일찍이 공자께 사상례를 배웠다.

【세주】

記 雜記 恤由之喪 魯哀公 使孺悲之孔子 學士喪禮 士喪禮 於是乎書

『예기』, 「잡기」에 다음과 같이 나와 있다. 휼유의 상에 노나라 애공이 유비
를 공자께 보내 사상례를 배우게 했다. 이에 사상례가 기록되었다.

【집주】

當是時 必有以得罪者 故 辭以疾 而又使知其非疾 以警教之也

당시에 틀림없이 죄를 지은 것이 있었을 것이다. 그런 까닭에 병을 핑계로 사
절하시고 또 병이 아님을 알게 하심으로써 경고해 가르치셨다.

【세주】

慶源輔氏曰 聖人之門 來者不拒 儻非有故 未有却之者 然 其所以得罪之故 不可
知矣 辭之以疾者 義不當見也 歌瑟使聞者 仁不容絶也 夫子 於此 仁義竝行 而不
悖 然 其愛人之心 則終無已也

경원 보씨가 말했다. 성인의 문하에서는 오는 자는 거절하지 않으니 까닭이

있는 경우가 아니라면 물리치는 경우가 없었다. 그러나 그 죄를 얻은 까닭이 무엇인지는 알 수 없다. 병을 핑계로 사절하신 것은 '의'에 있어서 마땅히 만나지 말아야 하기 때문이었고, 노래하고 거문고를 뜯어 듣게 하신 것은 '인'에 있어서 끊을 수 없기 때문이었다. 공자께서는 여기서 인과 의를 함께 행하시었으나 서로 모순되지 않았다. 그러나 사람을 사랑하는 마음은 끝내 그치지 않으셨다.

【집주】

程子曰 此 孟子所謂不屑之教誨 所以深教之也

정자가 말했다. 이는 맹자가 말한 '탐탁히 여기지 않는 가르침(탐탁치 않아 거절함으로써 깨닫게 하는 가르침)'이니 깊이 가르치신 것이다.

【세주】

南軒張氏曰 孺悲之不見 疑在棄絶之域矣 取瑟而歌 使將命者聞之 是 亦教誨之 而終不棄也 聖人之仁 天地生物之心歟

남헌 장씨가 말했다. 유비가 뵙지 못한 것은 아마도 버리고 끊은 경우에 속할 것이다. 거문고를 잡고 노래하시어 말 전하는 자가 듣게 하셨으니 이는 또한 가르치시어 끝내 버리지는 않으신 것이다. 성인의 인은 천지가 사물을 살리는 마음이시다.

○胡氏曰 聖人 無疾而託以疾 則雖庸人 亦能自省其所以見絶之由 是 不屑之教誨也

호씨가 말했다. 성인께서는 병이 없으면서도 병을 핑계하셨으니 비록 용렬한 사람이라도 또한 스스로 그 거절당한 이유를 살필 수 있다. 이것이 탐탁히 여기지 않으시는 가르침이다.

○鄭氏曰 於絶之之中 不忘教之之意 聖人之心 如天地之不棄物也 仁矣哉

정씨가 말했다. 끊으시는 중에도 가르치려는 마음을 잊지 않으시니, 성인의 마음은 마치 천지가 사물을 버리지 않는 것처럼, 인이로다.

17.21-1 宰我 問三年之喪 期已久矣 期音朞 下同

재아가 삼년상에 관해 물었다. (부모상은) 1년이면 이미 깁니다.

【집주】

期 周年也

'기'는 1년이라는 말이다.

17.21-2 君子 三年不爲禮 禮必壞 三年不爲樂 樂必崩

군자가 3년 동안 예를 행하지 않으면 예는 반드시 무너지고, 3년 동안 음악을 행하지 않으면 음악은 반드시 무너집니다.

【집주】

恐居喪不習 而崩壞也

상을 치르는 동안 (예와 악을) 익히지 않아 붕괴될 것을 우려한 것이다.

【세주】

慶源輔氏曰 此 述宰我之意也 然 禮樂 自事親從兄而出 不能三年之喪 則禮樂之本 蹙矣 宰我 慮其崩壞 而急之於玉帛鐘鼓之間 則亦不知務 甚矣

경원 보씨가 말했다. 이는 재아의 생각을 기술한 것이다. 그러나 예악은 부모를 섬기고 형을 따르는 것으로부터 나오는 것이다. 삼년상을 할 수 없으면 예악의 근본이 위축된다. 재아는 그 붕괴를 염려해 옥백종고의 사이(형식적인에)에 급했으니 또한 (해야 할) 일을 알지 못한 것이 심하다.

17.21-3 舊穀旣沒 新穀旣升 鑽燧改火 期可已矣 鑽祖官反

(1년이면) 옛 곡식이 이미 다 없어지고 새로운 곡식이 이미 익고, 나무를 비벼 불씨를 얻어 불을 바꾸니, (상도) 1년이면 그쳐도 됩니다.

【집주】

沒 盡也 升 登也 燧 取火之木也 改火 春取楡柳之火 夏取棗杏之火 夏季取桑柘之火 秋取柞楢音昨由之火 冬取槐檀之火 亦一年而周也

'몰'은 다 없어지는 것이다. '승'은 익는 것이다. '수'는 불을 얻는 나무이다. 불을 바꾸는 것은, 봄에는 느릅나무나 버드나무에서 불을 취하고, 여름에는 대추나무 살구나무에서 불을 취하고, 끝 여름에는 뽕나무나 산뽕나무에서 불을 취하고, 가을에는 떡갈나무나 졸참나무에서 불을 취하고, 겨울에는 회나무나 박달나무에서 불을 취하는 것으로, 또한 1년이면 한 바퀴 돈다.

【세주】

周禮 夏官 司爟古煥反 掌行火之政令 四時變國火 以救時疾 行 猶用也 變 猶易也 鄒子曰 春取楡柳之火 夏取棗杏之火 季夏取桑柘之火 秋取柞楢之火 冬取槐檀之火 季夏出火 民咸從之 季秋內火 民亦如之

『주례』, 「하관」, 〈사관〉조에 다음과 같이 나와 있다. (사관은) 불을 쓰는 것과 관련된 정령을 관장한다. 사계절에 나라의 불을 바꾸어 계절의 병을 구제한다. ('행'은 쓰는 것이다. '변'은 바꾸는 것이다. 추자가 말하기를 '봄에는 느릅나무나 버드나무에서 불을 취하고, 여름에는 대추나무나 살구나무에서 불을 취하고, 끝 여름에는 뽕나무나 산뽕나무에서 불을 취하고, 가을에는 떡갈나무나 졸참나무에서 불을 취하고, 겨울에는 회나무나 박달나무에서 불을 취한다'라 했다.) 끝 여름(6월)에는 불을 (밖으로) 내니 백성들이 모두 따라한다. 끝 가을(9월)에는 불을 들이니 백성들도 또한 그렇게 한다.

【집주】

已 止也 言期年 則天運一周 時物皆變 喪 至此可止也

'이'는 그치는 것이다. 1년이면 하늘의 운행이 한 바퀴 돌아 계절의 사물이 모두 변하니 상은 이에 이르러 그쳐도 된다는 말이다.

【세주】

問 四時取火 何爲季夏又取一番 朱子曰 土 旺於未 故 再取之

물었다. 사계절에 불을 취하는데 왜 끝 여름에 또 한 번 더 취합니까? 주자가 답했다. (5행의) 토는 미(미월, 즉 6월)에 왕성하다. 그런 까닭에 다시 취한다.

○慶源輔氏曰 時物 固皆變矣 吾心哀悼之實 自有不能已者 則不可因彼而變也

경원 보씨가 말했다. 계절의 사물은 본디 모두 변하는 것이지만 내 마음의 애통한 정성은 본디 그만둘 수 없는 것이 있다. 그러니 그것(사물의 변함)으로 인해 변해서는 안 된다.

○雙峯饒氏曰 四時取火之木 不同 楡柳 木之青者 故 春取之 棗杏 木之赤者 故 夏取之 桑柘 黃 柞楢 白 槐檀 黑 各隨其時之方色 取之 蓋 五行之中 各有五行 火 有五色 亦如金有五金之類 古人作事 件件順天時 況水火 乃天地間妙用 尤不可不順其性 水失其性 則爲水災 火失其性 則爲火災 旱暵疾疫 皆是 因時改火 以達其氣 亦贊化育之一事也 故 周禮 司爟 掌四時變國火 以救民疾 後世 都不理會 如何得陰陽和萬物育

쌍봉 요씨가 말했다. 사계절에 불을 취하는 나무는 같지 않다. 느릅나무나 버드나무는 나무 중에 푸른 것이기 때문에 봄에 (불을) 취한다. 대추나무나 살구나무는 나무 중에 붉은 것이기 때문에 여름에 취한다. 뽕나무나 산뽕나무는 누렇고, 떡갈나무나 졸참나무는 희고, 회나무나 박달나무는 검다. 각각 그

계절의 방위색에 따라 취한다. 대개 5행 중에 (각각의 1행은) 각각 (또) 5행이 있다. '화'는 5색이 있으니 또한 '금'에 다섯 가지 금속이 있는 것과 같다. 옛사람들이 일을 할 때는 건건이 천시를 따랐는데, 황차 물이나 불은 천지간의 묘한 작용이니 더욱 그 성질을 따르지 않을 수 없다. 물이 그 성질을 잃으면 수재가 되고 불이 그 성질을 잃으면 화재가 된다. 가뭄이나 무더위나 질병이나 전염병도 모두 그렇다. 계절에 따라 불을 바꿈으로써 그 기운을 통하게 하는 것 또한 화육(사물의 변화와 생장)을 돕는 한 가지 일이다. 그런 까닭에 『주례』에 사관은 사계절에 나라의 불을 바꿈으로써 백성의 질병을 구제하는 일을 관장했다. 후세에는 (이를) 전혀 이해하지 못하니 어찌 음양이 조화되고 만물이 생육될 수 있겠는가.

【집주】

尹氏曰 短喪之說 下愚 且恥言之 宰我 親學聖人之門 而以是爲問者 有所疑於心 而不敢强上聲焉爾

윤씨가 말했다. 상을 짧게 해야 한다는 말은 어리석은 자도 또한 말하기 부끄러워하는 것인데, 재아가 직접 성인의 문하에서 배우면서도 이를 질문한 것은 마음에 의심스러운 것이 있으면 감히 (묻지도 않고 자신의 생각이 옳다고) 억지를 부리지 않았기 때문일 뿐이다.

【세주】

慶源輔氏曰 尹氏說 固忠厚 然 宰我之失 終在但其致問之時 猶出於情實 較之後世 匿情行詐 而口不相副者 則猶爲無隱耳

경원 보씨가 말했다. 윤씨의 설은 진정 충후하지만, 그러나 재아의 잘못은 결국 다만 그 질문을 했을 때 (그 질문이) 정실(사사로운 감정)에서 나왔다는 점에 있다. 후세에 속마음을 숨기고 사기를 치면서 입(말)이 (실제와) 부합하지 않는 자와 비교해본다면 오히려 숨기지 않은 것일 뿐이다.

17.21-4 子曰 食夫稻 衣夫錦 於女安乎 曰 安 夫音扶下同 衣去聲女音汝下同

공자께서 말씀하셨다. 쌀밥을 먹고 비단옷을 입는 것이 너에게는 편안한가? (재여가) 답했다. 편안합니다.

【집주】

禮 父母之喪 旣殯 食粥麤衰音催 旣葬 疏平聲食音嗣水飮 受以成布

예에, "부모의 상에 이미 빈소를 차렸으면 죽을 먹고 거친 상복을 입고, 이미 장사를 지냈으면 거친 밥을 먹고 물을 마시고 성포로 만든 옷을 입는다.

【세주】

朱子曰 成布 是稍細成布 初來未成布也 八十縷 爲一升 古尺一幅 只闊二尺二寸 筭成斬衰三升 如今漆布一般 所以 爲未成布

주자가 말했다. 성포는 약간 가늘게 만든 포로서 원래는 미성포이다. 80가닥이 1승이 되는데, 옛 자의 한 폭은 그 넓이가 단지 2자 2치였으므로 참최 3승을 계산해보면 오늘날의 칠포와 마찬가지이다. 그러므로 미성포가 된다.

【집주】

期音朞而小祥 始食菜果 練冠縓取絹反緣去聲

1년이 지나 소상이 되면 비로소 채과(과일과 야채)를 먹고 연관을 쓰고 분홍옷 테두리 장식을 하며

【세주】

○朱子曰 縓 今淺絳色 小祥 以縓爲緣 一入爲縓 禮有四入之說 亦是漸漸加深色耳

주자가 말했다. '전'은 지금의 분홍색이다. 소상에는 분홍색으로 테두리 장식

을 한다. 한 번 (염색물에) 넣으면 분홍색이 된다. 예에는 네 번 넣는다는 설이 있는데, 역시 점점 진한 색을 더한다는 것일 뿐이다.

【집주】

要平聲経音迭不除 無食稻衣錦之理 夫子 欲宰我反求諸心 自得其所以不忍者 故 問之以此 而宰我 不察也

(상복의) 허리띠는 끄르지 않는다"라 했으니, 쌀밥을 먹고 비단옷을 입는 법은 없다. 공자께서는 재아가 돌이켜 마음에서 구해 스스로 차마 그리하지 못하는 이유를 깨닫기를 바라셨다. 그런 까닭에 이 질문을 하셨는데, 재아는 살피지 못했다.

【세주】

記 間傳 父母之喪 旣殯食粥 未殯之前 勺水不入口 旣殯 則三日矣 方食粥 朝一溢米 二十兩 爲一溢 以爲粥 莫音暮一溢米 齊衰之喪 疏食水飮 不食菜果 大功之喪 不食醯醬 可以食菜果矣 小功緦麻 不飮醴酒 可以食醯醬矣 父母之喪 旣虞卒哭 疏食水飮 可以不食粥矣 不食菜果 期而小祥 期而服練 謂之小祥 食菜果 又期而大祥 再期而服縞 謂之大祥 食醯醬 中月而禫 大感反 禫而飮醴酒 醴酒 味薄 故 得飮之 始飮酒者 先飮醴酒 始食肉者 先食乾肉

『예기』, 「간전」에 다음과 같이 나와 있다. 부모의 상에, 이미 빈소를 차렸으면 죽을 먹는다. 〈빈소를 차리기 전에는 한 모금의 물도 입에 넣지 않는다. 이미 빈소를 차렸으면 3일째로서, 비로소 죽을 먹는다.〉 아침에 1일(한 움큼)의 쌀(죽)을 먹고 〈20냥이 1일이 되는데, (그 양만큼) 죽으로 만든다.〉 저녁에 1일의 쌀을 먹는다. 자최의 상에는 거친 밥을 먹고 물을 마신다. 대공의 상에는 식초나 장을 먹지 않는다. 〈채과는 먹을 수 있다.〉 소공과 시마의 상에는 감주를 마시지 않는다. 〈식초나 장은 먹을 수 있다.〉 부모의 상에, 이미 삼우가 되어 졸곡을 했으면 거친 밥을 먹고 물을 마신다. 〈죽을 먹지 않아도 된다.〉 채과는 먹지 않는다. 1년이 지나 소상이 되면 〈1년이 지나 테두리 장식을 한 옷을 입는 것을 소상이라 한다.〉 채과를 먹는다. 또 1년이 지나 대상이 되면 〈2년이 지나 흰 비단옷을 입는 것을 대상이라 한다.〉 식초나 장을 먹는다. 다음 달 중에 담제를 지낸다. 담제를 지내면서 감주를 마신다. 〈감주는 맛이 엷기 때문에 마실 수 있다.〉 술을 마시기 시작하는 것은 먼저 감주를 마시는 것에서 시작하고, 고기를 먹기 시작하는 것은 먼저 말린 고기를 먹는 것에서 시작한다.

17.21-5 女安 則爲之 夫君子之居喪 食旨不甘 聞樂不樂 居處不安 故 不爲也 今女安 則爲之 樂上如字下音洛

네가 편안하면 그리하라. 무릇 군자가 상을 치름에, 기름진 음식을 먹어도 달지 않고, 음악을 들어도 즐겁지 않고, (통상의 방에) 거처해도 편안하지 않기 때문에 하지 않는 것이다. 지금 네가 편안하면 그리하라.

【집주】

此 夫子之言也 旨 亦甘也 旨美也 初言女安則爲之 絶之之辭 又發其不忍之端 以警其不察

이는 공자의 말씀이다. '지'는 또한 '감(단 음식)'이다. 〈'지'는 아름다운 것이다.〉 처음에 '네가 편안하면 그리하라'라 말씀하신 것은 끊으시는 말씀이지만, 또 차마 그리하지 못하는 이유를 말씀하시어 그 살피지 못함을 경계하시고,

【세주】

新安陳氏曰 四不字 皆是發其不忍之端

신안 진씨가 말했다. 네 개의 '불' 자는 모두 차마 그리하지 못하는 이유를 말씀하신 것이다.

【집주】

而再言女安則爲之 以深責之

거듭 '네가 편안하면 그리하라'라 말씀하시어 깊이 꾸짖으셨다.

【세주】

厚齋馮氏曰 夫子之門 子夏子張 旣除喪而見 予之琴 和之 而或和或不和 彈之 而或成聲或不成聲 一 則曰 先王制禮 不敢過也 一 則曰 先王制禮 不敢不至焉 其於三年之喪 如此 宰我與二子 相處久矣 豈不習聞其槪 而安於食稻衣錦也 夫魯莊公之喪 旣葬 不入庫門 士大夫 旣卒哭 麻不入 然則三年之喪不行 久矣 至是而夫子擧行之 宰我 門人高流也 日聞至論 而猶以期爲安 況斯世乎 其後 滕世子 欲行三年喪 父兄百官 皆不欲 然則三年之喪 獨行於孔孟之門 而朝廷 未嘗行也 甚至以日易月 無復聽於冢宰三年不言之制 而三年之喪 迄今行之天下者 宰我一問之力也

후재 풍씨가 말했다. 공자의 문하에서, 자하와 자장이 이미 상을 마치고 뵈었을 때 거문고를 주시며 조율하게 했는데 혹 조화롭기도 하고 조화롭지 않기도 했고, 뜯게 하자 음악을 이루기도 하고 이루지 못하기도 했다(『예기』, 「단궁 상」). 하나(자하)는 '선왕이 예를 지으심에 감히 지나치게 할 수 없습니다'라 했고, 하나(자장)는 '선왕이 예를 지으심에 감히 지극하게 하지 않을 수 없습니다'라 했다. (자하와 자장 두 사람은) 3년의 상에 이와 같았는데, 재아가 두 사람과 서로 같이 거처한 것이 오래되었는데도 어찌 그 대강을 듣고 익히지 못하고 쌀밥 먹고 비단옷 입는 것을 편안히 여겼는가? 무릇 노나라 장공의 상에, 이미 장사지낸 다음에는 (상복의 띠를 하고는) 고문(궁궐 문의 하나)으로 들어오지 않았으며 사대부는 이미 졸곡을 했으면 마복(삼베로 만든 상복)으로 들어오지 않았다(『예기』, 「단궁 하」)[장사지낸 후나 졸곡한 후에는 상을 벗은 것처럼 통상의 방식으로 출입했다]. 그러니 삼년상이 행해지지 않은 지가 오래되었는데, 이에 이르러 공자께서 거행하셨다. 재아는 문인 중에 높은 계열로서 날마다 지극한 논의를 들었는데도 오히려 1년 상을 편안하다고 여겼으니 하물며 이 세상 사람들이리오. 그 후 등나라 세자가 삼년상을 행하고자 했는데 부형이나 백관들이 모두 바라지 않았다(『맹자』5, 「등문공 상」 2장). 그러니 삼년상은 공맹의 문하에서만 홀로 행해졌고, 조정에서는 행해지지 않았다. 심지어는 달을 날로 바꾸는(한 달 해야 하는 것을 하루 하는 것으로 바꾸는)

경우도 있었고 다시는 '총재의 명을 받고 (집권자인 상주 자신은) 3년 동안 말하지 않는 제도'도 있지 않았는데도 삼년상이 지금까지 천하에 행해지는 것은 재아가 한 번 질문한 덕이다.

17.21-6 宰我出 子曰 予之不仁也 子生三年 然後免於父母之懷 夫三年之喪 天下之通喪也 予也 有三年之愛於其父母乎

재아가 나가자 공자께서 말씀하셨다. 여(재아)의 불인함이여. 자식이 태어난 지 3년이 된 다음에야 부모의 품을 면하니 무릇 삼년상은 천하의 보편적 상례이다. 여도 그 부모에게 3년의 사랑을 받았을 것인데.

【집주】
宰我旣出 夫子 懼其眞以爲可安 而遂行之 故 深探他覃反其本 而斥之 言由其不仁 故 愛親之薄 如此也

재아가 나간 다음에 공자께서는 그가 진짜로 편안히 여겨도 된다고 생각해 마침내 그리 행할까 걱정하셨던 까닭에 그 근본을 깊이 캐시어 (재아의 잘못된 생각을) 물리치셨다. 불인한 까닭에 부모 사랑이 박하기가 이와 같다는 말씀이다.

【세주】
新安陳氏曰 不安於食稻衣錦者 由其不忍也 不忍之心 仁也 安則忍 忍則不仁矣

신안 진씨가 말했다. 쌀밥을 먹고 비단옷을 입는 것이 편안하지 않은 것은 차마 그리하지(모질게) 못하기 때문이다. 차마 그리하지 못하는 마음이 인이다.

편안히 여기면 모진 것이고, 모질면 불인이다.

【집주】

懷 抱也 又言君子所以不忍於親 而喪必三年之故 使之聞之 或能反求而終得其本心也

'회'는 품는 것이다. 또 군자가 부모에게 차마 그리하지 못하고 상을 반드시 3년을 치르는 까닭을 말씀하시어 그로 하여금 듣게 해 혹시 돌이켜 구해 마침내 그 본심을 얻을 수 있도록 하신 것이다.

【세주】

新安陳氏曰 予 發短喪之問 又以食稻衣錦爲安 是 殆已失其本心矣 今 夫子 拳拳之意 猶冀其反求而終得其本心也 本心 卽愛親之仁心

신안 진씨가 말했다. 재여가 상을 짧게 하자는 질문을 하고 또 쌀밥을 먹고 비단옷을 입는 것이 편안하다고 했는데, 이는 거의 본심을 잃은 것이다. 지금 공자께서는 정성스러운 뜻으로 오히려 돌이켜 구해 마침내 그 본심을 얻기를 바라셨다. 본심이란 곧 부모를 사랑하는 인의 마음이다.

【집주】

○范氏曰 喪 雖止於三年 然 賢者之情 則無窮也 特以聖人爲之中制 而不敢過 故 必俯而就之 非以三年之喪 爲足以報其親也

범씨가 말했다. 상은 비록 3년에 그치지만 현자의 정은 무궁하다. 다만 성인께서 중정한(길지도 짧지도 않은) 제도를 만드셨으니 감히 지나치게(더 길게) 할 수 없다. 그러므로 반드시 낮추어[기간을 3년으로 줄여] 나아가는 것이지, 삼년상이면 그것으로 부모에 보답하기에 충분하다는 것은 아니다.

【세주】

記 三年間 君子三年之喪 二十五月而畢 若駟之過隙 然而遂之 是無窮也 故 先王

爲之中制

『예기』, 「삼년문」편에 다음과 같이 나와 있다. 군자의 삼년상은 25개월이면 마치니 마치 네 마리 말이 끄는 마차가 틈새를 휙 지나가는 것 같다. 그렇지만 계속 이어가면 끝이 없으니 그런 까닭에 선왕께서 중정한 제도를 만드셨다.

○檀弓 子思曰 先王之制禮 過之者 俯而就之 不至焉者 跂而及之 故 君子 執親之喪 水漿不入口者 三日 杖而後能起

(『예기』)「단궁」편에 다음과 같이 나와 있다. 자사가 말하기를 "선왕이 예를 제작하심에, 지나친 자는 낮추어 나아가게 하시고, 미치지 못한 자는 발돋움해 이르게 하셨다. 그런 까닭에 군자가 부모의 상을 치름에 물이나 미음도 입에 대지 않는 것이 사흘이니 지팡이를 짚은 다음에야 일어설 수 있다"라 했다.

【집주】

所謂三年然後 免於父母之懷 特以責宰我之無恩 欲其有以踐而及之爾

이른바 '3년이 된 연후에야 부모의 품을 면한다'라는 말씀은 다만 재아의 '은혜 모름'을 꾸짖으시어 '발돋움해 이름'이 있기를 바라신 것일 뿐이다.

【세주】

問 宰我 遊聖人之門 而有短喪之問 不類學者氣象 諸家之說 或謂至親以期斷 而宰我 欲質其所知 有疑而不敢隱 所以爲宰我 蓋 欲文其過也 竊以爲宰我 在聖門 雖列於言語之科 然 哀公問社 而有使民戰栗之對 方晝而寢 夫子有朽木糞土之譏 觀其地位如此 則宜有短喪之問也 朱子曰 短喪 固是不仁 然 其不隱 不害爲忠信 此 一事而兼有得失 得失 又有重輕

물었다. 재아는 성인의 문하에 노닐면서 상을 짧게 하자는 질문을 했으니 학자의 기상답지 않습니다. 여러 학자들의 설은 '혹자가 지친(부모상)은 1년으로 끊는다고 말하자 재아가 그 아는 바를 질문하고 싶었던 것으로, 의문이 있으면 감히 숨기지 않은 것이다'라 했는데, (이런 설은) 재아를 위해 대개 그의 잘못을 감싸주려는 것입니다. 제가 가만히 생각건대, 재아는 성인의 문하에서 비록 언어의 과(말을 잘하는 분야)에 들지만, 애공이 '사'의 뜻을 물었을 때 '백성을 떨게 하려는 것'이라 대답했고(『논어』3,「팔일」21장), 대낮에 잠을 잔 공자께서 '썩은 나무와 썩은 흙'이라는 비판을 하신 적이 있습니다(『논어』5,「공야장」9장). 그 경지가 이와 같은 것을 보면 당연히 상을 짧게 해야 한다는 질문이 있었을 것입니다. 주자가 답했다. 상을 짧게 하는 것은 본디 불인이지만 그러나 숨기지 않은 것은 충신(진실함)이라 하기에 지장이 없다. 이는 하나의 일이지만 득과 실을 겸하고 있고, 득과 실에는 또 경중이 있다.

○聖人 尋常未嘗輕許人以仁 亦未嘗絶人以不仁 今 言予之不仁 乃予之良心 死了也

성인께서는 보통 가벼이 사람을 인하다고 인정하신 적이 없지만 또한 불인하다고 사람을 끊으신 적도 없다. 지금 '재여가 불인하다'라 말씀하셨으니, 재여의 양심은 죽어버린 것이다.

○或問 此章之說 有謂宰我之問 蓋 聞禮家至親期斷之言 故 以質之夫子 非自執喪而欲斷之也 如何 曰 此 蓋 以宰我爲聖人之徒 不應問此 而欲爲之文其過也 其意 則忠且厚矣 然 三年之喪 生於人心 非由外至 而禮家 固亦已有加隆之說矣 設使宰我 實聞期斷之說 而不能察其是非 盡其曲折 則其愛親之薄 亦可知矣 雖不自斷其喪 然 其情 亦何以異邪 曰 又有以宰予爲不察理 不知仁 而不知愛親之道者 信乎 曰 是其意 若曰 予 非不愛親也 特不察理而不知其道也 非不仁也 特不知仁也 是亦爲之文其過之言耳 然 人子 有三年之愛於父母 蓋 心之不能已者 而非有難明之理也 是其存焉 則爲仁 失之 則爲不仁 其間 蓋 不容髮 而其存不存 又不待於知之而後能勉也 亦係於吾心之厚薄如何耳 宰我 食稻衣錦 自以爲安則其無愛親之心 可見 而夫子所以斥之者 亦明矣 說者 乃與曲爲之諱 而少減其不仁不孝之罪 是以 其說 徒爲辭費 而不足以掩其實也 曰 或謂 宰我 非不知短喪之爲薄 直以有疑 故 不敢自隱於夫子 只此無隱 便是聖人作處 如何 曰 言宰我之心 雖薄 而其不敢自隱者 猶有聖門氣象 可也 謂之無隱 而直以聖人作處許之 則

又激於世俗矯情飾詐之私 而不自知其言之過矣 然 此章正意 在於問喪 而喪之
主於哀者 又非自外而至 今 不論此 而摘其旁文瑣細之說 以爲已死之人 文不可
贖之過 亦何益哉 曰 或謂 夫子之言 女安則爲之 爲不與人爲僞者 信乎 曰 是 因
無隱之說 而又失之之甚也 夫 聖人 固不與人爲僞矣 然 不曰 不肖者 跂而及之
乎 其曰 安則爲之者 乃深責而痛絶之之辭也 豈使之眞以爲安 而遂爲之也哉 若
如其言 則聖人之所以垂世立敎者 初無一定之則 直徇世俗情意之厚薄 使人自以
爲禮 而不慮夫壞法亂紀之原 自我始也

혹자가 물었다. 이 장의 설 중에, 재아의 질문은 대개 예 전문가들의 '지친은
1년으로 끊는다'는 설을 듣고 공자께 질문한 것이지 스스로 상을 치르면서 끊
고자 한 것은 아니라는 설이 있는데 어떻습니까? 답했다. 이는 대개 재아가
성인의 제자로서 응당 이런 질문을 하지는 않았을 것이라 생각해 그 허물을
감싸주려는 것이다. 그 뜻은 충후하지만 그러나 삼년상은 인심에서 나온 것
이지 밖으로부터 온 것이 아니고, 예 전문가들에게도 본디 또한 더욱 융성하
게 해야 한다는 설이 있었다. 설사 재아가 1년으로 끊어야 한다는 설을 실제
로 듣고서 그 옳고 그름을 살피지 못했거나 그 곡절을 상세히 알지 못했다 하
더라도 그의 부모 사랑이 박했음은 또한 알 수 있다. 비록 스스로 그 상을 끊
지는 않았지만 그러나 그 마음이 (끊는 것과) 어찌 다르겠는가. 물었다. 또 재
여가 이치를 살피지 못하고 인을 알지 못해 부모 사랑의 도리를 알지 못한 것
이라는 설이 있는데, 맞습니까? 답했다. 만약 그 뜻이 '재여는 그 부모를 사랑
하지 않은 것이 아니라 다만 이치를 살피지 못해 그 도리를 알지 못한 것이
니, 불인이 아니라 다만 인을 알지 못한 것이다'라는 말이라면 이 또한 그를
위해 그 잘못을 감싸려는 말일 뿐이다. 그러나 '사람의 자식은 부모에게 3년
의 사랑을 받으니 대개 마음에 그만둘 수 없는 것이 있다'는 것은 밝히기 어
려운 이치가 아니다. 만약 그것(그 마음)이 있으면 인이고 잃으면 불인이 되
는 것으로, 그 사이에는 터럭만 한 틈도 허용되지 않는다. (그런 마음이) 있느
냐 없느냐는 '안 다음에 힘쓸 수 있게 됨'을 기다리는 것이 아니고(그런 노력
의 결과가 아니고), 역시 내 마음의 두텁고 박함이 어떠한가에 달려 있을 뿐이
다. 재아는 쌀밥을 먹고 비단옷을 입는 것을 스스로 편안히 여겼으니 부모 사
랑의 마음이 없었음을 알 수 있고, 공자께서 물리치신 까닭도 또한 명확하다.

논하는 자가 이에 (재여의) 잘못된 행위의 꺼림직함에 대해 그 불인 불효의 죄를 약간 감하려 했는데, 이 때문에 그 설은 헛되이 말만 낭비했을 뿐, 그 사실을 가리기에는 부족했다. 물었다. 혹자는 재아가 상을 짧게 하는 것이 박한 것이라는 점을 몰랐던 것이 아니라 다만 의심이 있었기 때문에 감히 공자께 감추지 않은 것으로서, 이 '감추지 않음'은 곧 '성인의 행하신 바'라 했는데, 어떻습니까? 답했다. '재아의 마음이 비록 박하지만 감히 감추지 않은 것은 오히려 성인 문하의 기상이다'라 하면 괜찮지만, 그것을 '감추지 않음'이라 하면서 곧바로 '성인의 행하신 바'라고 인정하는 것은 또한 세속의 '진실을 속이고 거짓을 꾸미는 사사로움'에 자극을 받아 [그에 대항하느라] 스스로 그 말이 지나치다는 것을 알지 못한 것이다. 그러나 이 장의 본뜻은 상에 관한 질문에 있고, 상은 애통함을 주로 하는 것으로서 또 밖에서 오는 것이 아니라는 점이다. 지금 이 점은 논하지 않고 그 부차적인 글에 관한 자질구레한 설들을 끌어옴으로써 이미 죽은 사람을 위해 씻을 수 없는 잘못을 감싸려 한들 또한 무슨 이익이 있겠는가. 물었다. 혹자는 공자께서 '네가 편안하면 그리하라'라 말씀하신 것은 '남에게 거짓을 행하지 말라'라는 뜻이라 했는데, 맞습니까? 답했다. 이는 '무은(감추지 않음)'의 설로 말미암은 것이지만 더 심한 잘못이다. 무릇 성인께서는 본디 남에게 거짓을 행하지 않으신다. 그러나 '못난 자는 발돋움해 이르게 한다'라 하지 않으시고 '편안하면 그리하라'라 하신 것은 깊이 꾸짖어 통렬히 끊으신 말씀이다. 어찌 그로 하여금 진짜로 편안히 여겨 마침내 그리하게 하신 것이겠는가. 만약 그런 설과 같다면, 성인께서 후세를 위해 가르침을 세우신 것이 애초부터 일정한 원칙이 없이 다만 세속인들의 마음의 두텁고 박함을 좇아, 사람들로 하여금 스스로 [자신의 마음대로 하는 것이] 예라고 생각하게 해 저 '법을 무너뜨리고 기강을 어지럽히는 원천'이 자신으로부터 시작된다는 것을 염려하지 않게 하신 것이 된다.

○ 南軒張氏曰 人子之致哀於其親 蓋 其心之不可以已者 先王 以禮爲之 而斷之以三年 是 謂天之則也 宰我 論喪禮 而欲止乎期 夫子 反覆告之以女安則爲之 夫其食旨不甘 聞樂不樂 居處不安 果何哉 以其有所不忍於心 故也 宰我 聞夫子斯言而出 其必有以惻於中矣

남헌 장씨가 말했다. 사람의 자식이 그 부모(의 상)에 슬픔을 다하는 것은 대개 그 마음에 그만둘 수 없는 것이다. 선왕이 예로써 그것을 행하지만 3년으로 끊은 것, 이것을 하늘의 법칙이라 한다. 재아가 상례를 논하면서 1년에 그치고자 하자, 공자께서는 반복해서 '네가 편안하면 그리하라'라 하셨다. 무릇 좋은 음식을 먹어도 달지 않고 음악을 들어도 즐겁지 않고 편한 곳에 거처해도 편안하지 않은 것은 과연 무슨 까닭인가? 마음에 차마 그리하지 못하는 것이 있기 때문이다. 재아가 공자의 이 말씀을 듣고 나갔으니 틀림없이 마음속에 슬픔이 있었을 것이다.

○慶源輔氏曰 子生三年 然後免於父母之懷 此 君子所以不忍於親 而喪必三年之故 自天子達於庶人 而爲天下之通喪也 至於使之聞之 或能反求而終得其本心 則聖人之仁也 始也 問之以食稻衣錦於女安乎 所以使宰我反求諸心 自得其所以不忍 及宰我不察 則又言 君子居喪之禮 皆出於自然 以發其不忍於親 而喪必三年之故 使之聞之 尙庶幾其能反求而得其本心 不至於終迷而不反也 然則聖人之心 所以愛人無已者 於此 亦可得而見矣

경원 보씨가 말했다. 자식이 난 지 3년이 된 후에야 부모의 품을 벗어나니, 이것이 군자가 부모(의 상)에 차마 그리하지 못하고 반드시 삼년상을 하는 까닭으로, (삼년상은) 천자로부터 서인에 이르기까지 천하의 통상적인 상례가 된다. 그로 하여금 이를 듣게 해 혹시 돌이켜 구해 마침내 그 본심을 얻을 수 있게 하신 것은 성인의 인이다. 처음에 '쌀밥을 먹고 비단옷을 입는 것이 너에게는 편안하냐'라 물으신 것은 재아로 하여금 돌이켜 마음에서 구하게 하시어 차마 그리하지 못하는 이유를 스스로 깨닫게 하고자 하신 것이다. 재아가 살피지 못하자, 또 군자가 상을 치르는 예가 모두 자연스러움에서 나온 것임을 말씀하심으로써 부모에게 차마 그리하지 못하고 반드시 삼년상을 치르는 까닭을 밝혀주시어 그로 하여금 듣게 하셨으니, 아직도 그가 돌이켜 구해 그 본심을 얻어 끝내 미혹되어 돌이키지 못하는 지경에 이르지는 않기를 바라신 것이다. 그러니 성인의 마음이 사람을 사랑해 그치지 않는다는 것을 여기서 또한 볼 수 있다.

○范氏 發明非以三年之喪爲足以報其親之說 尤爲忠厚 所謂喪三年 以爲極 亡則弗之忘矣者 是也 至於聖人 旣於此爲之中制 則賢者 必當俯而就 不肖者 必當跂而及 夫如是 然後其說 始圓 而宰我之失 夫子之意 始皆坦然明白矣

범씨가 삼년상이 부모에 보답하기에 충분한 것이 아니라는 설을 밝혔으니 더욱 충후하다. 소위 "삼년상이면 지극한 것이 되지만 (상기가) 끝나도 잊지 못한다(『예기』3, 「단궁 상」)"라는 것이 그것이다. 성인께서 이미 이에 관해 중정한 제도를 만드셨으니, 현명한 자는 반드시 낮추어 나아가야 하고, 못난 자는 반드시 발돋움해 이르러야 한다. 무릇 이와 같이 설명한 연후라야 그 설이 비로소 원만해지고, 재아의 잘못과 공자의 뜻이 비로소 훤하게 명백해진다.

○厚齋馮氏曰 宰我之所惜者 禮樂也 夫子之所以責者 仁也 仁 人心而愛之理也 孩提之童 生而無不知愛其親者 故 仁之實 事親 是也 禮 所以節文之 樂 所以樂之 豈有不仁 而能行禮樂者乎 抑聞之 聖人 未嘗面折人以其過 其於門人宰我樊遲之失 皆於其旣出而言之 使之有聞焉而改 其長善救失 待人接物忠厚 蓋 如此

후재 풍씨가 말했다. 재아가 아낀 것은 예악이다. 공자께서 꾸짖으신 이유는 인 때문이다. 인은 사람의 마음으로서 사랑의 이치이다. 어린아이가 태어나면서부터 그 부모를 사랑할 줄 모르는 경우가 없으니, 그러므로 인의 실질은 부모 섬김, 그것이다. 예는 그것[인]을 규범화해 행하는 것이고 악은 그것을 즐기는 것이니, 어찌 불인하면서 예악을 행할 수 있는 자가 있으리오. 듣건대, 성인께서는 사람을 그 허물 때문에 면전에서 꺾으신 적은 없으니, 문인 재아와 번지의 잘못에 대해서는 모두 나간 다음에야 말씀하시어 듣고 고치게 하셨다. 선은 키우고 잘못은 구제하시니, 사람 대함과 사물 접함의 충후함이 대개 이와 같으셨다.

17.22 子曰 飽食終日 無所用心 難矣哉 不有博弈者乎
爲之猶賢乎已

공자께서 말씀하셨다. 온종일 배불리 먹고 마음 쓸 데가 없으면 곤란하다. 장기나 바둑이 있지 않은가? 그것을 하는 것이 가만히 있는 것보다 낫다.

【집주】

博 局戱也 弈 圍棊也

'박'은 장기이고 '혁'은 바둑이다.

【세주】

魯齋王氏曰 博 說文 作簿 局戱也 六著十二棊也 古 烏曹作簿 說文 弈 從二十 言竦兩手而執之 圍棊 謂之弈

노재 왕씨가 말했다. '박'은 『설문』에는 '부'라 했는데, "장기놀이이다. 6저12기(한 사람이 각각 6개의 말, 합쳐 12개의 말)이다. 옛날에 오조가 부를 만들었다"라 했다. 『설문』에, "'혁'은 '이십(卄)' 자에 딸린다. 두 손을 오므려 잡는다는 말이다. 위기(바둑)를 혁이라 한다"라 했다.

【집주】

已 止也 李氏曰 聖人 非敎人博弈也 所以甚言無所用心之不可爾

'이'는 그치는 것(가만히 있는 것)이다. 이씨가 말했다. 성인께서 사람들에게 장기나 바둑을 (하라고) 가르치신 것이 아니다. 마음 쓰는 데가 없어서는 안 된다는 것을 강조해 말씀하신 것일 뿐이다.

【세주】

朱子曰 心若有用 則心有所主 只看如今纔讀書 則心 便主於讀書 纔寫字 則心 便主於寫字 若是悠悠蕩蕩 未有不入於邪僻者

주자가 말했다. 만약 마음을 쓰는 것이 있다면 마음은 주로 삼는 것이 있게 된다. 단지 (다음과 같은 사례를) 보면 (알 수 있듯이), 지금 글을 읽기만 하면 마음은 곧 글 읽는 데 주력하고, 글자를 쓰기만 하면 마음은 곧 글자를 쓰는 데 주력한다. 이처럼 한가하고 방탕하면 사악하고 편벽한 것에 빠지지 않는 경우가 없다.

○ 此 非啓博弈之端 乃假此以甚彼之辭

이는 장기나 바둑의 단서를 여신 것이 아니라, 이것(장기나 바둑)을 빌려 저것(아무 것도 하지 않는 것)을 꾸짖는 말씀이다.

○ 南軒張氏曰 飽食而無所用心 則放越而莫知其極 凡惡之所由生也 博弈 雖不足道 然 方其爲之 意 專乎此 比之放越而莫知其極者 猶爲愈焉 此章 大抵 言無所用心 則長惡 爲可畏耳

남헌 장씨가 말했다. 배불리 먹고 마음 쓰는 데가 없으면 방자해져 그 끝을 모르니, 모든 악이 생겨나는 원인이다. 장기나 바둑은 비록 도라 하기에 부족하지만, 그러나 바야흐로 그것을 하면 생각이 그것에만 집중하니 방자해 그 끝을 모르는 것에 비하면 오히려 낫다. 이 장은 대개 마음 쓰는 데가 없으면 악을 기르니 두려워할 만하다는 말씀일 뿐이다.

○ 或問 伊川 嘗敎人靜坐 若無所用心 只靜坐 可否 雙峯饒氏曰 靜坐時 須主敬 卽是心有所用 若不主敬 亦靜坐不得 心 是活底物 若無所用 則放僻邪侈 無不爲已 聖人說 難矣哉 所該甚廣

혹자가 물었다. 이천(정이)은 일찍이 사람들에게 정좌(고요히 앉아 있음)를 가르쳤는데, 만약 마음 쓰는 데가 없이 단지 정좌만 하는 것은 옳습니까, 아닙니까? 쌍봉 요씨가 답했다. 정좌할 때는 모름지기 경(경건함)에 주력해야 하니 곧 마음을 쓰는 데가 있는 것이다. 만약 경에 주력하지 않는다면 또한 정좌할 수 없다. 마음은 살아 있는 물건이니, 쓰는 데가 없다면 '방자하고 편벽되고 사악하고 사치해 하지 않는 일이 없다(『맹자』1, 「양혜왕 상」 7장)'. 성인께서 '곤란하다'라 하신 말씀은 해당되는 바가 매우 넓다.

17.23 子路曰 君子 尚勇乎 子曰 君子 義以爲上 君子
有勇而無義 爲亂 小人 有勇而無義 爲盜

자로가 말했다. 군자는 용기를 숭상합니까? 공자께서 답하셨다. 군자는 의를 높은 것으로 삼는다. 군자가 용기가 있고 의가 없으면 난을 일으키고, 소인이 용기가 있고 의가 없으면 도둑질을 한다.

【집주】

尚 上之也 君子爲亂 小人爲盜 皆以位而言者也 尹氏曰 義以爲尚
則其爲勇也 大矣 子路好去聲勇 故 夫子 以此救其失也 胡氏曰 疑
此 子路初見孔子時問答也

'상'은 높이는 것이다. 군자가 난을 일으키고 소인이 도둑질을 한다는 것은 (이 때의 군자와 소인이란) 모두 그 지위를 가지고 말한 것이다. 윤씨가 말했다. 의를 숭상하면 그 용감함은 큰 것이다. 자로는 용감함을 좋아했기 때문에 공자께서 이 말씀으로 그 잘못을 구제하셨다. 호씨가 말했다. 아마도 이는 자로가 공자를 처음 뵈었을 때의 문답일 것이다.

【세주】

朱子曰 子路之勇 夫子 屢箴誨之 是其勇 多有未是處 若知勇於義爲大勇 則不如
此矣 又其勇 有見得到處 便行將去 如事孔悝一事 却是見不到 蓋 不以出公之立
爲非 觀其謂正名爲迂 斯可見矣 又曰 若是勇於義 必不仕季氏

주자가 말했다. 자로의 용감함에 대해 공자께서는 누차 경계하고 타이르셨으니, 그 용감함은 옳지 못한 점이 많이 있었던 것이다. 만약 의에 용감한 것이 큰 용기가 된다는 것을 알았다면 이렇지는 않았을 것이다. 또 그 용감함에 있어서 완전하게 알게 된 바가 있었다면 곧 그렇게 해나갔을 것이다. 예컨대 공회를 섬긴 일은 곧 완전하게 알지 못한 것이니 대개 출공이 즉위한 것이 잘못이라고 여기지 않았던 것이다. 정명을 우활하다고 한 것을 보면 이를 알 수 있다. 또 말했다. 만약 의에 용감했다면 결코 계씨를 섬기지 않았을 것이다.

○ 此章 言君子者 有三 其上二者 以德言也 其對小人者 則以位言耳

이 장에서 군자를 말한 것이 세 번인데, 위의 두 번은 덕을 가지고 말한 것이고, 소인과 대비해 말한 것만이 지위를 가지고 말한 것이다.

○ 南軒張氏曰 徒知勇之務 至於犯義者 有之 尙義 則義 所當爲 勇 固在其中矣

남헌 장씨가 말했다. 헛되이 용감함이 힘써야 할 일임만 알아 의를 범하기에 이르는 자가 있다. 의를 숭상하면, 의란 마땅히 행해야 하는 것이니까, 용감함은 물론 그(의를 숭상하는 일) 안에 있다.

○ 慶源輔氏曰 尙義而勇 義理之勇也 勇而無義 血氣之勇也 爲血氣所使 而不以義理制之 則其爲害 隨所居而爲大小 故 在上 則逆理而爲亂 在下 則肆欲而爲盜 味子路之言 有自負其勇之意 而疑聖門 或不以勇爲尙也 若後來進德高 必不復以此爲問

경원 보씨가 말했다. 의를 숭상하면서 용감하면 의리의 용감함이고, 용감하되 의가 없으면 혈기의 용감함이다. 혈기에 부림을 당하면서 의리로 통제하지 못하면 그 해로움은 자리한 바에 따라 크기도 하고 작기도 하다. 그러므로 윗자리에 있으면 이치를 거슬러 난을 일으키고, 아래에 있으면 함부로 욕심을 내어 도둑질을 한다. 자로의 말을 살펴보면, 그(자신의) 용감함을 자부하는 생각이 있으면서 성인 문하에서는 혹 용기를 숭상하지 않는 것은 아닌지 의심한 것이다. 나중에 덕이 높이 진보했을 때에는 결코 다시는 이런 것을 질문하지 않았을 것이다.

17.24-1 子貢曰 君子 亦有惡乎 子曰 有惡 惡稱人之惡者 惡居下流而訕上者 惡勇而無禮者 惡果敢而窒者 惡 去聲 下同 唯惡者之惡 如字 訕 所諫反

자공이 말했다. 군자도 또한 미워하는 것이 있습니까? 공자께서 답하셨다. 미워하는 것이 있다. 남의 악을 말하는 자를 미워하고, 하류에 살면서 상류에 있는 자를 비방하는 자를 미워하고, 용감하면서 무례한 자를 미워하고, 과감하면서 막힌 자를 미워한다.

【집주】

訕 謗毀也 窒 不通也 稱人惡 則無仁厚之意 下訕上 則無忠敬之心 勇無禮 則爲亂 果而窒 則妄作 故 夫子 惡之

'산'은 비방하는 것이다. '질'은 통하지 않는 것이다. 남의 악을 말하는 것은 인후한 마음이 없는 것이고, 아랫사람이 윗사람을 비방하는 것은 충성과 존경의 마음이 없는 것이고, 용감하면서 무례하면 난폭하고, 과감하면서 막혀 있으면 망령되이 행동한다. 그런 까닭에 공자께서 미워하셨다.

【세주】

朱子曰 勇 是以氣加人 故 易至於無禮 果敢 是率然敢爲 蓋 果敢而不窒 則所爲之事 必當於理 窒而不果敢 則於理雖不通 然 亦未敢輕爲 惟果敢而窒者 則不論是非 而率然妄作 此 聖人所以惡之也

주자가 말했다. '용(용감함)'은 기세를 남에게 가하는 것이다. 그러므로 무례에 이르기 쉽다. '과감'은 경솔하게 감행하는 것이다. 대개 과감하지만 막히지 않은 자는 행하는 일이 반드시 이치에 합당하고, 막혔으되 과감하지 않은 자는 비록 이치에는 통하지 않지만 그러나 또한 감히 경솔히 행동하지는 않는다. 오직 과감하면서 막힌 자만이 시비를 막론하고 경솔하게 망령되이 행동한다. 이것이 성인께서 미워하신 이유이다.

○問 果敢與勇 相類 如何分別 雙峯饒氏曰 果敢 卽前章之剛 果敢 屬性質 勇 屬血氣 果敢者 有學以開明之 則不窒 勇者 有禮以節文之 則不暴

물었다. 과감함과 용감함은 서로 비슷한데 어떻게 구별합니까? 쌍봉 요씨가 답했다. 과감함은 곧 앞 장의 '강(강파름)'이다. 과감함은 성질에 속하고, 용감함은 혈기에 속한다. 과감한 자는 배움이 있게 해 밝게 열어주면 막히지 않고, 용감한 자는 예가 있게 해 규범을 따르게 하면 난폭하지 않게 된다.

17.24-2 曰 賜也 亦有惡乎 惡徼以爲知者 惡不孫以爲勇者 惡訐以爲直者 徼 古堯反 知孫 竝去聲 訐 居謁反

말씀하셨다. 사야, (너도) 미워하는 것이 있느냐? (자공이 답했다.) 엿보는 것을 앎이라 생각하는 자를 미워하고, 불손함을 용감함이라 생각하는 자를 미워하고, (남의 잘못을) 들춰내는 것을 곧은 것이라 생각하는 자를 미워합니다.

【집주】

惡徼以下 子貢之言也 徼 伺察也 訐 謂攻發人之陰私

'오요' 이하는 자공의 말이다. '요'는 엿보는 것이다. '알'은 남의 은밀한 사사로운 일을 공격해 드러내는 것이다.

○楊氏曰 仁者 無不愛 則君子 疑若無惡矣 子貢之有是心也 故問焉以質其是非 侯氏曰 聖賢之所惡 如此 所謂惟仁者能惡人也

양씨가 말했다. 인자는 사랑하지 않음이 없으므로 군자는 미워하는 것이 없

을 것 같다. 자공이 이런 마음이 있었던 까닭에 여쭈어 그 옳고 그름을 질의
했다. 후씨가 말했다. 성현께서 미워하시는 것이 이와 같으니, 소위 '오직 인
자라야만 능히 사람을 미워할 수 있다(『논어』4, 「이인」 3장)'라는 것이다.

【세주】
朱子曰 夫子 所惡以戒人 子貢 所惡以自警

주자가 말했다. 공자께서는 미워하는 것을 가지고 사람들을 경계하셨고, 자
공은 미워하는 것을 가지고 스스로를 경계했다.

○南軒張氏曰 君子者 惟其愛人 故 惡稱人之惡者 爲其薄也 惟其順德 故 惡居
下流而訕上者 爲其逆也 惟其循禮 故 惡勇而無禮者 爲其陵犯也 惟其達義 故
惡果敢而窒者 爲其冥行也 此 惡不善之公心 亦天下之通義也 以子貢之有問 恐
其專以惡人爲心 則反有害 故 又從而叩之 子貢之惡 惡其近似而害於知勇與直
者也 子貢 惡乎此 則所以檢身者 抑可知矣

남헌 장씨가 말했다. 군자인 사람은 다만 사람을 사랑하기에, 남의 악을 말하
는 자를 미워하는 것은 그것이 박한 것이기 때문이다. 오직 덕을 따르기에,
하류에 살면서 상류에 있는 사람을 비방하는 자를 미워하는 것은 그것이 거
스름이기 때문이다. 오직 예를 따르기에, 용감하면서 무례한 자를 미워하는
것은 그것이 업신여기고 범하는 것이기 때문이다. 오직 의에 통달했기에, 과
감하면서 막힌 자를 미워하는 것은 그것이 무턱댄 행동이기 때문이다. 이는
불선을 미워하는 공적인 마음이고 또한 천하의 보편적 의리이다. 자공이 의
문을 가진 것에 대해, 오로지 남을 미워하는 것으로 마음을 삼으면 거꾸로 해
가 될까 우려하신 까닭에 또 이어서 두드려(질문해)주셨다. 자공이 미워한 것
은 (지와 용과 직과) 비슷하기는 하지만 지와 용과 직에 해가 되는 것을 미워
한 것이다. 자공이 이것을 미워했으니 (자공 자신의) 몸단속한 것이 무엇인지
알 수 있다.

○慶源輔氏曰 楊氏 說得子貢所以發問之意出 侯氏 說得聖賢不能無惡 當於理
之意明 然 夫子 因子貢之問 而又以賜也亦有惡乎發之 使之得以盡其說 又見聖

人氣象從容 誠意審密 有以盡人之情 如此

경원 보씨가 말했다. 양씨는 자공이 질문을 한 까닭을 잘 드러내어 설명했다. 후씨는 성현도 미워함이 없을 수 없지만 이치에 합당하게 하신다는 뜻을 명확하게 설명했다. 그러나 공자께서 자공의 질문에 이어서 또 '사야, 또한 미워하는 것이 있느냐?'라고 질문을 하심으로써 그로 하여금 말(의견)을 다할 수 있게 하셨으니, 또한 성인께서는 기상이 조용하고 성의가 치밀하시어 이처럼 사람의 정을 다하게 하셨음을 알 수 있다.

○鄭氏曰 子貢 雖方人 亦不從事於徼訐也 疑與子路之問 同時 故 問答 雖切子貢方人之病 而亦有諷子路之勇者 稱惡訕上 警子貢也 徼訐 子貢自警也 至於勇而果敢 則爲子路而發 夫聖賢之所惡如此 唯仁者能惡人 夫子 以之 惡不仁者 其爲仁矣 子貢 有焉

정씨가 말했다. 자공이 비록 사람을 비교했지만 또한 엿보거나 들춰내기를 일삼지는 않았다. 아마도 자로의 질문과 동시였기 때문에 문답(의 내용)이 비록 자공의 사람 비교하는 병통에 절실한 것이었지만 또한 자로의 용감함을 풍자하는 것도 있었던 것 같다. (남의) 악을 말하거나 윗사람을 비방하는 것은 자공을 경계하신 것이고, 엿보고 들춰내는 것은 자공이 스스로를 경계한 것이다. 용감하면서 과감한 것의 경우는 자로를 위해 말씀하신 것이다. 무릇 성인[공자]과 현인[자공]이 미워한 것이 이와 같으니 '오직 인자만이 사람을 미워할 수 있다'라는 것은 공자께 해당되고, '불인함을 미워하는 자는 인을 행함에('논어』4, 「이인」 6장)'라는 구절은 자공에게 (해당되는 점이) 있다.

○雲峯胡氏曰 聖賢之所惡 若有不同 然 子貢所謂徼訐者 因夫子所謂稱人之惡與訕上者 而推之也 所謂不孫者 因夫子所謂無禮與窒者 而言之也

운봉 호씨가 말했다. 성인과 현인의 미워한 것이 마치 다른 것이 있는 것 같지만, 자공이 말한 '엿봄'과 '들춰냄'은 공자께서 말씀하신 '남의 악을 말함'과 '윗사람을 비방함'으로 말미암아 미루어나간 것이고, 이른바 '불손함'이란 공자께서 말씀하신 '무례함'과 '막힘'으로 말미암아 말한 것이다.

17.25 子曰 唯女子與小人 爲難養也 近之 則不孫 遠之 則怨 近孫遠 竝去聲

공자께서 말씀하셨다. 오직 여자와 소인은 기르기 어렵다. 가까이하면 불손하고, 멀리하면 원망한다.

【집주】

此小人 亦謂僕隷下人也

여기서의 소인은 또한 노복이나 하인을 말한다.

【세주】

問 何以知其爲僕隷下人 朱子曰 若爲惡之小人 則君子 遠之唯恐不嚴 怨 亦非所恤矣

물었다. 어떻게 노복이나 하인인 줄 알 수 있습니까? 주자가 답했다. 만약 악을 행하는 소인이라면 군자는 멀리하고 다만 엄하게 하지 못할까 염려할 뿐, 원망하는지는 또한 신경 쓸 일이 아니다.

【집주】

君子之於臣妾 莊以涖之 慈以畜之 則無二者之患矣

군자가 신(가신, 즉 노복)이나 첩에 대해 장엄함으로 임하고 자애로움으로 기르면 이 두 가지의 염려가 없다.

【세주】

南軒張氏曰 女子陰質 小人陰類 其所望於人者 常深 故 難養 知其難養如此 則當思所以待之之道 其惟和而有制 與夫不惡而嚴乎

남헌 장씨가 말했다. 여자는 음의 성질(의존적 성격)이고, 소인도 음의 무리이니 남에게 바라는 것이 항상 깊다. 그러므로 기르기 어렵다. 기르기가 이처럼 어렵다는 것을 알면 마땅히 그것을 대우할 방법을 생각해야 한다. (그 방법이란) 오직 온화하되 제도가 있고, 악하게 하지는 않되 엄해야 하는 것이리라.

○慶源輔氏曰 此等 雖有難養之情 君子 則有善養之道 莊以涖之 則禮有 以消其不孫之心 慈以畜之 則仁有 以弭其易怨之意 莊慈 其不近不遠之中道乎

경원 보씨가 말했다. 이런 사람들은 비록 기르기 어려운 사정이 있지만, 군자라면 잘 기르는 도리가 있다. 장엄함으로 임하면 예가 있어 그 불손한 마음을 사라지게 할 수 있고, 자애로움으로 기르면 인이 있어 쉽게 원망하는 마음을 없앨 수 있다. 장엄함과 자애로움이야말로 가까이하지도 멀리하지도 않는 중도(적정한 도리)이리라.

17.26 子曰 年四十而見惡焉 其終也已 惡去聲

공자께서 말씀하셨다. 나이 40에 미움을 받으면 (그것으로) 그만일 뿐이다.

【집주】

四十 成德之時 見惡於人 則止於此而已 勉人及時遷善改過也 蘇氏曰 此 亦有爲去聲下同而言 不知其爲誰也

40은 덕이 이루어지는 때인데 남에게 미움을 받으면 그것으로 그만일 뿐이니, 때맞게 개과천선할 것을 사람들에게 면려하신 것이다. 소씨가 말했다. 이는 또한 이유가 있어 말씀하신 것이지만 누구 때문인지는 모르겠다.

【세주】

問 此章 聖人立言之意 固是勉人及時進德 然 鄉人之善者 好之 其不善者 惡之 苟有特立獨行之士 不狥流俗 衆 必群嘲共罵 何爲而不見惡 學者 亦不可不知也 未知是否 朱子曰 見惡 亦謂有可惡之實 而得罪於能惡人者 非不善者惡之之謂也

물었다. 이 장에서 성인께서 말씀을 세우신 뜻은 본디 사람들에게 때맞게 덕이 진보할 것을 면려하신 것입니다. 그러나 동네 사람 중에 선한 자는 좋아하고 불선한 자는 미워하는 법이니, 만약 우뚝 서 홀로 행하는 선비가 시속을 따르지 않으면 대중이 필시 무리지어 조롱하고 같이 욕할 것이니 어찌 미움을 받지 않을 수 있겠습니까? 배우는 자가 또한 알지 않아서는 안 될 것입니다. (제 말씀이) 맞았는지 틀렸는지 모르겠습니다. 주자가 답했다. 미움을 받는다는 것은 역시 미움을 받을 만한 실제가 있어 '사람을 미워할 수 있는 자(인자)'에게 죄를 얻은 것을 말하지, 불선한 자가 미워하는 것을 말하는 것이 아니다.

○南軒張氏曰 此 又甚於四十無聞者 有惡可惡 又下於無善可聞也

남헌 장씨가 말했다. 이는 또 '40에 (이름이) 알려지지 않은 자'보다 심하다. 미워할 만한 악이 있는 것은 또 '알려질 만한 선이 없는 것'보다 낮은 것이다.

○吳氏曰 終 止也 其終也已 哀其不復有進也

오씨가 말했다. '종'은 그치는 것이다. '그만일 뿐이다'라는 말씀은 다시는 진보하지 못하는 것을 슬퍼하신 것이다.

○厚齋馮氏曰 人之血氣 三十而壯 四十而定 過此 則神日衰怠 少能精進 故 古人 以四十爲成德之時 無聞見惡 皆以是爲斷也 蓋 世有晚而知道者 焉得而絶之 故 知其爲有爲之言

후재 풍씨가 말했다. 사람의 혈기는 30세에 장하고 40세에 안정된다. 이를 지나면 정신은 날로 쇠퇴해 정진할 수 있는 경우가 드물다. 그러므로 옛사람들은 40을 덕을 이루는 때로 여겼기에, '알려지지 않음'이나 '미움을 받음'은 모두 이(40)를 기한으로 삼았다. 대개 세상에는 늦게 도를 알게 되는 자도 있으니 어찌 딱 자를 수 있으랴. 그런 까닭에 (이 말씀이) 이유가 있어(누군가 때문에) 하신 말씀임을 알겠다.

○雙峯饒氏曰 古人 多說四十 如四十不惑 四十不動心 四十五十無聞之類 蓋 至是 血氣盛極 將衰之年 於此無成 則亦已矣 後生 不可不痛自警省也

쌍봉 요씨가 말했다. 옛사람들은 40세를 말하는 경우가 많았으니, 예컨대 '40 불혹', '40 부동심', '40 50 무문(알려지지 않음)' 등이다. 대개 이에 이르러 혈기가 극성했다가 장차 쇠약해지는 나이이다. 이 나이에 이루지 못하면 또한 그만일 뿐이니, 후생이 아프게 스스로 경계하고 살피지 않을 수 없다.

微子第十八

【집주】

此篇 多記聖賢之出處上聲 凡十一章

이 편은 성현의 나감과 머무름(벼슬하러 나가거나 나가지 않음)을 기록한 것이 많다. 모두 11장이다.

18.1-1　微子 去之 箕子 爲之奴 比干 諫而死

미자는 떠났고, 기자는 노예가 되었고, 비간은 간쟁하다 죽었다.

【집주】

微箕 二國名 子 爵也 微子 紂庶兄 箕子 比干 紂諸父伯叔父也 微子 見紂無道 去之以存宗祀 箕子 比干 皆諫 紂 殺比干 囚箕子以爲奴 箕子 因佯音羊狂而受辱

'미'와 '기'는 두 나라의 이름이고, '자'는 작위이다. 미자는 주 임금의 서형이고, 기자와 비간은 주 임금의 제부(아버지 항렬의 친척)이다. 〈백부와 숙부이다.〉 미자는 주 임금이 무도한 것을 보고 떠남으로써 종사를 보존했고, 기자와 비간은 모두 간쟁했는데 주 임금이 비간은 죽이고 기자는 가두어 노예로 삼았다. 기자는 이로 인해 거짓으로 미친 척하며 치욕을 당했다.

【세주】

史記 宋世家 微子者 殷帝乙之首子 而紂之庶兄也 紂 旣立 不明 淫亂於政 微子 數諫不聽 度終不可諫 遂亡 箕子者 紂親戚也 紂 始爲象箸 箕子歎曰 彼爲象箸 必爲玉杯 爲玉杯 則必思遠方珍怪之物 而御之矣 輿馬宮室之漸 自此始 不可振也 紂 淫泆 箕子 諫不聽 乃被髮佯狂 而爲奴 王子比干者 亦紂之親戚也 見箕子 諫不聽而爲奴 則曰 君有過 而不以死爭 則百姓 何辜 乃直言諫紂 紂怒曰 吾聞 聖人心 有七竅 信有諸乎 乃遂殺比干 刳視其心 微子曰 父子有骨肉 而臣主以義 屬 故 父有過 三諫不聽 則隨而號之 人臣 三諫不聽 則其義 可以去矣 於是 遂行 周武王 伐紂克殷 微子 乃持其祭器造軍門 於是 武王 乃釋微子 復其位如故

『사기』, 「송세가(송미자세가)」에 다음과 같이 나와 있다. 미자는 은나라 제을의 첫아들로서 주 임금의 서형이다. 주가 이미 즉위함에 밝지 않아 정사가 어지러웠다. 미자가 여러 차례 간했으나 듣지 않자 마침내 간할 수 없음을 헤아리고 드디어 도망갔다. 기자는 주의 친척이다. 주가 처음 상아 젓가락을 만들자 기자가 탄식해 말하기를 "그가 상아 젓가락을 만들었으니 필시 옥배를 만들 것이고, 옥배를 만들면 필시 먼 지방의 진기한 물건을 생각해 진어하게 할 것이다. 수레와 말과 궁실의 (사치에) 물듦이 이로부터 시작될 것이니, 구제할 수 없겠다"라 했다. 주가 음란함에, 기자가 간했으나 듣지 않았다. 이에 머리를 풀고 거짓 미친 척해 노예가 되었다. 왕자 비간 또한 주의 친척이다. 기자가 간했으나 듣지 않고 노예가 되는 것을 보고 말하기를 "임금이 허물이 있는데 죽음으로 간쟁하지 않으면 백성이 무슨 잘못이냐"라 하고 직언으로 주에게 간했다. 주가 노해 말하기를 "내가 듣건대 성인의 심장은 구멍이 일곱 개라던데, 진짜로 그런 것이 있는가"라 하고 마침내 비간을 죽이고 그 심장을 도려내 보았다. 미자가 말하기를 "아버지와 아들은 골육이고 신하와 임금은 의리의 관계이니 아버지가 허물이 있을 때 세 번 간해 듣지 않으면 따라다니며 울부짖고, 신하가 세 번 간해 듣지 않으면 그 의리는 떠날 수 있는 것이다"라 했다. 이에 마침내 떠났다. 주 무왕이 주를 토벌하고 은을 이기자 미자는 그 제기를 가지고 군문으로 왔다. 이에 무왕은 미자를 풀어주고 그 지위를 예전과 같이 회복시켰다.

18.1-2 孔子曰 殷有三仁焉

공자께서 말씀하셨다. 은나라에는 세 인자가 있었다.

【집주】

三人之行去聲 不同 而同出於至誠惻怛當葛反之意 故 不咈乎愛之理 而有以全其心之德也 楊氏曰 此三人者 各得其本心 故 同謂之仁

세 사람의 행동은 같지 않지만 다 같이 지극히 참되고 간절한 마음에서 나왔다. 그러므로 사랑의 원리를 어기지 않으면서도 그 마음의 덕을 온전히 할 수 있었다. 양씨가 말했다. 이 세 사람은 각각 그 본심(본래의 올바른 마음)을 얻었다. 그러므로 다 같이 '인(인자)'이라 하셨다.

【세주】
問 微子之去 欲存宗祀 比干之死 欲紂改行 可見其至誠惻怛處 不知箕子至誠惻怛 何以見 朱子曰 箕子比干 都是一樣心 箕子 偶然不衝著紂之怒 不殺他 然 見比干恁地死 若更死諫 無益於國 徒使君有殺諫臣之名 他處此 最難 微子去 却易 比干一向諫死 又却索性 箕子 在半上落下 最是難處 被他緊繫在那裏 不免佯狂 所以 易中特說 箕子之明夷 可見其難處 故曰 利艱貞 晦其明也 內難而能正其志 箕子 以之 他 外雖狂 心則定也

물었다. 미자가 떠난 것은 종사를 보존하려 한 것이고 비간의 죽음은 주가 행실을 고치기를 바란 것이니 그 지극히 참되고 간절한 마음이라는 점을 알 수 있지만, 기자의 지극히 참되고 간절한 마음은 어떻게 알 수 있는지 모르겠습니다. 주자가 답했다. 기자와 비간은 모두 같은 마음이다. 기자는 우연히 주의 노여움을 건드리지 않았기에 (주가) 그를 죽이지 않았지만, 그러나 비간이 그렇게 죽는 것을 보고도 다시 죽음으로 간해 나라에 아무 도움을 주지 못하고 헛되이 임금에게 간하는 신하를 죽였다는 이름을 얻게 하는 것, 그가 이(이런 상황)에 처신하는 것이 가장 어렵다. 미자가 떠난 것은 오히려 쉽고, 비간이 내내 간하다가 죽은 것은 또 오히려 간단하다. 기자는 반쯤 올라갔다가 아래로 떨어지는 것이니 가장 처신하기 어렵다. 그에 의해 거기에 묶여서 거짓 미친 척하기를 면하지 못했다. 그래서 『역경』에서는 특별히 "기자의 명이(밝음을 숨기고 고난을 당함)(『역경』36,「명이」6 5)"라 말했으니, 그 처신하기 어려움을 알 수 있다. 그러므로 "어려워도 굳게 지키는 것이 이로우니, 그 밝음을 숨긴다. 안으로 어지러운데 능히 그 뜻을 바르게 한 것은 기자가 그에 해당된다(『역경』36,「명이」,〈단전〉)"라 했다. 그는 겉으로는 비록 미친 척했지만 마음은 흔들리지 않았다.

○或問 按殷紀 微子 先去 比干 乃諫而死 然後箕子 佯狂爲奴 爲紂所囚 蓋 微子 帝乙元子 當以先王宗祀爲重 義當早去 又決知紂之不可諫也 故 遂去之 而不以爲嫌 比干 少師 義當力諫 雖知其不可諫 而不可已也 故 遂以諫死 而不以爲悔

箕子 見比干之死 則知己之不可諫 且不忍復死 以累其上也 見微子之去 則知己之不必去 且不忍復去以背其君也 故 佯狂爲奴 而不以爲辱 此 可見三仁之所爲 易地皆然 或以爲箕子 天畀九疇未傳 而不敢死 則其爲說 迂矣 同謂之仁者 以其皆無私而各當理也 無私 故 得心之體而無違 當理 故 得心之用而不失 此 所以全心之德而同謂之仁歟 史記 三子之事 與夫子此言 先後不同者 史所書者 事之實 此 以事之難易爲先後耳

혹자가 물었다. (주자가 답했다.) 『사기』 「은본기」를 살펴보면, 미자가 먼저 떠나고 비간은 간하다가 죽은 연후에 기자는 거짓 미친 척하며 노예가 되어 주에 의해 갇혔다. 대개 미자는 제을의 원자로서 마땅히 선왕의 종사를 중히 여겨야 하니, 의리상 마땅히 일찍 떠나야 하고, 또 주를 간할 수 없다는 것을 분명히 알았기에 마침내 떠났지만 꺼림칙하게 여기지 않았다. 비간은 소사 (관직명)로서 의리상 마땅히 힘써 간해야 하니, 비록 간할 수 없다는 것을 알아도 그만둘 수 없기에 마침내 간하다가 죽었지만 후회하지 않았다. 기자는 비간의 죽음을 보고서는 자신이 간할 수 없음을 알았는데 차마 또 (간하다가) 죽어 그 임금에게 누를 끼치고 싶지 않았고, 미자의 떠남을 보고서는 자신이 꼭 떠나야 하는 것은 아니라는 것을 알았는데 또 차마 또 떠나 그 임금을 배신할 수 없었다. 그런 까닭에 거짓 미친 척해 노예가 되었지만 치욕으로 여기지 않았다. 여기서 세 인자의 행위가 처지를 바꾸어도 모두 그러했을 것임을 알 수 있다. 간혹 기자가 천비구주(하늘이 내린 홍범구주)를 전하지 못해 감히 죽을 수 없었다고 보는 경우가 있는데, 그 설은 우활하다. (세 사람을) 다 같이 인이라 부르는 것은 모두 사사로움이 없고 각각 이치에 합당하기 때문이다. 사사로움이 없기 때문에 마음의 본체를 얻어 어기지 않았고, 이치에 합당하기 때문에 마음의 쓰임을 얻어 잃지 않았다. 이것이 마음의 덕을 온전히 한 것으로서 다 같이 인이라 부르는 이유이리라. 『사기』에 (기록된) 세 사람의 일과 공자의 이 말씀이 선후가 같지 않은 것은 『사기』에서 기록한 것은 일의 실제이고 여기서는 일의 어렵고 쉬움을 선후로 삼았기 때문일 뿐이다.

○張氏庭堅曰 死者 非沽名 生者 非懼禍 而引身以求去者 非要利以忘君 仁之所存 義之所主 其去就死生 不在於一身 而在於天下國家也

장정견이 말했다. 죽는 것은 이름을 날리기 위해서가 아니고, 사는 것은 화를 두려워해서가 아니다. 몸을 이끌어 떠나기를 구하는 것은 이익을 얻으려 임금을 잊는 것이 아니다. 인을 보존하고 의를 주로 삼으면, 거취와 생사는 내 일신(의 이익)에 달려 있는 것이 아니라 천하국가에 달려 있다.

○勉齋黃氏曰 或問言仁 與集註 不同者 先師 言仁之義 則固以心之德愛之理爲主矣 言人之所以至於仁 則以爲無私心而皆當理也 或問之言 指三子之所以至於仁而言也 集註之言 正指仁之義而言也 然 其曰 不咈乎愛之理 而有以全其心之德 曰全 曰不咈 則或問之意 亦在其中矣 讀者 默而識之 可也

면재 황씨가 말했다. 『(사서)혹문』에서 인을 말한 것과 집주(의 말)가 다른 것은 (다음과 같은 이유이다). 선사(주자)께서 인의 뜻[인 자체의 정의]을 말씀하시는 경우는 본디 '(인이란) 마음의 덕이고 사랑의 원리임'을 주로 하셨고, 사람이 인에 이르게 되는 까닭을 말씀하시는 경우는 (인이란) '사심이 없으면서 모두 이치에 합당한 것'이라 하셨다. 『혹문』의 말씀은 세 사람이 인에 이른 까닭을 가리켜 말씀하신 것이고, 집주의 말씀은 바로 인의 뜻을 가리켜 말씀하신 것이다. 그러나 '사랑의 원리를 어기지 않으면서도 그 마음의 덕을 온전히 할 수 있었다'라 하셨으니, '온전히 한다', '어기지 않는다'라 하신 것은 『혹문』의 뜻이 또한 그 안에 있는 것이다. 읽는 자는 말없이 깨닫는 것이 옳다.

○慶源輔氏曰 愛之理 分言之仁也 心之德 專言之仁也 不咈乎愛之理 指惻怛而言 有以全其心之德 指至誠而言也

경원 보씨가 말했다. '사랑의 원리'란 나누어 말한 것으로서의 인(인의예지의 하나로서의 인)이고, '마음의 덕'이란 오로지 말한 것으로서의 인(인의예지를 포괄하는 것으로서의 인)이다. '사랑의 원리를 어기지 않았다'는 것은 '측달(간절함)'을 가리켜 한 말이고, '그 마음의 덕을 온전히 할 수 있었다'는 것은 '지성(지극히 참됨)'을 가리켜 한 말이다.

○厚齋馮氏曰 三人者 不特爲國大臣 又有親屬之愛存焉 使爲大臣而已也 以道事君 不可 則止 惟其有親屬之愛 宗祀存亡 實同休戚 故 或死或去或囚 而不辭

是以 謂之仁

후재 풍씨가 말했다. 세 사람은 단지 나라의 대신일 뿐 아니라 또 친족으로서의 사랑이 있었다. 만약 대신일 뿐이었다면 도로써 임금을 섬기고 안 되면 그만두겠지만, 진정 친족으로서의 사랑이 있었기에 종사의 존망에 대해서는 실로 그 휴척(고락)을 같이했던 것이다. 그러므로 혹은 죽고, 혹은 떠나고, 혹은 갇히는 것을 사양하지 않았다. 그런 까닭에 인이라 한다.

○雙峯饒氏曰 前三句 門人 因孔子殷有三仁一句 却記上三事爲提頭 然 當時所記 必有次序 當箕子未奴 比干未死時 微子 已有去志 書曰 我其發出狂 吾家耄 遜于荒 箕子 又勉其去曰 詔王子出迪 王子弗出 我乃顚隮 則微子之去在先 無疑 其次 箕子之奴 比干之死 雖未知孰先孰後 竊意 箕子之諫 必在先 是時 紂 尙能容 止囚奴之而已 及比干繼之 則忿嫉已甚 故 竟殺之 三人之行 雖不同 皆非有所爲而爲之也 或問 據史記殷紀 以爲箕子之奴 在比干旣死之後 次序 與此不同 疑當以論語爲正 又曰 集註 於伯夷叔齊求仁得仁章曰 合乎天理之正 卽乎人心之安 於此 則云不咈乎愛之理 此處 便有差等 蓋 合字卽字 是順說 不咈 則似有所咈 而實無所咈 且如微子 是紂之兄 箕子比干 是紂之諸父 皆同姓之親 今 或去或奴或諫死 皆似傷乎愛之理 然 其本心 只是愛君憂國 皆有至誠惻怛之意 故曰 不咈乎愛之理 中庸 稱舜曰 大德必得其名 至武王 只說不失天下之顯名 蓋 武王 殺紂 似乎失名 其實不失

쌍봉 요씨가 말했다. 앞의 세 구절은 문인이 공자의 '은나라에 세 인자가 있었다'라는 한 구절에 근거해 위 세 가지 일을 기록해 서두에 제시한 것이다. 그러나 당시에 기록한 것에는 반드시 순서가 있었을 것이니, 기자가 아직 노예가 되지 않고 비간이 아직 죽지 않았을 때 미자는 이미 떠날 뜻이 있었다(그래서 미자가 떠난 것을 제일 앞에 기록했다). 『서경』에 말하기를 "나는 미칠 것 같고 내 집의 늙은이는 들판으로 도망가리라(「상서·미자」 2장)"라 했고, 기자는 또 (미자에게) 떠날 것을 권하면서 "왕자(은나라의 왕자인 미자를 말함)에게 떠날 것을 알리니, 왕자가 떠나지 않으면 우리는 망한다(4장)"라 했다. 그러니 미자가 떠난 것이 먼저임이 틀림없다. 그다음에 기자가 노예가 된 것과 비간이 죽은 것은 비록 어느 것이 먼저고 나중인지 모르지만, 가만히 생각건대 기자가 간한 것이 틀림없이 먼저였을 것이다. 이때 주 임금은 아직도 용납할 수 있어서 가두고 노예로 만드는 데 그쳤을 뿐이다. 비간이 그 뒤를 잇자 분노가 매우 심해진 까닭에 마침내 죽였다. 세 사람의 행동이 비록 같지 않지만, 모두 의도(다른 목적)가 있어서 그리 행동한 것은 아니다. 『혹문』에는 『사기』, 「은본기」를 근거로 기자가 노예가 된 것이 비간이 이미 죽은 다음이라고 했으니 그 순서가 여기(본 장)와는 다른데, 아마도 당연히 『논어』가 옳을 것이다. 또 말했다. 집주에 〈백이숙제구인득인장〉(『논어』7, 「술이」 14장)에서는 "천리의 바름에 합치하고 인심의 편안함에 자리했다"라 했고, 여기서는 "사랑의 원리를 어기지 않았다"라 했으니 여기에서는(백이 숙제에 비해 3인에 대해서는) 차등(조금 낮게 봄)을 두었다. 대개 '합' 자나 '즉' 자는 순조로운(순조로움을 표현하는) 말이고 '불불(어기지 않음)'은 어기는 것이 있는 것 같지만 실제로는 어긴 것이 없다는 것이다. 또 미자의 경우는 주 임금의 형이고 기자와 비간은 주 임금의 아버지 항렬 친족이니 모두 동성의 친족이다. 지금 혹은 떠나고 혹은 노예가 되고 혹은 간하다가 죽었으니 모두 사랑의 원리를 해친 것 같지만 그러나 그 본심은 단지 임금을 사랑하고 나라를 걱정해 모두 지극히 참되고 간절한 마음을 가졌다. 그런 까닭에 '사랑의 원리를 어기지 않았다'라 했다. 『중용』에서는 순을 "큰 덕은 반드시 그 이름을 얻는다(17장)"라 칭송했고, 무왕에 대해서는 단지 "천하의 뛰어난 이름을 잃지 않았다(18장)"라 했다. 대개 무왕이 주 임금을 죽임으로써 이름을 잃은 것 같지만 실제로는 잃지 않았다는 것이다.

○雲峯胡氏曰 至誠惻怛 蓋 謂三仁愛君憂國 皆非有所爲而爲也 一有所爲而爲之 則雖有惻怛之意 而非出於至誠矣 至誠者 仁之存 惻怛者 仁之發 集註 特下不咈二字 蓋 自上文不同字生來 三子之行 不同 其跡 似相違 以去者爲仁 則不去者 似咈乎仁矣 以死者爲仁 則不死者 似咈乎仁矣 惟其皆有至誠惻怛之意 則其去就死生 雖不同 而皆不咈乎愛之理 卽所以全其心之德也

운봉 호씨가 말했다. '지성측달(지극히 참되고 간절한 마음)'이라 한 것은 대개 세 인자의 '임금을 사랑하고 나라를 걱정한 것이 모두 의도가 있어 그리한 것이 아님'을 말한다. 만약 의도가 있어 그리한 것이라면 비록 간절한 마음이 있었더라도 지극한 참됨에서 나온 것은 아니다. 지극한 참됨이란 인이 보존된 것이며, 간절함이란 인이 드러난 것이다. 집주에서 특별히 '불불(어기지 않음)' 두 글자를 쓴 것은 대개 윗글의 '부동(같지 않음)' 두 글자 때문에 나온 것이다. 세 사람의 행동이 '부동'해 그 행적이 서로 어긋나는 것 같으니, (예컨대) 떠난 것이 인이라면 떠나지 않은 것은 인을 어긴 것 같고, 죽은 것이 인이라면 죽지 않은 것은 인을 어긴 것 같다(고 생각될 수도 있다). 오직 모두 지극히 참되고 간절한 마음이 있는 경우라야 그 거취와 생사가 비록 다르더라도 모두 사랑의 원리를 어기지 않은 것이 되고, (그것이) 곧 그 마음의 덕을 온전히 한 것이 된다.

18.2 柳下惠 爲士師 三黜 人曰 子 未可以去乎 曰 直道而事人 焉往而不三黜 枉道而事人 何必去父母之邦 三去聲 焉 於虔反

유하혜는 사사가 되었다가 세 번 쫓겨났다. 사람들이 말하기를 "그대는 아직도 떠나지 못하는가?"라 했다. 답하기를 "도를 바르게 해 사람을 섬긴다면 어디 간들 세 번 쫓겨나지 않겠는가? 도를 굽혀 사람을 섬긴다면 (쫓겨나지 않을 것이니) 왜 꼭 부모의 나라를 떠나겠는가?(안 떠나도 된다)"라 했다.

【집주】

士師 獄官

'사사'는 옥관이다.

【세주】

魯齋王氏曰 舜 命皐陶 汝作士 士之名 始見於刑官 周禮 秋官 司寇之屬 有士師之職 刑官 曰士 其長 曰師 故 士師之下 有鄕士 遂士 縣士 方士 訝士 皆掌獄詞者

노재 왕씨가 말했다. 순임금이 고요에게 명하기를 '너를 사로 임명한다'라 한 것(『서경』, 「우서 순전」 7장)이 사의 이름이 처음으로 형관(사법 담당 관리)에 나타난 것이다. 『주례』, 「추관」〈사구지속〉에 '사사'의 직이 있는데, 형관을 '사(士)'라 하고 그 장관을 '사(師)'라 했다. 그러므로 사사의 아래에는 향사, 수사, 현사, 방사, 아사가 있는데 모두 옥송을 담당하는 자들이다.

【집주】

黜 退也 柳下惠 三黜不去 而其辭氣 雍容如此 可謂和矣 然 其不能枉道之意 則有確乎不可拔者 是 則所謂必以其道而不自失焉者也

'출'은 내치는 것(퇴출)이다. 유하혜가 세 번 쫓겨나고도 떠나지 않았는데, 그 어조가 화평하기가 이와 같으니 '화(조화로움, 온화함)'라 할 만하다. 그러나 도를 굽히지 않으려는 뜻은 확고해 뽑아버릴 수 없는 점이 있었다. 이것이 곧 이른바 '반드시 그 도로써 하고, 스스로를 잃지 않는다(『맹자』3, 「공손추 상」 9장)'라는 것이다.

○胡氏曰 此 必有孔子斷丁亂反之之言 而亡之矣

호씨가 말했다. 여기에는 반드시 공자께서 판단하신 말씀이 있었을 것인데 없어졌다.

【세주】

問 柳下惠三黜 雖可以見其必以其道而不失焉者 然 亦便有箇不恭底意思 故 記者 以孔子兩事 序於其後 觀孔子之事 則知下惠之事 亦未得爲中道 朱子曰 也是如此 惟是孟子 說得好 曰 聖人之行 或遠或近 或去或不去 歸潔其身而已矣 下惠之行 雖不比聖人合於中道 然而歸潔其身 則有餘矣

물었다. 유하혜가 세 번 쫓겨난 것을 보면 비록 '반드시 그 도로써 하고 잃지 않았음'은 알 수 있지만, 그러나 또한 무엇인가 공손하지 못한 뜻이 있습니다. 그런 까닭에 기록하는 자가 공자의 두 일을 그 뒤(본 편 3장과 4장)에 서술했습니다. 공자의 일을 살펴보면 하혜의 일은 역시 중도를 얻지 못했음을 알 수 있습니다. 주자가 답했다. 물론 그렇다. 다만 맹자가 잘 설명했으니, "성인의 행동은 (임금을) 혹은 멀리하기도 하고 혹은 가까이하기도 하고, 혹은 떠나기도 하고 혹은 떠나지 않기도 하셨지만 (그것은 모두) 그 몸을 깨끗이 하는 것으로 귀결될 뿐이다(『맹자』9, 「만장 상」 7장)"라 했다. 하혜의 행동은 비록 성인의 '중도에 합치함'에 비교할 수는 없지만 그러나 그 몸을 깨끗이 하는 것으로 귀결되기에는 넉넉하다.

○問 柳下惠 三黜而不去 其言若曰 苟以直道事人 雖適他國 終未免三黜 若肯枉道事人 自不至三黜 又何必去父母之邦 觀其意 蓋 自信其直道而行 不以三黜爲

辱也 此 其所以爲和而介歟 若徒知其不去之爲和 而不知其所以三黜者之爲有守 未足以議柳下惠也 未知是否 曰 得之

물었다. 유하혜가 세 번 쫓겨나고도 떠나지 않으면서 말하기를 "만약 도를 바르게 해 사람을 섬긴다면 비록 다른 나라에 가더라도 끝내는 세 번 쫓겨나는 것을 면할 수 없다. 만약 도를 굽혀 사람을 섬기려 한다면 응당 세 번 쫓겨나는 데에는 이르지 않을 것이니 또 왜 꼭 부모의 나라를 떠나겠는가?"라 했습니다. 그 뜻을 살펴보면 대개 도를 바르게 해 행했다는 것을 스스로 확신해 세 번 쫓겨난 것을 치욕으로 여기지 않았습니다. 이는 그것(유하혜의 행위)이 '화이개(조화롭되 절개 있음)'가 되는 이유입니다. 만약 단지 그 떠나지 않은 것이 조화로움이 된다는 것만 알고 세 번 쫓겨난 것이 '지키는 것이 있음'이 된다는 것을 모른다면, (그런 자는) 유하혜를 논하기에 족하지 않습니다. (제 말이) 옳은지 그른지 모르겠습니다. 답했다. 옳다.

○或問 柳下惠 仕而屢黜 黜而復仕 至於三黜而又不去焉 何也 曰 進不隱賢 必以其道 不以三公易其介 所以 屢黜而至於三 降志辱身 援而止之而止 雖袒裼裸裎於我側 不以爲浼 所以 黜而復仕 旣三黜 而遂不去也 或曰 惠 知直道之必黜而不去 然則其將枉道以事人乎 曰 不然也 惠之意 若曰 我 但能枉道事人 則固不必去魯 而適他國矣 其言 泛然 若無所指 蓋 和者之氣象 如此 而其道 則固自信 其不能枉道而事人矣 是以 三黜之後 雖不屑去 然 亦意其遂不復仕 故 孔子 列之於逸民之目

혹자가 물었다. 유하혜는 벼슬했다가 번번이 쫓겨나고, 쫓겨났다가 다시 벼슬하고 해, 세 번 쫓겨나기에 이르렀지만 또 떠나지 않은 것은 왜입니까? 답했다. 나아가 (자신의) 현명함을 숨기지 않았고, 반드시 그 도로써 했고, 삼공으로도(삼공의 벼슬을 준다 해도) 그 절개를 바꾸지 않았다. 그러므로 번번이 쫓겨나 세 번에 이르러 뜻이 꺾이고 몸이 치욕을 당했지만 붙들어 머물게 하면 머물렀다. 비록 내 옆에서 어깨를 드러내고 알몸을 드러내더라도 더럽다고 생각하지 않았다(나를 더럽힐 수 있다고 생각하지 않았다, 『맹자』3, 「공손추상」 9장). 그러므로 쫓겨났다가 다시 벼슬해 이미 세 번 쫓겨나고서도 끝내 떠나지 않았다. 혹자가 물었다. 혜는 도를 바르게 하면 반드시 쫓겨날 것을 알고서도 떠나지 않았으니, 그렇다면 장차 도를 굽혀 사람을 섬길 것 아닙니까? 답했다. 그렇지 않다. 혜의 뜻은 대개 '내가 만약 도를 굽혀 사람을 섬길 수 있다면 본디 노나라를 떠나 다른 나라로 갈 필요가 없다'는 말이다. 그 말은 일반적이어서 (특정인을) 지목하는 바가 없는 것처럼 했으니 대개 조화로운 자의 기상이 이와 같지만, 그 도에 있어서는 본디 도를 굽혀 사람을 섬길 수는 없다는 것을 스스로 확신하고 있었다. 그런 까닭에 세 번 쫓겨난 후에도 비록 기꺼이 떠나지는 않았지만, 그러나 또한 마침내 다시는 벼슬하지 않은 것 같다. 그래서 공자께서는 (유하혜를) 일민(지위가 없는 자)의 항목에 넣으셨다.

○南軒張氏曰 柳下惠 仕則仕 黜則黜 而未嘗枉其道也 若枉道 則害於和之理矣 至於孔子 道不行 父母之邦 可以去而亦去 雖周行天下 而未嘗苟仕也 則與下惠異矣 此篇 記柳下惠於三仁之後 以明其趣之一 下文 又詳著孔子之事 以見聖人之爲至矣 如楚狂耦耕荷蓧之徒 則陷於一偏 而不足以知聖人者 夷齊之下 雖各得其道 而未盡其至者 終之以孔子之無可無不可 蓋 於是 無以加矣 此 孟子 集大成之意也

남헌 장씨가 말했다. 유하혜는 벼슬하면 벼슬하고, 쫓겨나면 쫓겨났지만 그 도를 굽힌 적은 없었다. 만약 그 도를 굽히면 조화로움의 원리를 해친다. 공자의 경우는 도가 행해지지 않아 부모의 나라라도 떠날 만하면 또한 떠나셨고, 비록 천하를 주유하더라도 구차하게 벼슬하신 적은 없었으니, 유하혜와는 다르셨다. 이 편은 유하혜를 세 사람의 인자 다음에 기록함으로써 (유하혜도) 그 추세(경향)의 하나임을 밝혔고, 다음 글(본 편 3, 4장)에서는 또 공자의 일을 자세히 기록함으로써 성인의 지극하심을 드러내었다. 초광(초나라의 광인)이나 우경(밭 갈던 자), 하조(삼태기 진 자)의 무리(본 편 5, 6, 7장)는 한쪽으로 치우침에 빠져 성인을 알기에 부족한 자들이다. 백이나 숙제 이하의 경우(8장)는 비록 각각 그 도를 얻었다고는 하지만 그 지극함을 다하지는 못한 자들이다. (8장에서) 공자의 '가한 것도 불가한 것도 없다'는 말씀으로 끝을 내었으니, 대개 이에 더할 것이 없다. 이것이 맹자가 말한 '집대성(여러 성인 중 공자는 집대성한 성인)'의 뜻이다.

○勉齋黃氏曰 列二章於篇首 以見古人出處不同 亦各有義 然後著孔子之事 以見聖人之出處也

면재 황씨가 말했다. 편의 첫머리에 두 장을 나열해 옛사람들의 나가고 머무름이 같지 않지만 또한 각각 의의가 있음을 보이고, 그런 연후 공자의 일을 기록함으로써 성인의 나감과 머무름을 보였다.

○洪氏曰 是時 三家 漸己用事 其於獄 必有以私意行之者 禽 不曲法以狥之 所以 三黜也 然 悅佞而惡直者 天下 皆是 何必去哉

홍씨가 말했다. 이때 3가(노의 집권 3가문)는 점차 스스로 권력을 행사했으니 옥송에 있어서도 틀림없이 사사로운 뜻으로 행한 것이 있었을 것이다. 금(유하혜)은 법을 굽혀 그들(3가)을 따르지 않았기 때문에 세 번 쫓겨났던 것이다. 그러나 아부하는 것을 기뻐하고 곧은 것을 미워하는 것, 이는 천하가 다 그러하니 어찌 꼭 떠나리오.

○雙峯饒氏曰 柳下惠 謂直道事人 焉往而不三黜 是欺天下無一君之可事 無一國之可往 此 便是他不恭處 若夫子 則歷聘侯國 何嘗以天下爲無可有爲之人 但惠 辭氣 雍容不迫 而不枉道之意 自在其中 此 所以爲聖之和也 胡泳嘗云 蚔鼃 辭靈邱而請士師 士師 在邑宰之下 官小可知 惠 三爲之 不卑小官 可見 三黜 亦想因諫諍刑罰不中而然

쌍봉 요씨가 말했다. 유하혜가 '도를 바르게 해 사람을 섬기면 어디 간들 세 번 쫓겨나지 않으랴'라 한 것은 천하에 한 임금도 섬길 만한 이가 없으며 한 나라도 갈 만한 데가 없다고 속이는 것이다. 이것이 곧 그의 공손하지 못한 점이다. 공자의 경우는 제후국을 역빙하셨으니 어찌 일찍이 천하에 한 사람도 일을 해낼 만한 사람이 없다고 생각하셨겠는가? 다만 혜의 어조는 온화하고 급박하지 않으며, 도를 굽히지 않겠다는 뜻이 본디 그 안에 들어 있다. 이것이 (유하혜가) '성지화(성스러운 조화로움, 또는 성인 중에 화의 성인)'가 되는 이유이다. 호영이 일찍이 말하기를 "지와가 영구의 수령직을 사양하고 사사가 되기를 청했는데(『맹자』4, 「공손추 하」 5장), 사사는 읍재 밑에 있는 것으로 작은 관직임을 알 수 있다"라 했다. 혜는 세 번 그것(사사)이 되었으니 작은 관직을 천하게 여기지 않았음을 알 수 있다. 세 번 쫓겨난 것 또한 아마도 형벌이 적절하지 않은 것을 간쟁하다 그런 것 같다.

○新安陳氏曰 直道難容 雖他國 皆然 枉道易合 雖吾國 亦可 言終不能枉道以求合 則姑守道而不去也 其三黜不去 雖見其和 而不能枉道 則不失其介 可謂和而不流 强哉矯者矣

신안 진씨가 말했다. 도를 바르게 하면 용납되기 어려우니 비록 다른 나라라 하더라도 모두 마찬가지이다. 도를 굽히면 쉽게 영합하니 비록 내 나라라 하더라도 괜찮다(떠나지 않아도 된다). '끝내 도를 굽혀 영합하기를 구할 수 없다'라 했으니 잠시 도를 지켜 떠나지 않은 것이다. 세 번 쫓겨나고도 떠나지 않은 것에서 비록 그 조화로움을 볼 수 있지만 도를 굽힐 수 없었던 것은 그 기개를 잃지 않은 것이니[조화로움은 기개와 모순되는 것 같지만 둘을 동시에 하면서도 모순되지 않았으니], 가히 "조화롭되 (유약한 곳으로) 흐르지 않으니 강하도다 꼿꼿함이여(『중용』 10장)"라는 것이라 하겠다.

18.3 齊景公 待孔子曰 若季氏 則吾不能 以季孟之間 待之 曰吾老矣 不能用也 孔子行

제 경공이 공자를 대우해 말하기를 "만약 계씨(와 동등한 대우)라면 나는 해드릴 수 없습니다. 계씨와 맹씨의 중간으로 대우하겠습니다"라 했다. (경공이 또) 말하기를 "나는 늙어서 (공자를) 쓸 수 없습니다"라 하자, 공자께서 떠나셨다.

【집주】

魯三卿 季氏最貴 孟氏爲下卿 孔子去之 事見世家

노나라 세 경 중에 계씨가 가장 높았고, 맹씨는 하경이었다. 공자께서 떠나셨는데, 그 일은 『사기』「공자세가」에 보인다.

【세주】

史記 孔子世家 齊景公 復問政於孔子 曰 政在節財 景公說_{音悅} 將欲以尼谿田封孔子 晏嬰進曰 夫儒者 滑稽而不可軌法 _{索隱曰 滑 謂亂也 稽 同也 以言辯捷之人 言非若是 言是若非 能亂同異也} 言儒者 滑稽而不爲法度也 倨傲自順 不可以爲下 崇喪遂哀 破産厚葬 不可以爲俗 游說乞貸 不可以爲國 自大賢之息 周室旣衰 禮樂缺有閒 _{索隱曰 息者 生也 言上古大賢生 則有禮樂 至周室徵 而始缺有閒也} 今 孔子 盛容飾 繁登降之禮 趨詳之節 累世不能殫其學 當年不能究其禮 君 欲用之以移齊俗 非所以先細民也 後 景公 敬見孔子 不問其禮 異日 景公 止孔子曰 奉子 以季氏吾不能 以季孟之間待之 齊大夫 欲害孔子 孔子聞之 景公曰 吾老矣 弗能用也 孔子 遂行反乎魯

『사기』「공자세가」에 다음과 같이 나와 있다. 제 경공이 다시 공자에게 정치를 묻자 (공자가) 답했다. "정치는 재물을 절약하는 데 있습니다." 경공이 기뻐해 장차 니곡의 전에 공자를 봉하려 했다. 안영이 나와 말하기를 "무릇 유자는 골계해 법도로 삼을 수는 없습니다. 〈『사기』색은〉에 말했다. '골'은 어지럽힌다는 뜻이고 '계'는 같은 것이니, (골계란) 말재주가 재빠른 사람이 틀린 것을 옳은 것처럼, 옳은 것을 틀린 것처럼 말해, 같은 것과 다른 것(옳은 것과 틀린 것)을 어지럽힐 수 있다는 말이다. 유자는 골계해 법도로 삼을 수 없다는 말이다.) 거만하고 제멋대로 하니 아랫사람으로 삼을 수 없습니다. 상례를 숭상하고 슬픔을 계속 이어가고, 파산에 이르도록 장례를 후히 치르니 (백성의) 풍속으로 삼을 수 없습니다. 유세하면서 (벼슬을) 구하러 다니니 나라를 다스릴 수 없습니다. 대현이 나온 이래, 주나라가 이미 쇠퇴함에 예악은 빠진 것이 있어 틈이 생겼습니다. 〈『(사기)색은』에 말했다. '식'은 나는 것이다. 상고에 대현이 났을 때는 예악이 있었는데 주나라가 쇠미해짐에 이르러 비로소 빠진 것이 있어 틈이 생겼다는 말이다.〉 지금 공자는 용모의 장식을 성대히 하고 오르내리는 예절과 진퇴의 예절을 번다히 하는데, (그런 것은) 여러 대를 걸쳐도 다 배울 수 없고, 평생을 해도 그 예를 궁구할 수 없습니다. 임금께서 그것을 써서 제나라의 풍속을 바꾸고자 하시는 것은 가난한 백성을 이끄는 방법이 아닙니다"라 했다. 후에 경공이 공자를 공경하며 만나기는 했으나 예를 묻지는 않았다. 다른 날, 경공이 공자를 머무르게 하고 말하기를 "그대를 모시는 것은 계씨(와 동급의 대우)로는 내가 할 수 없습니다. 계씨와 맹씨의 중간으로 대우하겠습니다"라 했다. 제나라 대부들이 공자를 해치려 했는데 공자가 (그 사실을) 들었다. 경공이 "나는 늙어서 (그대를) 쓸 수 없습니다"라 하자 공자는 마침내 떠나 노나라로 돌아갔다.

【집주】

然 此言 必非面語孔子 蓋 自以告其臣 而孔子聞之爾

그러나 이 말은 틀림없이 공자를 면대해 말한 것은 아닐 것이고, 대개 스스로 그 신하에게 말했는데 공자께서 들으신 것일 뿐이다.

○程子曰 季氏 强臣 君待之之禮 極隆 然 非所以待孔子也 以季孟之間待之 則禮亦至矣 然 復扶又反曰 吾老矣 不能用也 故 孔子去之 蓋 不繫待之輕重 特以不用而去爾

정자가 말했다. 계씨는 강한 신하이니 임금이 그를 대우하는 예가 극히 융성했다. 그러나 (계씨처럼 대우하는 것이) 공자를 대우하는 (올바른) 방식은 아니다. 계씨와 맹씨의 중간으로 대우한다면 예우 또한 지극한 것이다. 그러나 다시 "나는 늙어서 쓰지 못합니다"라 했기 때문에 공자께서 떠나셨다. 대개 대우의 경중에 관련된 것이 아니라 다만 쓰지 않았기 때문에 떠나신 것일 뿐이다.

【세주】

慶源輔氏曰 景公之言 雖實而失於率易 聖人 德盛道尊 見者 必加敬而盡禮 況景公 素知聖人者 必不敢以是言而面瀆之 所謂自以告其臣而孔子聞之之說 當矣

경원 보씨가 말했다. 경공의 말은 비록 사실이지만 경솔함의 잘못을 저질렀다. 성인께서는 덕이 융성하고 도가 높으시니 보는 자는 반드시 존경심을 더해 예를 다한다. 황차 경공은 평소 성인을 아는 자임에랴. 틀림없이 감히 이말을 해 면전에서 모욕하지는 않았을 것이니, 이른바 '스스로 그 신하에게 말했는데 공자께서 들으셨다'라는 설이 마땅하다.

○ 趙氏曰 苟以利心觀 則必以爲聖人之去 有繫乎待之輕重也 故 程子 特釋之

조씨가 말했다. 만약 이익의 마음으로 본다면, 틀림없이 성인께서 떠나신 것이 대우의 경중과 관계있다고 생각할 것이다. 그런 까닭에 정자가 특별히 해명했다.

○ 厚齋馮氏曰 此 與其臣議所以處子之辭 子 魯人也 故 議以魯君所以待三卿者待之 是時 諸侯之賢而國勢富强者 宜莫如齊之景公 此 子之所以願仕焉者也 晏平仲 得政已三世矣 景公 至魯 與子語而說之 其後 子 不得志於魯 遂之齊 景公 數問政而說 嬰之所深忌也 所以 欲害子而進間言也 方責效於朞月之間 而嬰 乃謂累世不能殫其學 此 景公所以謂吾老而不可俟也

후재 풍씨가 말했다. 이는 그 신하들과 더불어 공자의 처우 방식을 의논한 말이다. 공자께서는 노나라 사람이기 때문에 노나라 임금이 3경을 대우하는 방식으로 대우할 것을 의논했다. 이때 제후 중에 현명하고 국세가 부강한 것으로는 당연히 제나라 경공만 한 사람이 없었다. 이것이 공자께서 벼슬하기를

253

바라신 이유이다. 안평중이 정권을 얻은 것이 이미 3대가 되었다. 경공은 노나라에 와 공자와 더불어 이야기하고는 기뻐했다. 그 후 공자께서 노나라에서 뜻을 얻지 못해 마침내 제나라로 가셨다. 경공이 여러 차례 정치를 묻고 기뻐하니, (공자는) 안영이 깊이 꺼리는 바 되었다. 그래서 공자를 해치려고 이간하는 말을 올렸던 것이다. 바야흐로 일 년 만에 성과를 요구하는데, 안영은 여러 세대를 거쳐도 다 배울 수 없다고 했으니, 이것이 경공이 '나는 늙어서 기다릴 수 없다'고 한 이유이다.

○新安陳氏曰 景公 初欲用孔子 蓋 本心之暫明 終不能用 乃蔽於私意之昏弱 終於亂亡 宜矣

신안 진씨가 말했다. 경공이 처음 공자를 쓰고자 한 것은 대개 본심이 잠시 밝아진 것이고, 끝내 쓰지 못한 것은 곧 어둡고 약한 사의에 가려진 것이다. 끝내 난으로 망한 것도 당연하다.

18.4　齊人 歸女樂 季桓子 受之 三日不朝 孔子行 歸
_{如字 或作饋 朝 音潮}

제나라 사람들이 여자 악사를 보내오자 계환자가 받고는 사흘 동안 조회를 보지 않았다. 공자께서 떠나셨다.

【집주】

季桓子 魯大夫 名 斯 按史記 定公十四年 孔子 爲魯司寇 攝行相
去聲事 齊人懼 歸女樂 以沮在呂反之

계환자는 노나라 대부로 이름은 사이다. 『사기』를 살펴보면 정공 14년에 공자께서 노나라의 사구가 되시어 재상의 일을 대행하셨다. 제나라 사람들이 (이를) 두려워해 여자 악사를 보내 (공자의 활약을) 막으려 했다.

【세주】

史記 世家 定公 以孔子爲中都宰 一年 四方 皆則之 由中都宰爲司空 由司空爲大司寇 定公十四年 孔子年五十六 由大司寇攝行相事 於是 誅魯大夫亂政者少正卯 與聞國政三月 粥羔豚者 弗飾賈 男女行者 別於塗 塗不拾遺 四方之客 至乎邑者 不求有司 _{有司 常供其職 客求而有在也} 皆予之以歸 齊人 聞而懼曰 孔子爲政 必霸 霸 則吾地近焉 我 爲之先幷矣 盍致地焉 犁鉏曰 請先嘗沮之 沮之不可 則致地 庸遲乎 於是 選齊國中女子好者八十人 皆衣文衣而舞康樂 文馬三十駟 遺魯君 陳女樂文馬於魯城南高門外 季桓子 微服往觀再三 將受 乃語魯君爲周道游 觀終日 怠於政事 子路曰 夫子 可以行矣 孔子曰 魯 今且郊 如致膰於大夫 則吾 猶可止 桓子 卒受齊女樂 三日不聽政 郊又不致膰俎於大夫 孔子遂行

『사기』,「(공자)세가」에 다음과 같이 나와 있다. 정공이 공자를 중도의 재로 삼았는데 일 년이 되자 사방이 모두 본받았다. 중도재에서 사공으로, 사공에서 대사구로 올랐다. 정공 14년 공자 연세 56세에 대사구로서 재상의 일을 대행했다. 이에 노나라 대부로서 정치를 어지럽히는 소정묘를 처형했다. 국정

255

을 관리한 지 3개월 만에 양과 돼지를 파는 자는 그 가격을 속이지 않았고, 남녀가 길을 갈 때 그 길을 달리했다. 길에 떨어진 물건을 줍지 않았다. 사방의 손님으로 읍에 온 자는 유사에게 청구하지 않아도 〈유사가 항상 직무를 보는데, (그 직무는) 손님이 청구하면 보살피는 것이다.〉 모두 주어서(선물을 주어 대접을 잘해서) 돌려보냈다. 제나라 사람들이 듣고 두려워하면서 말하기를 "공자가 정치를 하니 반드시 패자가 될 것이다. 패자가 되면 우리 땅은 가까우니 우리가 먼저 병탄될 것이다. 어찌 땅을 (잘라) 바치지 않는가?"라 했다. 이서가 말하기를 "먼저 막아보기를 청합니다. 막아도 안 되면 땅을 바치면 되니 어찌 늦겠습니까?"라 했다. 이에 제나라 나라 안의 예쁜 여자 80인을 뽑아 모두 아름다운 옷을 입혀 강악을 춤추게 하고 무늬 있는 말 30사(120마리)를 노나라 임금에게 보내, 여자 악사와 무늬 있는 말을 노나라 성 남쪽 높은 성문 밖에 벌려놓았다. 계환자가 미복으로 가서 두 번 세 번 보았다. 장차 받으려고 노나라 임금에게 길거리로 이리저리 놀러가자고 했다. (임금과 계환자는) 종일토록 구경하면서 정사를 게을리했다. 자로가 말하기를 "선생님은 떠나셔도 됩니다"라 하자 공자가 답하기를 "노나라에 지금 또 교 제사가 있는데, 만약 제사지낸 고기를 대부에게 보내면 나는 아직도 머무를 수 있다"라 했다. 환자가 마침내 여자 악사를 받고 사흘 동안 정사를 듣지 않았다. 교 제사에서도 대부에게 제사 고기를 보내지 않았다. 공자가 마침내 떠났다.

【집주】

尹氏曰 受女樂 而怠於政事 如此 其簡賢棄禮 不足與有爲 可知矣

윤씨가 말했다. 여자 악사를 받고 정사를 게을리한 것이 이와 같으니, 현자를 소홀히 하고 예를 저버려 더불어 일하기에 부족한 것을 알 수 있다.

【세주】

新安陳氏曰 於用孔子之時而如此 簡賢也 三日不朝 棄禮也

신안 진씨가 말했다. 공자를 쓰고 있던 때에도 이와 같았으니 현자를 소홀히 한 것이고, 사흘 동안 조회를 보지 않았으니 예를 저버린 것이다.

【집주】

夫子所以行也 所謂見幾平聲而作 不俟終日者與音余

공자께서 떠나신 것은 소위 '기미를 보고 일어서기를 해가 떨어질 때까지 기다리지 않는다'라는 것이리라.

【세주】

此 引易繫辭之語

이는 『역경』의 「계사(하전)」(5장)의 말을 인용한 것이다.

○問 史記載 魯 今且郊 如致膰于大夫 則吾 可以止 設若致膰 則夫子 果止否 朱子曰 也須去 只是不若此之速 必別討一事故去 且如致膰 亦不是大段失禮處 聖人 但因此 且求去爾

물었다. 『사기』에는 "노나라가 지금 또 교 제사가 있는데 만약 제사 고기를 대부에게 보내면 나는 머무를 수 있다"라 실려 있는데, 만약 제사 고기를 보냈다면 공자께서는 과연 머무르셨을까요? 주자가 답했다. 그래도 틀림없이 떠나셨을 것이다. 다만 이처럼 속히 떠나지는 않으셨을 것이고, 반드시 다른 사고(빌미가 될 만한 일)를 찾아 떠나셨을 것이다. 또 제사 고기 보내는 것 같은 일은 또한 대단히 예를 잃은 것은 아니고, 성인께서는 다만 이로 인해 (빌미를) 구해 떠나셨을 뿐이다.

○孔子 於受女樂之後 而遂行 若言之 似顯君相之過 不言 則已爲苟去 故 因膰肉不至而行 則吾之去國 以其不致膰爲得罪於君耳

공자께서 여자 악사를 받은 후에 마침내 떠나셨는데, 만약 그것을 말한다면 임금과 재상의 허물을 드러내는 것처럼 되고, 말하지 않으면 자신이 구차스레 떠나는 것이 된다. 그러므로 제사 고기가 오지 않은 것으로 인해 떠나면, 자신이 나라를 떠나는 것은 제사 고기가 오지 않은 것을 임금에게 죄를 얻었기 때문인 것으로 생각한 것이 될 뿐이다(그렇게 생각해서 떠난 것이 될 뿐이다).

○南軒張氏曰 去讒遠色 賤貨而貴德 所以勸賢也 今 好色而忘敬賢之心 則道之不行 可見矣 是以 去之

남헌 장씨가 말했다. 참소하는 자를 쫓아내고 색을 멀리하는 것, 재화를 천히 여기고 덕을 귀히 여기는 것, (이는) 현자를 권면하는 방법이다. 지금 호색하면서 현자를 존경하는 마음을 잊었으니 도가 행해지지 않을 것임을 알 수 있다. 이런 까닭에 떠나셨다.

○吳氏曰 夫子 嘗適齊矣 已不能用 及反而仕魯 又沮人用之 怠己而忌人 愚不肖之通患也 桓子 受制陽貨四五年 幾不免死 一旦得脫虎口 而與夫子從事 此 其發憤自强之日也 而境順於前 心 卽驕逸 夫子 方欲輔桓子以有爲 而桓子所爲 若是 固不得不行也 孟子曰 孔子 於季桓子 見行 可之仕 此曰 季桓子不朝 孔子行 其仕其行 皆以桓子 而定公 徒擁虛名於其上也 悲夫

오씨가 말했다. 공자께서 일찍이 제나라에 가셨을 때 이미 쓰이지 못하셨고, 돌아와 노나라에 벼슬하시려 하자 또 사람들이 쓰는 것을 막았다. 자신은 게으르고 남은 꺼리는 것이 어리석고 못난 자의 공통적 우환이다. 환자는 양화에게 4, 5년간 압제를 받았고 거의 죽음을 면치 못할 뻔했다. 어느 날 호랑이 입을 벗어나 공자와 더불어 일했는데, 이때가 그가 분발해서 스스로 힘쓴 시기이다. 그런데 이전의 상태가 되어 마음이 교만하고 방자해졌다. 공자께서는 바야흐로 환자를 도와 일을 해내려 하셨는데 환자의 소행이 이와 같았으니 진정 떠나지 않을 수 없으셨다. 맹자가 말하기를 "공자께서는 계환자에 대해 (도가) 행해지리라 기대해 벼슬할 수 있다고 생각하셨다(「만장 하」 4장)"라 했고, 여기서는 "계환자가 조회를 보지 않으니 공자께서 떠나셨다"라 했다. 벼슬하신 것이나 떠나신 것이나 모두 환자 때문이었고, 정공은 헛되이 허명만 붙들고 위에 있었을 뿐이니, 슬프도다.

○雙峯饒氏曰 魯受女樂 夫子 已有去志 若遽然便去 非惟顯君之過 且中齊人之計 適然魯郊 又不致膰肉 故 因此微過 遂不稅冕而行

쌍봉 요씨가 말했다. 노나라가 여자 악사를 받자 공자께서는 이미 떠날 뜻이 있으셨지만, 만약 급히 떠나면 임금의 허물을 드러낼 뿐만 아니라 또한 제나라 사람들의 꾀에 빠지는 것이었다. 마침 노나라에 교 제사가 있었고, 또 제사 고기를 보내지 않았던 까닭에 이 작은 허물을 이유로 해 마침내 면류관을 벗지도 않고 떠나셨다.

○齊人歸女樂 只說箇歸字 畢竟是歸其女樂於魯 君相皆有之 不是專獻於桓子 三日不朝 亦是君臣皆不朝 緣當時辭受之權 盡出於季氏 想是他旣自受 又爲定公受之 又曰 女樂 亦說得不一 一說 陳女樂於城南 季桓子君臣 共往觀之 三日不朝 一說 召女樂而受之 三日不朝 這兩說 不同 然 無可考訂處 未詳孰是

'제나라 사람들이 여자 악사를 보내왔다'라 할 때 단지 '귀(보냈다)'라고만 했으니 필경 그 여자 악사를 노나라로 보내 임금과 재상이 모두 가지게 한 것이지 오로지 환자에게만 바친 것은 아니다. '사흘 동안 조회를 보지 않았다'는 것도 또한 임금과 신하들이 모두 조회를 보지 않았다는 것이다. 당시에 받거나 거절하는 권한은 모조리 계씨에게서 나왔기 때문에 아마도 그가 이미 스스로 받고 또 정공을 위해 받았던 것 같다. 또 말했다. 여자 악사에 관해서도 또한 설이 하나가 아니다. 일설에는 여자 악사를 성의 남쪽에 진열했는데 계환자와 군신이 같이 가서 보고 사흘 동안 조회를 보지 않았다고 하고, 일설에는 여자 악사를 불러들여 받고 사흘 동안 조회를 보지 않았다고 한다. 이 두 설이 같지 않으나 살펴 바로잡을 만한 증거가 없으니 어느 것이 옳은지 자세하지 않다.

○新安陳氏曰 萃淫聲美色而爲一者 女樂也 爲國家禍 其有甚於此哉

신안 진씨가 말했다. 음란한 음악과 아름다운 자색을 합쳐 하나로 만들어놓은 것이 여자 악사이다. 국가에 화가 되는 것으로 이보다 더 심한 것이 있으랴.

【집주】

○范氏曰 此篇 記仁賢之出處上聲 而折中以聖人之行去聲 所以明中庸之道也

범씨가 말했다. 이 편이 인자나 현자의 나감과 머무름(벼슬하러 나가거나 나가지 않고 머무름. 1, 2장 및 5장 이하)을 기록하면서, 성인께서 떠나신 일(3, 4장)을 가지고 절충(중정한 것을 기준으로 다른 것의 넘치거나 모자라는 것을 판단함)한 것은 중용의 도를 밝히려는 것이다.

【세주】

慶源輔氏曰 仁 謂三人 賢 謂柳下惠 及下章逸民之類 夫子 於齊魯 非不欲仕 亦未嘗必於仕 但可仕則仕 可止則止 此 所以爲中庸之道也 接輿以下 則未免於偏而過之矣

경원 보씨가 말했다. (범씨의 말 중) 인자란 세 사람(미자 기자 비간)을 말하고, 현자란 유하혜와 다음 장의 일민(지위가 없는 자)의 무리를 말한다. 공자께서 제나라나 노나라에 대해 벼슬하지 않으려 하신 것은 아니지만 또한 꼭 벼슬하려 하신 적도 없다. 다만 벼슬할 만하면 하고 그만둘 만하면 그만두셨으니, 이것이 중용의 도가 되는 까닭이다. 접여 이하(본 편 5장 이하에 나오는 일민)는 치우쳐 (중용을) 넘는 것을 면치 못했다.

18.5-1 　楚狂接輿 歌而過孔子 曰 鳳兮鳳兮 何德之衰
往者 不可諫 來者 猶可追 已而已而 今之從政
者 殆而

초나라 광인 접여가 노래 부르며 공자를 지나가면서 말했다. 봉이여 봉이여, 어찌 덕이 쇠했는가. 지나간 일은 간쟁할 수 없지만, 오는 일은 오히려 따를 수 있다네. 그만두자, 그만두자. 오늘날 정치에 종사하는 것은 위태로우니.

【집주】

接輿 楚人 佯狂避世

접여는 초나라 사람으로 거짓 미친 척하며 세상을 피했다.

【세주】

邢氏曰 接輿 姓陸 名通 昭王時 佯狂不仕 時人 謂之楚狂

형씨가 말했다. 접여는 성이 육이고 이름이 통이다. 소왕 때 거짓 미친 척하며 벼슬하지 않았다. 당시 사람들이 초나라 광인이라 불렀다.

【집주】

夫子 時將適楚 故 接輿 歌而過其車前也 鳳 有道則見形甸反 無道則隱

공자께서 그때 장차 초나라로 가시려 했기 때문에 접여가 노래하며 그 마차 앞을 지나갔다. 봉은 도가 있으면 나타나고 도가 없으면 숨는다.

【세주】

慶源輔氏曰 鳳 靈物也 有道則見 無道則隱 鳳 固然也 至於無道而不隱 則鳳之德

衰矣 然 以此論君子守身之常法 則可 至於聖人體道之大權 則又不可以比例論也

경원 보씨가 말했다. 봉은 영물이다. 도가 있으면 나타나고 도가 없으면 숨는다. 봉은 본디 그런 것인데 도가 없는데도 숨지 않는다면 봉의 덕이 쇠한 것이다. 그러나 이로써 군자의 몸 지키는 통상적인 법을 논한다면 괜찮지만, 성인께서 도를 체현하는 큰 권도의 경우는 또 같은 방식으로 논할 수 없다.

○雙峯饒氏曰 鳳 世治則生 亂則不生 卽是有道則見 無道則隱之義 蓋 麟鳳 皆不是有種之物 惟聖王在上 天地泰和 所以 元氣之會 鍾爲麟鳳 如鸛生鶴 馬生龍駒之類

쌍봉 요씨가 말했다. 봉은 세상이 다스려지면 나고 어지러우면 나지 않으니, 곧 도가 있으면 나타나고 도가 없으면 숨는 의리가 있다. 대개 기린이나 봉황은 모두 씨가 있는 물건(대를 이어 번식하는 생물)은 아니다. 다만 성왕이 위에 있고 천지가 태평한 까닭에 원기의 모임이 부여되어 기린과 봉황이 되는 것이니, 예컨대 황새가 학을 낳고 말이 용구(준마)를 낳는 것 같은 것이다.

【집주】

接輿 以比孔子 而譏其不能隱 爲德衰也 來者可追 言及今尙可隱去 已 止也 而 語助辭 殆 危也 接輿 蓋 知尊夫子 而趨不同者也

접여는 이로써 공자에 비유해 숨지 못하는 것은 덕이 쇠했기 때문이라 비판했다. '오는 일은 따를 수 있다'라는 말은 지금 아직도 숨으러 갈 수 있다는 말이다. '이'는 그치는 것이다. '이'는 어조사이다. '태'는 위태로운 것이다. 접여는 대개 공자를 존경할 줄은 알았으나 추구하는 바는 다른 자이다.

【세주】

慶源輔氏曰 觀接輿之言 旣比之以鳳 而又疑其衰 旣幸其或止 而又慮其殆 語意慇懃諄復 是誠知尊聖人者矣 然 其所趨 則在於絶人逃世 以遠害全身而已 其與聖人之心 蓋 不啻如氷炭白黑之不同也

경원 보씨가 말했다. 접여의 말을 보면 이미 봉으로 (공자를) 비유하면서도 또 쇠했다고 의심했고, 이미 혹시 멈추기를 바라면서도 또 위태롭다고 걱정했다. 말의 뜻이 은근하고 간곡하니 참으로 성인을 존경할 줄 아는 자이다. 그러나 그 추구하는 바는 사람과 절별하고 세상을 피함으로써 해를 멀리하고 몸을 온전히 하는 데 있었을 뿐이니, 성인의 마음과 비교한다면 대개 얼음과 숯, 혹과 백의 다른 정도일 뿐이 아니다(완전히 다르다).

○ 胡氏曰 趨不同者 接輿 有避世之心 而無救世之志 有堅持之操 而無變通之學也

호씨가 말했다. 추구하는 것이 다르다는 것은, 접여는 세상을 피하려는 마음은 있지만 세상을 구제하려는 뜻은 없고, 견고히 지키는 지조는 있지만 융통성 있는 학문은 없다는 것이다.

18.5-2 孔子下 欲與之言 趨而辟之 不得與之言 辟 去聲

공자께서 (마차에서) 내려 그와 더불어 말씀하고자 하셨는데, 달음질해 피하는 바람에 그와 말씀하지 못하셨다.

【집주】

孔子下車 蓋 欲告之以出處上聲之意 接輿 自以爲是 故 不欲聞而辟之也

공자께서 마차에서 내리신 것은 대개 나감과 머무름(벼슬하러 나가거나 나가지 않음)의 의미를 알려주시고자 한 것인데, 접여는 자신이 옳다고 생각한 까닭에 들으려 하지 않고 피했던 것이다.

【세주】

問 楚狂接輿等 伊川謂 荷蓧稍高 朱子曰 以其尙可告語 若接輿 則全不可曉 問 當亂世 必如孔子之才 可以救世 而後可以出 其他 亦何必出 曰 亦不必如此執定

君子之仕 行其義也 亦不可一向滅跡山林 然 仕而道不行 則當去耳

물었다. 초나라 광인 접여 등에 대해, 이천은 하조(삼태기 진 자, 본 편 7장)가 약간 높다고 했습니다. 주자가 답했다. (그것은 하조에게는) 오히려 말을 해줄 수 있었기 때문이다. 접여의 경우는 전혀 깨우쳐줄 수 없었다. 물었다. 난세를 당해 반드시 공자와 같은 재주가 있어서 세상을 구할 만해야 (벼슬하러) 나갈 수 있는 것이지, 그 외의 경우는 또 어찌 꼭 나가겠습니까? 답했다. 또한 그처럼 고집할 필요는 없다. 군자가 벼슬하는 것은 그 의를 행하는 것이니, 또한 내내 산림 속에 그 자취를 감추어서는 안 된다. 그러나 벼슬했는데 도가 행해지지 않으면 마땅히 떠나야 할 뿐이다.

○ 南軒張氏曰 接輿之意 蓋 欲夫子 隱居以避世耳 觀其知鳳德之衰 且辭氣舒暢不迫 其爲人天資 亦高矣 故 夫子 意其可以告語 而欲與之言 其趨而避 蓋 匿其聲跡而已

남헌 장씨가 말했다. 접여의 뜻은 대개 공자께서 은거해 세상을 피하시기를 바란 것일 뿐이다. 봉의 덕이 쇠했음을 안 것과 또 어조가 느긋하고 온화해 급박하지 않은 것을 보면 그 위인의 선천적 자질 또한 높았다. 그런 까닭에 공자께서는 말을 해줄 수 있다고 생각하셔서 더불어 말하고자 하셨다. 그가 달음질해 피한 것은 대개 그 소리와 형적을 감춘 것일 뿐이다.

18.6-1 長沮 桀溺 耦而耕 孔子 過之 使子路問津焉 沮
七余反 溺 乃歷反

장저와 걸닉이 나란히 밭을 갈고 있었는데 공자께서 그들을 지나가시다가 자로에게 나루가 어디 있는지 묻게 하셨다.

【집주】
二人 隱者 耦 竝耕也 時 孔子 自楚反乎蔡 津 濟渡處

두 사람은 은자이다. '우'는 나란히 밭가는 것이다. 당시 공자께서는 초나라에서 채나라로 돌아가시는 중이었다. '진'은 배 건너는 곳이다.

【세주】
吳氏曰 接輿 書楚 故 沮 溺 丈人 不復書楚 蓋 皆楚人

오씨가 말했다. 접여에게 초(초나라 사람)라고 썼기 때문에 장저와 걸닉, 장인에게는 다시 초라고 쓰지 않았다. 대개 모두 초나라 사람이다.

○ 雙峯饒氏曰 兩耜同隊而耕 謂之耦耕

쌍봉 요씨가 말했다. 두 개의 보습으로 같이 줄을 이루어 밭가는 것을 '우경'이라 한다.

18.6-2 長沮曰 夫執輿者爲誰 子路曰 爲孔丘 曰 是魯孔丘與 曰 是也 曰 是 知津矣 夫 音扶 與 平聲

장저가 말했다. 수레(의 고삐)를 잡고 있는 저 자는 누구인가? 자로가 답했다. 공구입니다. (장저가) 말했다. 노나라의 공구인가? (자로가) 답했다. 그렇습니다. (장저가) 말했다. 이 사람은 나루를 안다.

【집주】

執輿 執轡在車也 蓋 本子路 御而執轡 今下問津 故 夫子 代之也 知津 言數音朔周流 自知津處

'수레를 잡고 있다'는 것은 고삐를 잡고 마차에 있다는 것이다. 대개 본래 자로가 마차를 몰면서 고삐를 잡고 있었는데 지금 내려서 나루를 물었기 때문에 공자께서 대신하셨다. '나루를 안다'는 것은 여러 차례 주유해 그 자신이 나루 있는 곳을 안다는 말이다.

18.6-3 問於桀溺 桀溺曰 子爲誰 曰 爲仲由 曰 是魯孔丘之徒與 對曰 然 曰 滔滔者 天下皆是也 而誰以易之 且而 與其從辟人之士也 豈若從辟世之士哉 耰而不輟 徒與之與 平聲 滔 吐刀反 辟 去聲 耰 音憂

(자로가) 걸닉에게 묻자 걸닉이 말했다. 그대는 누구인가? (자로가) 답했다. 중유입니다. (걸닉이) 말했다. 노나라 공구의 제자인가? (자로가) 대답했다. 그렇습니다. (걸닉이) 말했다. 도도하구나, 천하가 다 그러하니 누구와 더불어 바꿀 수 있으랴? 또 그대가 사람을 피하는 선비를 따르는 것이 어찌 세상을 피하는 선비를 따르는 것만 하겠는가? (걸닉은) 흙덮기를 멈추지 않았다.

【집주】

滔滔 流而不反之意 以 猶與也 言天下皆亂 將誰與變易之 而 汝也 辟人 謂孔子 辟世 桀溺自謂 耰 覆敷救反種上聲也

'도도'는 흘러가 돌아오지 않는다는 뜻이다. '이'는 '여(더불어)'와 같다. '천하가 모두 어지러우니 장차 누구와 더불어 바꾸겠는가'라는 말이다. '이'는 '여(너, 그대)'이다. 사람을 피한다는 것은 공자를 말한 것이고, 세상을 피한다는 것은 걸닉 자신을 말한 것이다. '우'는 씨를 (흙으로) 덮는 것이다.

【세주】

新安倪氏曰 韻會注 布種後 以耰摩田 使土開處復合 以覆種

신안 예씨가 말했다. 『운회』의 주에 "씨를 뿌린 후 우(곰방메)를 가지고 밭을 긁어 흙이 벌어진 곳을 다시 합치게 해 씨를 덮는다"라 했다.

【집주】

亦不告以津處

역시 나루가 있는 곳을 알려주지 않았다.

【세주】

南軒張氏曰 謂當世滔滔一律 誰肯以夫子之道 易己所爲 言其徒勞耳

남헌 장씨가 말했다. 당시 세상이 도도히 흐르는 물처럼 하나같이 그러하니 누가 즐겨 공자의 도를 채택해 자신의 소행을 바꾸려 하겠느냐는 말이니, 그것이 헛된 노력일 뿐이라는 말이다.

○慶源輔氏曰 桀溺 以夫子爲辟人 而天下 皆滔滔不反 則世人 無一不可避者 故絶人逃世以爲潔 而自謂其能避世

경원 보씨가 말했다. 걸닉은 공자가 사람을 피한다고 생각했지만, 천하가 모두 도도히 흘러 돌아오지 않는 것이라면 세상 사람 중에는 한 사람도 피할 만하지 않은 사람이 없는 셈이 된다(모든 사람을 다 피해야 된다). 그러므로 (걸닉은) 사람을 끊고 세상을 피하는 것이 깨끗한 것이라 여겨 스스로 능히 세상을 피할 수 있다고 말했다.

○雙峯饒氏曰 言擧世趨於不善 今 雖欲易之 無可與爲善之人也

쌍봉 요씨가 말했다. 온 세상이 불선으로 달려가니 지금 비록 (그런 추세를) 바꾸고자 해도 더불어 선을 행할 만한 사람이 없다는 말이다.

18.6-4 子路 行以告 夫子憮然曰 鳥獸 不可與同群 吾非斯人之徒與 而誰與 天下有道 丘 不與易也 憮
音武 與 如字

자로가 가서 고하자 공자께서 서운해 하시며 말씀하셨다. 새나 짐승과 함께 무리를 지을 수는 없다. 내가 이 사람들의 무리와 함께하지 않으면 누구와 함께하겠는가? 천하에 도가 있으면 내가 (그들과) 함께 바꾸려 하지 않을 것이다.

【집주】

憮然 猶悵然 惜其不喩己意也 言所當與同群者 斯人而已 豈可絶人逃世 以爲潔哉 天下 若已平治去聲 則我 無用變易之 正爲去聲天下無道 故 欲以道易之耳

'무연'은 '창연(낙담함)'과 같으니, 자신의 뜻을 깨닫지 못한 것을 안타까워하신 것이다. '마땅히 함께 무리지어야 하는 것은 이 사람들일 뿐이니 어찌 사람을 끊고 세상을 피하는 것을 깨끗한 것이라 여길 수 있겠는가? 천하가 만약 이미 편안히 다스려졌다면 내가 그것을 바꾸려 할 필요가 없다. 바로 천하에 도가 없기 때문에 도로써 바꾸고자 하는 것일 뿐이다'라는 말씀이다.

【세주】

程子曰 桀溺言 天下衰亂 無道者 滔滔皆是也 孔子 雖欲行其敎 而誰可以化而易

之 孔子言 如使天下有道 我 則無所治 不與易之也 今 所以周流四方 爲時無道 故也

정자가 말했다. 걸닉은 '천하가 쇠퇴하고 어지러워 도 없음이 도도해 모두 이와 같다. 공자가 비록 그 가르침을 행하고자 하나 누구를 교화해 바꿀 수 있겠는가?'라 말했고, 공자께서는 '만약 천하에 도가 있다면 나는 다스릴(바로잡을) 것이 없으니 함께 바꾸려 하지 않을 것이다. 지금 사방으로 주류하는 것은 지금 도가 없기 때문이다'라 말씀하셨다.

○慶源輔氏曰 天之生聖賢 欲其平治天下者 理之常也 其或雖生聖賢 而未欲平治天下者 理之變也 然 旣曰聖賢 則必以天地之常者爲心 而其所以平治天下之道 又備盡於己 擧而措之 易亂爲治 易危爲安 固必有自然之應 而天 果未欲平治天下也 則亦安於理而已 若天下 旣已平治 則亦何用聖人以易之哉

경원 보씨가 말했다. 하늘이 성현을 내어 천하를 편안히 다스려지게 하고자 하는 것은 통상적 이치이다. 간혹 성현을 내었는데도 아직 천하를 편안히 다스려지게 하고자 하지 않는 것은 변칙적 이치이다. 그러나 이미 성현이라 했으니 (그 성현은) 틀림없이 천지의 통상적인 것을 마음으로 삼을 것이고, 천하를 편안히 다스릴 수 있는 것으로서의 도가 또 자신에게 완전히 구비되어 있을 것이니, (그 도를) 적용해 조치해서 어지러움을 다스려짐으로 바꾸고 위태로움을 편안함으로 바꾸어서 본디 반드시 자연스러운 응함(하늘의 뜻에 성현이 응함)이 있겠지만, 하늘이 만약 아직 천하를 편안히 다스려지게 하고자 하지 않는다면 또한 (성현은) 이치를 편안히 여길 따름이다. 만약 천하가 이미 편안히 다스려졌다면 또한 어찌 성인을 써서 바꿀 필요가 있으랴.

○新安陳氏曰 沮溺 以賢人自守之心 而量聖人濟世之心 宜其不足以知聖人也

신안 진씨가 말했다. 장저와 걸닉은 현인의 스스로를 지키는 마음으로 성인의 세상을 구제하시려는 마음을 헤아렸으니, 성인을 알기에 부족한 것이 당연하다.

【집주】

○程子曰 聖人 不敢有忘天下之心 故 其言 如此也 張子曰 聖人之仁 不以無道必天下 而棄之也

정자가 말했다. 성인께서는 천하를 잊으려는 마음을 감히 가지지 않으셨으니, 그런 까닭에 그 말씀이 이와 같았다. 장자가 말했다. 성인은 인하시니, 천하에 틀림없이 도가 없다고 단정해 (천하를) 버리지는 않으신다.

【세주】

朱子曰 說聖人無憂世之心 固不可 謂聖人 視一世未治 常恁地戚戚憂愁無聊過日 亦非也 但要出做不得 又且放下其憂世之心 要出仕者 聖人愛物之仁 至於天命未至 亦無如之何

주자가 말했다. 성인께 세상을 걱정하시는 마음이 없다고 말하는 것은 물론 안 되지만, 성인께서 한 세상이 다스려지지 않은 것을 보시고 항상 그렇게 슬프게 근심하고 수심에 잠겨서 무료히 날을 보내신다고 말하는 것 또한 잘못이다. 다만 (벼슬하러) 나가서 해보려 해도 안 되면 또한 세상을 걱정하는 마음을 내려놓으신다. 벼슬하시려는 것은 성인의 사물을 사랑하는 인이지만, 천명이 이르지 않은 경우에는 또한 어찌할 수 없다.

○雲峯胡氏曰 聖人 不敢有忘天下之心 則沮溺 忘天下者也 聖人之仁 不以無道必天下而棄之 則沮溺 棄天下者也 仁者 以天地萬物爲一體 民胞物與 何忍忘之 又何忍棄之 於此 見沮溺之爲忍 聖人之爲仁 沮溺之爲過 聖人之爲中歟

운봉 호씨가 말했다. 성인께서 천하를 잊으려는 마음을 감히 가지지 않으신 것이라면, 장저와 걸닉은 천하를 잊은 자이다. 성인께서 인하시어 천하에 도가 없다고 단정해 (천하를) 버리지는 않으시는 것이라면, 장저와 걸닉은 천하를 버린 자이다. 인자는 천지만물과 일체가 되니 동포인 백성과 동류인(같이 존재하는) 사물을 어찌 차마 잊겠으며 또 어찌 차마 버리리오. 여기서 장저와 걸닉의 모짊과 성인의 인하심, 장저와 걸닉의 지나침과 성인의 중정하심이 드러난다.

18.7-1　子路 從而後 遇丈人以杖荷蓧 子路問曰 子 見夫子乎 丈人曰 四體不勤 五穀不分 孰爲夫子 植其杖而芸 蓧 徒弔反 植 音殖

자로가 뒤따르다가 처졌는데 작대기로 삼태기를 진 장인을 만났다. 자로가 묻기를 "그대는 우리 선생님을 보셨습니까?"라 했다. 장인이 답하기를 "(그대는) 사지를 수고롭게 하지 않고 5곡을 구분하지 못하는데 누가 선생님인가?"라 하고, 그 작대기를 (땅에) 꽂고 김을 매었다.

【집주】

丈人 亦隱者 蓧 竹器 分 辨也 五穀不分 猶言不辨菽麥爾

장인 또한 은자이다. '조'는 대나무 그릇이다. '분'은 가리는 것이다. '5곡을 구분하지 못한다'는 것은 '콩과 보리를 구분하지 못한다(숙맥이다)'라는 말과 같다.

【세주】

左傳 成公十八年 晉 欒書 中行偃 使程滑弑厲公 使荀罃士魴 逆周子於京師而立之 悼公 周也 生十四年矣 周子 有兄無慧 不能辨菽麥 故 不可立 菽 大豆也 豆麥 殊形易別 故 以爲痴者之候 不慧 蓋 世所謂曰痴

『(춘추)좌전』에 다음과 같이 나와 있다. 성공 18년, 진나라의 난서와 중행언은 정활을 시켜 여공을 시해하고, 순악과 사방을 시켜 수도로부터 주자를 맞이하게 해 세웠다. 도공이 (이) 주자인데, 나이 14세였다. 주자에게는 형 무혜가 있었는데 콩과 보리를 구분하지 못했기에 세울 수 없었다. 〈숙은 대두이다. 콩과 보리는 형태가 달라 쉽게 구분된다. 그런 까닭에 (구분 못하는 것은) 바보의 징표가 된다. 불혜는 대개 세상에서 말하는 이른바 바보였다.〉

【집주】

責其不事農業 而從師遠遊也 植 立之也 芸 去上聲草也

농업을 일삼지 않고 스승을 따라 멀리 돌아다니는 것을 꾸짖은 것이다. '식'은 세우는 것이다. '운'은 풀을 제거하는 것이다.

18.7-2 子路 拱而立

자로가 두 손을 맞잡고 서 있자,

【집주】

知其隱者 敬之也

은자임을 알고 존경한 것이다.

18.7-3 止子路宿 殺雞爲黍而食之 見其二子焉 明日 子路 行以告 子曰 隱者也 使子路反見之 至則行矣 食音嗣 見賢遍反

자로를 머물러 자게 해 닭을 잡고 기장밥을 해 먹이고, 두 아들을 (자로에게) 뵙게 했다. 다음 날, 자로가 가서 말씀드리자 공자께서 말씀하시기를 "은자로구나"라 하셨다. 자로로 하여금 돌아가 만나게 했는데, 가보니 떠나고 없었다.

【집주】

孔子 使子路反見之 蓋 欲告之以君臣之義 而丈人 意子路必將復扶

又反來 故 先去之 以滅其跡 亦接輿之意也

공자께서 자로로 하여금 돌아가 만나게 하신 것은 대개 군신의 의리를 알려주려 하신 것인데, 장인은 자로가 틀림없이 돌아올 것이라 생각했던 까닭에 먼저 떠나 그 종적을 없앴으니, 또한 접여의 뜻(본 편 5장)과 같다.

18.7-4 子路曰 不仕無義 長幼之節 不可廢也 君臣之義 如之何其廢之 欲潔其身而亂大倫 君子之仕也 行其義也 道之不行 已知之矣 長上聲

자로가 말했다. 벼슬하지 않는 것은 의가 없는 것이다. 장유의 예절도 폐할 수 없는데 군신의 의를 어찌 폐하겠는가. 그 몸을 깨끗이 하려 하지만 큰 윤리는 어지럽히는구나. 군자가 벼슬하는 것은 그 의를 행하는 것이다. 도가 행해지지 않을 줄은 이미 알고 있다.

【집주】

子路 述夫子之意 如此

자로가 공자의 뜻을 이처럼 서술했다.

【세주】

慶源輔氏曰 夫子 所以使子路反見之 豈徒然哉 必有以也 而丈人 絶人逃世 藐然不復知有君臣之義 則夫子之欲告之 宜莫先於此也 觀子路所述夫子之意 固可見矣

경원 보씨가 말했다. 공자께서 자로로 하여금 돌아가 만나게 하신 것이 어찌 그냥 그런 것이겠는가. 틀림없이 이유가 있었을 것이다. 장인은 사람을 끊고 세상을 피해 까마득히 다시는 군신의 의가 있다는 것을 알지 못했으니, 공자께서 알려주려 하신 것은 당연히 이(군신지의)보다 앞서는 것이 없었다. 자로가 서술한 공자의 뜻을 보면 (그것을 알려주려 하셨음을) 진정 알 수 있다.

○趙氏曰 子路所言 雖未可卽以爲夫子之語 然 使之反見 則必授以見之之意矣 故 知其述夫子之意 無疑也

조씨가 말했다. 자로가 말한 것이 비록 곧바로 공자의 말씀이라고 할 수는 없지만, 그러나 돌아가 만나게 하셨으니 틀림없이 그를 만나고자 하신 뜻을 (자로에게) 주셨을 것이다. 그러므로 그것이 공자의 뜻을 서술한 것임에 틀림없음을 알겠다.

【집주】

蓋 丈人之接子路 甚倨居御反 而子路 益恭

대개 장인이 자로를 만나 심히 거만했지만 자로는 더욱 공손했다.

【세주】

慶源輔氏曰 此 亦子路學力之所至

경원 보씨가 말했다. 이 또한 자로의 배움의 힘이 도달한 것이다.

【집주】

丈人 因見其二子焉 則於長幼之節 固知其不可廢矣 故 因其所明 以曉之 倫 序也 人之大倫 有五 父子有親 君臣有義 夫婦有別 長幼有序 朋友有信 是也

장인이 이로 인해 그 두 아들을 뵙게 했으니 장유의 예절에 관해서는 본디 폐할 수 없는 것임을 알고 있었던 것이다. 그런 까닭에 그 밝은(잘 알고 있는) 바를 가지고 깨닫게 한 것이다. '윤'은 질서이다. 사람의 큰 윤리는 다섯인데, 부자유친, 군신유의, 부부유별, 장유유서, 붕우유신이 그것이다.

【세주】

新安陳氏曰 大倫 備於五者 此所謂 潔身而亂大倫 只是說廢君臣之大倫

신안 진씨가 말했다. 대륜은 다섯 가지에 다 갖추어져 있다. 여기서 말한 '몸을 깨끗이 하지만 대륜을 어지럽힌다'는 것은 다만 군신의 대륜을 폐했음을 말한 것일 뿐이다.

【집주】

仕 所以行君臣之義 故 雖知道之不行 而不可廢 然 謂之義 則事之可否 身之去就 亦自有不可苟者 是以 雖不潔身以亂倫 亦非忘義以徇祿也

벼슬하는 것은 군신의 의를 행하려는 것이다. 그러므로 비록 도가 행해지지 않을 것을 알더라도 폐할 수 없다. 그러나 '의'라 했으니, 일의 가부와 몸의 거취 또한 그 자체로 구차스럽게 할 수 없는 것이 있다. 이런 까닭에 비록 몸을 깨끗이 하느라 윤리를 어지럽히지는 않지만(자신의 깨끗함을 위해 군신의 의를 저버리지는 않지만), (군신의 의를 살려 벼슬한다 해서) 또한 의를 잊고 봉록을 좇지는 않는 것이다.

【세주】

新安陳氏曰 潔身亂倫 沮溺丈人之儔 過乎中庸者也 忘義徇祿 苟仕饕富貴之徒 不及乎中庸者也

신안 진씨가 말했다. 몸을 깨끗이 하느라 윤리를 어지럽히는 것은 장저 걸닉의 무리가 중용을 넘어선 것이고, 의를 잊고 봉록을 좇는 것은 구차스럽게 벼슬해 부귀를 탐하는 무리들이 중용에 미치지 못한 것이다.

【집주】

福州 有國初時寫本 路下 有反子二字

복주에 국초의 사본이 있었는데, '로' 자 아래에 '반자' 두 글자가 있었다('子路

反 子曰'이라고 되어 있었다).

【세주】

新安陳氏曰 朱子 嘗爲福之同安簿 意必自見此寫本也

신안 진씨가 말했다. 주자는 일찍이 복주 동안현의 주부였으니, 아마도 틀림없이 이 사본을 자신이 (직접) 보았을 것이다.

【집주】

以此爲子路反而夫子言之也 未知是否

이로써 '자로가 돌아오자 공자께서 그에게 말씀하셨다'라는 뜻이 되는데, 옳은지 그른지는 모르겠다.

【세주】

問 集註云 仕所以行義 末云 亦非忘義以狥祿 似是兩意 朱子曰 只是一意 纔說義 便是總去就都說 道合則從 不合則去 卽是此義 惟是出仕 方見得 不仕 便無了這義 聖人憂世之心 固是急欲得君行道 到靈公問陳 遂行 景公不能用 又行 桓子受女樂 又行 無一而非義

물었다. 집주에는 '벼슬하는 것은 의를 행하려는 것'이라 하고, 또 끝에는 '또한 의를 잊고 봉록을 좇지는 않는 것이다'라 했으니 두 뜻(모순되는 두 가지 뜻)인 것 같습니다. 주자가 답했다. 다만 한 뜻일 뿐이다. '의(군신지의)'라고 하기만 하면 곧 거취(떠나는 것과 벼슬하는 것)를 합쳐서 다 말하는 것이다. 도가 합치하면 따르고 합치하지 않으면 떠나는 것이 곧 이 의이다. 오직 출사해야만 비로소 [합치하는지 아닌지] 알 수 있고, 출사하지 않으면 이 의는 전혀 없게 된다. 성인의 세상을 걱정하시는 마음은 본디 (섬겨 벼슬할) 임금을 얻어 도를 행하는 데 급하셨지만, 영공이 군진을 묻자 마침내 떠나시고, 경공이 쓰지 못하자 또 떠나시고, 환자가 여자 악사를 받자 또 떠나셨으니, 하나라도 의 아닌 것이 없었다.

○或問 道之不行矣 而徒仕 可乎 曰 仕 所以行義也 義 則有可不可矣 義合而從 則道 固不患於不行 不合而去 則道 雖不行 而義 亦未嘗廢也 是以 君子 雖知道之不行 而未嘗不仕 然 亦未嘗懷私徇祿而苟於仕也 由此觀之 道義之未嘗相離 亦可見矣

혹자가 물었다. 도가 행해지지 않는데 헛되이 벼슬하는 것이 옳습니까? 답했다. 벼슬하는 것은 의를 행하려는 것이다. 의에는 되는 것도 있고 안 되는 것도 있다. 의와 합치해 따르는 경우는 본디 도가 행해지지 않을 우려가 없고, 합치하지 않아 떠나는 경우는 도는 비록 행해지지 않았지만 의는 또한 폐하지 않은 것이다. 이런 까닭에 군자는 비록 도가 행해지지 않을 것을 알더라도 벼슬하지 않는 경우가 없다. 그러나 또한 사사로운 마음을 품고 봉록을 좇아 구차하게 벼슬하는 경우도 없다. 이로써 보건대, 도와 의는 일찍이 서로 분리된 적이 없음을 또한 알 수 있다.

○君子之仕也 行其義也 義 便有進退去就在裏 如丈人 直是截斷 只見一邊

군자가 벼슬하는 것은 그 의를 행하는 것이다. 의에는 진과 퇴, 거와 취가 그 안에 있다. 장인의 경우는 곧바로 자르고 끊었으니 다만 한 측면(진퇴거취 중 퇴와 거)만 본 것이다.

○南軒張氏曰 丈人見二子 是長幼之節 不可得而廢也 旣不可廢 則夫君臣之義 又烏得而廢之乎 彼 蓋 欲潔其身 而不知亂倫之害於人道 爲大也 君子之仕 豈爲他哉 行吾義而已 道之不行 君子 豈不知乎 而汲汲於斯世者 固有不可以已者也

남헌 장씨가 말했다. 장인이 두 아들을 뵙게 한 것은 장유의 예절을 폐할 수 없기 때문이다. 이미 (장유의 예절을) 폐할 수 없다면 저 군신의 의 또한 어찌 폐할 수 있겠는가? 그는 대개 그 몸을 깨끗이 하고자 했지만 윤리를 어지럽히는 것이 사람의 도리를 해치는 것이 크다는 것을 몰랐다. 군자가 벼슬하는 것이 어찌 다른 것 때문이겠는가, 내 의를 행하려는 것일 뿐이다. 도가 행해지지 않을 줄 군자가 어찌 모르겠는가마는, 이 세상에 급급한 것은 본디 그만두어서는 안 되는 것이 있기 때문이다.

○慶源輔氏曰 丈人之接子路 雖倨 而子路 益恭 丈人 因見其二子 蓋 因子路之 敬長 有以感發其心 而知長幼之節 不可廢耳 夫長幼之節 君臣之義 皆天敍之典 人之所不能無也 丈人 知長幼之節不可廢 而不知君臣之義不可廢 是其心 必有 所蔽 故 一得一失 或明或暗 而不自知其然也 聖人 於此 因其所明而曉之

경원 보씨가 말했다. 장인이 자로를 대우한 것은 비록 거만했지만 자로는 더욱 공손했다. 장인이 이로 인해 그 두 아들을 뵙게 했는데, 대개 자로의 어른 공경함으로 말미암아 그 마음을 감격시킨 것이 있어 장유의 예절은 폐할 수 없다는 것을 알았기 때문일 뿐이다. 무릇 장유의 예절이나 군신의 의 모두 하늘이 정한 질서의 법칙이고, 사람에게 없을 수 없는 것이다. 장인은 장유의 예절을 폐할 수 없다는 것은 알면서도 군신의 의가 폐할 수 없는 것임은 몰랐으니 그 마음은 필시 가려진 것이 있었을 것이다. 그런 까닭에 하나는 얻고 하나는 잃었으며, 어떤 것은 밝고 어떤 것은 어두웠는데도 스스로는 그런 줄 알지 못했다. 이에 성인께서는 그 밝은 바에 근거해 (어두운 점을) 밝혀주셨다.

○君臣之義 雖本乎天 而具乎我者也 道 雖存乎我 而其行止 則繫乎天者也 具乎我者 不可廢 而繫乎天者 則非敢必也 故 孔子 雖卒老於行 而終不敢深藏固閉以自潔 而廢君臣之義 然 義之爲言 宜也 旣曰義 則事 便有可否 身 便有去就 可則就之 否則去之 固有截然不可移易者 故 聖人之法 君子之行 旣不可以潔身而亂倫 如隱者之爲 亦不可以忘義而狥祿 如世俗之仕者也

군신의 의는 비록 하늘에 근본을 두지만 나에게 갖추어져 있는 것이다. 도는 비록 나에게 보존되어 있는 것이지만 그 행함과 그침은 하늘에 달려 있는 것이다. 나에게 갖추어진 것은 폐할 수 없지만 하늘에 달려 있는 것은 감히 꼭 그렇게 되기를 바랄 수 있는 것이 아니다. 그런 까닭에 공자께서는 비록 돌아다니시느라 마침내 늙으셨지만 끝내 감히 깊이 숨고 단단히 닫아 스스로를 깨끗이 해 군신의 의를 폐하지는 않으셨다. 그러나 의의 말뜻은 '마땅함'이다. 이미 '의'라 했으니 일에는 가부가 있고(의리상 해서 되는 일과 안 되는 일이 있고) 몸에는 거취가 있다(의리상 자신이 벼슬하러 나가거나 떠나야 하는 경우가 있다). 가하면 나아가고 아니면 떠나는 것으로, 본디 자른 듯이 옮기거나 바꿀 수 없는 점이 있다. 그러므로 성인의 법도와 군자의 행실에 있어서, 은자의 행위처럼 몸을 깨끗이 하느라 윤리를 어지럽히는 것은 원래 안 되지만, 또한 세속의 벼슬하는 자처럼 의를 잊고 봉록을 좇는 것 또한 안 된다.

○雙峯饒氏曰 前章說 天下有道 不與易 可見聖人救世之仁 此章說 君臣之倫 不可廢 可見聖人出仕之義 問 行其義 與道之不行 道義 如何分 曰 只一般 道 指全體言 義 指一事言 如父子親 君臣義 至朋友信 總言 皆道也 聖人之道 行於天下 則人人 共由此道 如義 只是君臣有義一件而已 然 道 必遇賢君而後行 義 則是我自家行底 孔子 雖知當時道之不行 而自家却不可不行其義

쌍봉 요씨가 말했다. 앞 장에서는 '천하에 도가 있으면 더불어 바꿀 필요가 없다'라 하셨으니 성인의 세상을 구제하시려는 인을 볼 수 있고, 이 장에서는 '군신의 윤리는 폐할 수 없다'라 하셨으니 성인의 벼슬하시는 의를 볼 수 있다. 물었다. '그 의를 행한다'는 것과 '도가 행해지지 않는다'는 것에서 도와 의는 어떻게 구분됩니까? 답했다. 다만 마찬가지일 뿐이다. 도는 전체를 가리켜 하는 말이고, 의는 한 가지 일을 가리켜 하는 말이다. 예컨대 부자유친, 군신유의, 붕우유신에 이르기까지 합쳐서 말하면 모두 도이다. 성인의 도가 천하에 행해지면 모든 사람은 다 같이 이 도로 말미암는다(모든 행동을 이 도에 의거해 한다). 의는 다만 군신유의 한 건일 뿐이다(의는 5륜 중 군신유의에만 해당된다). 그러나 도는 반드시 현명한 군주를 만난 다음에야 행해지지만, 의는 내 스스로 행하는 것이다. 공자께서는 비록 당시에 도가 행해지지 않을 줄 아셨지만 스스로는 오히려 그 의를 행하지 않을 수 없으셨다.

【집주】
○范氏曰 隱者 爲高 故 往而不返 仕者 爲通 故 溺而不止 不與鳥獸同群 則決性命之情以饕富貴

범씨가 말했다. 은자는 고상하려 하기 때문에 가서 돌아오지 않고, 벼슬하는 자는 통달[현달]하려 하기 때문에 (부귀에) 빠져서 그치지 않으니, 새나 짐승과 함께 무리지어 살거나(은자), 그렇지 않으면 성명의 정(하늘이 부여한 본성의 발현)을 무너뜨려 부귀를 탐한다(벼슬하는 자).

【세주】

莊子 騈拇篇 不仁之人 決性命之情 而饕富貴 決 破壞也 貪財 曰饕

『장자(외편)』, 「변무」편에 "불인한 사람은 성명의 정을 무너뜨리고 부귀를 탐한다"라 했다. 〈'결'은 파괴하는 것이다. 재물을 탐하는 것을 '도'라 한다.〉

○雙峯饒氏曰 爲 是作爲之爲 隱者 專要做那高尙底事 所以 甘於長往而不返 仕者 專要做那通達底事 所以 溺於下流而不止也 爲高者 絶物忘世 爲通者 患得患失 二者 皆非中道 決 如決水 壞了隄防 便走了水 性 原於命 發爲情 皆天理發見出來者 所以 謂之性命之情 若心貪溺於富貴 必壞了性所發爲四端之情 如決去水之隄防 如何留得水住

쌍봉 요씨가 말했다. '위'는 '작위한다'라 할 때의 위이다. 은자는 오로지 저 고상한 일만 하려 하기 때문에 멀리 가는 것을 달게 여기고 돌아오지 않는다. 벼슬하는 자는 오로지 저 통달하는 일을 하려 하기 때문에 하류(비천한 풍조)에 빠져 그치지 않는다. 고상하려 하는 자는 사물을 끊고 세상을 잊으며, 통달하려 하는 자는 얻는 것을 걱정하고 잃는 것을 걱정한다. 두 경우는 모두 중도가 아니다. '결'은 '결쉬둑 터진 물'라 할 때(의 결)처럼, 제방을 무너뜨려 물을 달리게 하는 것이다. 성은 명(천명)에 근원하고 발현되면 정이 되니, 모두 천리가 발현되어 나온 것이다. 그러므로 그것을 '성명의 정'이라 한다. 만약 마음이 부귀를 탐닉하면 반드시 '성이 발현되어 이루어진 4단의 정'을 파괴할 것이니, 마치 물의 제방을 무너뜨린 것처럼 어찌 물을 멈추어 머무르게 할 수 있겠는가.

【집주】

此二者 皆惑也 是以 依乎中庸者 爲難 惟聖人 不廢君臣之義不潔身以亂倫 而必以其正不忘義而狥祿 所以 或出或處上聲 而終不離去聲於道也 道卽中庸之道

이 두 경우는 모두 미혹된 것이다. 이런 까닭에 중용에 의거하는 것은 어렵다. 오직 성인만이 군신의 의를 폐하지 않으면서도 〈몸을 깨끗이 하느라 윤리를 어지럽히지는 않는다.〉 반드시 그 바른 방식으로 하신다. 〈의를 잊고 봉록을 좇지는 않는다.〉 그러므로 혹은 (벼슬하러) 나가거나 혹은 (벼슬하지 않고) 머물거나 하시더라도 끝내 도에서 떠나지 않으신다. 〈도란 곧 중용의 도이다.〉

【세주】

○問 接輿 歌而過孔子 蓋 欲以諷切孔子 孔子 欲與言之 則趨而避之 孔子 使子路問津於長沮桀溺 固將有以發之 而二人 不答所問 傲然有非笑孔子之意 至於荷蓧丈人 知子路之賢 則止子路宿 殺雞爲黍而食之 見其二子焉 其親之厚之如此 孔子 使子路反見之 則先去而不願見矣 數子者 若謂其無德而隱 則伴狂耕耘以避亂世 澹然不以富貴利達動其心 而確然自信不移 若有所得者 若謂其無故而隱 則危邦濁世 道旣不行 亦未見其必可以仕也 特其道 止於歸潔其身 而不知聖人所謂仕止久速者 知所謂無可者矣 而未知所謂無不可者也 故 其規模氣象 不若聖人之正大 若以索隱行怪視之 愚意未知是否 朱子曰 無道而隱 如蘧伯玉柳下惠 可也 被髮伴狂 則行怪矣 沮溺荷蓧 亦非中行之士也

물었다. 접여는 노래하며 공자를 지나갔는데 대개 공자를 풍자하고자 한 것입니다. 공자께서는 더불어 말씀하시려 하셨는데 내달려 피했습니다. 공자께서 자로를 시켜 장저와 걸닉에게 나루를 물어보게 하신 것은 본디 장차 말씀하실 것이 있었기 때문인데, 두 사람은 묻는 데 답하지 않고 오만하게 공자를 비웃는 뜻이 있었습니다. 삼태기를 진 장인의 경우는 자로가 현명하다는 것을 알고 자로를 머물러 자게 하고 닭을 잡고 기장밥을 지어 먹이고 두 아들로 하여금 뵙게 했으니, 그 친하고 후하게 대접한 것이 이와 같았습니다. 공자께서 자로로 하여금 돌아가 만나게 하셨으나 벌써 떠나 만나기를 원하지 않았습니다. 이 몇 사람들이 만약 (세상에) 덕이 없기 때문에 숨은 것이라 하면, 거짓 미친 척하고, 밭 갈고 김맴으로써 난세를 피해 담담하게 부귀, 이익, 현달에 마음이 흔들리지 않고 확고히 스스로 믿어 (그 뜻을) 바꾸지 않은 것이니, 얻은(깨달은) 것이 있는 것 같습니다. 만약 까닭없이 숨은 것이라 하면 위태로운 나라, 흐린 세상에 도가 이미 행해지지 않더라도 반드시 벼슬할 수 있다는 것은 알지 못해, 다만 그 도는 그 몸을 깨끗이 하는 데 그치고 이른바 성인의 '벼슬하거나 그만두거나 오래 계시거나 빨리 떠나시거나(모두 합당하심)'라는 것을 알지 못한 것으로, 소위 '무가(가한 것도 없고)'는 알고 '무불가(불가한 것도 없음)'는 알지 못했습니다. 그러므로 그 규모와 기상은 성인의 정대하심만 못했습니다. 만약 (이들을) '숨은 것을 찾고 괴상한 행동을 하는 자로 보면 (어떠할런지), 제 생각이 옳은지 그른지 모르겠습니다. 주자가 답했다. (세상에) 도가 없어서 숨은 것은 예컨대 거백옥이나 유하혜의 경우는 그렇다고 할 수 있지만, 머리를 풀어헤치고 거짓 미친 척하는 것은 괴상하게 행동하는 것이다. 장저와 걸닉과 하조는 또한 중행(중도를 행함)의 선비는 아니다.

○ 勉齋黃氏曰 列接輿以下三章 於孔子行之後 以明夫子 雖不合而去 然 亦未嘗恝然忘世 所以爲聖人之出處也 然 卽三章讀之 見此四子者 律以聖人之中道 則誠不爲無病 然 味其言 觀其容止 以想見其爲人 其淸風高節 猶使人起敬起慕 彼於聖人 猶有所不滿於心如此 則其視世之貪利祿而不知止者 不啻若犬彘耳 是豈非當世之賢而特立者歟 以子路之行行 而拱立丈人之側 若子弟然 豈非其眞可敬故歟 嘗謂 若四人者 惟夫子然後 可以議其不合於中道 未至夫子者 未可以妄議也 貪祿嗜利之徒 求以自便其私 亦借四子而詆之 欲以見其不可不仕 多見其不知量也

면재 황씨가 말했다. 접여 이하 세 장(본 편 5, 6, 7장)을 공자의 떠나신 일(본 편 3, 4장)의 뒤에 나열함으로써, 공자께서 비록 맞지 않아 떠나시더라도 또한 일찍이 냉정하게 세상을 잊으신 적은 없는 것이 성인의 나감과 머무름이라는 것을 밝혔다. 그러나 지금 세 장을 읽어보건대, 이 네 사람을 성인의 중도로써 기준을 삼아 따져보면 참으로 아무 병통이 없다고는 할 수 없다. 그러나 그 말을 감상해보고 그 행동을 살펴보아 그 사람됨을 상상해본다면, 그 맑은 풍모와 고상한 절개는 오히려 사람으로 하여금 존경과 흠모를 일으키게 한다. 그들은 성인에 대해서도 오히려 이처럼 마음에 만족스럽지 않은 것이 있었으니, 세상의 이익과 봉록을 탐해 그칠 줄 모르는 자들 보기를 마치 개돼지만도 못하게 보았을 것이다. 이 어찌 당세의 현자로서 우뚝 선 자가 아니랴. 자로의 항항함(강경함)으로서도 장인 옆에 두 손을 맞잡고 서 있기를 마치 자식이나 동생처럼 했으니 어찌 진정으로 존경할 만했기 때문이 아니랴.

(내가) 일찍이 생각건대, 네 사람에 대해, 오직 공자 같은 다음이라야 중도에 맞지 않다고 논할 수 있는 것이지, 공자에 미치지 못하는 자는 망령되이 그렇게 논할 수 없다. 봉록을 탐하고 이익을 좋아하는 무리는 자신의 사사로운 이익에 따라 마음대로 하기를 바라, 또한 이 네 사람을 (핑곗거리로) 빌려 비방함으로써 벼슬하지 않을 수 없음을 보여주려 하지만, (자신의) 역량을 모른다는 것을 드러내는 경우가 많다.

○雙峯饒氏曰 勉齋此段 發集註之未發 四子 皆賢人 他 纔見世亂 便以避世爲高 是甚次第 但孔子之意 則又謂 當此世 若人人如此避世 天下誰與治者 故 不得不行其義 勉齋又嘗云 在今日 救世之道 正當扶起沮溺等人 此 眞名言

쌍봉 요씨가 말했다. 면재의 이 문단은 집주에서 밝히지 못한 것을 밝힌 것이다. 네 사람은 모두 현인인데, 그들은 세상이 어지러운 것을 보자마자 곧 세상 피하는 것을 고상한 것이라 생각했으니, 어떤 등급(수준)인가? 다만, 공자의 생각은 또 '이런 세상을 만나 만약 모든 사람이 이처럼 세상을 피한다면 천하는 누구와 더불어 다스릴 것인가, 그러니 그 의를 행하지 않을 수 없다'라고 하신 것이다. 면재는 또 일찍이 말하기를 "오늘날에 있어서 세상을 구하는 도리는 바로 마땅히 장저와 걸닉 같은 사람들을 (세상사에 참여하도록) 붙들어 일으키는 일이다"라 했는데, 이는 진정 명언이다.

○雲峯胡氏曰 接輿 沮溺 丈人章 首冠以楚狂二字 皆楚之狂者也 狂者 志行之過 集註 此篇之末謂 夫子於此四人 有惓惓接引之意 在陳之歎 蓋 亦如此 然 魯之狂士 何幸 而得在聖人陶冶之中 楚之狂者 又何不幸 而自棄於聖人造化之外也哉

운봉 호씨가 말했다. 접여와 장저 걸닉, 장인의 장(본 편 5, 6, 7장)의 첫머리에는 '초광(초나라 광인)'이라는 두 글자를 썼으니 (이들은) 모두 초나라의 광자들이다. 광자는 뜻과 행동이 지나친 자이다. 집주에서는 이 편의 끝에 '공자께서는 이 네 사람에 대해 간절하게 끌어당기려는 뜻이 있으셨다. 진나라에서의 탄식(고향의 제자들에게로 돌아가자는 탄식.『논어』5,「공야장」21장)도 대개 또한 이와 같은 것이다'라 했다. 그러나 노나라의 광사들은 무슨 행

283

운으로 성인께서 도야해주시는 가운데에 있을 수 있었던 것이며, 초나라의 광자들은 또 무슨 불행으로 성인의 조화(만물을 화육함)의 밖으로 스스로를 내던졌던 것일까.

18.8-1 逸民 伯夷 叔齊 虞仲 夷逸 朱張 柳下惠 少連

少 去聲 下同

일민은 백이 숙제 우중 이일 주장 유하혜 소련이다.

【집주】

逸 遺 逸民者 無位之稱 虞仲 卽仲雍 與泰伯同竄荊蠻者 夷逸朱張 不見形甸反 下同經傳去聲 少連 東夷人

'일'은 버려진 것이다. '일민'이란 지위가 없는 자를 말한다. 우중은 곧 중옹이니 태백과 함께 형만으로 숨은 자이다. 이일과 주장은 경전에 나오지 않는다. 소련은 동이 사람이다.

18.8-2 子曰 不降其志 不辱其身 伯夷叔齊與 與 平聲

공자께서 말씀하셨다. 그 뜻을 낮추지 않고 그 몸을 욕보이지 않은 것은 백이와 숙제이다.

【세주】

新安陳氏曰 非其君 不事 不降志 可見 不立惡人之朝 不辱身 可見

신안 진씨가 말했다. 그 (마땅한) 임금이 아니면 섬기지 않았으니 뜻을 낮추지 않았음을 알 수 있고, 악인의 조정에는 서지 않았으니 그 몸을 욕보이지 않았음을 알 수 있다.

18.8-3 謂柳下惠少連 降志辱身矣 言中倫 行中慮 其斯而已矣 中 去聲 下同

유하혜와 소련에 대해서는, 뜻을 낮추고 몸을 욕보였다 하겠다. 말은 윤리에 맞았고, 행동은 사려에 맞았지만, 그것뿐이었다.

【집주】

柳下惠 事見上

유하혜의 일은 앞에 나왔다.

【세주】

李氏曰 惠 不辭小官 降志也 不羞汚君 辱身也

이씨가 말했다. 혜는 작은 관직을 사양하지 않았으니 뜻을 낮춘 것이다. 더러운 임금(섬기기)을 부끄러워하지 않았으니 몸을 욕보인 것이다.

【집주】

倫 義理之次第也 慮 思慮也 中慮 言有意義 合人心 少連 事不可考 然 記 稱其善居喪 三日不怠 三月不解 居隘反 朞悲哀 三年憂

'윤'은 의리의 순서이다. '여'는 사려이다. '중려(사려에 맞음)'는 의의(올바른 생각)가 있어 인심에 합치한다는 말이다. 소련의 일은 고찰할 수 없다. 그러나 『예기』에 "상을 잘 치렀으니, 사흘간 태만하지 않았고, 석달간 해이하지 않았으며, 1년간 비통히 슬퍼했고, 3년간 시름했다"라 했다.

【세주】

記 雜記下 孔子曰 少連 大連 善居喪 三日不怠 三月不解 朞悲哀 三年憂 東夷之

子也 言其生於夷狄 而知禮也

『예기』, 「잡기 하」에 "공자께서 말씀하시기를 '소련과 대련은 상을 잘 치렀다. 사흘간 태만하지 않았고, 석달간 해이하지 않았으며, 1년간 비통히 슬퍼했고, 3년간 시름했다. 동이의 아들이다'라 하셨다"라 했다. 〈오랑캐 사회에서 났으나 예를 알았다는 말이다.〉

【집주】

則行之中慮 亦可見矣

그러니 행동이 사려에 맞았음을 또한 알 수 있다.

【세주】

慶源輔氏曰 慮 對倫而言 倫 是義理之次第 則慮 亦人之正思慮也 中倫 謂所言合倫理 中慮 謂所行當人心 人心 乃人之公心 卽義理所在也 或以爲中我之思慮者 誤矣

경원 보씨가 말했다. '여'는 '윤'에 대응해 말한 것이다. '윤'이 [객관적인] 의리의 순서라면 '여'는 또한 [주관적인] 사람의 바른 사려이다. '중륜(윤리에 맞음)'은 말하는 것이 윤리에 합치한다는 말이고, '중려(사려에 맞음)'는 행동이 인심에 합당하다는 말이다. 인심은 곧 사람의 공적 마음이니, 의리가 존재하는 곳이다. 혹자는 (중려를) '나의 사려에 맞음[내 마음에 듦]'이라 하는데, 잘못이다.

○雙峯饒氏曰 降志辱身 行似卑汚 但其言中倫 行中慮 異乎他人之降志辱身 所可取者 如此而已矣 使不中倫慮 則降志辱身 便不好了

쌍봉 요씨가 말했다. 뜻을 낮추고 몸을 욕보였으니 행동이 천하고 더러운 것 같지만, 그러나 그 말은 윤리에 맞고 행동은 사려에 맞았으니 다른 사람들의 뜻 낮추고 몸 욕보이는 것과는 달랐다. 취할 만한 것은 이런 것뿐이었다. 만약 윤리와 사려에 맞지 않다면 뜻을 낮추고 몸을 욕보이는 것은 곧 좋지 않은 것이다.

18.8-4 謂虞仲夷逸 隱居放言 身中清 廢中權

우중과 이일에 대해서는, 숨어 지내면서 거리낌 없이 말했지만 몸은 맑음에 맞고 못 쓰이게 한 것은 권도에 맞다 하겠다.

【집주】

仲雍居吳 斷髮短髮文身 裸力果反以爲飾

중옹은 오나라에 거주하면서 머리를 자르고 몸에 문신을 해, 벗은 몸을[옷을 벗어 문신을 드러냄으로써] 장식으로 삼았다.

【세주】

左傳 哀公七年 子貢曰 太伯 端委以治周禮 仲雍 嗣之 斷髮文身 臝以爲飾

『(춘추)좌전』에 다음과 같이 나와 있다. 애공 7년 (하), 자공이 말하기를 "태백은 현단복과 위모를 입고 주나라의 예를 행했다. 중옹이 뒤를 이었는데, (태백과 달리) 머리를 자르고 문신을 해 나신을 장식으로 삼았다"라 했다.

【집주】

隱居獨善 合乎道之淸 放言自廢 合乎道之權

숨어 지내면서 홀로 선했으니 도의 청(도의 맑음이라는 측면)에 합치하고, 거리낌 없이 말해 자신을 못 쓰이게 했으니 도의 권(도의 시의적절함이라는 측면)에 합치한다.

【세주】

慶源輔氏曰 仲雍 退處句吳 以獨善其身 所以 合乎道之淸 淸 卽伯夷之淸也 放言自示其不可用 所以 合乎道之權 放言 雖無所考 然 觀其斷髮文身之爲 則放言自廢 固宜有之

경원 보씨가 말했다. 중옹이 물러나 구오에 살면서 홀로 그 몸을 선하게 했으니 도의 맑음에 합치한다. 맑음이란 곧 백이의 맑음이다. 거리낌 없이 말해 스스로 등용될 수 없음을 보였으니 도의 권(권도)에 합치한다. 말을 거리낌 없이 한 일은 비록 고찰할 수 없으나, 머리를 자르고 몸에 문신을 한 행동을 보면 거리낌 없이 말해 자신을 못 쓰이게 한 일은 본디 당연히 있었을 것이다.

○雙峯饒氏曰 中淸中權 是合道理底淸權 故 集註 皆以合道釋之

쌍봉 요씨가 말했다. 청에 맞고 권에 맞는다고 할 때의 청과 권은 도리에 합치하는 청과 권이다. 그러므로 집주에서는 모두 도에 합치한다고 해석했다.

18.8-5 我則異於是 無可無不可

나는 이와 다르니, 가한 것(꼭 해야 하는 것)도 없고 불가한 것(해서는 안 되는 것)도 없다.

【집주】

孟子曰 孔子 可以仕 則仕 可以止 則止 可以久 則久 可以速 則速 所謂無可無不可也

맹자가 "공자는 벼슬할 만하면 벼슬하시고, 그만둘 만하면 그만두셨다. 오래 계실 만하면 오래 계시고, 빨리 떠날 만하면 빨리 떠나셨다(『맹자』3, 「공손추 상」 2장)"라 한 것이 소위 '가한 것도 없고 불가한 것도 없음'이다.

【세주】

南軒張氏曰 無可者 不以可爲主也 無不可者 不以不可爲主也 夫子之心 當可 則可 當不可 則不可 其曰無者 言其不存乎心也 若夷齊之心 則未免有不可 下惠少連 則未免有可也

남헌 장씨가 말했다. '가한 것도 없다'는 것은 가함을 주로 삼지 않는 것이다. '불가한 것도 없다'는 것은 불가함을 주로 삼지 않는 것이다. 공자의 마음에, 가한 것이 마땅하면 가하다 여기시고, 불가한 것이 마땅하면 불가하다 여기셨으니, '~도 없다'라 하신 것은 마음에 두지 않는다는 말씀이다. 백이 숙제의 마음의 경우는 '불가함(꼭 하지 말아야 하는 것)이 있음'을 면하지 못했고, 유하혜와 소련은 '가함(꼭 해야 하는 것)이 있음'을 면하지 못했다.

○致堂胡氏曰 無可無不可 以五字成文 當渾全以會其意 不當分析以求其義 設有人焉 絶世離俗 無一可者 有是理乎 行之而善 亦孤介一隅之士耳 設有人焉 和光同塵 無一不可者 有是理乎 行之而善 亦委隨苟合之人耳 聖人 無可而無不可 則非固也 聖人 無不可而無可 則非流也 言之如平常 行之實未易 聖人 從容中道 無所偏倚 德盛仁熟 自然發諸言語者 如此

치당 호씨가 말했다. '무가부불가(가한 것도 없고 불가한 것도 없다)' 이 다섯 글자로 문장을 이루었으니 마땅히 전체로서 그 뜻을 이해해야지, 나누어서 그 뜻을 구해서는 안 된다. 만약 어떤 사람이 세상과 절연하고 속세를 떠나 가한 것(해야 하는 것)이 하나도 없다 하자. 이런 이치가 있겠는가? 그렇게 행해 선하다고 해도 또한 한 귀퉁이의 고독한 선비일 뿐이다. 만약 어떤 사람이 화광동진(여러 가지 빛을 섞고 세속의 먼지를 함께함, 즉 속세에 섞여 삶)해 불가한 것이 하나도 없다 하자. 이런 이치가 있겠는가? 그렇게 행해 선하다고 해도 또한 굽히고 따라 구차하게 영합하는 사람일 뿐이다. 성인께서는 가한 것이 없지만 불가한 것도 없으시니 고집함이 아니다. 성인께서는 불가한 것이 없지만 가한 것도 없으시니 영합함이 아니다. 말씀은 마치 평상적인 것 같지만 실제로 행하는 것은 쉽지 않다. 성인께서는 조용히 도에 맞아 치우친 것이 없고 덕이 융성하고 인이 무르익어, 말씀에 저절로 드러나는 것이 이와 같다.

○雙峯饒氏曰 方其事未定之時 則此心 無可無不可 及其事已斷之後 則有可有不可矣

쌍봉 요씨가 말했다. 바야흐로 일이 아직 정해지지 않았을 때는 이 마음에 가한 것도 없고 불가한 것도 없지만, 일이 이미 결정된 후에는 가한 것이 있고 불가한 것이 있다.

【집주】

○謝氏曰 七人 隱遯不污 則同 其立心造行 則異 伯夷叔齊 天子不得臣 諸侯不得友 蓋 已遯世離去聲群矣 下聖人一等 此 其最高與音余

사씨가 말했다. 일곱 사람은 은둔해 오염되지 않은 것은 같지만 그 마음 세운 것이나 행위 방식은 다르다. 백이와 숙제는 천자도 신하로 삼을 수 없고 제후도 친구로 삼을 수 없었으니, 대개 이미 세상을 피하고 무리를 떠난 것이다. 성인보다 한 등급 아래이니 이는 (일민 중에서) 최고 수준이다.

【세주】

○雙峯饒氏曰 夷齊 遯世離群 與沮溺之徒 不同 遜國而逃 父子兄弟之倫 厚矣 其諫伐而餓 君臣之倫 厚矣 此 便見他不是全然忘世底人

쌍봉 요씨가 말했다. 백이와 숙제는 세상을 피하고 무리를 떠났지만 장저나 걸닉의 무리와는 같지 않다. 나라를 양보하고 도망갔으니 부자 형제의 윤리가 두텁고, 정벌을 간쟁하고 굶주렸으니 군신의 윤리가 두텁다. 이는 곧 그들이 완전히 세상을 잊은 사람이 아님을 보여준다.

【집주】

柳下惠少連 雖降志而不枉己 雖辱身而不求合 其心 有不屑也 故言能中倫 行能中慮 虞仲夷逸 隱居放言 則言不合先王之法者 多矣 然 清而不污也 權而適宜也 與方外之士 害義傷教而亂大倫者 殊科 是以 均謂之逸民

유하혜와 소련은 비록 뜻을 낮추었지만 자신을 굽히지는 않았으며 비록 몸을 욕보였지만 영합을 구하지는 않았으니, 그 마음에는 탐탁해하지 않는 것이 있었다. 그런 까닭에 말은 능히 윤리에 맞고, 행동은 능히 사려에 맞을 수 있었다. 우중과 이일은 숨어 지내면서 거리낌 없이 말했으니 말이 선왕의 법도에 맞지 않는 것이 많았다. 그러나 맑아서 오염되지 않았고 권도를 행해 적의했으니 방외(일탈)의 선비들이 의를 해치고 가르침을 해쳐 큰 윤리를 어지럽힌 것과는 종류가 달랐다. 그런 까닭에 모두 일민이라 했다.

【세주】

慶源輔氏曰 遯世離群 出乾卦文言 伯夷 惟於淸之一德 極於聖耳 他 固有未盡也 故曰 下聖人一等 然 視數子之制行 則固爲高矣 隱居 則非君子庸行 然 身 中乎淸而不汚 然 不汚而已 去伯夷之淸 則有逕庭矣 故 言 雖不合先王之法 然 自廢則中乎權而得宜 權而得宜 則權 不失正也 方外之士 蓋 指接輿沮溺丈人之徒 然 此兩言 實出莊子 所謂遊方之外 不可拘於禮法也 故 其弊 必至於害君臣之義 傷先王之敎 而賊亂人之大倫也

경원 보씨가 말했다. '세상을 피하고 무리를 떠난다'는 말은 (『역경』) 「건괘」, 〈문언〉 전에 나온다. 백이는 오직 맑음이라는 한 가지 덕에서만 성스러움을 다했고, 그 나머지는 진정 미진한 것이 있었다. 그런 까닭에 '성인보다 한 등급 낮다'라 했다. 그러나 (나머지) 여러 사람들의 행위 방식에 비한다면 진정 높다. (우중과 이일의 경우) 숨어 지내는 것은 군자의 통상적 행위는 아니지만 몸이 맑음에 맞아 오염되지 않았다. 그러나 오염되지 않았을 뿐, 백이의 맑음과는 큰 차이가 있다. 그런 까닭에, 말은 비록 선왕의 법도에 맞지 않지만, 스스로를 못 쓰이게 한 것은 권에 맞아 적의함을 얻었다. 권에 맞아 적의함을 얻은 것은 권이 그 바름을 잃지 않은 것이다. 방외지사(규범으로부터 일탈한 선비)란 대개 접여 장저 걸닉 장인의 무리를 가리킨다. 그러나 이 두 말은 사실은 『장자』(「내편 대종사」)에 나오는 것으로, 소위 '규범의 밖으로 노닐어 예법으로 구속할 수 없다'라는 것이다. 그러므로 그 폐단은 반드시 군신의 의를 해치고 선왕의 가르침을 해쳐 사람의 큰 윤리를 해치고 어지럽히는 데에 이른다.

【집주】

尹氏曰 七人 各守其一節 而孔子 則無可無不可 所以 常適其可 而異於逸民之徒也

윤씨가 말했다. 일곱 사람은 각각 그 하나의 절조를 지켰지만, 공자께서는 가한 것도 없고 불가한 것도 없으셨다. 그래서 항상 그 가한 것에 맞으시어 일민의 무리와는 다르셨다.

【세주】

新安倪氏曰 常適其可 如學記當其可之謂時之可 謂合乎理之當然也

신안 예씨가 말했다. '상적기가(항상 그 가한 것에 맞게 하셨다)'라는 말에서의 '가'는 (『예기』)「학기」의 "가한 때가 되어서야 하는 것을 '시(때에 맞음)'라 한다"라 할 때의 '가'와 같으니, 이치의 당연함에 합치하는 것을 말한다.

【집주】

揚雄曰 觀乎聖人 則見賢人 是以 孟子 語夷惠 亦必以孔子斷丁亂反之

양웅이 말하기를 '성인을 살펴보면 현인을 안다(『법언』3, 「수신」21장)'라 했으니, 이런 까닭에 맹자는 백이와 유하혜를 말하면서 또한 반드시 공자로써 (공자를 기준으로) 판단했다.

【세주】

南軒張氏曰 七人者 皆爲逸民 而制行 則異 亦有深淺 固不同也 不降其志 不辱其身 其淸之至與 下惠少連 雖立於惡人之朝 未免乎降志辱身 然 道 則未嘗枉也 故言 不失於倫理 而行 不違其思慮 此 所謂由由然與之俱 而不自失者也 至於虞仲夷逸 則又其次也 放言 謂其言放而不拘也 異乎中倫者矣 然而 其持身 亦合於淸者之所爲 而其退而廢也 亦非索隱行怪之爲 有合於權 爲可取也 若夫孔子之無可無不可 則異乎七子者之撰矣

남헌 장씨가 말했다. 일곱 사람은 모두 일민이지만 그 행위 방식은 다르니 역시 깊고 얕음이 있어 본디 같지 않은 것이다. 그 뜻을 낮추지 않고 그 몸을 욕보이지 않는 것은 맑음의 지극함이리라. 하혜와 소련은 비록 악인의 조정에 벼슬해서 뜻을 낮추고 몸을 욕보이는 것을 면하지 못했지만, 그러나 도는 굽힌 적이 없었다. 그런 까닭에 말은 윤리를 잃지 않았고 행동은 그 사려를 벗어나지 않았다. 이것이 소위 '유유히 함께하면서도 자신을 잃지 않았다(『맹자』 3, 「공손추 상」 9장)'라는 것이다. 우중과 이일의 경우는 또 그다음이다. 거리낌 없이 말한다는 것은 그 말이 거리낌 없어 구애되지 않는 것을 말하니 윤리에 맞는 자와는 다르다. 그러나 그 몸가짐은 역시 맑은 자의 행위와 합치하고, 그 물러남과 (자신을) 못 쓰이게 함은 또한 숨은 것을 찾고 괴상한 행동을 하는 것이 아니어서 권도에 합치하는 것이 있으니 취할 만하다. 공자의 '가한 것도 없고 불가한 것도 없음'의 경우는 일곱 사람이 행한 것과는 다르다.

18.9-1　大師摯 適齊 大音泰

　　　　태사 지는 제나라로 갔다.

【집주】

大師 魯樂官之長 上聲 摯 其名也

태사는 노나라 음악 부서의 장관이다. 지는 그 (사람의) 이름이다.

18.9-2　亞飯干 適楚 三飯繚 適蔡 四飯缺 適秦 飯扶晚反
　　　　繚 音了

　　　　아반 간은 초나라로 갔다. 삼반 요는 채나라로 갔다. 사반 결은 진나라로 갔다.

【집주】

亞飯以下 以樂侑食之官

아반 이하는 (모두) 음악으로 식사를 권하는 관리이다.

【세주】

周禮 春官 大司樂 王 大食 三宥 皆令奏鐘皷 注 大食 朔日與月半 以樂侑食時也 侑 勸也

『주례』,「춘관」〈대사악〉조에 "왕이 대식(큰 식사)을 할 때 (음식을 권하는 음악을) 세 번 연주하는데, 모두 종과 북을 연주하게 한다"라 했다. 그 주에, "'대식'은 초하루와 달의 중간 날에 음악으로 식사를 권하는 때이다. '유'는 권하는 것이다"라 했다.

【집주】

干 繚 缺 皆名也

간, 요, 결은 모두 이름이다.

【세주】

朱子曰 白虎通曰 王者 平旦食晝食晡食暮食 凡四飯 諸侯 三飯 大夫 再飯 故 魯 之師官 自亞飯以下 蓋 三飯也

주자가 말했다. 『백호통』(2, 「예악」)에, "왕은 평단식 주식 포식 모식, 모두 네 번 식사한다. 제후는 세 번 식사하고, 대부는 두 번 식사한다"라 했다. 그러므로 노나라의 음악 담당 관리로서 아반 이하는 대개 세 번의 식사(를 각각 담당하는 관리)이다.

○齊氏曰 魯 諸侯 故 止三飯 然 不言一飯 豈周公 錫天子樂 而魯僭之 孔子 正 樂而去其一邪 記者 起數以亞 其仍樂之舊 以見其昔之僭邪

제씨가 말했다. 노나라는 제후이므로 세 번의 식사에 그쳤다. 그러나 한 번의 식사(아반 앞의 처음 식사)를 말하지 않은 것이 어찌 주공이 천자의 음악을 하사받아 노나라가 참람히 시행했는데 공자께서 음악을 바로잡으시면서 그 하나를 제거하셨기 때문이겠으며, 기록하는 자가 '아(반)'에서 세기 시작한 것이 그 옛 음악을 이음으로써[아에서 시작해 과거에 아 앞에 식사 한 번이 더 있었음을 암시함으로써] 과거의 참람했음을 보이려 한 것이겠는가[아에서 시작한 것은 공자가 첫 식사를 제거해서도 아니고 기록하는 자가 과거의 참람했음을 암시하기 위해서 그런 것도 아니며, 원래 아반 앞에 식사가 없었기 때문이다].

○厚齋馮氏曰 天子諸侯 皆以樂侑食 每食 樂章 各異 各有樂師

후재 풍씨가 말했다. 천자와 제후는 모두 음악으로 식사를 권한다. 매번의 식사에 악장이 각각 다르니, 각각 악사가 있다.

18.9-3　鼓方叔 入於河

　　북을 담당한 방숙은 하내로 들어갔다.

【집주】

鼓 擊鼓者 方叔 名 河 河內

'고'는 북을 두드리는 자이다. 방숙은 이름이다. '하'는 하내이다.

18.9-4　播鼗武 入於漢

　　소고 흔들기를 담당한 무는 한중으로 들어갔다.

【집주】

播 搖也 鼗 小鼓 兩旁有耳 持其柄而搖之 則旁耳還自擊 武 名也 漢 漢中

'파'는 흔드는 것이다. '도'는 작은 북으로 양 옆에 귀가 달린 것인데, 그 자루를 쥐고 흔들면 옆의 귀가 돌아서 저절로 (북을) 친다. 무는 이름이다. '한'은 한중이다.

18.9-5　小師陽 擊磬襄 入於海

　　소사 양과 경쇠 치기를 담당한 양은 바다로 들어갔다.

【집주】

少師 樂官之佐 陽 襄 二人名 襄 卽孔子所從學琴者 海 海島也

소사는 음악 부서의 차관(태사 다음)이다. 양과 양은 두 사람의 이름이다. 양은 공자께서 따라다니며 거문고를 배우신 자이다. '해'는 바다의 섬이다.

【세주】

史記 世家 孔子 學鼓琴師襄子 十日不進 師襄子曰 可以益矣 孔子曰 丘 已習其曲矣 未得其數也 有間曰 已習其數 可以益矣 孔子曰 丘 未得其志也 有間曰 已習其志 可以益矣 孔子曰 丘 未得其爲人也 有間曰 有所穆然 深思焉 有所怡然 高望而遠志焉 曰 丘 得其爲人 黯然而黑 頎然而長 眼如望羊 望羊視也 如王四國 非文王 其孰能爲此也 師襄子 避席再拜曰 師 蓋云 文王操也

『사기』, 「(공자)세가」에 다음과 같이 나와 있다. 공자가 거문고 타기를 악사 양자에게 배웠다. 열흘 동안 (다른 곡으로) 나아가지 않자 악사 양자가 말하기를 "(다른 곡을)더 할(배울) 수 있습니다"라 했다. 공자가 말하기를 "내가 이미 그 곡조는 익혔으나 아직 그 수(연주 방법)는 알지 못합니다"라 했다. (양자가) 얼마 있다가 말하기를 "이미 그 수를 익혔으니 더 할 수 있습니다"라 했다. 공자가 말하기를 "내가 아직 그 뜻을 알지 못합니다"라 했다. 얼마 있다가 말하기를 "이미 그 뜻을 익혔으니 더 할 수 있습니다"라 했다. 공자가 말하기를 "내가 아직 그 (작곡자의) 사람됨을 알지 못합니다"라 했다. (양자가) 얼마 있다가 말하기를 "화목한 느낌이 있으면 깊이 생각하는 것입니다. 만족스러운 느낌이 있으면 높이 바라보고 멀리 지향하는 것입니다"라 했다. (공자가) 말하기를 "내가 그 사람됨을 알았습니다. 검은 느낌이니 (안색이) 검을 것이고, 헌걸찬 느낌이니 키가 클 것이고, 눈은 멀리 바라보는 듯해 《망양은 멀리 바라보는 것이다.》 사방의 나라의 왕 노릇 하는 것 같으니 문왕이 아니면 누가 이럴 수 있겠습니까?"라 했다. 악사 양자가 자리를 피해 두 번 절하면서 말하기를 "악사들은 대개 문왕조(문왕이 지은 악곡)라 합니다"라 했다.

【집주】

○此 記賢人之隱遁 以附前章 然 未必夫子之言也 末章放上聲此 張子曰 周衰樂廢 夫子 自衛反魯 一嘗治之 其後 伶音靈人賤工 識樂之正 及魯益衰 三桓僭妄 自大師以下 皆知散之四方 逾河蹈海 以去亂 聖人俄頃之助 功化如此 如有用我 期月而可 豈虛語哉

이는 현인의 은둔을 기록해 앞 장 다음에 붙인 것이다. 그러나 꼭 공자의 말씀이라고 할 수는 없다. (이 편의) 끝 장도 이와 마찬가지이다. 장자가 말했다. 주나라가 쇠해 음악이 폐지되었는데, 공자께서 위나라에서 노나라로 돌아오시어 한 번 바로잡으시자, 그 후에는 영인(궁중의 배우)이나 천한 악공도 바른 음악을 알았다. 노나라가 더욱 쇠퇴하고 삼환이 참람하고 망령되이 굴자 태사 이하 (모든 악관이) 모두 사방으로 흩어져 강을 넘고 바다를 건너 난을 피할 줄 알았다. 성인께서 잠시 동안 도우셨는데도 그 교화의 효과가 이와 같았으니 '나를 쓰는 자가 있다면 1년이면 가능하다(『논어』13, 「자로」10장)'라 하신 말씀이 어찌 허언이랴.

【세주】

勉齋黃氏曰 列此於逸民之後 以嘆魯之末世 決不可以復仕也

면재 황씨가 말했다. (기록한 자가) 이 장을 일민의 다음에 배열함으로써 노나라가 말세가 되어 결코 다시는 벼슬하실 수 없었음을 탄식했다.

○慶源輔氏曰 自太師而下 皆傷時之衰 禮樂僭妄 去而辟亂者 故 以記逸民之後

경원 보씨가 말했다. 태사 이하는 모두 시절의 쇠퇴함과 예악의 참람함과 망령됨에 마음이 상해 떠나서 난을 피한 자들이다. 그런 까닭에 일민의 다음에 기록했다.

○潛室陳氏曰 上失其道 下擅其權 大義不明 正論不行 則禮樂 不可作 今也 魯旣衰矣 三家强僭 王綱 爲之掃地 生民 且塗炭矣 若是 固可以作禮樂乎 夫旣不可

以作禮樂 則太師以下諸官 尙可以擧其職乎 夫旣不可以擧其職 安得不散之四方
逾河蹈海以去亂乎

잠실 진씨가 말했다. 위에서는 그 도를 잃고 아래에서는 그 권력을 제멋대로 해 대의가 밝지 못하고 정론이 행해지지 않으면 예악은 행할 수 없다. 지금 노나라가 이미 쇠했고 3가가 강포하고 참람해, 왕의 기강은 그 때문에 흔적도 없고 민생은 또 도탄에 빠졌다. 이러한데 진정 예악을 행할 수 있으랴? 무릇 이미 예악을 행할 수 없는데 태사 이하 여러 관리들이 아직도 그 직무를 다할 수 있으랴? 무릇 그 직무를 다할 수 없는데 어찌 사방으로 흩어져 강을 넘고 바다를 건너 난을 피하지 않을 수 있으랴?

○雙峯饒氏曰 賢者 仕於伶官 已是衰世之事 到夫子時 伶官 亦不可仕 想是時 專尙淫哇之樂 正樂不行 是以 皆散之四方

쌍봉 요씨가 말했다. 현자가 영관(궁중의 연예관)으로 벼슬한 것이(것 자체가) 이미 쇠퇴한 세상의 일이다. 공자 때에 이르러 영관 또한 근무할 수 없었다. 아마도 이때는 오로지 음란한 음악을 숭상하고 바른 음악은 행해지지 않았기에 모두 사방으로 흩어진 것 같다.

○汪氏曰 記此篇者 先齊歸女樂 後此章 不無微意 蓋 魯之君臣 惑溺於女樂 樂官失職 盡無所用矣 奔逃駭散 無一人留 樂工皆去 樂音絶矣 夫子初心 欲定禮樂 以示來世 而乃廢絶如此 此章所記 雖若汎及 其實 深有感也夫

왕씨가 말했다. 이 편을 기록한 자가 제나라가 여자 악사를 보내온 일을 먼저 쓰고 이 장을 나중에 쓴 것은 숨은 뜻이 없지 않다. 대개 노나라의 군신이 여자 악사에 혹하고 빠졌으니 악관은 직무를 잃어 아무 쓸모가 없었다. 도망가고 놀라 흩어져 한 사람도 남아 있지 않았으니 악공이 모두 떠남에 음악의 소리도 끊어졌다. 공자의 원래 마음은 예악을 정해 후세에 보여주고자 하셨으나 이처럼 없어지고 끊어졌으니, 이 장에 기록된 것이 비록 마치 범연한 언급인 것 같지만, 기실은 깊은 유감이 있었던 것이리라.

○新安陳氏曰 魯末樂崩 賢人而隱於樂官者 皆散之四方 魯之衰微 可知矣 夫子 自衛反魯 而正樂 故 師摯之始 有洋洋盈耳之盛 彼一時也 及其末年 而樂衰 故 自師摯之去 諸賢 皆有望望潔身之高 此一時也 諸賢之去 固見魯政衰微之極 然 諸賢 知出處之義 而能去 亦見夫子道化之功也

신안 진씨가 말했다. 노나라 말기에 음악이 붕괴되어 현인으로서 악관으로 숨어 있던 자들이 모두 사방으로 흩어졌으니, 노나라의 쇠미함을 알 수 있다. 공자께서 위나라에서 노나라로 돌아와 음악을 바로잡으셨으니, 그런 까닭에 '사지의 (취임) 초기의 (연주가) 귀에 양양하게 차는구나(『논어』8, 「태백」15장)'라 하신 성대함이 있었던 것은 그 한때였다. 그 말년에 이르러 음악이 쇠퇴한 까닭에 사지가 떠난 것을 비롯해, 여러 현인들이 모두 망망히(뒤돌아보지 않고) 몸을 깨끗이 하는 고상함이 있었던 것은 이 한때였다. 여러 현인들이 떠난 것에서 본디 노나라 정치가 극히 쇠미해졌음이 드러나지만, 그러나 여러 현인들은 나가고 머무르는(벼슬하러 나가거나 나가지 않는) 의리를 알아 능히 떠났으니, (그런 일에서) 또한 공자의 교화의 공(효과)이 드러난다.

18.10 周公 謂魯公曰 君子 不施其親 不使大臣 怨乎 不以 故舊 無大故 則不棄也 無求備於一人

주공이 노공에게 말했다. 군자는 그 친족을 버리지 않으며, 대신으로 하여금 쓰이지 않는다고 원망하지 않게 하며, 옛 친구를 큰 까닭 없이 버리지 않고, 한 사람에게 다 갖추기를 바라지 않는다.

【집주】

施 陸氏本 作弛詩紙反 福本同

'시(施)'는 육씨본에는 '이(弛)'라고 되어 있다. 복주본도 같다.

○魯公 周公子 伯禽也 弛 遺棄也 以 用也 大臣 非其人則去之 在其位 則不可不用 大故 謂惡逆 李氏曰 四者 皆君子之事 忠厚之至也

노공은 주공의 아들인 백금이다. '이'는 버리는 것이다. '이'는 쓰는 것이다. 대신은 그 마땅한 사람이 아니면 버려야 하지만, 그 지위에 있으면 쓰지 않을 수 없다. '대고(큰 까닭)'는 악역(존속 구타나 살해 등의 중범죄)을 말한다. 이씨가 말했다. 네 가지는 모두 군자의 일이요, 지극한 충후함이다.

【세주】

胡氏曰 不弛其親 親親也 不使大臣怨乎不以 任賢也 故舊無大故不棄 敬故也 無求備於一人 用才也 親親而不違 任賢而不貳 敬故而不忘 用才而不苟 皆忠厚之意

호씨가 말했다. 그 친족을 버리지 않는 것은 친족을 친히 하는 것이다. 대신으로 하여금 쓰이지 않는다고 원망하지 않게 하는 것은 현인을 임용하는 것이다. 옛 친구를 큰 까닭 없으면 버리지 않는 것은 친구를 존중하는 것이다. 한 사람에게 다 갖추기를 바라지 않는 것은 인재를 등용하는 것이다. 친족을 친히 해 멀리하지 않으며, 현인을 임용해 의심하지 않으며, 친구를 존중해 잊지 않으며, 인재를 등용해 가혹하게 하지 않는 것, (이는) 모두 충후한 뜻이다.

【집주】
○胡氏曰 此 伯禽受封之國 周公訓戒之辭 魯人傳誦 久而不忘也 其或夫子 嘗與門弟子言之歟

호씨가 말했다. 이는 백금이 (노)나라를 봉해 받았을 때 주공이 훈계한 말인데, 노나라 사람들이 암송해 전함으로써 오랫동안 잊지 않은 말이다. 혹시 공자께서 일찍이 문하의 제자들에게 (이 주공의 말을) 말씀해주신 적이 있는 것이 아닐까? (그래서 논어에 기록된 것이리라.)

【세주】
勉齋黃氏曰 列此於樂工之後 以嘆周之盛世 其待親賢如此 則豈有樂工相率而去也哉

면재 황씨가 말했다. 이 장을 악공의 다음에 배치함으로써 '주나라의 성세에 친족이나 현인을 대우하는 것이 이와 같았으니 어찌 악공이 서로 뒤따라 떠나는 일이 있었겠는가'라고 탄식한 것이다.

○雙峯饒氏曰 前章 逾河蹈海 是魯末世事 此章 是魯初立國時 其待親賢也 如此忠厚 末後 却使樂工不能安其身 豈不可嘆

쌍봉 요씨가 말했다. 앞 장의 '강을 넘고 바다를 건넌 것'은 노나라 말세의 일이고, 이 장은 노나라가 처음 나라를 세웠을 때 그 친족과 현인을 대우한 것이 이처럼 충후했다는 것이다. 끝에 가서 악공이 그 몸을 편안히 할 수 없게 했으니 어찌 탄식하지 않을 수 있으랴.

○雲峯胡氏曰 周家 以忠厚立國 周公告魯公 字字 皆是忠厚之意 使此意無盡 則太師以下 何爲而去哉 門人記述相次 固有意也

운봉 호씨가 말했다. 주나라 왕가는 충후함으로써 나라를 세웠다. 주공이 노공에게 알려준 것은 글자 하나하나 모두 충후한 뜻이다. 만약 이 뜻을 끝없이 행했더라면 태사 이하가 무엇 하러 떠났으랴. 문인이 기술한 순서에는 본디 의도가 있는 것이다.

18.11　周有八士 伯達 伯适 仲突 仲忽 叔夜 叔夏 季隨 季騧 騧烏爪反

주나라에는 여덟 선비가 있었으니, 백달 백괄 중돌 중홀 숙야 숙하 계수 계와이다.

【집주】

或曰 成王時人 或曰 宣王時人 蓋 一母 四乳而生八子也 然 不可考矣

혹자는 성왕 때의 사람이라 하고, 혹자는 선왕 때의 사람이라 하는데, 대개 한 어머니가 네 번 잉태해 여덟 아들을 낳은 것이다. 그러나 (정확한 것은) 고찰할 수 없다.

【세주】

乳 音孺 說文 人及鳥生子 曰乳 獸 曰産

'유'의 음은 유이다. 『설문』에 "사람과 새가 자식 낳는 것을 '유'라 하고, 짐승(이 자식 낳는 것)은 '산'이라 한다"라 했다.

○胡氏曰 謂母孕乳而二人也 古者 以伯仲叔季爲長少之次 如仲孫叔孫之類 今重複命名 故 意其四乳也

호씨가 말했다. 어머니가 잉태했는데 두 사람이었다는 말이다. 옛날에는 백 중 숙 계의 순서로 나이 많고 적은 순서를 삼았으니, '중손', '숙손' 등이 그 예이다. 지금 중복해서 이름을 지었으니 그런 까닭에 아마도 네 번 잉태한 것 같다.

○雙峯饒氏曰 四乳 皆雙生 固爲異事 八子皆賢 尤異事也 故 孔子稱之 可見周時氣數之盛

쌍봉 요씨가 말했다. 네 번 잉태한 것이 모두 쌍둥이였으니 진정 특이한 일이고, 여덟 아들이 모두 현명했던 것은 더욱 특이한 일이다. 그런 까닭에 공자께서 칭찬하셨다. 주나라 당시의 기수가 성했음을 알 수 있다.

【집주】

○張子曰 記善人之多也

장자가 말했다. 선인이 많았음을 기록한 것이다.

【세주】

新安陳氏曰 記魯末賢人之隱遯 而終以周盛時賢人之衆多 其有傷今思古之心乎

신안 진씨가 말했다. 노나라 말에 현인이 은둔한 일을 기록하고, 주나라가 번성했을 때 현인이 많았던 것으로 끝을 맺었으니, 지금을 마음 아파하면서 옛날을 생각하는 마음이 있었던 것이리라.

【집주】

愚按 此篇 孔子 於三仁 逸民 師摯 八士 旣皆稱贊 而品列之 於接輿 沮溺 丈人 又每有惓惓音權接引之意 皆衰世之志也 其所感者深矣 在陳之歎 蓋 亦如此 三仁 則無間去聲然矣 其餘數君子者 亦皆一世之高士 若使得聞聖人之道 以裁其所過 而勉其所不及 則其所立 豈止於此而已哉

내가 생각건대, 이 편에서 공자께서는 세 사람의 인자, 일민, 사지, 여덟 선비에 대해 이미 모두 칭찬하시고 등급을 지어 배열하셨고, 접여와 장저 걸닉 장인에 대해서는 또 매번 간절히 끌어당기시는 뜻이 있으셨다. 모두 쇠퇴한 세상을 걱정하는 뜻이었으니, 그 느끼신 바가 깊었다. 진나라에 계실 적의 한탄도 대개 또한 이와 같은 것이었다. 세 사람의 인자는 흠잡을 것이 없지만, 그 나머지 몇 사람의 군자도 또한 모두 일세의 높은 선비였다. 만약 성인의 도를 들을 수 있어 그 지나친 점을 자르고 그 미치지 못한 점을 노력했다면 그 성취한 것이 어찌 이에 그쳤을 뿐이랴.

【세주】

新安陳氏曰 所過 謂離人以爲高 所不及 謂不能成物以見於用

신안 진씨가 말했다. 지나친 점이란 사람(인간 세상)을 떠나는 것을 높은 것이라 여긴 것을 말한다. 미치지 못한 점이란 완성되지 못해 쓰이지 못한 것을 말한다.

○勉齋黃氏曰 此篇 多記仁賢之出處 列於論語將終之篇 蓋 亦嘆夫子之道不行 以明其出處之義也 其次第先後 亦有可言者 君子之用於世 其或去或不去 莫不有義焉 三仁 柳下惠 是也 孔子於齊魯 知其不可仕而遂行者 義也 知其不可仕也 而猶往來屑屑 以救斯世 接輿沮溺荷蓧丈人 未免有疑焉者 亦義也 列逸民之目 而斷之以無可無不可 所以見夫子出處之義也 至於樂工相率而去之 則又以明夫 決不可以有爲也 稱周公之言 以見古之親親而尊賢 敬故而器使 一出於仁厚之意 則安有望望而去之者哉 此 周之人才所以盛 而擧一姓八士以終之 所以傷今思古 而嘆夫子之道窮也

면재 황씨가 말했다. 이 편은 인자나 현자들의 (벼슬하러) 나가고 머무름을 기록한 것이 많은데, (그것을) 논어가 장차 끝나려는 편쯤에 배열한 것은 대개 또한 공자의 도가 행해지지 않는 것을 탄식함으로써 그 나가고 머무름의 의리를 밝히려 한 것이다. 그 배열의 순서는 또한 말할 만한 것이 있다. 군자가 세상에 쓰임에 있어서, 혹은 떠나거나 혹은 떠나지 않거나 간에 의가 없는 경우는 없으니, 세 사람의 인자와 유하혜가 그 예이다. 공자께서 제나라 노나라에 대해 벼슬할 수 없음을 아시고 마침내 떠나신 것은 의이다. 벼슬할 수 없는 것을 아시고도 오히려 수고스럽게 왕래하시어 이 세상을 구제하려 하시다가 접여나 장저 걸닉 하조장인에게 의심받는 것을 면하지 못하신 것 또한 의이다. 일민의 항목을 나열하고 '가한 것도 없고 불가한 것도 없다'는 말씀으로 결론을 내린 것은 공자의 나가고 머무름의 의리를 보이려는 것이다. 악공들이 서로 뒤따라 떠난 일의 경우는 또 결코 일을 해낼 수 없었음을 밝히려는 것이다. 주공의 말을 언급한 것은 '옛날에 친족을 친히 하되 현인을 높이고, 옛 친구를 존중하되 그릇에 맞게 부린 것은 하나같이 인후한 뜻에 나온 것이니 (주공의 시절에) 어찌 망망히(뒤돌아보지 않고) 떠나는 자가 있었으리오?'라는 뜻을 보이려는 것이다. 이 장에서는 '주나라의 인재가 성했던 까닭에 한 성씨에 모두 여덟 (현명한) 선비가 나왔음'으로 마무리지었으니, 지금을 가슴 아파하면서 옛날을 생각한 것이고, 공자의 도가 궁하게 되었음을 탄식한 것이다.

子張第十九

【집주】

此篇 皆記弟子之言 而子夏爲多 子貢次之

이 편은 모두 제자들의 말을 기록한 것으로, 자하의 말이 많이 나오고 자공이 그다음이다.

【세주】

勉齋黃氏曰 此篇所記 不過五人 曰子張 子夏 子游 曾子 子貢 皆孔門之高弟 蓋論語一書 記孔門師弟子之答問 於其篇帙將終 而特次門人高弟之所言 自爲一篇 亦以其學識 有足以明孔子之道也

면재 황씨가 말했다. 이 편에 기록된 것은 불과 다섯 사람이니, 자장, 자하, 자유, 증자, 자공으로서, 모두 공자 문하의 높은 제자들이다. 대개『논어』이 한 책은 공자 문하의 스승과 제자 사이의 문답을 기록한 것인데, 그 책 전체가 장차 끝나려 함에 특별히 문인 중의 높은 제자들의 말을 편집해서 그 자체로 하나의 편을 삼은 것은 또한 그 (다섯 제자들의) 학식이 공자의 도를 밝히기에 충분했기 때문이다.

○新安陳氏曰 所記五人 子張二章 子夏十一章 子游二章 曾子四章 子貢六章

신안 진씨가 말했다. 기록된 다섯 사람 중, 자장이 2장, 자하가 11장, 자유가 2장, 증자가 4장, 자공이 6장이다.

【집주】

蓋 孔門 自顔子以下 穎悟 莫若子貢 自曾子以下 篤實 無若子夏 故 特記之詳焉

대개 공자 문하에서 안자 이하로는 영리하기가 자공만 한 자가 없고, 증자 이하로는 독실하기가 자하만 한 자가 없다. 그런 까닭에 특별히 상세하게 기록했다.

【세주】

慶源輔氏曰 穎悟篤實 皆 以資質言 二子資質 次於顏曾 顏曾學力 有非二子所能及者 顏之穎悟 知之固徹 行之又至 曾之篤實 行之固至 知之又徹 子貢 則穎悟於知 而不足於行 子夏 則篤實於行 而不足於知焉

경원 보씨가 말했다. 영리함과 독실함은 모두 자질에 관한 말이다. 두 사람의 자질은 안자와 증자에 버금간다. 안자와 증자의 배움의 힘은 두 사람이 미칠 수 있는 것이 아니다. 안자의 영리함은 '앎은 물론 투철했지만 행함 또한 지극한 것'이었고, 증자의 독실함은 '행함은 물론 지극했지만 앎 또한 투철한 것'이었다. 자공의 경우는 앎에는 영리했지만 행함에는 부족했고, 자하의 경우는 행함에는 독실했지만 앎에는 부족했다.

○胡氏曰 以顏子之明睿 則穎悟不足言 以曾子之純誠 則篤實不足言 故 但以稱子貢子夏也

호씨가 말했다. 안자의 밝고 지혜로움에 대해서는 영리함이라는 말로는 부족하며, 증자의 순수하고 진실함에 대해서는 독실함이라는 말로는 부족하다. 그런 까닭에 다만 자공과 자하에 대해서만 (영리함과 독실함이라고) 칭했다.

【집주】

凡二十五章

모두 25장이다.

19.1 子張曰 士 見危致命 見得思義 祭思敬 喪思哀 其可已矣

자장이 말했다. 선비가 위태로움을 보면 목숨을 바치고, 이득을 보면 의를 생각하고, 제사지낼 때 경건함을 생각하고, 상을 치를 때 슬픔을 생각한다면, 그것만으로도 괜찮다(그것으로 충분하다).

【집주】

致命 謂委致其命 猶言授命也 四者 立身之大節 一有不至 則餘無足觀 故 言 士 能如此 則庶乎其可矣

'목숨을 바친다'는 것은 그 목숨을 맡기는 것이니 '목숨을 준다'라는 말과 같다. 네 가지는 입신의 큰 절목이다. 하나라도 도달하지 못했다면 그 나머지는 볼 필요도 없다. 그러므로 '선비가 이와 같이 할 수 있다면 거의 괜찮은 것이다'라고 말한 것이다.

【세주】

朱子曰 致命 猶送這命與他 不復爲我之有

주자가 말했다. 목숨을 바친다는 것은 이 목숨을 남에게 보내주어서 다시는 나의 소유가 되지 않는다는 것이다.

○或問 其可已矣 與前篇可也之說 曰 可 則同 然 曰可也 則其語抑 曰其可已矣 則其語揚

혹자가 '기가이의(그것만으로도 괜찮다)'라는 말과 전편에서의 '가야(괜찮다)'라는 말에 관한 설을 물었다. 답했다. '가(괜찮다)'라는 것은 동일하지만 '괜찮다'라는 말은 그 어조가 억누르는 것(겨우 괜찮다는 어조)이고, '그것만으로도

'괜찮다'라는 말은 그 어조가 띠우는 것(그것으로 충분하다는 어조)이다.

○勉齋黃氏曰 大節 固所當盡 然 斷之以其可已矣 則似失之太快 而不類聖人之言 集註 以爲庶乎其可 則固惡其言之太快矣

면재 황씨가 말했다. 큰 절목은 본디 마땅히 다해야 하는 것이지만, '그것만으로도 괜찮다'라고 잘라 말한 것은 지나치게 단정적인 잘못을 저지르는 것 같으니 성인의 말씀과는 비슷하지 않다. 집주에서 '거의 괜찮다'라고 한 것은 진정 그 말이 너무 단정적인 것을 싫어한 것이다.

○潛室陳氏曰 士者 一男子之事 古人說士處 多如此 不要將君子小人雜看 只此等事 豈易 非奇男子 不能 子張語病 在末梢一句

잠실 진씨가 말했다. 선비라 한 것은 한 남자(개인)의 일이라는 뜻이다. 옛사람들이 선비라고 말한 곳은 이런 경우가 많으니 군자와 소인을 섞어 말하는 것으로[군자와 소인을 통칭해 선비라 한 것으로] 보아서는 안 된다. 단지 이런 일들이 어찌 쉽겠는가? 특이한 남자가 아니라면 할 수 없다. 자장의 말의 병통은 마지막 한 구절(기가이의)에 있다.

○西山眞氏曰 義敬哀 皆言思 致命 獨不言思者 死生之際 惟義是狥 有不待思而決也

서산 진씨가 말했다. 의로움과 경건함과 슬퍼함은 모두 '사(생각한다)'라고 하고 목숨을 바치는 것에만 '사'라고 하지 않은 것은 생사의 순간에는 오직 의만 따를 뿐, 생각을 기다리지 않고 결단함이 있기 때문이다.

○新安陳氏曰 見危致命者 處變 而決之於一旦也 思義敬哀者 處常 而思之於平時也 平時 能思此三者 而行之 則其人 好義謹厚 已養之有素矣 一旦臨大變故 庶能於當死而必死焉 否則臨財利而苟得 臨喪祭而苟且 何望其臨變故而能死哉

신안 진씨가 말했다. 위태로움을 보면 목숨을 바친다는 것은 변칙적 사태에 처하는 것으로, 어느 아침에 (갑자기) 결단하는 것이다. 의로움과 경건함과 슬퍼함을 생각한다는 것은 통상적 사태에 처하는 것으로, 평소에 생각하는 것이다. 평소에 이 세 가지를 생각해 행할 수 있다면 그 사람은 의로움을 좋아하고 근후한 사람으로 이미 기른 바탕이 있는 것이니, 어느 날 커다란 변고에 임해서는 아마도 마땅히 죽어야 하면 틀림없이 죽을 수 있을 것이다. 그렇지 않으면 재물과 이득을 만나서는 구차하게 얻으려 하고, 상사와 제사에 임해서는 구차하게 할 것이니, 어찌 변고에 임해 죽을 수 있기를 기대하겠는가.

19.2 子張曰 執德不弘 信道不篤 焉能爲有 焉能爲亡

焉 於虔反 亡 讀作無 下同

자장이 말했다. 덕을 지키는 것이 넓지 않고, 도를 믿는 것이 독실하지 않으면 어찌 (덕이나 도가) 있다고 하거나 없다고 할 수 있겠는가.

【집주】

有所得 而守之太狹 則德孤 有所聞 而信之不篤 則道廢

얻은 것이 있더라도 그것을 지키는 것이 지나치게 좁으면 덕이 외롭고, 들은 것이 있더라도 그것을 믿는 것이 독실하지 않으면 도가 없어진다.

【세주】

慶源輔氏曰 德孤 言不能兼有衆德 而孑然固守一節者也 德得諸己 而居之不弘 則輕喜易足 有一善 則自以爲天下莫己若矣 道有所聞 而信之不篤 則亦或作或輟 銳始怠終 終亦必亡而已矣

경원 보씨가 말했다. 덕이 외롭다는 것은 여러 덕을 겸하여 갖지 못하고 외롭게 하나의 절목만을 굳게 지키는 것을 말한다. 덕을 얻어 자기에게 있게 했지만 넓게 자리하게 하지 않으면 가벼이 기뻐하고 쉽게 만족하니, 하나의 선이 있으면 스스로 천하에 자신만 한 자가 없다고 여긴다. 도를 들은 바가 있지만 그것을 믿는 것이 독실하지 않으면, 또한 혹은 행하거나 혹은 그만두거나 해서 처음에는 예리하지만 마지막에는 나태해져, 끝내는 또한 반드시 없어질 따름이다.

【집주】

焉能爲有亡 猶言不足爲輕重

'어찌 있다고 하거나 없다고 할 수 있겠는가'라는 말은 '가볍다거나 무겁다고 할 만하지도 않다'는 말과 같다.

【세주】

朱子曰 弘 是廣大之意 若信道不篤 則容受太廣 後隨人走作 反不能守正理 信道篤而不弘 則是確信其一說 而或至於不通 故 須著竝說弘篤 猶言弘毅相似

주자가 말했다. '홍'은 넓고 크다는 뜻이다. 만약 도를 믿는 것이 독실하지 못하면 받아들이는 것이 지나치게 넓어, 남의 뒤를 따라 달리는 것처럼, 오히려 바른 이치를 지킬 수 없게 된다. 도를 믿는 것이 독실하되 넓지 못하면 하나의 설만을 확고하게 믿어 혹시 통하지 못하는 데에 이른다. 그런 까닭에 모름지기 넓음과 독실함을 아울러 말해야 하는 것으로, 넓음과 굳셈을 (함께) 말하는 것과 비슷하다.

○ 有此人 亦不當得是有 無此人 亦不當得是無 言皆不足爲輕重

이 사람이 있어도 있다고 할 수도 없고, 이 사람이 없어도 없다고 할 수도 없다(이런 사람은 있으나 마나다). 모두 가볍다거나 무겁다고 할 만하지도 않다는 말이다.

○ 弘之爲寬廣 以人之量言也 人所以體道者 存乎德 所以執德者 存乎量 量 有大小之不同 故 人所以執德 有弘有不弘也 非其量之大 則所以執德者 孰能寬廣而不迫哉 信道之貴乎堅確者 此 以人之志言也 人所以進德者 由乎道 而所以信道者 存乎志 志 有强弱之不同 故 人所以信道者 有篤有不篤也 非其志之强 則所以信道者 孰能堅確而不移哉 觀此二言 爲學之道 信非褊心狹量質薄氣弱者 所能及也

'홍은 넓고 크다는 뜻이 된다'는 것은 사람의 국량에 관한 말이다. 사람이 도를 체득하는 것은 덕에 달려 있고, 덕을 지키는 것은 국량에 달려 있다. 국량에는 대소의 차이가 있으므로 사람이 덕을 지키는 것은 넓은 경우도 있고 넓지 않은 경우도 있다. 그 국량이 큰 사람이 아니라면 누가 덕을 지키는 것이 넓고 커서 급박하지 않을 수 있겠는가. '도를 믿는 데 있어서는 견실하고 확고한 것을 귀하게 여긴다'는 것은 사람의 뜻에 관한 말이다. 사람이 덕으로 나아가는 것은 도로 말미암지만 도를 믿는 것은 뜻에 달려 있다. 뜻에는 강약의 차이가 있으므로 사람이 도를 믿는 것은 독실한 경우도 있고 독실하지 않은 경우도 있다. 그 뜻이 강한 사람이 아니라면 누가 도를 믿는 것이 견실하고 확고해 변하지 않을 수가 있겠는가. 이 두 가지 말을 보니, 배움의 도는 마음이 좁고 국량이 작고 바탕이 얇고 기가 약한 자가 미칠 수 있는 것이 아님에 틀림없다.

○問 執德不弘 言其不廣也 纔狹隘 則容受不得 故 纔有片善 必自矜 見人之善 必不喜 人告之以過 亦不受 從狹隘上 生萬般病痛

덕을 지키는 것이 넓지 않다는 것에 관해 물었다. (답했다.) 넓지 않다는 말이다. 조금이라도 좁고 협소하다면 받아들일 수가 없으니, 그런 까닭에 겨우 한 조각의 선이 있으면 반드시 스스로 자랑하고, 남의 선을 보면 반드시 기뻐하지 않고, 남이 허물을 알려주면 또한 받아들이지 않으니, 좁고 협소한 태도로부터 만 가지 병통이 생겨난다.

○問 如何是執德不弘的樣子 曰 子貢 若只執貧而無諂 富而無驕之德 而不聞夫子 樂與好禮之說 子路 若只執不恥縕袍之德 而不聞夫子 何足以臧之說 則其志皆未免止於此 蓋 義理無窮 心體無限

물었다. 덕을 지키는 것이 넓지 않은 모습은 어떤 것입니까? 답했다. 자공이 가령 '가난하되 아첨하지 않고, 부유하되 교만하지 않은 덕'만을 지키고 공자의 '(가난하되) 즐거워한다, (부유하되) 예를 좋아한다'라는 말씀은 듣지 못하고(『논어』1, 「학이」 15장), 자로가 가령 '낡은 솜옷을 부끄러워하지 않는 덕'만을 지키고 공자의 '어찌 족히 선하다고 하겠는가'라는 말씀을 듣지 못했다면(『논어』9, 「자한」 26장) 그들의 뜻은 모두 그에 그치는 것을 면하지 못했을 것이다. 대개 의리는 무궁하고 마음의 본체는 무한하다.

○雙峯饒氏曰 執德弘者 器局大 信道篤者 志操堅 如此 方是世間一箇卓然底人 若執德 旣不能弘 信道 又不能篤 這般人 雖有之 亦不足以爲當世重 無之 亦不足

317

以爲當世輕 如此說 方透

쌍봉 요씨가 말했다. 덕을 지키는 것이 넓은 자는 그릇이 크고, 도를 믿는 것이 독실한 자는 지조가 굳건하니, 이러해야 비로소 세상에서 탁월한 사람이다. 만일 덕을 지키는 것이 이미 넓지 못하고 또 도를 믿는 것도 독실하지 못하다면, 그런 사람은 비록 있더라도 또한 당세에 중시되기에 부족하고, 없더라도 또한 당세에 경시되기에도 부족하다. 이처럼 설명해야 비로소 투철한 것이다.

○厚齋馮氏曰 觀此二章 皆躬行切己之論 則知子張之學 異於前日矣

후재 풍씨가 말했다. 이 두 장을 살펴보면 모두 몸소 실천하는 것으로서 자신에게 절실한 논의이니, 자장의 학문이 예전과는 다름을 알겠다.

19.3　子夏之門人 問交於子張 子張曰 子夏云何 對曰 子夏曰 可者 與之 其不可者 拒之 子張曰 異乎 吾所聞 君子 尊賢而容衆 嘉善而矜不能 我之大 賢與 於人 何所不容 我之不賢與 人將拒我 如 之何其拒人也 賢與之與 平聲

자하의 문인이 자장에게 친구 사귀는 일에 관해서 물었다. 자장이 말했다. 자하는 무엇이라 했는가? (문인이) 대답했다. 자하는 '그럴 만한 자는 더불어 사귀고 그럴 만하지 않는 자는 거절한다'라 했습니다. 자장이 말했다. 내가 들은 바와 다르구나. 군자는 현인을 높이고 뭇사람을 받아들이며, 선한 자를 가상히 여기고 그렇지 못한 자는 불쌍히 여긴다. 내가 크게 어질다면 남에 대해 무엇을 용납하지 못할 것인가? 내가 어질지 못하다면 남이 나를 거절할 것이니, 어찌 남을 거절하겠는가?

【집주】

子夏之言 迫狹 子張譏之 是也 但其所言 亦有過高之弊 蓋 大賢 雖無所不容 然 大故 亦所當絶 不賢 固不可以拒人 然損友 亦所 當遠 學者 不可不察

자하의 말이 박절하고 편협하니 자장이 비판한 것은 옳지만, 다만 그 말이 또한 지나치게 높은 폐단이 있다. 대개 대현은 비록 용납하지 않는 것이 없지만 큰 잘못이 있다면 또한 마땅히 끊어야 한다. 현명하지 않은 자는 본디 남을 거절해서는 안 되지만, 손해되는 친구는 또한 마땅히 멀리해야 한다. (이런 점을) 배우는 자가 살피지 않아서는 안 된다.

【세주】

和靖尹氏曰 子張所言 泛交之道也 子夏所言 擇交之道也 泛交而不能擇 取禍之道也

화정 윤씨가 말했다. 자장이 말한 것은 널리 사귀는 방법이고, 자하가 말한 것은 선별해서 사귀는 방법이다. 널리 사귀면서 선별하지 못하는 것은 화를 취하는 길이다.

○朱子曰 泛交而不擇 取禍之道 子張之言 泛交 亦未嘗不擇 蓋 初無拒人之心 但其間 自有親疎厚薄爾 和靖 非以子張爲不擇也

주자가 말했다. 널리 사귀면서 선별하지 않는 것은 화를 취하는 길이다. 자장의 말은 널리 사귀라는 것이지만 또한 일찍이 선별하지 않은 적은 없었다. 대개 처음에는 사람을 거절하는 마음이 없지만, 다만 그 사이(사귀는 동안)에 저절로 친소후박이 있게 된다. 화정이 '자장은 선별하지 않았다'고 생각한 것은 아니다.

○初學 大略當如子夏之言 然 於其不可者 但亦疎之而已 拒之 則害交際之道 成德 大略當如子張之說 然 於有大故者 亦不得而不絶也 以此處之 其庶幾乎

초학자는 대체로 자하의 말과 같이 해야 하지만, 그럴 만하지 않은 자에 대해서는 다만 또 멀리해야 할 따름이지, 거절한다면 교제의 도를 해친다. 덕을 이룬 자는 대체로 자장의 말과 같이 해야 하지만 큰 잘못이 있는 사람에 대해서는 또한 끊지 않을 수 없다. 이와 같이 처신한다면 거의 옳을 것이다.

○慶源輔氏曰 可者與之 言美矣 若曰不可者拒之 則傷亟過中 而害義理之正矣 迫則不寬 狹則不廣 必如集註 大故 亦所當絶 損友 亦所當遠之說 然後得義之中 無掠虛務高之意 而有切於學者爲己之資

경원 보씨가 말했다. '그럴 만한 자는 더불어 사귄다'는 말은 아름답다. (그러나) 만약 '그럴 만하지 않은 자는 거절한다'라고 한다면, 지나치게 급하고 중도를 넘는 것으로서 의리의 올바름을 해친다. 박절하면 관대하지 않고 편협

하면 넓지 않은 것으로, 반드시 집주의 '큰 잘못이 있으면 또한 마땅히 끊고, 손해가 되는 친구 또한 마땅히 멀리해야 한다'라는 말처럼 한 연후에야 의리의 중정함을 얻게 되니, (그 말대로 하면) 허무한 것을 도모하고 고원한 것에 힘쓰려는 뜻은 없어지고 배우는 자의 위기지학에 절실한 도움은 있게 된다.

○齊氏曰 拒則太迫 何所不容 則幾於無別

제씨가 말했다. '거절한다'라 하면 지나치게 박절하고, '무엇을 용납하지 못하겠는가'라 하면 무분별함에 가깝다.

○雲峯胡氏曰 子張容字矜字 是破子夏一拒字 然 論交之道 不必拒而拒之 其交也 不廣 當拒而不拒 其交也 不正 必如集註之言 則盡乎交之道矣

운봉 호씨가 말했다. 자장의 '용(용납함)' 자와 '긍(불쌍히 여김)' 자는 자하의 '거(거절함)' 자 하나를 비판한 것이다. 그러나 사귐의 도를 논하자면, 반드시 거절할 필요가 없는데도 거절하는 것은 그 사귐이 넓지 않은 것이고, 마땅히 거절해야 하는데도 거절하지 않는 것은 그 사귐이 바르지 않은 것이다. 반드시 집주의 말처럼 해야 사귐의 도를 다하는 것이다.

○勉齋黃氏曰 以上三章 子張之言 皆有過高之病 一章 以致命思義祭敬喪哀爲高 故 有其可已矣之言 則其於察理 必有所不周 二章 以執德弘信道篤爲高 故 有焉能爲有亡之言 則其於待人 必有所太薄 三章 以能容人爲高 故 有不拒人之言 則其於善惡 必有所不察 夫子 嘗稱其過 曾子 嘗稱其難能 又稱其堂堂 則是其資稟趣向 未免有過高之病也

면재 황씨가 말했다. 이상의 세 장은 자장의 말로서, 모두 지나치게 높은 병통이 있다. 첫째 장은 목숨을 바치고 의를 생각하고 제사를 경건히 하고 상에 슬퍼하는 것을 높게 여긴 까닭에 '그것만으로도 괜찮다'라 했으니, 이치를 살피는 데 있어서는 틀림없이 두루 하지 못한 바가 있었다. 둘째 장은 덕을 지키는 것이 넓고 도를 믿는 것이 독실한 것을 높게 여긴 까닭에 '어찌 있다 하겠으며 어찌 없다 하겠는가'라 했으니, 남을 대하는 데 있어서는 틀림없이 지나치게 박한 바가 있었다. 셋째 장은 남을 용납할 수 있는 것을 높게 여긴 까닭에 '남을 거절하지 않는다'라 했으니, 선과 악에 대해서는 틀림없이 살피지 못한 바가 있었다. 공자께서는 일찍이 그의 지나침을 말씀하셨고 증자는 일찍이 '하기 어렵다'라 하고 또 '당당하구나'라 했으니, 그 자질과 취향이 지나치게 고원한 병통이 있음을 면하지 못했던 것이다.

19.4　　子夏曰　雖小道　必有可觀者焉　致遠恐泥　是以
　　　　君子不爲也 泥去聲

자하가 말했다. 비록 작은 도라도 반드시 볼 만한 것이 있지만, 멀리 가면 통하지 않을 우려가 있으니, 이런 까닭에 군자는 하지 않는다.

【집주】

小道 如農圃醫卜之屬 泥 不通也

작은 도란 농사와 의술과 점술 등등의 것들이다. '니'는 통하지 않는 것이다.

○楊氏曰　百家衆技　猶耳目口鼻　皆有所明　而不能相通

양씨가 말했다. 백가(여러 분야의 전문가)의 숱한 기예는 마치 이목구비가 (각각 따로) 모두 밝은 바가 있지만 서로 통하지 못하는 것과 같다.

【세주】

莊子 天下篇曰 天下大亂 賢聖不明 道法不一 天下多得一察焉以自好 譬如耳目鼻口 皆有所明 不能相通 猶百家衆技也 皆有所長 時有所用 雖然 不該不徧 一曲之士也

『장자』, 「천하」편에 말했다. 천하가 크게 어지러워 현인과 성인이 밝지 않고 도법이 한결같지 않으니, 천하에 하나의 통찰만을 얻고는 스스로 훌륭하다고 생각하는 자가 많다. 비유컨대, 이목구비가 모두 (각각) 밝은 바가 있지만 서로 통하지 못하는 것처럼, 비록 백가의 숱한 기예가 모두 (각각) 잘하는 바가 있어서 때로 쓸모가 있기는 하지만, 비록 그러하나 (다) 갖추지도 못하고 두루 미치지도 못하니 한 방면의 선비일 뿐이다.

【집주】

非無可觀也 致遠則泥矣 故 君子不爲也

볼 만한 것이 없는 것이 아니지만, 멀리 가면 통하지 않는다. 그런 까닭에 군자는 하지 않는다.

【세주】

朱子曰 小者 對大之名 正心修身以治人 道之大者也 專一家之業而治於人 道之小者也 然 皆用於世 而不可無者 其始 固皆聖人之作 而各有一事一物之理焉 是以 必有可觀 然 能於此 或不能於彼 而不可以通於君子之大道也

주자가 말했다. '소(작음)'는 '대(큼)'에 대응되는 이름(개념)이다. 마음을 바르게 하고 몸을 닦아 남을 다스리는 것은 도의 큰 것이다. 한 분야의 일을 전문으로 해서 남의 다스림을 받는 것은 도의 작은 것이지만, 모두 세상에 쓰이는 것으로 없어서는 안 되는 것이다. 그 시작은 본디 모두 성인께서 지으신 것이며 각각 하나의 일과 하나의 사물의 이치를 가지고 있다. 그런 까닭에 반드시 볼 만한 것이 있지만, 이것에 능하더라도 때로 저것에는 능하지 않으니, 군자의 대도에는 통할 수 없다.

○勉齋黃氏曰 農圃醫卜 施之目前淺近 不爲無益 然 求如聖人之道 無所不通 則不可也 小道 安知非指楊墨佛老之類邪 曰 小道 合聖人之道 而小者也 異端 違聖人之道 而異者也 小者 猶可以施之近 異端 不可以頃刻施也 彼之無父無君 又何待致遠而後不通哉

면재 황씨가 말했다. 농사와 의술과 점술은 눈앞의 가깝고 얕은 일에 시행하면 무익하지는 않지만, 성인의 도처럼 통하지 않는 것이 없기를 구하는 것은 불가능하다. 소도가 양주 묵적이나 부처나 노자의 부류를 가리키는 것이 아니라는 것을 어떻게 알 수 있는가? 답하자면, 소도는 성인의 도에 합치하지만 작은 것이고, 이단은 성인의 도에 위배되어서 다른 것이다. 작은 것은 오히려 가까운 곳에는 베풀 수 있지만 이단은 잠시라도 베풀어서는 안 된다. 그들은 아버지도 없고 임금도 없으니, 또 어찌 멀리 이르기를 기다린 다음에야 통하지 않으랴.

○新安陳氏曰 大道 愈遠而愈通 小道 致遠而不通 是以 君子 於大道 盡心焉 而 於小道 不屑用其心也

신안 진씨가 말했다. 대도는 멀어질수록 더욱 통하며 소도는 멀리 이르면 통하지 않는다. 그런 까닭에 군자는 대도에 마음을 다할 뿐 소도에는 그 마음을 쓰는 것을 탐탁해하지 않는다.

19.5 子夏曰 日知其所亡 月無忘其所能 可謂好學也已矣 亡讀作無 好去聲

자하가 말했다. 날마다 그 없는 것(모르는 것)을 알고, 달마다 그 능한 것(할 수 있는 것)을 잊지 않으면 배움을 좋아한다고 말할 수 있다.

【집주】

亡 無也 謂己之所未有

'망'은 없는 것이니 자신이 가지지 못한 것을 말한다.

○尹氏曰 好學者 日新而不失

윤씨가 말했다. 배움을 좋아하는 자는 날마다 새로워지고 잃지 않는다.

【세주】

程子曰 日知其所亡 月無忘其所能 此 可以爲人師法矣 非謂此可以爲人師道

정자가 말했다. 날마다 그 없는 것을 알고 달마다 그 능한 것을 잊지 않는 것, 이것은 남의 스승으로서의 방법[학생을 가르치는 방법]이 될 수는 있지만, 이것이 남의 스승으로서의 도리[스승이 스스로 해야 할 일]가 될 수 있다는 말은 아니다.

○朱子曰 日知其所亡 便是一日之間 知所未知 月無忘其所能 便是長遠在這裏

주자가 말했다. 날마다 그 없는 것을 안다는 것은 곧 하루 사이에 알지 못하던 것을 아는 것이다. 달마다 그 능한 것을 잊지 않는다는 것은 곧 오랫동안 여기 있는[보존하는] 것이다.

○ 知其所亡 無忘所能 檢校之意

그 없는 것을 안다는 것과 능한 것을 잊지 않는다는 것은 살피고 확인한다는 뜻이다.

○ 問 月無忘其所能 還是溫故否 曰 此章與溫故知新 意却不同 溫故知新 是溫故之中 而得新底道理 此 却是因知新而帶得溫故 漸漸溫習 如得一善 則拳拳服膺 而弗失之矣 子路 有聞 未之能行 惟恐有聞 若是如此 則子路 只做得一件事

물었다. 달마다 그 능한 것을 잊지 않는다는 것은 곧 옛것을 익힌다는 뜻입니까? 답했다. 이 장과 '온고지신'은 뜻이 오히려 다르다. 온고지신은 옛것을 익히는 중에 새로운 도리를 얻는다는 뜻이다. 이 장은 오히려 새로운 것을 알고 동시에 (알게 된 것을) 익힘으로 말미암아 점점 익숙해진다는 뜻이니, 예컨대 하나의 선을 얻으면 부지런히 지켜서 그것을 잃어버리지 않는 것이다. 자로는 들은 것이 있는데 아직 행할 수 없으면 오직 (새로운 것을) 듣기를 두려워했는데, 만약 이러했다면 자로는 다만 하나의 일만 할 수 있었을 것이다.

○ 樂菴李氏曰 日知其所亡者 凡欲學而未至者也 月無忘其所能者 已學而得之者也 君子敎人 於其所未學 則切切然 日以爲念 於其所已學 則一月之間 須常自省也 如此 則學 安得不進

낙암 이씨가 말했다. 날마다 그 없는 것을 안다는 것은 대개 배우고자 하지만 아직 이르지 못한 것이고, 달마다 그 능한 것을 잊지 않는다는 것은 이미 배워서 깨달은 것이다. 군자가 남을 가르칠 때에는, 아직 배우지 못한 것에 대해서는 절절하게 날마다 생각하고(생각하게 하고), 이미 배운 것에 대해서는 모름지기 한 달 내내 스스로 성찰해야(성찰하게 해야) 한다. 이와 같이하면 배움이 어찌 진보하지 않겠는가.

○ 南軒張氏曰 致其知而不舍 故 其知 日新 保其有而不違 故 其有常存 此之謂 好學

남헌 장씨가 말했다. 앎을 끝까지 추구해 버리지 않는 까닭에 그 앎이 날로 새로워지고, (이미) 가진 것을 지켜 떠나지 않는 까닭에 그 가진 것이 항상 보존된다. 이를 '호학(배움을 좋아함)'이라 한다.

○勉齋黃氏曰 求之敏 則能日新 守之篤 則能不失 進學之道 無以復加於此矣

면재 황씨가 말했다. 민첩하게 구하면 날마다 새로울 수 있고, 독실하게 지키면 잃지 않을 수 있다. 학문 진보의 길은 여기에 다시 더할 것이 없다.

○汪氏曰 此章 當與時習章 參看 此 以每日每月言 時習 以時時言 朱子有云 而今學者 今日得知 過幾日 又忘了 便是不長在此做工夫 如何會到一月後記得 由此論之 學者 誠不可不時習也 能從事於子夏之言 而加以時習之功 其庶幾乎

왕씨가 말했다. 이 장은 마땅히 〈시습〉장(『논어』1,「학이」1장)과 함께 보아야 한다. 이 장은 '매일매월'을 가지고 말했고 〈시습〉장은 '시시(때때로)'를 가지고 말했다. 주자는 '지금의 배우는 자는 오늘 알게 되었어도 며칠만 지나면 다시 잊어버리니, 이는 여기에 오래 있으면서[오랫동안 보존하면서] 공부하는 것이 아니다. (그러니) 한 달이 지난 후에 어찌 기억할 수 있겠는가'라고 말한 적이 있다. 이(주자의 말)에 근거해 논하건대, 배우는 자는 진정 때때로 익히지 않으면 안 된다. 자하의 말에 종사하면서 또 때때로 익히는 노력을 더할 수 있다면 거의 될 것이다.

○雲峯胡氏曰 日者 月之積 月無忘其所能 惟恐失其日新之所積者也

운봉 호씨가 말했다. 하루라는 것은 한 달을 쌓는 것(쌓여서 한 달이 되는 것)이다. 달마다 그 능한 것을 잊지 않는다는 것은 오직 날마다 새로이 해 쌓인 것을 잃을까 두려워하는 것이다.

○新安陳氏曰 爲學 當日有所進 而知其所未得 又能月有所守 而不忘其所已得 知其所亡 則識 愈長而日新 保其所有 則得 愈堅而不失 旣日新而且不失 非好學 能如是乎

신안 진씨가 말했다. 배움에, 마땅히 날마다 나아가는 바가 있어 그 얻지 못했던 것을 알고, 또한 달마다 지키는 바가 있어 그 이미 얻은 것을 잃지 않을 수 있어야 한다. 없는 것을 알면 지식이 더욱 자라 날로 새로워지고, 가진 것을 지키면 얻은 것이 더욱 견고해져 잃지 않는다. 이미 날마다 새로워지고 또 잃지 않는 것, 배움을 좋아하지 않고서 어찌 이럴 수 있으랴.

19.6 子夏曰 博學而篤志 切問而近思 仁 在其中矣

자하가 말했다. 널리 배우고 뜻을 독실하게 하고, 절실하게 묻고 가까이 생각하면 인은 그 안에 있다.

【집주】

四者 皆學問思辨之事耳 未及乎力行而爲仁也 然 從事於此 則心不外馳 而所存自熟 故曰 仁 在其中矣

네 가지는 모두 학문사변의 일일 뿐이고 힘써 실천해 인을 행하는 데에는 미치지 못한다. 그러나 이에 종사하면 마음이 바깥으로 내달리지 않고 보존된 것이 저절로 익는 까닭에 '인이 그 안에 있다'고 말했다.

【세주】

朱子曰 此 全未是說仁處 方是尋討簡求仁門路 當從此去 漸見效 在其中 謂有此理耳 又曰 此四事 只是爲學工夫 未是爲仁 必如夫子所以語顏冉者 乃正言爲仁耳 然 人 能博學而篤志 切問而近思 則心不放逸 天理可存 故曰 仁 在其中

주자가 말했다. 이것은 인(인이란 무엇인지)을 설명한 것이 전혀 아니고, 바로 인을 구하는 길의 입구를 찾는 것이니, 마땅히 이를 따라 나아가야 점차 그 효과가 나타난다. '그 안에 있다'라는 말은 '이런 이치가 있다[가능성이 있다]'는 말일 뿐이다. 또 말했다. 이 네 가지는 다만 학문 공부이며 인을 행하는 것은 아니다. 반드시 공자께서 안연이나 염옹(중궁)에게 말씀해주신 것(『논어』12, 「안연」 1, 2장) 같아야 비로소 '인을 행함'을 바로 말한 것일 뿐이다. 그러나 사람이 널리 배우고 뜻을 독실하게 하고 절실하게 묻고 가깝게 생각할 수 있다면 마음이 흩어져 달아나지 않고 천리가 보존될 수 있는 까닭에 '인이 그 안에 있다'라 했다.

○問 博學與近思 亦不相妨否 曰 博學 是都要理會過 近思 是注心著力處 博學

是箇大規模 近思 是漸進工夫 如明明德於天下 是大規模 其中 格物致知誠意正心修身齊家等 便是次序 問 篤志 未說到行處否 曰 篤志 只是至誠懇切以求之 不是理會不得又掉了 若只管汎汎底外面去 博學 更無懇切之志 便成放不知求底心 便成頑麻不仁 惟篤志又切問近思 便有歸宿處 這心 便不汎濫走作 仁 便在其中

물었다. 박학과 근사는 역시 서로 모순되지 않습니까? 답했다. 박학은 모두 다 이해하려는 것이며 근사는 마음을 기울여 힘을 쓰는 것이다. 박학은 규모(범위)가 크고 근사는 점진적인 공부이다. 예컨대 천하에 밝은 덕을 밝히는 것(대학공부)은 큰 규모이고, 그 가운데에 (있는) 격물치지 성의정심 수신제가 등은 곧 그(명명덕의) 순서이다[대학공부 전체가 박학이라면 그 세부의 격물치지 등은 근사에 해당된다. 따라서 박학과 근사는 모순되지 않는다]. 물었다. '뜻을 독실하게 함'은 행함에 대해서는 말하지 않은 것 아닙니까? 답했다. 독지는 다만 지성으로 간절하게 구하는 것이니 이해하지 못했다고 해서 또 내버리는(그만두는) 것이 아니다. 만일 다만 범범하게(수박 겉핥기로) 바깥으로 나가기만 하면(외적인 지식만 추구하면) 박학은 또 간절한 뜻이 없어 곧 '놓친 것을 찾을 줄 모르는' 마음이 되고, 곧 '무감각하고 마비된 불인'이 된다. 오직 뜻을 독실하게 하고 또 절실히 묻고 가까이 생각해야 돌아가 머물 곳이 있고 이 마음이 곧 넘쳐흘러 도망가지 않으니, 인은 곧 그 안에 있다.

○問 仁在其中矣 如何謂之仁 曰 非是便爲仁 大抵 如聖人說 在其中矣之辭 祿在其中 直在其中 意曰 言行寡尤悔 非所以干祿 而祿在其中 父子相爲隱 非所以爲直 而直在其中 博學而篤志 切問而近思 非所以爲仁 然 學者 用力於此 仁 在其中矣

물었다. '인이 그 안에 있다'라는 말에서, 왜 인이라고 했습니까? 답했다. (그것이) 곧 인을 행하는 것이라는 말은 아니다. 대개 성인께서 '그 안에 있다'라 하신 말씀, 예컨대 '봉록이 그 안에 있다'거나 '곧음이 그 안에 있다'라는 말씀은 '언행에 허물이 적도록 하는 것은 봉록을 구하려는 것이 아니지만 봉록이 그 안에 있다', '부자가 서로 숨겨주는 것은 곧음이 되는 것은 아니지만 곧음은 그 안에 있다'라는 뜻이다. 널리 배우고 뜻을 독실하게 하고, 절실히 묻고 가까이 생각하는 것은 인을 행하는 것은 아니지만, 그러나 배우는 자가 이에 힘쓰면 인은 그 안에 있다.

○勉齋黃氏曰 集註初本 謂心不外馳 而事皆有益 蓋 以博篤切近 爲心不外馳 學志問思 爲事皆有益 夫以學志問思爲有益於事 乃是有所求而得之 不可以爲求此而得彼也 後乃以所存自熟易之 則專主於心之所存而言 人 惟無所用其心 則其心 放逸而不收 學之博 則此心 常有所繫著 而不放逸矣 人 惟所志 苟簡而不堅也 則其心 泛濫而不一 志之篤 則此心 常有定向 而不泛濫矣 問不切 思不近 則其所用心 皆在吾身之外矣 切問近思 則求其在己者 而無復外馳之患矣 人 能盡此四者 則雖學問思辨之事 而自有得夫操存涵養之效 所以 謂仁在其中矣

면재 황씨가 말했다. 집주 초기본에서는 '마음이 밖으로 내달리지 않고 일에는 모두 이익이 있다'라 했다. (이 말은) 대개 넓음·독실함·절실함·가까움을 '마음이 밖으로 내달리지 않음'에 해당시킨 것이고, 배움·뜻 둠·물음·생각함을 '일에 이익이 있음'에 해당시킨 것이다. 무릇 배움·뜻 둠·물음·생각함을 '일에 이익이 있음'에 해당시킨 것은, 구하는 것이 있어 (그것을) 얻는다는 것이지, 이것(예컨대 배움)을 구하는데 저것(배움 아닌 다른 이익, 예컨대 벼슬이나 재물)을 얻는다는 말로 해석해서는 안 된다. 후에는(집주 후기본에서는) '보존된 것이 저절로 익는다'라고 바꾸었는데, 오로지 마음에 보존된 것을 주로 해서 말한 것이다. 사람이 오직 마음을 쓰는 데가 없으면 그 마음이 달아나 거두어지지 않는다. 널리 배우면 이 마음이 항상 매인 데가 있어 달아나지 않는다. 사람이 오직 뜻한 바가 구차해 견고하지 않으면 그 마음이 흘러넘쳐 한결같지 않다. 뜻을 독실하게 하면 이 마음은 항상 정해진 방향이 있어서 흘러넘치지 않는다. 묻는 것이 절실하지 않고 생각하는 것이 가깝지 않으면 그 마음을 쓰는 것이 모두 내 몸의 바깥에 있게 된다. 절실하게 묻고 가까이 생각하면 모두 자기에게 있는 것을 구하게 되니 다시는 밖으로 내달릴 걱정이 없다. 사람이 이 네 가지를 다할 수 있으면, (그것이) 비록 배우고 묻고 생각하고 분별하는 일이기는 하지만, 저절로 저 '붙들어 보존하고 함양하는 효과'를 얻을 수 있다. 그래서 '인이 그 안에 있다'라 한다.

○潛室陳氏曰 心存 則仁便存 心便喚做仁 固不可 但離了心外 更何處求仁

잠실 진씨가 말했다. 마음이 보존되면 인도 곧 보존된다. 마음을 인이라 부르는 것은 본디 안 되는 것이지만, 그러나 마음을 떠나 다시 어느 곳에서 인을 구하겠는가.

○ 胡氏曰 力行 固所以爲仁 然 學問思辨 皆所以求爲仁之方 心存乎學問思辨 則雖未見於行 而已不外馳矣 心不外馳 則所存自熟 是乃力行之本 故曰 仁 在其中矣

호씨가 말했다. 역행(힘써 실천함)은 본디 인을 행하는 것이다. 그러나 학문사변(배우고 묻고 생각하고 분별함)은 모두 인을 행하는 방법을 구하려는 것이다. 마음이 학문사변에 있으면 비록 실천으로 드러나지는 않더라도 이미 밖으로 내달리지는 않는다. 마음이 밖으로 내달리지 않으면 보존된 것이 저절로 익으니 이것이 곧 역행의 근본이다. 그런 까닭에 '인이 그 안에 있다'라 했다.

○ 西山眞氏曰 切問 謂以切己之事問於人也 近思 謂不馳心高遠 就其切近者 而思之也 外焉 問於人 內焉 思於心 皆先其切近者 則一語 有一語之益 一事 有一事之功 不比汎然馳騖於外 而初無補於身心也

서산 진씨가 말했다. 절실하게 묻는다는 것은 자기에게 절실한 일을 가지고 남에게 묻는 것을 말한다. 가까이 생각한다는 것은 마음이 높고 먼 곳으로 내달리지 않고 가깝고 절실한 것에 관해 생각하는 것을 말한다. 밖으로 남에게 묻거나 안으로 마음속으로 생각함에 있어 모두 그 절실하고 가까운 것을 먼저로 하면, 한마디 말에 한마디 말의 이익이 있고 한 가지 일에 한 가지 일의 공효가 있으니, 범연히 바깥으로 내달려서 애초에 몸과 마음에 도움 되는 것이 없는 것과는 비할 수 없다.

○ 雲峯胡氏曰 中庸 以學問思辨 爲智之事 此章所謂學問思 未及乎爲仁也 而曰 仁在其中者 仁 人之心也 心存於內 則爲仁 馳於外 則非仁矣 惟學之博而志之篤 問之切而思之近 則心 不馳於外矣 不馳於外 則存於中者 自熟矣 夫仁 亦在乎熟之而已矣 熟之者 力行而爲仁也 自熟云者 未及乎力行 而仁 自在其中也

운봉 호씨가 말했다. 『중용』에서는 '학문사변(배우고 묻고 생각하고 분별함)'을 지혜(지식)의 일이라 했다. 이 장에서 말한 '배우고 묻고 생각함'은 인을 행하는 데는 미치지 못하는 것이다. 그런데도 '인이 그 안에 있다'라 한 것은 인은 사람의 마음이기 때문이다. 마음이 안으로 보존되면 인이고 밖으로 내달리면 인이 아니다. 오직 널리 배우되 뜻을 독실하게 하고, 절실히 묻되 가까이 생각하면 마음은 밖으로 내달리지 않는다. 밖으로 내달리지 않으면 마음에 보존된 것이 저절로 익는다. 무릇 인 또한 익히는 데 달려 있을 뿐이다. '익힌다'는 것은 힘써 실천해 인을 행한다는 말이고, '저절로 익는다'라 한 것은 힘써 실천하는 데는 미치지 못하지만 인이 본디 그 안에 있다는 말이다.

【집주】

○程子曰 博學而篤志 切問而近思 何以言仁在其中矣 學者 要思得之 了此 便是徹上徹下之道

정자가 말했다. 널리 배우고 뜻을 독실하게 하고, 절실하게 묻고 가까이 생각하면 어째서 인이 그 안에 있다고 말하는지에 관해, 배우는 자는 생각해서 깨달아야 한다. 이것을 깨닫는 것이 곧 위아래로 통하는 도이다.

【세주】

問 程子謂 徹上徹下底道理 朱子曰 於是四者 也見得箇仁底道理 便是徹上徹下之道也

정자가 말한 위아래로 통하는 도에 관해 물었다. 주자가 답했다. 이 네 가지를 통해 또한 인의 도리를 깨닫는 것이 곧 위아래로 통하는 도이다.

○徹上徹下 是這箇道理 深說淺說 都效此

위아래로 통하는 것이 이 도리이니, 깊게 말하든(위로 통함) 얕게 말하든(아래로 통함) 모두 이에 근거를 둔 것이다[그 수준에 따라 변용해 말하더라도 그것은 원래 단 하나의 동일한 이 원리일 뿐이다].

○雲峯胡氏曰 徹上徹下 集註兩述程子之言 樊遲問仁章曰 徹上徹下 初無二語 此 則曰 了此 便是徹上徹下之道 彼所言者 仁也 言仁 是徹下 言睟面盎背 篤恭 而天下平 是徹上 此章 未及力行爲仁之事 學問思 是徹下 仁在其中 是徹上

운봉 호씨가 말했다. '위아래로 통한다'라는 말, 집주에서는 정자의 이 말을 두 번 서술했는데, 〈번지문인장〉(『논어』13, 「자로」19장)에서는 '위아래로 통하는 것(말씀)이니 원래 두말을 하지 않으셨다'라고 했고, 여기서는 '이것을 깨닫는 것이 곧 위아래로 통하는 도이다'라고 했다. 거기(번지문인장)에서 말한 것은 인인데, 인을 말씀하신 것[번지에게 낮은 수준으로 인을 말씀해주신 것, 즉 거처함에 공손히 하고 일을 집행함에 경건히 하고 남과 함께함에 진실하게 하는 것]은 아래로 통하는 것이고 '얼굴에 환히 드러나고 등에 가득 차게 되고, 공손함을 독실하게 해 천하가 편안해진다'라 한 것은 위로 통하는 것이다. 이 장은 힘써 실천해 인을 행하는 일에는 미치지 못했다. 배우고 묻고 생각하는 것이 아래로 통하는 것이고, '인이 그 가운데 있다'는 것이 위로 통하는 것이다.

○新安陳氏曰 程子 欲人思而得之 乃引而不發 朱子謂 從事於此 則心不外馳 而所存自熟 盡發以示人矣

신안 진씨가 말했다. 정자는 사람으로 하여금 생각해 깨닫게 하고자 했으니, (활쏘기를 가르치는 것에 비유한다면) 당겨주되 쏘아주지는 않은 것이고, 주자는 '이에 종사하면 마음이 밖으로 내달리지 않아서 보존된 것이 저절로 익는다'라고 했으니, 완전히 드러내어 사람들에게 보여준 것이다.

【집주】
又曰 學不博 則不能守約 志不篤 則不能力行 切問近思在己者 則仁 在其中矣

또 말했다. 배움이 넓지 못하면 간략함(핵심이 되는 것)을 지킬 수 없고 뜻이 독실하지 못하면 힘써 행할 수 없다. 자기에게 있는 것(자신의 내면에 주어진 본성)을 절실하게 묻고 가까이 생각하면 인이 그 안에 있다.

【세주】

慶源輔氏曰 必先盡乎博 然後有以得其約而守之 不然 則寡聞淺見 將何以識其約 必先立其志 則自然住不得 須著去力行 不然 則若有若亡 何能見於行 所謂切與近 只是在己之事

경원 보씨가 말했다. 반드시 먼저 넓음을 다한 후라야 간략함(핵심)을 얻어서 지킬 수 있다. 그렇지 않으면 견문이 부족하고 얕으니 장차 무엇으로 간략함을 알겠는가. 반드시 그 뜻을 먼저 세우면 자연히 멈출 수 없으니 틀림없이 힘써 실천해나가게 된다. 그렇지 않으면 있는 듯, 없는 듯하니 어찌 실천으로 드러날 수 있겠는가. 이른바 절실하고 가깝다고 하는 것은 다만 자기에게 있는 일이기 때문이다.

【집주】

又曰 近思者 以類而推

또 말했다. 가깝게 생각한다는 것은 비슷한 것을 가지고 미루어보는 것이다.

【세주】

朱子曰 以類而推 只是傍易曉底 挨將去 如親親 便推類去仁民 仁民 便推類去愛物 如這一件事 理會得透了 又因這件事推去 理會那一件事 只管恁地挨將去 只管見易 不見其難 前面遠處 只管近 如第一級 便要跳到第三級 擧步闊了 便費力 只見難只見遠

주자가 말했다. 비슷한 것을 가지고 미루어보는 것(유추)은 다만 가까이 있는 쉽게 깨달을 수 있는 것을 밀고 나아가는 것이다. 예컨대 친족을 친히 하는 것에서 유추해 백성에게 어질게 하는 것으로 나아가고, 백성에게 어질게 하는 것에서 유추해 사물을 사랑하는 것으로 나아가는 것이다. 예컨대 이 하나의 일을 투철하게 이해하고, 또 이 일에 근거해 밀고 나아가 저 하나의 일을 이해하는 것이다. 다만 그와 같이 밀고 나아가서 쉬운 것만 보고 어려운 것은 보지 않으며, 앞의 먼 곳에 대해서는 다만 가까운 것만 본다. 만일 첫째 단계에서 곧 셋째 단계로 뛰어넘으려 하면, 보폭이 커져 힘을 소비하게 되고, 다만 어려운 것만 보고 먼 것만 보게 된다.

○或問 此章 以爲心不外馳 而事皆有益者 何也 曰 程伯子之言 心不外馳之謂也 叔子之言 事皆有益之謂也 心不外馳 則仁之體 無不存 事皆有益 則仁之用 無不得矣 曰 如子之言 凡言在其中者 皆爲求此而得彼之辭 則此四者 亦不爲求仁之事耶 曰 四者之效 雖卒歸於得仁 而其言 則講學之事 初非有求仁之意也 聖賢之言求仁 必本於實踐 而非空言之所可與 然 於講學之間 能如子夏之云 則於吾之心 有所制而不放 於事之理 有所當而不差矣 志於講學 而可以爲仁 亦何害其爲求此而得彼哉 曰 然則視聽言動之必以禮 居處執事之必以恭且敬 與人之必以忠 亦其理之所當爲 而非有求仁之意也 則亦可以爲求比而得彼乎 曰 吾 固嘗言之矣 彼 以踐履之實事告 此 以講習爲言 而非本有求仁之心也 蓋 亦不得而同矣

혹자가 물었다. 이 장에서 마음이 바깥으로 내달리지 않고 일에 모두 이익이 있다고 한 것은 어째서입니까? 답했다. 정백자(정호)의 말은 마음이 바깥으로 내달리지 않는다는 말이고, 숙자(정이)의 말은 일에 모두 이익이 있다는 말이다. 마음이 바깥으로 내달리지 않으면 인의 본체가 보존되지 않음이 없고, 일에 모두 이익이 있으면 인의 쓰임은 이루어지지 않는 것이 없다. 물었다. 공자의 말씀 중에서 대개 '그 안에 있다'는 말씀은 모두 '이것을 구했는데 저것을 얻는다'는 말씀입니다. 그러니 이 네 가지는 또한 인을 구하는 일 아닙니까? 답했다. 네 가지의 효과는 비록 인을 얻는 것으로 귀결되지만 그 말은 강학에 관한 것이지 본래 인을 구하려는 뜻이 있는 것은 아니다. 성현께서 인을 구하는 것을 말씀하신 것은 반드시 실천에 근본을 두셨으니 공허한 말이 끼어들 수 있는 것이 아니다. 그러나 강학할 때는 자하의 말처럼 할 수 있으면 내 마음은 통제되어 달아나지 않고, 일의 이치는 마땅한 바가 있어서 잘못되지 않는다. 강학에 뜻을 두었는데도 인을 행할 수 있게 되니 또한 '이것을 구했는데 저것을 얻는다'라 하기에 무슨 지장이 있겠는가. 물었다. 그렇다면, 보고 듣고 말하고 행동하는 것을 반드시 예로 하고(안연이 인을 묻자 말씀해주신 것), 거처하고 일을 집행하는 것을 반드시 공손함과 경건함으로 하고 남과 함께함에는 반드시 진실하게 하는 것(번지가 인을 묻자 말씀해주신 것)은 또한 그 이치상 마땅히 해야 할 일이지 인을 구하려는 뜻이 있는 것이 아닙니다. 그렇다면 이 또한 '이것을 구했는데 저것을 얻는다'라 할 수 있습니까? 답했다. 내가 본디 일찍이 말한 적이 있다. 저것(시청언동 등)은 (인을 구하는) 실천의 실질적인 일을 알려주신 것이고, 이것(이 장의 말)은 강습(강학)을 말한 것으로 원래 인을 구하려는 마음이 있는 것은 아니다. 대개 또한 같다고 할 수는 없다.

【집주】

蘇氏曰 博學而志不篤 則大而無成 泛問遠思 則勞而無功

소씨가 말했다. 널리 배우지만 뜻이 독실하지 않으면 (공부하는 범위 등이) 크기는 하지만 이루는 것이 없고, 모호하게 묻고 멀리 생각하면 힘은 들지만 효과가 없다.

【세주】

雙峯饒氏曰 志字 要粘上面學字說 切問 亦須從近處思量起 則可見端的 方不流於虛遠 以序求之 則博學 在先 自是一類 篤志切問近思 在後 自是一類 學博矣而志不篤 問不切 思不近 則泛濫 而不著己 如何可至於仁

쌍봉 요씨가 말했다. '지' 자는 위의 '학' 자에 붙여서 말해야 하고(독지를 박학과 서로 연결된 것으로 말해야 하고, 즉 '박학하고 독지하고'로 읽지 말고 '박학하되 독지하고'로 읽어야 하고), '절문' 또한 반드시 '가까운 곳을 생각하는 것(근사)'으로부터 시작해야 한다. 그리하면 명확한 표적을 알 수 있어 비로소 공허하고 먼 것으로 흐르지 않는다. 순서를 구한다면 박학이 먼저로 그 자체로 한 종류의 일이고, 독지와 절문과 근사가 나중으로 그 자체로 한 종류의 일이다. 배우는 것이 넓지만 뜻이 독실하지 않고, 물음이 절실하지 않고, 생각이 가깝지 않으면 흘러넘쳐서 자기에게 달라붙지 않으니 어찌 인에 이를 수 있겠는가.

○新安陳氏曰 博學 先提其綱 篤志切問近思 是分其目 蓋 就所博學者 而志之篤 問之切 思之近也 學不博 固失之狹隘 志不篤 問不切 思不近 則又失之泛濫 亦徒

博耳

신안 진씨가 말했다. 박학은 먼저 그 골격을 제시한 것이고 독지와 절문과 근사는 그 항목을 나눈 것이다. 대개 널리 배운 것에 대해서 뜻을 독실하게 하고 절실하게 묻고 가까이 생각하는 것이다. 배움이 넓지 못하면 물론 좁고 협소한 잘못을 저지르지만, (박학하더라도) 뜻을 독실하게 하지 않고 절실하게 묻지 않고 가까이 생각하지 않으면 또 흘러넘치는 잘못을 저지르니 또한 헛된 박학일 뿐이다.

19.7 子夏曰 百工 居肆 以成其事 君子 學 以致其道

자하가 말했다. 백공은 작업장에 머묾으로써 그 일을 이루고, 군자는 배움으로써 그 도를 다한다.

【집주】

肆 謂官府造作之處 致 極也 工 不居肆 則遷於異物 而業不精 君子 不學 則奪於外誘 而志不篤

'사'는 관청의 물건 만드는 곳을 말한다. '치'는 다하는 것이다. 공인이 작업장에 머물지 않으면 (관심이) 다른 물건으로 옮겨가 맡은 일이 정밀하지 않다. 군자가 배우지 않으면 바깥의 유혹에 (마음을) 빼앗겨서 뜻이 독실하지 않게 된다.

【세주】

新安陳氏曰 此 重在居肆與學

신안 진씨가 말했다. 이 구절은 중점이 '작업장에 머묾'과 '배움'에 있다.

【집주】

尹氏曰 學 所以致其道也 百工 居肆 必務成其事 君子之於學 可不知所務哉

윤씨가 말했다. 배움은 그 도를 다하기 위한 것이다. 백공이 작업장에 있으면 반드시 그 일을 이루기 위해 힘쓰는데, 군자가 배움에 대해 그 힘쓸 바를 알지 못해 되겠는가.

【세주】

新安陳氏曰 此 重在成事與致道

신안 진씨가 말했다. 이 구절은 중점이 '일을 이룸'과 '도를 다함'에 있다.

【집주】

愚按 二說相須 其義始備

내가 생각건대, 두 가지 설명이 서로 보완되어야 그 뜻이 비로소 갖추어진다.

【세주】

朱子曰 百工 居肆 方能做得事成 君子 學 方可以致其道 然 居肆 亦有不能成其事 如閑坐打鬨 過日底 學 亦有不能致其道 如學小道 與中道而廢之類 故 後說云 居肆 必須務成其事 學 必須務致其道 故 必二說相須 而義始備

주자가 말했다. 백공은 작업장에 있어야 비로소 일을 이룰 수 있고, 군자는 배워야 비로소 그 도를 다할 수 있다. 그러나 작업장에 있더라도 또한 일을 이루지 못하는 경우가 있다. 예컨대 한가롭게 앉아 잡담하면서 하루를 보내는 경우가 그렇다. 배우더라도 또한 그 도를 다하지 못하는 경우가 있다. 예컨대 소도(작은 도, 각종의 직업적 기술)를 배우거나 도중에 그만두는 경우 등이 그렇다. 그런 까닭에 뒤의 설명(윤씨설)에서는 작업장에 있으면 반드시 그 일을 이루도록 힘써야 하고, 배움에 있어서는 반드시 그 도를 다하도록 힘써야 한다고 말했다. 그런 까닭에 두 가지 설이 서로 보완되어야 뜻이 비로소 갖추어진다.

○慶源輔氏曰 由朱子之說 則見君子之欲致道 不可不由於學 由尹氏之說 則君子之學 必當務致乎道 夫欲致道 而不由學 則心志 爲外物所遷誘 而不能專一 固不足以致其道 然 學而不足以致道 則其所學者 又不過口耳之習耳 欲致其道 則必由學 旣曰由學 則必務致道 然後爲君子之事也

경원 보씨가 말했다. 주자의 설명에 의하면 군자가 도를 다하고자 한다면 배움을 통하지 않을 수 없음을 알 수 있다. 윤씨의 설명에 의하면 군자의 배움은 반드시 도를 다하도록 힘써야 한다. 무릇 도를 다하고자 하면서도 배움을 통하지 않는다면 마음의 뜻이 바깥 사물에 의해 빼앗기고 유혹되어 전일할 수 없으니, 진실로 그 도를 다하기에 부족하다. 그러나 배웠지만 도를 다하기에 부족하다면 그 배운 것은 또한 입과 귀의 익힘에 불과할 뿐이다. 그 도를 다하고자 하면 반드시 배움을 통해야 하고, 이미 배움을 통했다 한다면 반드시 도를 다하도록 힘써야 하니, 그런 연후에야 군자의 일이 된다.

○胡氏曰 前說 則重在居肆與爲學 後說 則重在成事與致道 一 主於用功 一 主於立志 然 知所以用功 而志不立 不可也 知所以立志 而功不精 亦不可也 故 二說 相須而備 非如他章存兩說之比也

호씨가 말했다. 앞의 설명은 작업장에 머무는 것과 배우는 것에 중점이 있고, 뒤의 설명은 일을 이루는 것과 도를 다하는 것에 중점이 있다. 하나는 노력하는 것을 주로 삼고, 다른 하나는 뜻을 세우는 것을 주로 삼은 것이다. 그러나 노력할 줄 알더라도 뜻이 서지 않으면 안 되고, 뜻을 세울 줄 알더라도 노력이 정밀하지 않으면 또한 안 된다. 그런 까닭에 두 설명이 서로 보완되어야 갖추어지니, 다른 장(의 집주)에서 (서로 무관한) 두 가지 설명을 둔 경우와는 같지 않다.

○雲峯胡氏曰 工 必居肆 則耳目之所接者 在此 心思之所爲者 在此 而其事 卽成於此 君子之居於學也 亦然 集註二說 相須 然 前說 尤重 蓋 居肆而不務成其事者 有之矣 未有不居肆而能成其事者也 學而不知所務者 有之矣 未有不學 而能致其道者也

운봉 호씨가 말했다. 공인은 반드시 작업장에 있어야 귀와 눈이 접하는 것이 거기에 있고 마음속 생각으로 하려는 것이 거기에 있어서, 그 일이 거기서 곧 이루어진다. 군자가 배움에 임하는 것 또한 그러하다. 집주의 두 가지 설명은 서로 보완되지만, 앞의 설명이 더욱 중요하다. 대개 작업장에 있더라도 그 일을 이루도록 힘쓰지 않는 경우가 있기는 하지만, 작업장에 있지 않으면서도 그 일을 이룰 수 있는 경우는 없다. 배워도 힘쓸 바를 모르는 경우가 있기는 하지만, 배우지 않으면서도 그 도를 다할 수 있는 경우는 없다.

○新安陳氏曰 前說 是子夏本意 觀二以字 可見 後說 是發子夏餘意 而於警戒學

者 尤切

신안 진씨가 말했다. 앞의 설명이 자하의 본뜻으로, 두 개의 '이(以)' 자를 보면 알 수 있다. 뒤의 설명은 자하의 나머지(숨은) 뜻을 드러낸 것으로서, 배우는 자를 경계함에 더욱 절실하다.

19.8 子夏曰 小人之過也 必文 文去聲

자하가 말했다. 소인은 잘못을 저지르면 반드시 꾸민다.

【집주】

文 飾之也 小人 憚於改過 而不憚於自欺 故 必文以重其過

'문'은 꾸미는 것이다. 소인은 잘못을 고치는 것은 꺼리고 스스로를 속이는 것은 꺼리지 않는 까닭에 반드시 꾸밈으로써 그 잘못을 더한다.

【세주】

南軒張氏曰 有過 則改之而已 小人 恥過而憚改 故 必文 文 謂飾非以自欺

남헌 장씨가 말했다. 잘못이 있으면 고칠 따름이다. 소인은 잘못을 부끄러워하면서도 고치기는 꺼리니, 그런 까닭에 반드시 꾸민다. '문'은 그릇된 것을 꾸며서 스스로를 속이는 것을 말한다.

○勉齋黃氏曰 有過 過也 憚改而文以爲欺 又增益其過也 故曰 重其過

면재 황씨가 말했다. 잘못이 있으면 (그것만으로도) 잘못인데, 고치기를 꺼려 꾸며서 속이려고 하면 또한 그 잘못을 증가시키는 것이다. 그러므로 '그 잘못을 더한다'라 했다.

○胡氏曰 憚於改過 而不憚於自欺者 以改悔爲難 而自昧其本然之善心 反不以爲難 重其過者 始焉不能審思 而遂與理悖 過矣 而又飾之以爲欺 是 再過也

호씨가 말했다. '잘못을 고치기는 꺼리고 스스로를 속이기는 꺼리지 않는다'는 것은, 고치고 뉘우치는 것은 어렵게 여기고, 스스로 그 본연의 선한 마음을 어둡게 만드는 것은 오히려 어렵게 여기지 않는 것이다. '그 잘못을 더한다'는 것은, '처음에 깊이 생각하지 못해 마침내 이치에 어그러졌으니 (그것만으로도) 잘못인데, 다시 그것을 꾸며서 속이려고 하니 이는 두 번째 잘못이다'

라는 말이다.

○雲峯胡氏曰 此章 當與後章子貢所謂君子之過也 參看 蓋 君子有過 幸人知之 非惟不敢自欺 亦不欺人 故 其過也 卒改而爲善 小人之過 惟恐人知之 不惟欺人 徒以自欺 其過也 卒流而爲惡

운봉 호씨가 말했다. 이 장은 마땅히 뒤 장(본 편 21장)에서 자공이 말한 '군자의 잘못'이라는 구절을 함께 참고해 보아야 한다. 대개 군자는 잘못이 있으면 남이 그것을 아는 것을 다행으로 여겨서, 감히 스스로를 속이지 않을 뿐만 아니라 또한 남을 속이지도 않는다. 그런 까닭에 그 잘못은 마침내 고쳐져 선이 된다. 소인은 잘못을 저지르면 오로지 남이 알 것을 두려워해서, 남을 속일 뿐만 아니라 헛되이 스스로를 속이니, 그 잘못은 마침내 흘러서 악이 된다.

19.9 子夏曰 君子 有三變 望之儼然 卽之也溫 聽其言也厲

자하가 말했다. 군자는 세 번의 변화가 있다. 바라보면 의연하고, 마주하면 따스하고, 그 말을 들으면 예리하다.

【집주】

儼然者 貌之莊 溫者 色之和 厲者 辭之確

의연하다는 것은 용모가 장엄한 것이다. 따스하다는 것은 안색이 온화한 것이다. 예리하다는 것은 말이 명확한 것이다.

○程子曰 他人 儼然則不溫 溫則不厲 惟孔子全之 謝氏曰 此 非有意於變 蓋 竝行而不相悖也 如良玉 溫潤而栗然

정자가 말했다. 다른 사람은 의연하면 따스하지 않고, 따스하면 예리하지 않지만, 오로지 공자께서는 그 모두를 다하셨다. 사씨가 말했다. 이것은 변화에 뜻을 둔다는 것이 아니다. 대개 함께 행해도 서로 모순되지 않는다는 것이니, 예컨대 좋은 옥은 따스하고 촉촉하면서도 단단하다.

【세주】

記聘義 昔者 君子 比德于玉焉 溫潤而澤 仁也 縝密以栗 知也

『예기』,「빙의」편에 다음과 같이 나와 있다. 옛날에는 군자의 덕을 옥에 비유했다. 따스하면서 윤택한 것은 인이고 곱고 치밀해서 단단한 것은 지이다.

○南軒張氏曰 望之儼然 敬而重也 卽之也溫 和而厚也 聽其言也厲 約而法也 夫 其望之儼然 若不可得而親也 及其卽之 則溫焉 卽之也溫 若可得而親也 而聽其言 則厲焉 其爲三變 豈君子之强爲之哉 禮樂 無斯須而去身 故 其成就 發見如此

남헌 장씨가 말했다. 바라보면 의연하다는 것은 경건하고 정중한 것이다. 마주하면 따스하다는 것은 온화하고 두터운 것이다. 그 말을 들으면 예리하다는 것은 간략하고 법도 있는 것이다. 무릇 바라보아 의연하면 친하지 못할 듯하지만 마주하게 되면 따스하다. 마주해서 따스하면 친할 수 있는 듯하지만 그 말을 들으면 예리하다. 그 세 번 변화하는 것이 어찌 군자가 억지로 하는 것이겠는가. 예악이 잠시라도 몸에서 떠나지 않는 까닭에 그 성취가 이와 같이 드러난다.

○勉齋黃氏曰 儼者 手恭而足重 溫者 心平而氣和 厲者 義精而辭確

면재 황씨가 말했다. 의연함이란 손이 공손하고 발이 정중한 것이다. 따스함이란 마음이 평화롭고 기운이 온화한 것이다. 예리함이란 의리가 정밀하고 말이 명확한 것이다.

○雙峯饒氏曰 聖人 本無三變 但自他人觀之 則遠望 是一般 近就之 是一般 聽其言 又是一般 似乎有三變耳 問 厲 只當訓嚴 而云確 何也 曰 厲 也有嚴意 但曰嚴 恐人認做猛烈 確者 是是非非 確乎不易之義 形容嚴厲 最切

쌍봉 요씨가 말했다. 성인은 본래 세 가지 변화가 없다. 다만 다른 사람이 그를 볼 때 멀리서 바라보면 이러하고 가까이 다가가면 이러하고 그 말을 들으면 또 이러하여 마치 세 번 변하는 것 같을 따름이다. 물었다. '여'는 단지 엄함이라 해석해야 마땅한데 명확함이라 말한 것은 어째서입니까? 답했다. '여'에는 엄하다는 뜻도 있지만, 다만 엄하다고만 말하면 사람들이 맹렬함으로 여길 우려가 있다. '확(명확함)'은 옳은 것은 옳다 하고 틀린 것은 틀리다 해 확고하여 바꾸지 않는다는 뜻이니, (확이라는 글자는) 엄려함(엄밀하고 예리함)을 표현하기에는 가장 적합하다.

○新安陳氏曰 儼然而溫 剛中有柔也 溫而厲 柔中有剛也 剛柔不偏 陰陽合德 惟夫子有之 人見其然 以爲三變 聖人 自然而然 豈有意於變也

신안 진씨가 말했다. 의연하지만 온화한 것은 굳셈 가운데에 부드러움이 있는 것이다. 온화하지만 예리한 것은 부드러운 가운데에 굳셈이 있는 것이다. 굳셈과 부드러움의 어느 한쪽에 치우치지 않음과 음과 양이 합해진 덕은 오직 공자께서만 가지고 계시다. 사람들이 그런 모습을 보고 세 번 변한다고 여기지만, 성인께서는 자연히 그러한 것이지 어찌 일부러 변화하는 데에 뜻을 두셨겠는가.

19.10 子夏曰 君子 信而後 勞其民 未信 則以爲厲己
也 信而後 諫 未信 則以爲謗己也

> 자하가 말했다. 군자는 신뢰받은 후에 그 백성을 부린다. 신뢰받지 않으면 자기를 괴롭히는 것으로 여기기 때문이다. 신뢰받은 후에 간쟁한다. 신뢰받지 않으면 자기를 비방하는 것으로 여기기 때문이다.

【집주】

信 謂誠意惻怛 而人信之也 厲 猶病也 事上使下 皆必誠意交孚而後 可以有爲

'신'은 참된 뜻이 간절해 남이 그를 믿는 것을 말한다. '여'는 괴롭히는 것이다. 윗사람을 모시고 아랫사람을 부림에, 모두 반드시 참된 뜻으로 믿음을 나눈 후에야 일을 제대로 해낼 수 있다.

【세주】

南軒張氏曰 信 在使民諫君之先 若使民 而民以爲厲己 諫君 而君以爲謗己 是在我孚信未篤而已

남헌 장씨가 말했다. 신뢰는 백성을 부리거나 임금에게 간하기 이전에 있는(있어야 하는) 것이다. 만약 백성을 부리는 데 백성이 자기를 괴롭힌다고 여기고, 임금에게 간하는 데 임금이 자기를 비방한다고 여긴다면 이것은 나에게 있어서의(나의) 신뢰성이 아직 독실하지 않기 때문일 따름이다.

○慶源輔氏曰 信 謂上下交孚 己雖有信 而人或未之信 猶未可謂之信也 若上下未交孚 則君之勞民 所以安其生也 而反以爲厲己也 臣之諫君 所以成其德也 而反以爲謗己也 如湯武之使民 則可謂信而後勞之矣 如伊傅之告君 則可爲信而後諫之矣

경원 보씨가 말했다. '신'은 상하가 서로 믿는 것을 말한다. 자기가 비록 믿음이 있더라도 남이 혹시 믿지 않는다면 아직 신이라고 말할 수 없다. 만일 상하가 서로 믿지 않으면, 임금이 백성을 부리는 것은 그 삶을 편안히 해주기 위해서인데도 도리어 자신을 괴롭힌다고 여기고, 신하가 임금에게 간하는 것은 그 덕을 완성시키기 위해서인데도 도리어 자신을 비방한다고 여긴다. 예컨대 탕왕과 무왕이 백성을 부린 것은 신뢰받은 후에 부린 것이라 할 수 있고, 예컨대 이윤과 부열이 임금에게 고한 것은 신뢰받은 후에 간한 것이라고 할 수 있다.

○ 雙峯饒氏曰 誠意惻怛 是說人所以信之之由 惻怛屬愛 大抵 君之於民 臣之於君 皆當以愛爲主 君 愛其民 惟恐其有勞 民 平日已信之 一旦不得已而勞之 亦何所怨 臣 愛其君 惟恐其有過 君 平日已信之 一旦不得已而諫之 亦何所嫌 我 以誠意惻怛感 彼 必以誠意孚 又安有以爲厲謗者乎

쌍봉 요씨가 말했다. '참된 뜻이 간절하다'는 것은 남이 그를 믿는 이유를 설명한 것이다. 간절함은 사랑함에 속한다. 대개 임금이 백성을 대하고 신하가 임금을 대하는 것은 모두 사랑을 위주로 해야 한다. 임금이 그 백성을 사랑해 오직 노고가 있을까 근심하고, [그 결과로] 백성이 평소에 이미 그를 믿으면, 어느 날 부득이하게 부리더라도 무슨 원망할 것이 있겠는가. 신하가 그 임금을 사랑해 오직 허물이 있을까 걱정하고, [그 결과로] 임금이 평소 이미 그를 믿으면 어느 날 부득이하게 간하더라도 또한 무슨 싫어할 것이 있겠는가. 내가 참된 뜻이 간절해 감동시키면 상대방도 반드시 참된 뜻으로 믿을 것이니 또한 어찌 괴롭히고 비방한다고 여길 자가 있겠는가.

19.11 子夏曰 大德 不踰閑 小德 出入 可也

자하가 말했다. 큰 덕이 문턱을 넘지 않는다면 작은 덕은 넘나들어도 괜찮다.

【집주】

大德 小德 猶言大節小節 閑 闌也 所以止物之出入 言人能先立乎其大者 則小節 雖或未盡合理 亦無害也

큰 덕과 작은 덕은 큰 규범과 작은 규범을 말한다. '한'은 문턱으로서 사물의 출입을 막기 위한 것이다. 사람이 먼저 그 큰 것을 세울 수 있다면 작은 규범이 비록 이치에 다 맞지는 않더라도 또한 무방하다는 말이다.

【세주】

朱子曰 子夏之言 謂大節旣是了 小小處 雖未盡善 亦不妨 然 小處 放過 只是力做不徹 不當道是可也

주자가 말했다. 자하의 말은 큰 규범이 이미 바르다면 소소한 곳은 비록 완전히 선하지는 않더라도 또한 무방하다는 뜻이다. 그러나 작은 곳이라고 해서 그냥 지나치는 것은 노력이 철저하지 못한 것일 뿐이니 '괜찮다'고 말해서는 안 된다.

○問 伊川謂 小德 如援溺之事 如何 曰 援溺事 却是大處 嫂溺不援 是豺狼 這處 是當做 更有甚麼出入 如湯武征伐 三分天下 有其二 都將做可以出入 怎地都是大處 非聖人不能爲 豈得謂之小德 乃是道之權也

물었다. 이천은 작은 덕은 '형수가 물에 빠져 잡아주는 경우'와 같은 것이라 했는데, 어떻습니까? 답했다. 물에 빠져 잡아주는 일은 오히려 큰 것이다. 형수가 물에 빠졌는데 잡아주지 않는다면 승냥이나 이리와 같다. 이러한 것은 마땅히 해야 하는 것이지, 또 무슨 넘나듦이 있겠는가. 탕왕이나 무왕이 정벌을 통해 천하의 3분의 2를 가졌던 일은 모두를 넘나들 수 있는 일[그래도 되고 안 그래도 되는 일]이라 여기겠지만, (그런 일은) 모두 그렇게 큰 것으로서 성인이 아니면 할 수 없는 일이다. 어찌 소덕이라고 말할 수 있겠는가? 이는 [넘나들 수 있는 소덕이 아니라] 곧 권도이다.

○勉齋黃氏曰 子夏此語 信有病矣 然 大德小德 皆不踰閑者 上也 大德盡善 而小德未純者 乃其次也 若夫拘拘於小廉曲謹 而臨大節 則顚倒錯亂者 無足觀也矣 子夏之言 豈有激而云乎 此 又學者 不可不察

면재 황씨가 말했다. 자하의 이 말은 참으로 문제가 있다. 그러나 대덕과 소덕이 모두 문턱을 넘지 않는 자가 최상이고, 대덕은 완전히 선하지만 소덕이 순정하지 못한 자는 그다음이고, 작은 청렴함과 세세한 삼감에는 구구하게 매이지만 큰 규범에 임해서는 뒤집어지고 뒤엉키는 자는 볼 것도 없다. 자하의 말이 어찌 격동된 것이 있어(지나치게 흥분해) 말한 것이겠는가. 이 점은 또한 배우는 자가 살피지 않으면 안 된다.

○胡氏曰 書 以細行對大德而言 細行 卽小德 大節小節 蓋 以其所關 有大小也 父子君臣等之大倫 大德所在也 一動靜一語默 與凡應對進退之文 小德所在也 觀人之道 取大端 而略小失 猶可也 若立心自處 但曰 謹其大者 而小節 不必致意 則將倂其大者 失之矣

호씨가 말했다. 『서경』(「주서 여오」)에서는 세행(사소한 행실)을 대덕에 대비시켜 말했으니, 세행은 곧 소덕이다. 큰 규범과 작은 규범은 대개 그 관련된 일의 크고 작음을 가지고 나눈 것이다. 부자와 군신 등의 대륜은 대덕이 있는 곳이고, 한 번 움직이고 멈추며 한 번 말하고 침묵하는 것이나 응대하고 진퇴하고 하는 여러 규정은 소덕이 있는 곳이다. 남을 관찰하는 도리는 큰 것은 취하고 작은 잘못은 생략하는(고려하지 않는) 것이 오히려 옳다. 만일 마음을 세우고 스스로 처신함에 있어서는, 다만 그 큰 것만을 삼가고 작은 규범에는 반드시 뜻을 다할 필요는 없다고 말한다면 장차 그 큰 것도 함께 잃어버리게 된다.

○慶源輔氏曰 道理 無空缺處 亦無間斷時 一有空缺間斷 便是欠少了 是以 君子之學 戰戰兢兢 無時無處不然 豈有大小久近之間邪 子夏篤實 次於曾子 而有小德出入可也之論 此 其所以不及曾子歟

경원 보씨가 말했다. 도리는 비거나 빠진 곳이 없고 또한 끊기는 때가 없다. 한 번이라도 비고 빠지고 끊긴다면 곧 모자라게 되고 만다. 그런 까닭에 군자의 배움은 전전긍긍 언제 어디서나 그렇지 않음이 없으니 어찌 크고 작음, 멀고 가까움의 차이가 있겠는가. 자하는 독실함이 증자에 다음가면서도 소덕은 넘나들어도 무방하다는 논의를 했으니, 이것이 그가 증자에 미치지 못하는 까닭이리라.

○雙峰饒氏曰 此章 用之觀人 則可 用之律己 則不可 但觀人 不可責備 且只看他大節 大節旣立 而小小節目 或有出入 亦未可瑣屑議之 若律己之道 又與觀人不同 雖一毫 亦不可放過 微有背理 便成欠缺 如何聽他出入得

쌍봉 요씨가 말했다. 이 장은 남을 관찰하는 데에 사용하면 괜찮지만, 자신을 규율하는 데에 사용해서는 안 된다. 다만, 남을 관찰할 때에는 다 갖추기를 요구해서는 안 되고, 또 단지 그의 큰 규범만을 본다. 큰 규범이 이미 섰다면 소소한 규범이 간혹 넘나드는 일이 있더라도 자잘하게 따지는 것은 하지 말아야 한다. 자신을 규율하는 도리는 또한 남을 관찰하는 경우와 같지 않으니 비록 한 터럭이라도 그냥 지나쳐서는 안 된다. 조금이라도 이치에 어긋남이 있다면 곧 흠결이 되니, 어찌 그것이 넘나들도록 허용하겠는가.

【집주】
○吳氏曰 此章之言 不能無弊 學者 詳之

오씨가 말했다. 이 장의 말은 폐단이 없을 수 없으므로 배우는 자는 상세하게 살펴야 한다.

【세주】
朱子曰 大節 旣定 小節 有差 亦所不免 然 吳氏謂 此章不能無弊 學者 正不可以

此自恕 一以小差爲無害 則於大節 必將有枉尋而直尺者矣

주자가 말했다. 큰 규범이 이미 정해졌더라도 작은 규범에 잘못이 있는 것은 또한 면하기 어렵다. 그러나 오씨는 이 장은 폐단이 없을 수 없다고 말했는데, 배우는 자가 결코 이 말을 가지고 스스로를 용서해서는 안 되니 한번 작은 잘못이라서 무방하다고 여기면 큰 규범에서는 반드시 장차 큰 것을 굽혀 작은 것을 바로잡는 경우(폐단)가 있게 된다는 뜻이다.

○新安陳氏曰 書曰 不矜細行 終累大德 畢公懋德 克勤小物 越小大德 小子惟一以此律之 此章之言 信不能無弊也

신안 진씨가 말했다. 『서경』에서는 "세밀한 행동을 조심하지 않으면 마침내 큰 덕에 누가 된다(「주서 여오」)", "필공은 덕에 힘써 작은 일도 힘써 노력했다(「주서 필명」)", "큰 덕이든 작은 덕이든 너는 한결같이 하라(「주서 주고」)"라 했다. 이로써 판단해보면 이 장의 말은 참으로 폐단이 없다고 할 수 없다.

19.12-1 子游曰 子夏之門人小子 當灑掃應對進退 則可
矣 抑末也 本之 則無 如之何 灑 色賣反 掃素報反

자유가 말했다. 자하의 문인 제자들은 쇄소응대진퇴(물 뿌리고 비질하고 응대하고 들고 남, 즉 일상의 소소한 예)에 관해서는 괜찮지만, 그것은 말단에 불과할 뿐 근본으로 삼는 것은 없으니 어찌할 것인가.

【집주】

子游 譏子夏弟子 於威儀容節之間 則可矣 然 此 小學之末耳 推其本 如大學正心誠意之事 則無有

자유는 '자하의 제자들은 용의와 태도의 예절에 있어서는 괜찮지만 이것은 소학의 말단일 뿐이고 근본을 미루는 일, 예컨대 대학의 정심성의(마음을 바로하고 뜻을 참되게 함) 같은 일은 없다'고 비판했다.

【세주】

雲峯胡氏曰 集註 推子游之言本末者 如此 然 小學大學 時節可分先後 不可分本末也

운봉 호씨가 말했다. 집주는 자유가 본말에 관해 말한 것을 이와 같이(소학과 대학으로) 추론했다. 그러나 소학과 대학은 시기의 선후로 나눌 수는 있지만 본말로 나눌 수는 없다.

19.12-2 子夏 聞之曰 噫 言游 過矣 君子之道 孰先傳焉
孰後倦焉 譬諸草木 區以別矣 君子之道 焉可誣
也 有始有卒者 其惟聖人乎 別彼列反 焉 與虔反

자하가 그것을 듣고 말했다. 아, 언유(자유)가 지나치구나. 군자의 도에 무엇을 먼저라고 해서 전달하고 무엇을 나중이라고 해서 게을리하겠는가. 초목에 비유하자면 구역으로 나누어지니, 군자의 도를 어찌 강요할 수 있겠는가. 처음과 끝이 [동시에] 있는 것은 오로지 성인뿐이시다.

【집주】
倦 如誨人不倦之倦 區 猶類也

'권'은 '회인불권(남을 가르치기를 게을리하지 않는다)'이라 할 때의 권이다. '구'는 종류를 나누는 것이다.

【세주】
厚齋馮氏曰 區 邱域也 別 分也 古者 以園圃毓草木 蓋 植藝之事 各分區域 藝一區 畢 復藝一區 不相凌躐

후재 풍씨가 말했다. '구'는 지역의 구획이고 '별'은 나누는 것이다. 옛날에 동산과 초지에 초목을 길렀는데 대개 심고 기르는 일은 각각 구역을 나누어, 한 구역을 가꾸고 끝나면 다시 한 구역을 가꾸니 서로 (경계를) 넘어서지 않았다.

【집주】
言君子之道 非以其末爲先而傳之 非以其本爲後而倦敎 但學者所至 自有淺深

'군자의 도는 그 말단을 먼저라고 여겨 전하는 것도 아니고 그 근본을 나중이라고 여겨 게을리 가르치는 것도 아니다. 다만 배우는 자가 도달한 바에는 본디 깊고 얕음이 있으니

【세주】

此二句 補足上下文意

이 두 구절은 위아래의 글(1절과 2절)의 뜻을 보완했다.

【집주】

如草木之有大小 其類 固有別矣 若不量其淺深 不問其生熟 而概以高且遠者 强上聲而語音御之

예컨대 초목이 크고 작음이 있어 그 종류에 본래 구별이 있는 것과 같다. 만일 (배우는 자의 성취 수준이) 얕은지 깊은지 헤아리지 않고 날 것인지 익었는지 묻지 않은 채 모두 높고 또 먼 것을 가지고 억지로 말해준다면

【세주】

此三句 又補足上下文意

이 세 구절 또한 위아래 글의 뜻을 보완했다.

【집주】

則是誣之而已 君子之道 豈可如此 若夫吾扶始終本末 一以貫之 則惟聖人爲然 豈可責之門人小子乎

강요하는 것일 따름이니, 군자의 도가 어찌 이와 같을 수 있는가. 무릇 시종본말을 하나로 꿰뚫는 것은 오직 성인만이 그러하실 수 있는 것이지, 어찌 문인 제자에게 요구할 수 있겠는가라는 말이다.

【세주】

朱子曰 非以洒掃應對爲先 而傳之 非以性命天道爲後 而倦焉 但道理 自有先後之殊 不可誣人 以其所未至 惟聖人然後 有始有卒 一以貫之 無次第之可言耳 須知理則一致 而其敎不可缺 其序不可紊 惟其理之一致 是以 其敎 不可缺 其序 不可紊也

357

주자가 말했다. 쇄소응대를 먼저라 여겨 전하는 것도 아니고, 성명천도를 나중이라 여겨 게을리하는 것도 아니다. 다만 도리에는 본래 선후의 차이가 있으니 그 도달하지 못한 것을 가지고 사람에게 강요할 수 없다. 오직 성인이라야 처음과 끝이 있고 (그 처음에서 끝까지를) 하나로 꿰뚫으니 말할 만한 순서가 없을 뿐이다. 이치는 한 가지이지만 그(다양한 수준의) 가르침은 빠트릴 수 없고 그 순서는 어지럽힐 수 없다는 것을 반드시 알아야 한다. 진정 이치가 한 가지이기 때문에 그 가르침을 빠트릴 수 없고 그 순서를 어지럽힐 수 없는 것이다.

○子夏對子游之語 以爲譬之草木 區以別矣 何嘗如此儱侗來 惟密察於區別之中 見其本無二致者 然後上達之事 亦在其中矣 雖至於堯舜孔子之聖 其自處 常只在下學處也 上達處 不可著工夫 更無依泊處 日用動靜語默 無非下學 聖人 幾曾離此來 今 動不動 便先說箇本末精粗 無二致 此說 大誤

자하가 자유에 대해 한 말은 (다음과 같이) 말한 것이다. 초목에 비유하자면 구역으로 나누어지는 것이니, 어찌 일찍이 이처럼 모호하겠는가(자유의 말처럼 구분이 없겠는가)? 다만 그 구별하는 중에도 자세하게 살펴보아 본래 두 가지가 없다는 것을 알아야 하고, 그런 연후에야 상달의 일이 또한 그 안에 있다(는 것을 알게 된다). 심지어 요순과 공자 같은 성인이라 하더라도 그 스스로 처하신 곳은 항상 오직 하학하는 곳이었다. 상달하는 곳은 공부를 해볼 수 없고 또 의지해 머무를 데가 없다. 일상에서의 움직이거나 고요히 있음, 말하거나 침묵함이 하학 아닌 것이 없으니 성인께서 어찌 이를 떠난 적이 있으시겠는가. 지금 움직이든 움직이지 않든(어느 경우에나) 근본과 말단, 정밀한 것과 거친 것이 두 가지가 아니라고 먼저 말하는데, 이 주장은 큰 잘못이다.

○問 有始有卒 曰 此 不是說聖人敎人事 乃是聖人分上事 惟聖人 道頭便知尾 下學便上達 不是自始做到終 乃是合下便始終皆備 若敎學者 則須循其序也

'처음이 있고 끝이 있다'는 것에 관해 물었다. 답했다. 이것은 성인이 사람을 가르치는 일에 관해 말한 것이 아니라 성인의 성격(성인은 어떤 사람인지)에 관해 말한 것이다. 오직 성인이라야 첫머리를 말하면서 곧 끝을 알고 하학하면 곧 상달하니, 처음에서 시작해 마지막에 이르는 것이 아니라 원래부터 처음과 끝이 모두 갖춰져 있다. 만일 배우는 자를 가르치는 일이라면 반드시 그 순서를 따라야 한다.

【집주】
○程子曰 君子 敎人有序 先傳以小者近者 而後敎以大者遠者 非先傳以近小 而後不敎以遠大也

정자가 말했다. 군자가 사람을 가르치는 데에는 순서가 있으니, 먼저 작고 가까운 것을 전하고 나서 그 이후에 크고 먼 것으로 가르치는 것이다. 먼저 가깝고 작은 것(만)을 전하고 나중에 멀고 큰 것을 가르치지 않는 것은 아니다.

【세주】
朱子曰 理 無大小 而無不在 是以 敎人者 不可以不由其序 而有所遺 子游 不知理之無大小 則以洒掃應對 爲末而無本 不知敎人之有序 故 於門人小子 而欲直敎之精義入神之事

주자가 말했다. 이에는 대소가 없고, 없는 곳이 없다. 그런 까닭에 사람을 가르침에 그 순서에 따르지 않아 남겨두는 것이 있어서는 안 된다. 자유는, 이에는 대소가 없음을 알지 못해, 쇄소응대를 말단이어서 근본이 없다고 여겼다. (또) 사람을 가르치는 일에 순서가 있음을 알지 못했던 까닭에 문인 제자들에게 곧바로 정의입신(의리를 정밀히 연구해 신묘한 경지로 들어감)의 일을 가르치고자 했다.

○若不觀明道說 君子敎人有序四五句 也無緣看得出

만약 명도(정호)가 설명한 '군자가 사람을 가르치는 데에는 순서가 있다'는 이 너댓 구절을 살펴보지 않으면 또한 (이 장을) 이해해낼 방도가 없다.

○雲峯胡氏曰 此第一條 說敎人有序 是發子夏之意 後第二至第五條 說理無二致 是矯子游之偏也

운봉 호씨가 말했다. 이 첫째 구절에서 사람을 가르치는 데에 순서가 있다고 한 것은 자하의 뜻을 드러낸 것이다. 뒤의 둘째부터 다섯째 구절까지는 이는 두 가지가 없다는 것을 설명한 것으로 자유의 치우침을 바로잡은 것이다.

【집주】

又曰 灑掃應對 便是形而上上聲者 理無大小 故也 故 君子 只在謹獨

또 말했다. 쇄소응대가 곧 형이상의 것이니 이에는 대소가 없기 때문이다. 그러므로 군자(의 도)는 단지 근독(홀로 있음을 삼감)에 있다.

【세주】

朱子曰 不能謹獨 只管理會大處 小小底事 便照管不到 理 無大小 小處大處 都是理 小處不到 理 便不周匝

주자가 말했다. 홀로 있음을 삼가지 못하고 단지 큰 것만 이해한다면 사소한 일은 오히려 살펴보지 못하게 된다. 이는 대소가 없으니 작은 것이나 큰 것이나 모두 이이다. 작은 것을 이해하지 못하면 이가 넓어지지 않는다.

○洒掃應對 所以習夫形而下之事也 精義入神 所以究夫形而上之理也 此 其事之大小 固不同矣 然 以理言 則未嘗有大小之間 而無不在也 程子之言 意蓋如此 但方擧洒掃應對之一端 未及乎精義入神之云者 而通以理無大小結之 惟理 無大小 故 君子之學 不可不由其序 以盡乎小者近者 而後可以進夫大者遠者耳 故曰 其要 只在謹獨 此 甚言小者之不可忽也 其曰 便是云者 亦曰 不離乎是爾 非卽以此爲形而上者也

쇄소응대는 형이하의 일을 익히는 것이고, 정의입신(의리를 정밀히 연구해 신묘한 경지로 들어감)은 형이상의 이치를 궁구하는 것이다. 이는 일의 대소는 본래 같지 않다는 것이다. 그러나 이에 대해 말하자면 일찍이 대소의 차이가 있은 적이 없고, 없는 곳이 없다. 정자의 말은 대개 이와 같은 뜻이다. 다만 (정자는) 이제 쇄소응대라는 하나의 일만 들고 정의입신이라는 말에 대해서는 언급하지 않고, '이에는 대소가 없다'는 말을 이음으로써 마무리했다. 오직 이에는 대소가 없기 때문에 군자의 배움은 그 순서로 말미암지 않을 수 없으니, 작고 가까운 것을 다한 이후에 크고 먼 것에 나아갈 수 있을 뿐이다. 그러므로 '요체는 다만 홀로 있음을 삼가는 데 있다'고 했다. 이는 작은 것을 소홀히 할 수 없음을 강조해 말한 것이다. '편시(그것이 곧 형이상의 것이다)'라는 말은 또한 '이것(쇄소응대 같은 작은 일)을 떠나지 않는다(그 속에 들어 있다)'라는 말일 뿐이지, 이것이 바로 형이상의 것이라는 말은 아니다.

○理 無大小 無乎不在 本末精粗 皆要從頭做去 不可揀擇 此 所謂敎人有序也 非是謂灑掃應對 便是精義入神 更不用做其他事也

이에는 대소가 없고, 없는 곳이 없으니 근본과 말단, 정밀한 것과 거친 것을 모두 처음부터 해나가야지 선택해서는 안 된다. 이는 소위 사람을 가르치는 데에 순서가 있다는 뜻일 뿐 쇄소응대가 곧 정의입신이므로 다시 그 밖의 일은 할 필요가 없다는 뜻은 아니다.

○灑掃應對 是事 所以灑掃應對 是理 事卽理 理卽事 道散在萬事 那箇不是 若事上 有毫髮蹉過 則理上 便有間斷欠缺 故 君子 直是不放過 只在謹獨 但不知無事時當如何耳 謹獨 須貫動靜做工夫 始得

쇄소응대는 일이며 쇄소응대하는 이유는 이이니, '일은 곧 이이고 이는 곧 일이며 도는 만사에 흩어져 있다'라고 말하는 것은 옳지 않다. 만일 일에서 털끝만큼의 잘못이 있으면 이에도 곧 끊어짐과 흠결이 있다. 그런 까닭에 군자는 응당 함부로 지나치지 않고 다만 홀로 있음을 삼갈 뿐이다. 그러나 (이렇게 말하더라도) 일이 없을 때 마땅히 어찌해야 하는지는 알 수 없다. 근독은 모름지기 동(일)과 정(일 없음)을 관통해서 공부해야 비로소 옳다.

○勉齋黃氏曰 形而上 謂超乎事物之表 專指事物之理言也 灑掃應對 事 雖至粗 其所以然者 便是至精之理 其曰 理無大小者 非以灑掃應對 爲小 形而上者 爲大也 蓋 不但至大之事 方有形而上之理 雖至小之事 亦有之 故曰 理無大小也

면재 황씨가 말했다. 형이상은 사물의 표면을 초월해 오로지 사물의 이치만을 가리켜 하는 말이다. 쇄소응대는 그 일은 비록 지극히 거칠지만 그것의 그러한(그리해야 하는) 이유는 곧 지극히 정밀한 이치이다. '이에는 크고 작음이 없다'는 말은 '쇄소응대는 작은 것이고 형이상자는 큰 것'이 아니라는 말이다. 대개 지극히 큰 일이라야 비로소 형이상의 이치가 있는 것뿐이 아니라 비록 지극히 작은 일이라도 또한 그것이 있다. 그런 까닭에 '이에는 크고 작음이 없다'라 했다.

【집주】
又曰 聖人之道 更無精粗 從灑掃應對 與精義入神 貫通只一理 雖灑掃應對 只看所以然如何

또 말했다. 성인의 도는 게다가 정밀하거나 거친 것이 없다. 쇄소응대로부터 정의입신에까지 다만 하나의 이치로 꿰뚫는다. 비록 쇄소응대라 하더라도 다만 그러한 이유가 어떠한지를 볼 따름이다.

【세주】
朱子曰 此 言洒掃應對 與精義入神 是一樣道理 洒掃應對 必有所以然 精義入神 亦有所以然 其曰 貫通只一理 言二者之理 只一般 非謂洒掃應對 便是精義入神 固是精義入神 有形而上之理 而洒掃應對 亦有形而上之理

주자가 말했다. 이것은 쇄소응대와 정의입신이 하나의 동일한 도리라는 말이다. 쇄소응대에는 반드시 그러한 이유가 있고 정의입신에도 또한 그러한 이유가 있다. '단지 하나의 이로 꿰뚫는다'는 말은 두 가지의 이치가 다만 동일하다는 말이지, 쇄소응대가 곧 정의입신이라는 말이 아니다. 정의입신에는 물론 형이상의 이치가 있지만 쇄소응대 또한 형이상의 이치가 있다.

○洒掃應對 精義入神 事有大小 而理無精粗 事有大小 故 其教 有等而不躐 理無精粗 故 惟其所在 而皆不可不用其極也

쇄소응대와 정의입신은 일의 측면에서는 크고 작음이 있지만 이의 측면에서는 정밀함과 거침이 없다. 일에 대소가 있는 까닭에 그 가르침에 등급이 있어서 뛰어넘지 않는다. 이치에 정밀함과 거침이 없는 까닭에 오로지 그 (이가) 있는 곳에 대해서는 (정밀하든 거칠든) 모두 그 극한까지 하지 않을 수 없다.

○須是就事上理會道理 非事何以識理 洒掃應對 末也 精義入神 本也 不可說 這箇是末 不足理會 只理會那本 這 便不得 又不可說 這末 便是本 但學其末 則本便在此也

모름지기 일에 나아가 도리를 이해해야 하니, 일이 아니라면 어떻게 이치를 알겠는가. 쇄소응대는 말단이고 정의입신은 근본이다. (그렇지만) 이것은 말단이니 이해할 필요가 없고 다만 저 근본만을 이해해야 한다고 말해서는 안 된다. (그리하면) 이것(말단)은 곧 이해할 수 없다. 또한 이 말단이 곧 근본이니 다만 이 말단을 공부하면 근본은 곧 여기에 있다고 말해서도 안 된다.

○勉齋黃氏曰 精究義理 極其微妙 以至於入神 神者 理之妙而不可測者也 所精之義 至於入神 義理之至精者 程子 引易中此語 與洒掃應對對言 洒掃應對 所以然者 卽至精之義也

면재 황씨가 말했다. 의리를 정밀하게 궁구하고 그 미묘함을 다함으로써 입신의 경지에 이른다. '신'이란 이치가 오묘해 헤아릴 수 없는 것이다. 정밀하게 연구한 바의 의리가 입신의 경지에 도달했다면 (그 의리는) 지극히 정밀한 의리이다. 정자는 『주역』(「계사하전」 5장)의 이 말을 인용해 쇄소응대에 대응시켜 말했는데, 쇄소응대의 그러한 이유가 바로 지극히 정밀한 의리이다.

【집주】
又曰 凡物有本末 不可分本末爲兩段事 灑掃應對 是其然 必有所以然

또 말했다. 무릇 사물에는 근본과 말단이 있지만 근본과 말단을 나누어 두 가지 일로 만들어서는 안 된다. 쇄소응대는 '그러함(현상, 구체적 활동)'이며, 거기에는 반드시 '그러한 이유(현상의 원인, 활동의 이유)'가 있다.

【세주】

朱子曰 治心修身 是本 洒掃應對 是末 皆其然之事 至於所以然 則理也 理 無精粗本末 皆是一貫

주자가 말했다. 마음을 다스리고 몸을 닦는 것은 근본이고 쇄소응대는 말단이니, 모두 그러저러한 일이며, 그러한 이유에 이르러서야 곧 이이다. 이에는 정밀함과 거침, 근본과 말단이 없고 모두 일관되는 것이다.

○或問 其然所以然之說 曰 洒掃應對之事 其然也 形而下者也 洒掃應對之理 所以然也 形而上者也 自形而下者而言 則洒掃應對之與精義入神 本末精粗 不可同日而語矣 自夫形而上者言之 則未嘗以其事之不同 而有餘於此 不足於彼也 曰 其曰物有本末 而本末不可分者 何也 曰 有本末者 其然之事也 不可分者 以其所以然之理也

혹자가 '그러함과 그러한 이유'의 설에 관해 물었다. 답했다. 쇄소응대의 일은 그러함으로서 형이하자이며, 쇄소응대의 이치는 그러한 이유로서 형이상자이다. 형이하자의 측면에서 말하자면 쇄소응대가 정의입신에 비해 그 본말정조가 동일하다고 말할 수는 없다. 저 형이상자의 측면에서 말하자면 그 일(의 본말정조)이 같지 않다고 해서 (이가) 여기서는 남고 저기서는 부족한 경우는 없다. 물었다. 사물에는 본말이 있다고 말하고서는 본말을 나눌 수 없다고 한 것은 왜입니까? 답했다. 본말이 있는 것은 '그러한 일'이고 (본말을) 나눌 수 없는 것은 '그러한 이유인 이' 때문이다.

○勉齋黃氏曰 然 猶云如此也 其如此者 洒掃應對之節文 所以如此者 謂有此理 而後其節文之著見者 如此也

면재 황씨가 말했다. (소이연에서의) '연'은 '이러하다'는 말과 같다. 이러함이란 쇄소응대의 형식적 규정이고, 이러한 이유란 '이 이치가 있고 난 이후에 그 형식적 규정이 이렇게 나타난다'라는 의미이다.

○雲峯胡氏曰 按朱子 謂有本末者 事也 不可分者 其所以然之理也 饒氏 却謂已

然者 爲末 所以然者 爲本 蓋 朱子 解程子之言 以本末爲事 而不可分爲兩段事者 是理 饒氏 解程子之言 以末爲事 而本爲理 不可不辨也

운봉 호씨가 말했다. 살피건대 주자는 본말이 있는 것은 일이고 나눌 수 없는 것은 그러한 이유로서의 이라고 했는데, 요씨는 도리어 이미 그러한 것은 말이고 그러한 이유는 본이라고 했다. 대개 주자는 정자의 말을 해석하기를 본말은 일에 관한 것이고, 나누어 두 가지 일로 만들 수 없는 것은 이라고 해석했고, 요씨는 정자의 말을 해석하기를 말은 일이고 본은 이라고 했으니 따지지 않을 수 없다.

【집주】
又曰 自灑掃應對上 便可到聖人事

또 말했다. 쇄소응대로부터 올라가면 곧 성인의 일에 도달할 수 있다.

【세주】
問 聖人事 是甚麽樣子 朱子曰 如云下學而上達 當其下學 便上達天理 是也

물었다. 성인의 일은 어떤 것입니까? 주자가 답했다. 예컨대 '하학하여 상달한다'라는 말처럼, 그 하학공부를 맡아 해 곧 천리에 상달하는 것, 바로 이것이다.

○勉齋黃氏曰 洒掃應對 雖至小 亦由天理之全體 而著見於事物之節文 聖人之所以爲聖人者 初不外乎此理 特其事事物物 皆由此理 而不勉不思 從容自中耳

면재 황씨가 말했다. 쇄소응대는 비록 지극히 작지만 또한 천리의 전체로 말미암아 사물의 구체적 형식으로 드러난 것이다. 성인께서 성인이신 까닭은, 애초에 이 이치를 벗어나지 않아 단지 사사물물(모든 개개의 사물)이 모두 이 이치로 말미암지만, 애쓰거나 생각하지 않아도 조용히 저절로 (이 이치에) 들어맞으시기 때문일 뿐이다.

○雲峯胡氏曰 程子 此四條 皆 所以破子游 抑末也本之則無 七字

운봉 호씨가 말했다. 정자의 이 네 가지 설명은 모두 자유의 '억말야본지즉무(말단일 뿐이고 근본으로 삼는 것은 없다)'의 일곱 자를 논파하려는 것이다.

【집주】

愚按 程子第一條 說此章文意 最爲詳盡 其後四條 皆以明精粗本末 其分扶問反雖殊 而理則一 學者 當循序而漸進 不可厭末而求本 蓋與第一條之意 實相表裏 非謂末卽是本 但學其末 而本便在此也

내가 생각건대, 정자의 첫 번째 설명은 이 장의 글의 뜻을 가장 상세하게 남김없이 설명했다. 그 뒤의 네 가지 설명은 모두 '정조본말이 나누어져서 비록 서로 다르지만 이는 하나이니, 배우는 자는 마땅히 순서를 따라서 점차 나아가야지, 말단을 꺼리고 근본을 구해서는 안 된다'는 것을 밝힌 것이니, 대개 첫 번째 설명의 뜻과 실로 서로 표리를 이룬다. 이는 '말단이 곧 근본이어서 단지 그 말단을 배우기만 하면 근본은 곧 거기에 있다'는 말이 아니다.

【세주】

朱子曰 孔門除曾子外 只有子夏 守得規矩定 故 敎門人 皆 先洒掃應對進退 所以 孟子說 孟施舍 似曾子 北宮黝 似子夏

주자가 말했다. 공자의 문하에서 증자 이외에 다만 자하만이 확실하게 법도를 지킬 수 있었기 때문에, (자하가) 문인들을 가르침에 모두 쇄소응대진퇴를 먼저로 삼았다. 그래서 맹자는 "맹시사는 증자와 비슷하고 북궁유는 자하와 비슷하다(『맹자』3, 「공손추 상」2장)"라 했다.

○事 有大小 理 却無大小 不問大事小事 合當理會處 便用與他理會 不可說箇是粗底事 不理會 只理會那精底 又不可說洒掃應對 便是精義入神 洒掃應對 只是粗底 精義入神 自是精底 然 道理 却一般 須是從粗底小底 理會起 方漸而至於精者大者 或曰 洒掃應對 非道之全體 只是道中之一節目 合起來 便是道之全體 非大底 是全體 小底 不是全體也

일에는 대소가 있지만 이에는 대소가 없다. 큰 일인지 작은 일인지 묻지 않고 마땅히 이해해야 할 것은 곧 그에 관해 이해해야 하는 것이지, 이것은 거친 일이니 이해하지 않고 다만 정밀한 것만 이해하면 된다고 말해서는 안 되고, 또 쇄소응대가 곧 정의입신이라고 말해서도 안 된다. 쇄소응대는 단지 거친 일이고 정의입신은 본래 정밀한 일이지만 도리는 오히려 같다. 반드시 거칠고 작은 것으로부터 이해하기 시작해, 바야흐로 점점 정밀하고 큰 것에 이르러야 한다. 혹자가 물었다. 쇄소응대는 도의 전체가 아니라 다만 도 가운데 하나의 항목입니다. (답했다.) (그런 것들을) 합치면 곧 도의 전체가 된다. '큰 것은 전체이고 작은 것은 전체가 아닌 것'은 아니다.

○勉齋黃氏曰 所引程子四段 首言 理無大小 以見事有大小 而理則一也 次言 道無精粗 以見學有精粗 而道則一也 又次言 是其然 必有所以然 所以發明上二段所以無大小無精粗之意 又次言 便可到聖人事 則亦以其所以然而無大小精粗者爲之也 亦足以見其編次之意 至精而不苟矣

면재 황씨가 말했다. 인용된 정자의 네 문단에서 처음에는 '이에는 대소가 없다'고 말함으로써 일에는 대소가 있지만 이는 하나라는 것을 보였고, 다음에는 '도에는 정밀함과 거침이 없다'고 말함으로써 학문에는 정밀한 것과 거친 것이 있지만 도는 하나라는 것을 보였다. 또 다음에는 '그러함에는 반드시 그러한 이유가 있다'고 말했으니, 위의 두 문단에서 대소도 없고 정조도 없다고 말한 뜻(이유)을 밝힌 것이다. 또 그다음에는 '곧 성인의 일에 도달할 수 있다'고 말했으니, 또한 '그러한 이유에는 대소 정조가 없는 것'이기 때문에 그러하다는 것이다. (이) 또한 [주희개 그(정자 말의) 순서를 편집한 뜻이 지극히 정밀하고 구차하지 않음을 보이기에 충분하다.

○慶源輔氏曰 窮理之至 知言之極 則學者所得之淺深 不啻白黑之易見 故 如草木之有大有小 其類 各不同 而無不昭然在吾之目中 然後 循其次第等級 而教之 若夫先傳後倦 則君子 無是心也 但時其可而已 至於言之未知 知之未至 不察學者淺深生熟之異 而一槩以子游之所謂本者 强而聒之 則學者 漫而聽之 實不知其味 勉而行之 終不得其方 則是 誣之而已 君子教人之道 豈有誣之之理

경원 보씨가 말했다. 궁리가 지극하고 말을 아는 것이 극진하면 배우는 자가

367

얻은 것이 깊은지 얕은지에 관해 흑백처럼 쉽게 보고도 남는다. 그런 까닭에 마치 초목이 큰 것이 있고 작은 것이 있어서 그 종류가 각각 다르지만 내 눈에 환하지 않은 것이 없는 것처럼 된 다음이라야 그 순서 등급에 따라서 가르치게 된다. 만일 먼저 것만 전하고 나중의 것을 게을리 한다면 군자(선생)에게 이러한 마음이 없는 것이다. 다만 가능한 때가 있을 따름이니, [선생이] 말을 아직 모르고 지식이 아직 지극하지 못해, 배우는 자가 깊은지 얕은지, 날것인지 익었는지 그 차이를 살피지 못하고 하나같이 자유가 말한 바의 근본을 억지로 떠든다면, 배우는 자는 태만하게 듣기만 해 실로 그 맛을 알지 못하고 힘써 행하려 해도 끝내 그 방법을 알 수 없으니, 이는 강요하는 것일 뿐이다. 군자가 사람을 가르치는 도리에 어찌 강요의 이치가 있겠는가.

○雙峯饒氏曰 子游 以正心誠意爲本 洒掃應對爲末 子夏謂 小子且當敎以洒掃應對 及入大學 却敎以誠意正心 就二說觀之 子游 欲人於根本上做來 則末底 自然中節 施敎無序 把大小學滾作一事 非也 子夏之說 自合聖人之敎 但只言事而不及理 則小學大學 分爲兩截 而無以貫通之 至程子 方以理爲本 事爲末 謂事有小大精粗 而理無小大精粗 小子 未能窮理謹獨 且把洒掃應對 以維持其心 雖學至粗至小之事 而至精至大之理 寓焉 年浸長 識旣開 却敎之窮理 以致其知 謹獨 以誠其意 前日之習洒掃應對者 卽爲精義入神之地 今日之精義入神 實不離乎洒掃應對之中也 程朱 所論本末 不同 朱子 以大學之正心誠意爲本 程子 以理之所以然爲本 朱子 是以子游之意而推之

쌍봉 요씨가 말했다. 자유는 정심성의로 근본을 삼고 쇄소응대로 말단을 삼았다. 자하는 제자는 또 마땅히 쇄소응대로 가르치고 대학에 들어가고 나서는 곧 성의정심을 가르친다고 말했다. 두 설에 관해 살펴보면, 자유가 바란 것은, 사람이 근본이 되는 것에 대해 공부해가면 말단은 자연히 들어맞게 된다는 것이었지만, 이는 가르침을 베풀 때 순서가 없고 대, 소의 학을 뭉뚱그려서 하나의 일로 만든 것이니 틀렸다. 자하의 말은 본래 성인의 가르침에 부합하지만 다만 일만 말하고 이치는 언급하지 못했으니, 소학과 대학을 (서로 무관한) 두 덩어리로 잘라 나눈 것으로, 관통할 방법이 없다. 정자에 이르러 비로소 이를 근본으로 삼고 일을 말단을 삼아서, 일에는 대소정조가 있지만 이에는 대소정조가 없다고 했다. 제자가 아직 이치를 궁구하거나 홀로 있음을 삼가지 못한다면 또한 쇄소응대를 가지고 그 마음을 지켜야 한다. 비록 지극히 거칠고 지극히 작은 일을 배우더라도 지극히 정밀하고 지극히 큰 이치가 (그 안에) 깃들어 있다. 나이가 점차 들어 식견이 이미 열리면, 궁리를 가르쳐서 그 앎을 다하게 하고 근독을 가르쳐서 그 뜻을 참되게 한다. 예전에 배운 쇄소응대는 곧 정의입신의 바탕이 되고, 오늘의 정의입신은 진실로 쇄소응대의 가운데로부터 떠나지 않는다. 정자와 주자가 논한 바의 본과 말은 같지 않다. 주자는 『대학』의 정심성의를 본으로 생각했고, 정자는 '그러한 이유로서의 이'를 본으로 생각했는데, 주자는 자유의 생각을(자유의 생각이 어떤 것인지) 추론한 것이다.

○ 雲峯胡氏曰 學者之病 有二 謂末不當理會 只當理會本者 不知理之一也 謂末卽是本 但學其末 而本便在此者 不知分之殊也 朱子 正慮學者 差認程子之意 故有是說 趙氏 除去非謂二字 却謂學其末而本便在此者 理貫於萬事 不以事之近小 而理有不該 則誤矣

운봉 호씨가 말했다. 배우는 자의 병통은 두 가지이다. 말단은 이해할 필요가 없고 다만 근본만을 이해해야 한다고 말하는 자는 이가 하나임을 알지 못한 것이다. 말단이 곧 근본이어서 다만 그 말단을 공부하면 근본은 곧 그 안에 있다고 말하는 자는 (이가) 나누어지면 다르다는 것을 알지 못한 것이다. 주자는 다름 아니라 배우는 자가 정자의 뜻을 잘못 이해할까 걱정한 까닭에 이 말을 한 것이다. 조씨가 '비위(~라는 말이 아니다)' 두 글자를 없애고 '말단을 배우면 근본은 곧 그 안에 있다'라 한 것은 '이는 만사에 관통한다'고(만) 하고, '가깝고 작은 일은 이가 갖추어지지 않은 것이 있다'고는 하지 않은 것이니, 틀렸다.

○ 饒氏謂 小學 未能窮理愼獨 且把洒掃應對 以維持其心 年浸長 却愼獨 以誠其意 蓋 以大學誠意章 方有愼獨工夫 然 程子第二條云 君子 只在謹獨 蓋 程朱二子之意 政謂小學 是至微之事 愼獨 正要愼其微 若從念慮之微說 小學洒掃 在長者之前 能謹 長者不在前 不能謹 便是不能愼獨 饒氏此語 切恐有悞後學 不可不辨

요씨가 '소학 단계에서는 아직 궁리신독(이치를 궁구하고 홀로 있음을 삼감)할 수 없으니 또한 쇄소응대를 가지고 그 마음을 지켜야 하고, 나이가 점점 들면 곧 신독으로 그 뜻을 참되게 한다'고 말한 것은 대개 『대학』의 〈성의〉장에 신독공부가 있기 때문이다. 그러나 정자의 두 번째 구절에서는 군자(의 도)는 다만 홀로 있음을 삼감에 있을 뿐이라고 했다. 대개 정자와 주자의 뜻은 바로 소학은 지극히 작은 일이고 신독은 바로 그 작은 것을 삼가려는 것이라는 말이다. 만일 (신독이라는 것이) 생각의 은밀함(아무도 모르는 내 안의 은밀한 생각을 삼감, 즉 대학에서의 신독)이라는 (요씨의) 설을 따른다면 소학의 쇄소는 (소학 단계의 쇄소응대는 어른을 경건히 모시는 일이기 때문에) 어른 앞에서는 삼갈 수 있지만 어른이 앞에 없을 때에는 삼가는 것이 불가능하니, 신독할 수 없게 된다. 요씨의 이 말은 후학을 오도할까 절실히 우려되니 따지지 않을 수 없다.

○新安陳氏曰 程子 此處說謹獨 與大學中庸之謹獨 小異 此 只是謹小事 無人所不知己所獨知之意 饒氏所云 謹獨以誠其意 與程子此語 不相妨 非以解程語也

신안 진씨가 말했다. 정자가 여기서 말한 근독과 『대학』, 『중용』의 근독은 조금 다르다. 이것은 다만 작은 일을 삼가는 것이니 '남은 알지 못하고 자신만이 홀로 아는 것'이라는 뜻은 없다. 요씨가 말한 '근독해서 그 뜻을 참되게 한다'는 것과 정자의 이 말이 서로 모순되지는 않지만, (요씨의 말이) 정자의 말을 해석한 것은 아니다.

19.13 子夏曰 仕而優則學 學而優則仕

자하가 말했다. 벼슬하면서 여력이 있으면 배우고, 배우면서 여력이 있으면 벼슬한다.

【집주】

優 有餘力也

'우'는 여력(남는 힘)이 있는 것이다.

【세주】

新安陳氏曰 行有餘力 餘力 猶言暇日 是也

신안 진씨가 말했다. '행하고 남는 힘이 있으면'에서 '남는 힘'은 비는 날이라는 말, 그것이다.

【집주】

仕與學 理同而事異 故 當其事者 必先有以盡其事 而後可及其餘

벼슬하는 것과 배우는 것은 이치는 같지만 일은 다르다. 그런 까닭에 그 일을 맡은 자는 반드시 먼저 그 일을 다한 이후라야 그 나머지 일에 미칠 수 있다.

【세주】

慶源輔氏曰 仕 所以行其學 而學 所以基其仕 故曰 理同 然 仕 則以陳力就列 致君澤民爲事 學 則以誦詩讀書 格物致知爲事 故曰 事異

경원 보씨가 말했다. 벼슬하는 일은 그 배움을 행하려는 것이며 배우는 일은 그 벼슬의 기초를 쌓으려는 것이다. 그러므로 '이치는 같다'고 했다. 그러나 벼슬은 힘을 바쳐 조정에 나아가 임금에게 충성하고 백성에게 은택을 미치는 것을 일로 삼지만, 배움은 시를 외우고 책을 읽으며 격물치지하는 것을 일로 삼는다. 그런 까닭에 '일은 다르다'라고 했다.

○胡氏曰 仕與學 理同者 皆所當然也 事異者 有治己治人之別也 學以爲仕之本 仕以見學之用 特治己治人之異耳 以理言 則學其本也 以事言 則當其事者 隨所主而爲之緩急 必先盡心於所主之事 有暇日 則及其餘 非有所輕重於其間也

호씨가 말했다. 벼슬과 배움이 이치가 같은 것은 모두 마땅히 그러해야 하는 것이기 때문이며, 일이 다른 것은 자신을 다스림과 남을 다스림의 구별이 있기 때문이다. 배움으로써 벼슬의 근본을 삼고 벼슬함으로써 배움의 쓸모를 드러내니, 다만 자신을 다스림과 남을 다스림의 차이일 뿐이다. 이치로 말하자면 배움이 그 근본이며, 일로 말하자면 그 일을 맡은 자는 주된 일을 따르면서 완급을 조절해 반드시 먼저 주된 일에 마음을 다하고 여가가 있으면 그 나머지 일에 미치는 것으로, 그 사이에 경중이 있는 것은 아니다.

○新安陳氏曰 仕者 先盡仕之事 有餘力 則益及於學 學者 先盡學之事 有餘力 則始及於仕

신안 진씨가 말했다. 벼슬하는 자는 먼저 벼슬하는 일에 힘을 다하고 여력이 있으면 추가로 배움에 미친다. 배우는 자는 배우는 일에 힘을 다하고 여력이 있으면 비로소 벼슬에 미친다.

【집주】

然 仕而學 則所以資其仕者 益深 學而仕 則所以驗其學者 益廣

그러나 벼슬하면서 배우면 그 벼슬에 도움 되는 것이 더욱 깊어지고, 배우고 벼슬하면 그 배움을 징험하는 것이 더욱 넓어진다.

【세주】

問 仕優而不學 則無以進德 學優而不仕 則無以及物 仕優而不學 固無足議者 學優而不仕 亦非聖人之中道也 故 二者 皆非也 仕優不學 如原伯魯之不說學 是也 學優不仕 如荷篠丈人之流 是也 子夏之言 似爲時而發其言 雖反覆相因 而各有

所指 或以爲仕而有餘 則又學 學而有餘 則又仕 如此 則其序當云 學而優則仕 仕而優則學 今反之 則知非相因之辭也 朱子曰 舊亦嘗疑兩句次序顚倒 今云 各有所指 甚佳

물었다. 벼슬하면서 여력이 있는데도 배우지 않으면 덕이 진보할 방법이 없고, 배우면서 여력이 있는데도 벼슬하지 않으면 남에게 미칠 방법이 없습니다. 벼슬하면서 여력이 있는데도 배우지 않는 것은 참으로 논의할 가치도 없지만, 배우면서 여력이 있는데도 벼슬하지 않는 것 또한 성인의 중도는 아닙니다. 그러므로 두 가지는 모두 잘못입니다. 벼슬하면서 여력이 있는데도 배우지 않는 것은 원백로가 학문을 좋아하지 않은 경우가 그 예이고, 배우면서 여력이 있는데도 벼슬하지 않은 것은 하조장인과 같은 부류가 그 예입니다. 자하의 말은 시간의 순서로 한 말인 듯해서 비록 반복해서 서로 (시간상) 이어지는 것 같지만, 각각(의 구절)은 가리키는 바가 (독립적으로) 있습니다. 혹자는 벼슬을 하다가 여력이 있으면 또 배우고, 배우다가 여력이 있으면 또 벼슬하는 것이라 했지만, 그렇다면 그 순서는 마땅히 '배우다가 여력이 있으면 벼슬하고, 벼슬하다가 여력이 있으면 배운다'라고 해야 하는데 여기서는 거꾸로이니 서로 (시간상) 이어지는 말이 아님을 알 수 있습니다. 주자가 답했다. 예전에 또한 일찍이 두 구절의 순서가 거꾸로 되었다고 의심한 적이 있다. 지금 '각각 가리키는 바가 있다'고 말한 것은 매우 좋다.

○南軒張氏曰 大學之道 在明明德 在新民 成己成物之無二致也 古之人 學以終其身 故 仕優則學 學優則仕 其從容暇裕 如此 終始於學而無窮已也

남헌 장씨가 말했다. 대학의 도는 밝은 덕을 밝히는 데에 있고 백성을 새롭게 하는 데에 있으니, 자신을 완성하고 남을 완성하는 것은 두 가지 다른 일이 아니다. 옛사람들은 배우는 일로 몸을 마쳤으니, 그런 까닭에 벼슬하면서 여력이 있으면 배우고, 배우면서 여력이 있으면 벼슬을 했다. 그 고요하고 여유로움이 이와 같아, 처음부터 끝까지[평생] 배움에 끝이 없었다.

○潛室陳氏曰 學 是講此道理 仕 是行此道理 學有餘暇 則可入仕 仕有餘暇 又當講學 主學而言 則仕爲餘用 主仕而言 則學有餘功 互相發也

잠실 진씨가 말했다. 배움은 이 도리를 연구하는 것이고 벼슬은 이 도리를 행하는 것이다. 배우는 일에 여가가 있으면 벼슬에 들어갈 수 있고, 벼슬하는 일에 여가가 있으면 또 마땅히 강학해야 한다. 배움을 위주로 말하면 벼슬은 여분의 쓰임이 되고, 벼슬을 위주로 말하면 배움은 여분의 노력이 되니, 서로 촉발한다.

○慶源輔氏曰 仕而優則學 爲已仕者言也 謂仕有餘力 則不可以不學 不學 則無知新之益 以資其仕 學而優則仕 爲未仕者言也 謂學有餘力 則不可以不仕 不仕 則無行道之功 以驗其學 是 終始事

경원 보씨가 말했다. 벼슬하면서 여력이 있으면 배운다는 것은 이미 벼슬한 자를 위해서 말한 것이니, 벼슬에 여력이 있으면 배우지 않아서는 안 된다는 말이다. 배우지 않는다면 새것을 아는 이익을 통해 그 벼슬에 도움이 되도록 할 방법이 없다. 배우면서 여력이 있으면 벼슬한다는 것은 아직 벼슬하지 않은 자를 위해서 말한 것이니, 배움에 여력이 있으면 벼슬하지 않으면 안 된다는 말이다. 벼슬하지 않으면 도를 행하는 노력을 통해 그 배움을 징험할 방법이 없다. 이는 처음부터 끝까지 해야 하는 일이다.

○雲峯胡氏曰 聖賢之言 固自有因上句 而生下句者 如夫子 本言晉文公 譎而不正 因而曰 齊桓公 正而不譎 若獨言下句 則齊桓 豈正而不譎者哉 此 亦因當時有仕優而不學者 故 以下句意足之 獨言下句 則學之優 固自有可仕不可仕者矣

운봉 호씨가 말했다. 성현의 말씀은 본디 위 구절로 말미암아 아래 구절을 내놓은 경우가 있다. 예컨대 공자께서는 본래 '진문공은 속이고 바르지 않다'고 하시고 나서 (이로) 말미암아 '제환공은 바르고 속이지 않는다'고 하셨다(『논어』14, 「헌문」 16장). 만약 (위 구절 없이) 홀로 아래 구절만 말씀하셨다면 (잘못된 말씀이 되니) 제환공이 어찌 바르고 속이지 않는 자이겠는가. 이 장 또한 당시에 벼슬하면서 여력이 있는데도 배우지 않는 자가 있음에 기인한 것이다. 그런 까닭에 아래 구절로 보충하려 했다. 단독으로 아래 구절만 말한다면, 배움에 여력이 있더라도 본디 벼슬할 수 있기도 하고 벼슬할 수 없기도 한 경우가 있다(배움에 여력이 있다 해서 무조건 벼슬해야 하는 것은 아니다).

○新安陳氏曰 學 以明其理者 體也 仕 以行其事者 用也 體者 用之本 用者 體之驗 仕有餘力而不學 則將狥己蠹人 是 有無體之用 學有餘力 而不仕 則將愛身忘世 是 有無用之體矣 子夏 爲見當世 多有仕而不學者 觀孔子 以今之從政者 爲斗筲之徒 則可想見 故 首以仕優而學 警世人 夫已仕者 尙不可以不學 則未仕者 必學優 而後始可以仕 蓋 可知矣 下句 人所易知 上句 人所易忽 故 以人所易忽者 先言之

신안 진씨가 말했다. 배움은 그 이치를 밝히는 것이니 본체이고, 벼슬은 그 일을 행하는 것이니 쓰임이다. 체는 용의 근본이고 용은 체의 징험이다. 벼슬에 여력이 있는데 배우지 않으면 장차 자신(의 사사로움)을 좇고 남을 해치니, 이것은 체 없는 용이다. 배움에 여력이 있는데 벼슬하지 않으면 장차 자신을 사랑하고 세상을 잊으니, 이것은 용 없는 체이다. (자하가 이 말을 한 것은) 자하가 당시에 벼슬하면서 배우지 않는 자가 많은 것을 보았기 때문으로, 공자께서 지금의 정치하는 자들을 시시한 자들이라 여기신 것을 보면 짐작할 수 있다. 그런 까닭에 먼저 '벼슬하면서 여력이 있으면 배운다'는 말로써 세상 사람들을 경계했다. 무릇 이미 벼슬한 자도 오히려 배우지 않으면 안 되니, 아직 벼슬하지 않은 자는 반드시 배움에 여력이 있은 후에야 비로소 벼슬할 수 있음을 대개 알 수 있다. 아래 구절은 사람이 쉽게 알 수 있는 것이고, 위 구절은 사람이 쉽게 소홀히 할 수 있는 것이다. 그런 까닭에 사람이 쉽게 소홀히 할 수 있는 것을 먼저 말했다.

19.14 子游曰 喪 致乎哀而止

자유가 말했다. 상에 있어서는 슬픔을 다하는 것으로 그만 이다.

【집주】

致極其哀 不尙文飾也 楊氏曰 喪 與其易也 寧戚 不若禮不足 而哀有餘之意 愚按 而止二字 亦微有過於高遠 而簡略細微之弊 學者詳之

그 슬픔을 극진하게 할 뿐 꾸미는 것은 숭상하지 않는다는 것이다. 양씨가 말했다. '상에 있어서는 잘 다스림보다는 차라리 슬퍼함이 낫다(『논어』3, 「팔일」4장)', '예는 부족하지만 슬픔이 남는 것만 못하다(『예기』3, 「단궁 상」)'라는 뜻이다. 내가 생각건대 '이지(~으로 그만이다)' 두 글자에는 또한 지나치게 높고 먼 것을 추구해 세밀한 것을 소홀히 하는 폐단이 약간 있다. 배우는 자는 상세히 살펴야 한다.

【세주】

南軒張氏曰 喪 主乎哀 致者 自盡之謂 若毀生滅性 則是過乎哀者也

남헌 장씨가 말했다. 상은 슬픔을 위주로 한다. '치'라는 것은 스스로 다하는 것을 말한다. 만약 생명을 훼손하고 본성을 없앤다면 슬픔이 지나친 것이다.

○勉齋黃氏曰 觀游夏論學章 胡氏所謂 子游脫略小物者 則宜其言之出乎此 終亦足以見孔門高弟 重本務實之意 可法也

면재 황씨가 말했다. 자유와 자하가 배움에 관해 논한 장을 보면, 호씨가 '자유는 작은 일을 빼고 생략했다'라고 한 것은 여기(이 장)에서 비롯된 말임에 틀림없다. 결국 또한 공자 문하의 높은 제자들의 근본을 중시하고 실질에 힘쓰는 뜻을 보기에 충분하니, 본받을 만하다.

○慶源輔氏曰 子游 有簡忽禮文之意 要之 喪 固貴於哀 而禮之節文 亦不可廢 故曰 直情而徑行 戎狄之道也 立言之難 蓋 如此

경원 보씨가 말했다. 자유는 예문을 소홀하게 여기는 뜻이 있었다. 요컨대 상에는 본디 슬픔을 귀하게 여기지만 예의 규정 또한 폐할 수 없다. 그런 까닭에 '마음 내키는 대로 곧바로 행하는 것은 오랑캐의 도(『예기』4, 「단궁 하」)'라 했다. 말(이론, 주장)을 세우기 어려운 것이 대개 이와 같다.

○雙峯饒氏曰 子游 平日却自考究喪禮 不是廢禮 而專事哀戚之人 考之禮記 可見其意 怕人事末忘本 姑爲之抑揚耳

쌍봉 요씨가 말했다. 자유는 평소 오히려 상례에 관해 스스로 궁구했으니 예를 폐하고 오로지 슬픔만을 일삼은 자가 아니다. 『예기』를 고찰해보면 그 뜻이 사람들이 말단을 일삼고 근본을 잊을까 걱정해 잠시 강조한 것일 뿐임을 알 수 있다.

19.15 子游曰 吾友張也 爲難能也 然而未仁

자유가 말했다. 나의 친구 (자)장은 어려운 일을 잘 하지만 인하지는 못하다.

【집주】

子張 行去聲過高 而少誠實惻怛之意

자장은 행동이 지나치게 높고 성실하고 간절한 뜻은 모자랐다.

【세주】

雙峯饒氏曰 行過高 解難能 少誠實惻怛 解未仁 無誠實 則不能全心之德 無惻怛 則不能全愛之理

쌍봉 요씨가 말했다. 행동이 지나치게 높다는 것은 '난능(하기 어려움)'을 풀이한 것이고 성실하고 간절한 뜻이 모자란다는 것은 '미인(인하지 못함)'을 풀이한 것이다. 성실함이 없으면 마음의 덕을 온전히 할 수 없고 간절함이 없으면 사랑의 이치를 온전히 할 수 없다.

○趙氏曰 不誠實 則無眞切之意 不惻怛 則無隱痛之情 子張 務外好高 故 於此 四字 皆有所不足

조씨가 말했다. 성실하지 않으면 진실하고 절실한 뜻이 없고, 간절함이 없으면 남몰래 아파하는 정이 없다. 자장은 밖에 힘쓰고 높은 것을 좋아하는 까닭에 이 네 가지(성, 실, 측, 달)에 모두 부족함이 있다.

○新安陳氏曰 行仁 惟務內平實者 能之 子張 務外好高 此 其所以未仁也

신안 진씨가 말했다. 인을 행하는 것은 오로지 내면에 힘쓰고 평실(모나지 않고 실질적임)한 자만이 할 수 있다. 자장은 외면에 힘쓰고 높은 것을 좋아하니 이것이 그가 인하지 못한 까닭이다.

19.16 曾子曰 堂堂乎 張也 難與竝爲仁矣

증자가 말했다. 당당하구나, (자)장은. 더불어 함께 인을 행하기 어렵다.

【집주】

堂堂 容貌之盛 言其務外自高 不可輔而爲仁 亦不能有以輔人之仁也

'당당'은 용모가 성대한 것이다. 밖에 힘쓰고 스스로 높은 척해, (그를) 도와서 인을 행하도록 할 수도 없고, 또한 (그가) 남의 인을(남이 인을 행하도록) 도와주지도 못한다는 말이다.

【세주】

新安陳氏曰 堂堂 以貌言 難能 以才言 皆自高之意 竝 猶共也

신안 진씨가 말했다. '당당'은 용모를 가지고 말한 것이고 '난능'은 재주를 가지고 말한 것이다. 모두 스스로 높은 척한다는 뜻이다. '병'은 '함께'이다.

【집주】

○范氏曰 子張 外有餘 而內不足 故 門人 皆不與其爲仁 子曰 剛毅木訥 近仁 寧外不足而內有餘 庶可以爲仁矣

범씨가 말했다. 자장은 밖으로는 넉넉했지만 안으로는 부족했던 까닭에 문인들이 모두 그가 인을 행한다고는 인정하지 않았다. 공자께서 "단단함, 굳셈, 질박함, 둔함은 인에 가깝다(『논어』13, 「자로」 27장)"라 하셨으니, 차라리 밖으로 부족하고 안으로 넉넉했다면 아마도 인을 행할 수 있었을 것이다.

【세주】

程子曰 子張 旣除喪而見 予之琴 和之而和 彈之而成聲 作曰 先王制禮 不敢不至焉 推此言之 子張 過於薄 故 難與竝爲仁矣

정자가 말했다. 자장이 상을 벗고 난 후에 (공자를) 뵈었는데 (공자께서) "너의 거문고는 조화롭게 하면[조율하면] 조화롭고 타면 음악을 이룬다"고 하시니, 일어나서 답하기를 "선왕께서 예를 제정하셨으니 감히 극진히 하지 않을 수 없습니다"라 했다(『예기』3, 「단궁 상」). 이로 미루어 말하자면, 자장은 지나치게 (부모에게) 박절했다. 그런 까닭에 더불어 함께 인을 행하기 어렵다.

○南軒張氏曰 仁 必深潛縝密親切篤至 而後可以進 故 如愚之顏 聖人 許其不違仁 而堂堂之張 曾子 以爲難與並爲仁也

남헌 장씨가 말했다. 인은 반드시 깊이 잠기고 치밀하고 절실하고 독실한 이후라야 진보할 수 있다. 그런 까닭에 성인께서 어리석은 듯이 보이는 안자에게 인을 떠나지 않는다고 인정하셨고, 증자는 용모당당한 자장에게 더불어 함께 인을 행하기 어렵다고 했다.

○勉齋黃氏曰 以上兩章 皆 言子張之難爲仁 旣足以見子張好高之病 又有以見仁之爲德 根於人心 惟求之至近 而修其在內者 爲足以至之 今也 尙難能之行 飾堂堂之容 則其去仁 遠矣 孔門 以求仁爲先 而所言如此 可謂知爲仁之方也已

면재 황씨가 말했다. 이상의 두 장(15, 16장)은 모두 자장이 인을 행하기 어렵다는 것을 말한 것으로 이미 자장의 높은 것을 좋아하는 병을 보여주기에 충분하고, 또 인의 덕 됨(덕으로서의 성격)은 사람의 마음에 근원을 두고 있으니 오로지 지극히 가까운 데에서 구해 내면에 있는 것을 닦는 것이 족히 거기(인)에 이르게 할 수 있는 것임을 보여준다. 지금 어려운 일 잘하는 것을 숭상하고 당당한 용모를 꾸미니 인과 거리가 멀다. 공자 문하에서는 인을 구하는 것을 우선으로 삼았고, 한 말도 이와 같으니, 인을 행하는 방도를 안다고 하겠다.

○慶源輔氏曰 務外好高 則於己 無體認密察之功 人 不可輔之爲仁 於人 無切偲觀感之助 己 亦不能輔人之仁也

경원 보씨가 말했다. 밖에 힘쓰고 높은 것을 좋아하면, 자신에게는 몸소 깨닫고 세밀하게 살피는 노력이 없으니 남도 그가 인을 행하도록 도울 수 없고, 남에 대해서는 절실하게 권하고 보고 느끼게 하는 도움을 주지 못하니 자신도 또한 남의 인을 도울 수 없다.

19.17 曾子曰 吾 聞諸夫子 人 未有自致者也 必也親喪乎

증자가 말했다. 내가 선생님께 들었는데 "사람이 스스로 (진정을) 다하는 경우가 [별로] 없지만, 부모의 상에는 반드시 그리하지 않을까?"라 하셨다.

【집주】
致 盡其極也 蓋 人之眞情 所不能自己者

'치'는 그 극진함을 다하는 것이니, (부모의 상이란) 대개 사람의 진정에 스스로 그만두지 못하는 것이다.

【세주】
新安陳氏曰 眞情 乃愛敬之人心 天理所發見者

신안 진씨가 말했다. 진정은 곧 사랑하고 공경하는 인심이며 천리가 발현된 것이다.

【집주】
○尹氏曰 親喪 固所自盡也孟子語 於此 不用其誠 惡乎用其誠

윤씨가 말했다. 부모의 상이란 본디 스스로 다하는 것이다〈『맹자』(「등문공 상」 2장)의 말〉. 여기에 그 정성을 쓰지 않는다면 어디에 그 정성을 쓰겠는가.

【세주】
禮記檀弓曰 自吾母 而不得吾情 吾 惡乎用吾情 惡 音烏

『예기』, 「단궁 (하)」편에 "나의 어머니이면서도 나의 정(올바른 마음 씀)을 얻지 못했으니 나는 어디에 나의 정을 쓰겠는가"라 했다.

○南軒張氏曰 人 於他事未能自盡 於親喪 其可不自盡乎 若於此不能自盡 則何事能盡 若於此能自盡 則於其他 亦推是心而已

남헌 장씨가 말했다. 사람이 다른 일에는 스스로 다하지 못하더라도 부모의 상에 스스로 다하지 않아서 되겠는가. 만약 이 일에 스스로 다할 수 없다면 어떤 일에 다할 수 있겠는가. 만약 이 일에 스스로 다할 수 있다면 다른 일에도 또한 이 마음을 미루게 될 뿐이다.

○胡氏曰 上智之資 於理所當然者 固不待勉强 而皆極其至 中人以下 則罕能之 惟父母之喪 哀痛慘怛 蓋 其眞情之不能自已者 聖人 指以示人 使之自識其良心 非專爲喪禮發也

호씨가 말했다. 높은 지혜의 자질을 갖춘 사람은 이치의 당연한 바에 대해서 본디 억지로 힘쓸 필요도 없이 모두 그 지극함을 다하지만, 중인 이하는 그럴 수 있는 경우가 드물고 단지 부모의 상에서만 애통하고 참담하니 대개 그 진정에 스스로 그만둘 수 없는 것이다. 성인께서 이 점을 사람에게 가리켜 보여주심으로써 그들이 스스로 그 양심을 깨닫도록 하신 것이지, 오로지 상례만을 위해서 하신 말씀은 아니다.

○雙峯饒氏曰 乎字 有感動人底意思 事親 莫大於死生之際 人之所當自盡者也 人當如此 而猶有不能如此 此 聖人 所以寓微意 而感動之 若不看聖人微意所在 只說箇人人能如此自盡 則聖人之發此言 似乎無味

쌍봉 요씨가 말했다. '호' 자는 사람을 감동시키려는 뜻이 있다. 부모를 모실 때에 삶과 죽음의 사이(죽는 순간)보다 더 큰 일이 없으니 사람이 마땅히 스스로 다해야 하는 것이다. 사람이 마땅히 이와 같이 해야 하지만 오히려 이리하지 못하는 경우가 있으니, 이것이 성인께서 숨은 뜻을 깃들여 감동시키려 하신 이유이다. 만일 성인의 숨은 뜻이 있는 곳을 보지 못하고 다만 사람마다 이처럼 스스로 다할 수 있다는 말씀이라고 해설한다면 성인께서 이 말씀을 하신 것은 아무 맛이 없는 것 같이 된다.

19.18 曾子曰 吾 聞諸夫子 孟莊子之孝也 其他可能也 其不改父之臣 與父之政 是難能也

증자가 말했다. 내가 선생님께 들었는데, "맹장자의 효에서 다른 일은 할 수 있지만 아버지의 신하와 아버지의 정치를 바꾸지 않은 일은 하기 어렵다"고 하셨다.

【집주】

孟莊子 魯大夫 名 速 其父 獻子 名 蔑 獻子 有賢德 而莊子 能用其臣 守其政 故 其他孝行去聲 雖有可稱 而皆不若此事之爲難

맹장자는 노나라 대부이고 이름은 속이다. 그 아버지 헌자는 이름이 멸이다. 헌자는 어진 덕이 있어서 장자는 그의 신하를 쓰고 그의 정치를 지킬 수 있었다. 그런 까닭에 그 다른 효행 중에도 비록 칭송할 만한 것이 있지만 모두 이 일의 하기 어려움만 못하다.

【세주】

朱子曰 人 固有用父之臣者 然 稍拂他私意 便自容不得 亦有行父之政者 於私欲 稍有不便處 自行不得 古今似此者 甚多 如唐太宗 爲高宗 擇許多人 如長孫無忌 褚遂良之徒 高宗 因立武昭儀事 便不能用 又季文子 相三君 無衣帛之妾 無食粟之馬 到季武子 便不如此 便是不能行父之政 以此知 孟莊子 豈不爲難能

주자가 말했다. 사람 중에는 본디 아버지의 신하를 쓰는 자가 있지만 조금이라도 그의 사사로운 뜻을 거스르면 곧 스스로 용납하지 못한다. 또한 아버지의 정치를 행하는 자가 있지만 사사로운 욕심에 조금이라도 불편한 곳이 있으면 스스로 행하지 못한다. 고금에 이와 같은 자가 매우 많았다. 예컨대 당 태종은 고종을 위해 장손무기나 저수량의 무리 같은 많은 사람을 택했지만, 고종은 무소의를 (황후로) 세우는 일 때문에 곧 쓸 수 없게 되었다. 또한 계문자는 세 임금의 재상을 하면서도 비단 옷의 첩도 없고 곡식을 먹는 귀한 말도 없었지만 계무자에 이르러서는 곧 그리하지 않았다. 이것은 바로 부모의 정치를 행하지 못한 것이다. 이로써 알겠으니, 맹장자의 일이 어찌 하기 어려운 일이 아니리오.

○獻子 歷相君五十年 魯人 謂之社稷之臣 則其臣必賢 其政必善矣 莊子 年少嗣立 又與季孫宿同朝 宿父 文子 忠於公室 宿 不能守而改之 莊子 乃獨能不改父之臣與父之政 而終身焉 是 孔子之所謂難也

헌자는 임금의 재상을 50년간 역임해 노나라 사람들이 사직의 신하라고 일컬었으니 그(맹헌자)의 신하(가신)들은 틀림없이 현명하고 그 정치는 틀림없이 선했을 것이다. 장자가 나이 어려서 자리를 잇고 또한 계손숙과 함께 조정을 다스렸는데, 숙의 아버지 문자는 공실에 충성했지만 숙은 지키지 못하고 바꾸었다. 장자는 이에 홀로 아버지의 신하와 아버지의 정치를 고치지 않고 몸을 마칠 수 있었다. 이것이 공자께서 어렵다고 말씀하신 까닭이다.

○南軒張氏曰 以爲難能 特曰 爲之不易云耳 蓋 父之臣 與父之政 誠善矣 固當奉而篤之 若不幸而悖於理 害於事 則當察而更之 是 乃致其誠愛於親也 孟莊子之所以終不改者 意者 其事 雖未爲盡善 亦不至於悖理害事之甚 故 有取其不忍於改也

남헌 장씨가 말했다. 하기 어렵다고 말한 것은 다만 하기 쉽지 않다는 말일 따름이다. 대개 아버지의 신하와 아버지의 정치가 진정 선하다면 당연히 받들어 독실하게 해야 하지만, 만일 불행히도 이치에 어긋나고 일에 해가 되면 마땅히 살펴서 고쳐야 하며, 이것이 곧 부모에게 진실한 사랑을 다하는 것이다. 맹장자가 종신토록 고치지 않은 것은, 아마도 그 일이 비록 완벽하게 선한 것은 아니더라도 또한 심히 이치에 어긋나고 일에 해가 되는 데에는 이르지 않았기 때문에 '차마 고치지 못함'(의 도리)을 채택한 것이리라.

○雙峯饒氏曰 夫子 以莊子之不改父臣父政爲孝 見得三年無改於父之道 正是不改其父道之善處

쌍봉 요씨가 말했다. 공자께서는 장자가 아버지의 신하와 아버지의 정치를 바꾸지 않는 것을 효라고 여기셨다. '삼년 동안 아버지의 도를 바꾸지 않는다(『논어』1, 「학이」 11장)'는 것은 바로 아버지의 도의 선한 점을 고치지 않는다는 것임을 알 수 있다.

○雲峯胡氏曰 二章 皆曰 吾聞諸夫子 饒氏 以爲曾子尊其所聞如此 尹和靖 作論語解 所謂愚聞之師曰 亦如此 愚謂 朱子得於延平者 亦然

운봉 호씨가 말했다. 두 장(17, 18장)은 모두 '내가 선생님께 들었다'라 했다. 요씨는 '증자가 그 들은 것을 이처럼 소중하게 여겼다'고 했는데, 윤화정이 『논어해』를 지으면서 '내가 스승께서 말씀하시는 것을 들었다'고 한 것 또한 그러하다. 내가 생각건대, 주자가 '연평에게 들었다'라 한 것 또한 그러하다.

19.19

孟氏 使陽膚爲士師 問於曾子 曾子曰 上 失其道 民 散久矣 如得其情 則哀矜而勿喜

맹씨가 양부를 사사가 되게 하니 (양부가) 증자에게 물었다. 증자가 답했다. 위에서 그 도를 잃으니 백성이 흩어진 지가 오래되었다. 만약 그 (범죄의) 진상을 알아내었으면 불쌍히 여기고, 기뻐하지 말라.

【집주】

陽膚 曾子弟子 民散 謂情義乖離 不相維繫 謝氏曰 民之散也 以使之無道 教之無素 故 其犯法也 非迫於不得已 則陷於不知也 故 得其情 則哀矜而勿喜

양부는 증자의 제자이다. 백성이 흩어진다는 것은 인정과 의리가 괴리되어 서로 결속되지 않음을 말한다. 사씨가 말했다. 백성이 흩어지는 것은 그들을 무도하게 부렸거나 그들을 평소 가르치지 않았기 때문이다. 그런 까닭에 그들이 법을 어긴 것은 어쩔 수 없이 내몰렸거나 아니면 무지에 빠졌기 때문이다. 그러므로 그 진상을 알아내었으면 불쌍히 여기고, 기뻐하지 않는다.

【세주】

朱子曰 生業不厚 教化不修 內無尊君親上之心 外無仰事俯育之賴 是以 恩疎義薄 不相維繫 而日有離散之心

주자가 말했다. 생업이 두텁지 않고 교화가 닦이지 않으면 안으로는 임금을 받들고 윗사람을 친하게 여기는 마음이 없고, 밖으로는 (부모) 모시고 (자식) 기르는 일에 의지할 것이 없다. 그래서 은혜가 소원해지고 의리는 옅어져 서로 결속되지 않아, 날로 헤어지고 흩어지려는 마음이 생긴다.

○南軒張氏曰 先王之於民 所以養之敎之者 無所不用其極 故 民心 親附其上 服習而不違 如是而猶有不率焉 而後刑罰加之 蓋 未嘗不致哀矜惻怛也 若夫後世 禮義衰微 所以 養之敎之者 皆 蕩而不存矣 上之人 未嘗心乎民也 故 民心 亦渙散 而不相屬 以陷於罪戾 而蹈於刑戮 此 所謂上失其道 民散久矣 方是時 任士師之職者 獄訟之際 其可以得情爲喜乎 蓋 當深省所以使民至於此極者 以極其哀矜之意焉 可也 能存此心 則有以仁乎斯民矣

남헌 장씨가 말했다. 선왕은 백성에 대해 기르고 가르치는 일에 그 극진함을 다하지 않은 바가 없다. 그런 까닭에 백성의 마음이 그 윗사람을 친밀하게 따르고 적응해 어기지 않았다. 이렇게 하고도 오히려 따르지 않는 자가 있으면 이후에야 형벌을 가했으니, 대개 불쌍하고 측은하게 여김을 다하지 않은 적이 없다. 후세에 예의가 쇠퇴한 까닭에 기르고 가르치는 일이 모두 방만해져 없어졌으니, 윗사람이 일찍이 백성에게 마음을 둔 적이 없다. 그런 까닭에 백성의 마음 또한 흩어져 서로 결속되지 않아서 죄에 빠지고 처벌을 당한다. 이것이 이른바 '위에서 그 도를 잃으니 백성이 흩어진 지 오래되었다'는 것이다. 바야흐로 이때에 사사의 직을 맡은 자가 옥송을 처리하는 중에 진상을 알아냈다고 해서 기뻐할 수가 있겠는가. 대개 백성이 이러한 극단적인 지경까지 이르게 된 이유를 마땅히 깊이 성찰해서, 그 불쌍히 여기는 뜻을 다해야 옳다. 이 마음을 가질 수 있다면 그 백성에게 인을 베풀게 될 것이다.

○勉齋黃氏曰 得情而喜 則太刻之意 或溢於法之外 得情而矜 則不忍之意 常行於法之中 仁人之言 蓋 如此

면재 황씨가 말했다. 진상을 알아내고 기뻐하면 지나치게 각박한 뜻이 때로 법의 바깥으로 넘친다. 진상을 알아내고 불쌍히 여기면 차마 그리하지(모질게) 못하는 뜻이 항상 법의 안에서 행해진다. 인자의 말이 대개 이와 같다.

○慶源輔氏曰 民之犯罪 有二 迫於不得已 則使之無其道 故也 陷於不自知 則敎之無其素 故也 後世治獄之官 每患不得其情 苟得其情 則喜矣 豈知哀矜而勿喜之味哉 且人 喜則意逸 逸則心放 放則哀矜之意 不萌 其於斷獄 剖訟之際 必至於過中失入 有不自知者 唯能反思夫民情之所以然 則哀矜之意生 而喜心忘矣 詳

味曾子之言 至誠惻怛 而體恤周盡如此 嗚呼仁哉

경원 보씨가 말했다. 백성이 죄를 범하는 데에는 두 가지가 있다. 어쩔 수 없이 내몰린 경우이니 무도하게 부렸기 때문이고, 스스로 알지 못하고 빠진 경우이니 평소에 가르치지 않았기 때문이다. 후세에 형옥을 다스리는 관리는 매번 그 진상을 알아내지 못할까 걱정하고 만일 그 진상을 알아내면 기뻐하니, 어찌 불쌍히 여겨서 기뻐하지 않는 것의 의미를 알겠는가. 또한 사람이 기뻐하면 뜻이 느슨해지고, 뜻이 느슨해지면 마음이 방만해지고, 마음이 방만하면 불쌍히 여기는 뜻이 싹트지 않아서, 옥사를 결단하고 송사를 가리는 사이에 반드시 적정함을 넘어서 잘못으로 들어가기에 이르고도 스스로는 알지 못하는 경우가 있다. 오직 백성들의 진상이 그러한 이유를 돌이켜 생각할 수 있어야만 불쌍히 여기는 뜻이 생기고 기뻐하는 마음이 없어진다. 증자의 말을 자세하게 감상해보면, 지성으로 측은하게 여기고 몸소 돌봄을 두루 다하는 것이 이와 같으니, 아아 인하도다.

○雲峯胡氏曰 集註 情義乖離不相維繫 八字 釋散字 情相維繫 不忍離 義相維繫 不可離 上之人 何忍使之離 而至於犯法也哉 虞書曰 欽哉 欽哉 惟刑之恤哉 欽恤 是形容帝堯好生之心 欽 則自然有哀矜之心 恤 則自然無喜之意

운봉 호씨가 말했다. 집주에서 '인정과 의리가 괴리되어 서로 결속되지 않는다'고 말한 여덟 글자는 '산(흩어짐)' 자를 풀이한 것이다. 인정이 서로 결속되면 차마 떨어지지 못하고, 의리가 서로 결속되면 떨어질 수 없다. 윗사람이 어찌 차마 그것을 떨어지게 해서 법을 어기는 데에 이르도록 만들겠는가. (『서경』)「우서 (순전)」에 이르기를, '흠재흠재 유형지휼재(공경하시도다, 공경하시도다, 형벌을 불쌍히 여기셨다)'라 했는데, '흠'과 '휼'은 요임금의 살리기 좋아하는 마음을 형용한 것이다. '흠(공경)'하면 자연히 불쌍하게 여기는 마음이 있게 되고, '휼(불쌍히 여김)'하면 자연히 기뻐하는 생각이 없어진다.

○新安陳氏曰 後世之民 犯刑多 上失其道之所致 未必皆其民之罪 刑獄 固在得其情 而不可喜得其情 欲得其情 固在於悉其聰明 而哀矜勿喜 尤在於致其忠愛歟

신안 진씨가 말했다. 후세의 백성이 형을 범하는 일이 많은 것은 위에서 그 도를 잃어서 초래된 것이지 반드시 모두 그 백성의 죄인 것은 아니다. 형옥(형사재판)은 본디 그 진상을 알아내는 데에 달려 있지만 진상을 알아낸 것을 기뻐해서는 안 된다. 진상을 알아내고자 하는 것은 그 총명을 다하는 데에 달려 있지만, 불쌍히 여겨서 기뻐하지 않는 것은 무엇보다 그 진실한 사랑을 다하는 데에 달려 있으리라.

19.20　子貢曰 紂之不善 不如是之甚也 是以 君子 惡居下流 天下之惡 皆歸焉 惡居之惡 去聲

자공이 말했다. 주왕의 불선함은 그렇게 심한 것은 아니었다. 그러므로 군자는 하류에 처하기를 싫어하니 천하의 악이 모두 모여들기 때문이다.

【집주】
下流 地形卑下之處 衆流之所歸 喩人身有汚賤之實 亦惡名之所聚也 子貢言此 欲人常自警省悉井反 不可一置其身於不善之地 非謂紂本無罪 而虛被惡名也

하류는 지형이 낮은 곳으로서 여러 물길이 모여드는 곳이니, 사람이 몸에 더럽고 천한 행실이 있으면 또한 악명이 모인다는 것을 비유한 것이다. 자공이 이 말을 한 것은 사람이 항상 스스로 경계하고 반성해 한 번이라도 그 몸을 불선한 곳에 두지 않기를 바란 것이지, 주왕이 본래 죄가 없는데도 이유 없이 악명을 뒤집어썼다고 말한 것은 아니다.

【세주】
南軒張氏曰 紂不道 極矣 其始 亦未至是之甚 惟其爲不善 而天下之惡 皆歸之 日累月成 以至貫盈 豈不猶川澤居下 而衆水歸之乎

남헌 장씨가 말했다. 주의 무도함은 극에 달했지만 그 처음에는 또한 이처럼 심한 데에 이르지는 않았다. 다만 불선을 행해 천하의 악이 모두 그에게 돌아가서 날마다 쌓이고 달마다 이루어져 가득 차기에 이르렀으니, 어찌 강과 호수가 아래에 위치해 여러 물길이 그리로 모여드는 것과 같지 않겠는가.

○雙峯饒氏曰 子貢 非爲紂分疏 其意 在下兩句

쌍봉 요씨가 말했다. 자공은 주왕을 위해 변명한 것이 아니고, 그의 뜻은 아래의 두 구절에 있다.

○厚齋馮氏曰 紂 名辛 字受 紂 謚也 後世定謚 謂殘義損善 曰紂

후재 풍씨가 말했다. 주의 이름은 신이고 자는 수이고 주는 시호이다. 후세에 시호를 정할 때 의를 해치고 선을 손상한 것을 일컬어 '주'라 했다.

19.21　子貢曰 君子之過也 如日月之食焉 過也 人皆見
之 更也 人皆仰之 更平聲

자공이 말했다. 군자의 허물은 일식이나 월식과 같다. 허물이 있으면 사람들이 모두 그것을 보고, 고치면 사람들이 모두 그것을 우러른다.

【세주】

南軒張氏曰 人皆見之者 君子 不文飾掩蔽其過 日月之食 旋而復矣 無損其明也 故 君子 改過不吝 而德愈光焉

남헌 장씨가 말했다. 사람들이 모두 그것을 본다는 것은 군자는 그 허물을 꾸미거나 덮어 가리지 않는다는 것이다. 일식과 월식은 돌아와 회복되니 그 밝음을 손상시키지 않는다. 그런 까닭에 군자는 잘못 고치기에 인색하지 않으니, 덕이 더욱 빛난다.

○勉齋黃氏曰 過也 明白而無掩覆 故 人皆見 更也 瑩徹而無瑕疵 故 人皆仰

면재 황씨가 말했다. 허물이 있으면 명백히 하고 덮어 가리지 않는 까닭에 사람들이 모두 본다. 고치면 맑고 투명해 흠이 없는 까닭에 사람들이 모두 우러른다.

○雙峯饒氏曰 君子 無掩覆之意 有過 則人之所共知 旣改 又脫然更無惹絆 或問 君子 如何獨能用心如此 曰 君子所以能如此者 只是純乎天理之公 而無人欲之私 若此心 猶有分毫私累在人欲上 便做君子事不得

쌍봉 요씨가 말했다. 군자는 덮어 가리려는 생각이 없으니, 허물이 있으면 사람들이 함께 알고, 이미 고치면 또한 (허물에서) 벗어나 다시는 (허물에) 속박되지 않는다. 혹자가 물었다. 군자는 어떻게 홀로 이처럼 마음을 쓸 수 있습니까? 답했다. 군자가 이러할 수 있는 것은 단지 순수하게 천리의 공이어서 인욕의 사사로움이 없기 때문이다. 만약 이 마음에 아직도 털끝만 한 사사로운 잘못이 인욕에 있다면 곧 군자가 되는 일은 불가능하다.

○新安陳氏曰 君子 不諱過 故 方過而人見 速改過 故 無過 而人仰 如日月 雖或不免於食 而明還 何損於明 若小人 則諱過而掩匿 不改過而固吝 益重其過 而愈暗愈甚矣 豈有日月明白瑩徹之氣象哉

신안 진씨가 말했다. 군자는 허물을 숨기지 않는 까닭에 허물이 있자마자 사람들이 보고, 빨리 허물을 고치는 까닭에 허물이 없어져 사람들이 우러른다. 마치 해와 달처럼 비록 간혹 침식됨을 면하지는 못하지만 밝음이 회복되니 밝음에 무슨 손상이 있겠는가. 소인의 경우에는 허물을 꺼려서 감추어 숨기고, 허물을 고치지 않고 고집해 그 잘못을 더 무겁게 하니, 더욱 어두워지고 더욱 심해진다. 어찌 해와 달의 명백하고 맑고 투명한 기상이 있겠는가.

19.22-1 衛 公孫朝 問於子貢曰 仲尼焉學

위나라 공손조가 자공에게 물었다. 중니는 어디에서 배우셨는가?

【집주】

公孫朝 衛大夫

공손조는 위나라 대부이다.

19.22-2 子貢曰 文武之道 未墜於地 在人 賢者 識其大者 不賢者 識其小者 莫不有文武之道焉 夫子焉不學 而亦何常師之有 識 音志 下焉字 於虔反

자공이 답했다. 문왕과 무왕의 도는 아직 땅에 떨어지지 않아 사람에게 있다. 현명한 자는 그 큰 것을 기억하고, 현명하지 않은 자는 그 작은 것을 기억하니, 문무의 도를 가지고 있지 않은 자가 없다. 공자께서 어디선들 배우지 않으셨겠으며, 또한 무슨 일정한 스승이 있으셨겠는가.

【집주】

文武之道 謂文王武王之謨訓功烈 與凡周之禮樂文章 皆是也 在人 言人有能記之者 識 記也

문무의 도라는 것은 문왕과 무왕의 가르침과 공훈을 말하는 것으로, 모든 주나라의 예악문장 같은 것이 모두 이에 해당된다. '사람에게 있다'는 것은 사람

중에는 능히 그것을 기억하는 자가 있다는 말이다. '지'는 기억하는 것이다.

【세주】

朱子曰 文武之道 只指先王之禮樂刑政敎化文章而已 若論道體 則不容如此立言矣 未墜地 只是說未墜落於地 而猶在人耳 大者 是禮之大綱領 小者 是零碎條目 孔子 雖生知 然 何嘗不學 亦何所不師 然則能無不學 無不師者 是 乃聖人所以爲生知也

주자가 말했다. 문무의 도는 다만 선왕의 예악형정과 교화문장을 가리킬 따름이다. 만일 도의 본체를 논한다면 이와 같은 (자공의) 입론은 허용되지 않는다. '아직 땅에 떨어지지 않았다'라는 것은 아직 땅으로 떨어지지는 않아 아직도 사람에게 있다는 말일 뿐이다. 큰 것이란 예의 큰 강령이고 작은 것이란 세세한 조목이다. 공자께서는 비록 날 때부터 아시는 분이지만 어찌 일찍이 배우지 않으셨겠으며, 또한 어디선들 스승으로 삼지 않으셨겠는가. 그러므로 능히 배우지 않는 것이 없고 스승 삼지 않는 것이 없는 것, 이것이 곧 성인께서 날 때부터 아시는 분이 되는 까닭이다.

○在人之人 正指老聃萇弘郯子師襄之儔耳 若入太廟 而每事問焉 則廟之祝史 亦其一師也

'사람에게 있다'고 할 때의 사람은 바로 노담, 장홍, 담자, 사양의 무리를 가리킨다. 태묘에 들어가서 매사를 물으셨으니, 태묘의 축사 또한 한 사람의 스승이다.

○問 仲尼 祖述堯舜 憲章文武 如何 子貢 不說堯舜之道 只說文武之道 雙峯饒氏曰 堯舜 遠 文武 近 子貢 是就其近者而言 要之 道 非文武之所得專 文武之道 卽堯舜之道 堯舜之道 卽文武之道

물었다. 공자께서는 요임금과 순임금을 서술하고 문왕과 무왕을 규범화하셨는데, 어째서 자공은 요순의 도는 말하지 않고 오직 문무의 도만을 말했습니까? 쌍봉 요씨가 답했다. 요순은 멀고 문무는 가까우니 자공은 가까운 것을 가지고 말한 것이다. 요컨대 도는 문무만이 독점할 수 있는 것이 아니니, 문무의 도는 곧 요순의 도이고, 요순의 도는 곧 문무의 도이다.

○ 不賢者 只指衆人而言 不是不好底人

현명하지 않은 자라는 것은 다만 뭇사람을 가리켜 말한 것일 뿐, 좋지 않은 사람을 가리키는 것은 아니다.

○ 新安陳氏曰 焉學 問何所從學 焉不學 謂何所不從學 此 論夫子之學 而專言文武之道者 蓋 列聖道統 傳在文武 而文武之道統 傳在孔子 故也 文武之道 無往不在 夫子於文武之道 無往不學 惟善是主 初無常師 此 所以備斯文之大全 集列聖之大成歟

신안 진씨가 말했다. '어디에서 배웠는가'라는 것은 어느 곳을 따라서 배웠는가를 묻는 것이다. '어디선들 배우지 않았겠는가'라는 것은 '어느 곳에선들 따라 배우지 않았겠는가'라는 말이다. 여기서 공자의 배움을 논하면서 오로지 문무의 도만을 언급한 것은 대개 여러 성인의 도통이 문무에게 전해졌고, 문무의 도통이 공자께 전해졌기 때문이다. 문무의 도는 어디를 가든 없는 곳이 없고, 공자께서는 문무의 도에 대하여 어디를 가든 배우지 않은 적이 없으셨다. 오직 선만을 위주로 하셨을 뿐, 애초에 일정한 스승은 없으셨다. 이것이 이 학문의 모든 것을 갖추고 여러 성인을 집대성할 수 있었던 이유이리라.

19.23-1 叔孫武叔 語大夫於朝曰 子貢 賢於仲尼 語去聲 朝音潮

숙손무숙이 조정에서 대부들에게 말했다. 자공은 중니보다 현명하다.

【집주】

武叔 魯大夫 名 州仇

무숙은 노나라 대부로 이름은 주구이다.

【세주】

朱子曰 子貢 賢於仲尼 聖人 固自難知 如子貢 在當時 想是大段明辨果斷 通曉事務 歆動得人 孔子自謂 達不如賜

주자가 말했다. 자공이 중니보다 현명하다고 말한 것은 성인은 본디 알기 어렵기 때문이다. 자공의 경우, 당시에 아마도 대단히 판단이 명쾌하고 과단성이 있고 사무에 통달해 사람의 마음을 움직일 수 있었던 것 같다. 공자께서도 스스로 통달함은 사(자공)만 못하다고 하셨다.

○葉氏少蘊曰 子貢 晚見用於魯 懼吳之强大 曉宰嚭 而舍衛侯伐齊之謀 詰陳成子 而反其侵地 魯人 賢之 此 武叔所謂賢於仲尼者也

섭소온이 말했다. 자공이 만년에 노나라에 등용되어서 강대한 오나라를 두려워하게 하고 재상 비를 깨우쳐 위나라 제후의 제나라 정벌 계획을 버리게 하고 진성자를 꾸짖어 침략한 땅을 돌려받으니 노나라 사람들이 그를 현명하다고 여겼다. 이것이 무숙이 (자공이) 중니보다 현명하다고 말한 이유이다.

19.23-2 子服景伯 以告子貢 子貢曰 譬之宮牆 賜之牆也 及肩 窺見室家之好

자복경백이 자공에게 (이 말을) 고하니 자공이 말했다. 궁의 담장에 비유하자면, 나의 담장은 어깨에 미치니 집의 훌륭함을 엿볼 수 있지만,

【집주】
牆卑室淺

담장은 낮고 집은 얕다.

【세주】
朱子曰 古人 宮外 只是牆 無今人廊屋

주자가 말했다. 옛사람들은 궁 밖에 다만 담장을 두었으니 요즈음 사람들의 행랑은 없었다.

19.23-3 夫子之牆 數仞 不得其門而入 不見宗廟之美 百官之富

공자의 담장은 몇 길이나 되니 그 문으로 들어가지 못하면 종묘의 아름다움과 백관의 풍부함을 볼 수 없다.

【집주】
七尺 曰仞 不入其門 則不見其中之所有 言牆高而宮廣也

7척을 인(한 길)이라고 한다. 그 문으로 들어가지 않으면 그 안에 있는 것을

볼 수 없다. 담장이 높고 궁궐이 넓다는 말이다.

19.23-4 得其門者 或寡矣 夫子之云 不亦宜乎

그 문으로 들어간 자가 아마도 얼마 안 될 것이니 그대의 말 또한 당연하지 않은가.

【집주】

此夫子 指武叔

여기서의 '부자(그대)'는 무숙을 가리킨다.

【세주】

或問 夫子之牆 數仞 不得其門而入 夫子之道 高遠 故 不得其門而入也 朱子曰 不然 顏子得入 故 能仰之彌高 鑽之彌堅 至於在前在後 如有所立卓爾 曾子得入 故 能言夫子之道忠恕 子貢得入 故 能言性與天道不可得聞 文章可得而聞 他人 自不能入耳 非高遠也 七十子之徒 幾人入得 譬如與兩人說話 一人 理會得 一人 理會不得 會得者 便是入得 會不得者 便是入不得 且孔子之敎衆人 與敎顏子 何異 顏子 自入得 衆人 自入不得 多少分明

혹자가 물었다. 공자의 담이 몇 길이나 되어 그 문으로 들어가지 못한다는 것은 공자의 도가 높고 먼 까닭에 그 문으로 들어가지 못한다는 것입니다. 주자가 답했다. 그렇지 않다. 안자는 들어갈 수 있었기 때문에 '우러러보면 더욱 높고 뚫어보면 더욱 단단하다, 앞에 계신 듯 뒤에 계신 듯하다, 우뚝 서 있는 듯하다(『논어』9,「자한」10장)'라 할 수 있었다. 증자는 들어갈 수 있었기 때문에 '부자의 도는 충서이다(『논어』4,「이인」15장)'라고 말할 수 있었고, 자공은 들어갈 수 있었기 때문에 '성과 천도는 얻어들을 수 없고 문장은 얻어들을 수 있다(『논어』5,「공야장」12장)'라고 말할 수 있었다. 다른 사람들은 본디 들어갈 수 없었던 것이지, (공자의 도가) 높고 먼 것은 아니다. 70 제자들 중에 몇 사람이나 들어갈 수 있었겠는가? 비유하자면, 두 사람에게 이야기했는데 한 사람은 이해할 수 있었고 다른 한 사람은 이해하지 못했다고 하자. 이해한 사람은 곧 들어갈 수 있고, 이해 못한 사람은 곧 들어가지 못하는 것이다. 또 공자께서 뭇사람을 가르치신 것이 안자를 가르치신 것과 무엇이 다르겠는가. 안자는 본디 들어갈 수 있었고 뭇사람은 본디 들어갈 수 없었던 것이 꽤나 분명하다.

○雙峯饒氏曰 聖人之道 雖曰難入 然 其入 亦自有方 且如仰彌高 鑽彌堅 此 是數仞難入處 夫子 循循善誘 博我以文 約我以禮 這 便是從入之門 學者 須從此門路入 方有所見

쌍봉 요씨가 말했다. 성인의 도는 비록 들어가기 어렵다고 하지만, 그러나 그 들어가는 것은 또한 응당 방법이 있다. 또 '우러러보면 더욱 높고, 뚫어보면 더욱 단단하다'는 이것이 '몇 길이나 되어 들어가기 어려운 점'이다. '선생님께서는 순서에 따라 잘 이끌어주신다. 문으로 나를 넓혀주셨고 예로써 나를 단속하셨다(『논어』9, 「자한」10장)'라 한 이것이 곧 들어가는 문이다. 배우는 자는 모름지기 이 문의 길을 따라서 들어가야 비로소 보는 것이 있을 것이다.

○新安陳氏曰 賢人之道 卑淺易見 聖人之道 高深難知 此 子貢 以牆室取譬之意也 要之 觀乎賢人 則見聖人 使叔孫 果知子貢之所以爲子貢 則亦必略知孔子之所以爲孔子 豈至爲此言哉 叔孫 非特不知孔子 亦不知子貢也

신안 진씨가 말했다. 현인의 도는 낮고 얕아서 보기 쉽고, 성인의 도는 높고 깊어서 알기 어렵다. 이것이 자공이 담장과 집으로 비유한 뜻이다. 요컨대, 현인을 살펴보면 성인이 보인다. 만일 숙손이 과연 자공이 자공인 이유를 알았다면 또한 틀림없이 공자가 공자인 이유를 대략은 알았을 것이니 어찌 이런 말을 하기에 이르렀겠는가. 숙손은 단지 공자를 몰랐을 뿐만 아니라 자공 또한 알지 못했던 것이다.

19.24 叔孫武叔 毀仲尼 子貢曰 無以爲也 仲尼 不可毀也 他人之賢者 丘陵也 猶可踰也 仲尼 日月也 無得而踰焉 人 雖欲自絶 其何傷於日月乎 多見其不知量也 量去聲

숙손무숙이 중니를 비방하니 자공이 말했다. 쓸데없구나. 중니는 헐뜯을 수 없다. 다른 현명한 자는 구릉이니 넘을 수 있지만, 중니는 해와 달이니 넘을 수 없다. 사람이 비록 스스로 끊고자 한들 그 어찌 해와 달에 손상을 입히겠는가. (자신의) 분량을 모른다는 것을 드러내기에 딱 맞다.

【집주】

無以爲 猶言無用爲此 土高曰丘 大阜曰陵 日月 喩其至高 自絶謂以謗毀自絶於孔子

'무이위(쓸데없다)'는 이리해도 소용없다는 말이다. 흙이 높은 것을 '구'라 하고 큰 언덕을 '능'이라 한다. 해와 달은 그 지극히 높음을 비유한 것이고 '자절(스스로 끊는다)'은 비방함으로써 스스로 공자로부터 끊어진다(절연된다)는 말이다.

【세주】

南軒張氏曰 子貢 善喩 如宮牆 日月之喩者 可謂切矣 夫邱陵 固可踰 太山雖高然 猶有可踰之理 至於日月之行天 則孰得而踰之哉 人之議日月者 初何損於日月之明 徒爲自絶於日月而已矣

남헌 장씨가 말했다. 자공은 비유를 잘하니 예컨대 궁의 담장이나 일월의 비유는 적절하다 하겠다. 구릉은 본디 넘을 수 있고 태산이 비록 높다 하나 오히려 넘을 수 있는 이치가 있지만 일월이 하늘을 운행함에 이르러서는 누가 넘을 수 있겠는가. 사람이 일월을 논하는 것이 애초에 어찌 일월의 밝음에 손상을 주리오. 헛되이 스스로 일월로부터 끊어질 뿐이다.

○胡氏曰 聖人之心 如化工之生物 未嘗不欲物物而生之也 彼傾者 覆之 物自傾而不得受化工之生也 聖人 未嘗有絶人之心 彼毀謗者 自絶於聖人耳

호씨가 말했다. 성인의 마음은 마치 조화의 작용이 사물을 살리는 것처럼 일찍이 모든 사물을 살리기를 바라지 않은 적이 없으시다. 저 기운 것이 엎어지는 것은 사물이 스스로 기울어져 조화의 작용이 살리는 것(은택)을 받아들이지 못하기 때문이다. 성인께서는 일찍이 사람을 끊는 마음을 가지신 적이 없는데, 저 비방하는 자가 스스로 성인으로부터 끊어질 뿐이다.

【집주】
多 與祇同 適也 不知量 謂不自知其分扶問反量也

'다'는 '지'와 같으니, 딱 맞는 것이다. 양을 모른다는 것은 스스로 그(자신의) 분량(지적 역량)을 모른다는 말이다.

【세주】
厚齋馮氏曰 量 謂斛斗升合小大不同也

후재 풍씨가 말했다. '양'은 곡 두 승 합(모두 부피의 단위)의 대소가 같지 않음을 말한다.

○新安陳氏曰 聖人 有聖人之分量 賢人 有賢人之分量 愚人 有愚人之分量 州仇 不自知其庸愚之分量 宜其不足以知聖人之分量也 孔子之道 如日月行天 萬古常明 雖有州仇之毁 何損於明 子貢 以何傷日月 曉譬之 可謂智足以知聖人 而譬之深矣

신안 진씨가 말했다. 성인은 성인의 분량을 가지고, 현인은 현인의 분량을 가지고, 어리석은 자는 어리석은 자의 분량을 가진다. 주구는 스스로 그 용렬하고 어리석은 분량을 알지 못하니 성인의 분량을 알기에 부족한 것은 당연하다. 공자의 도는 해와 달이 하늘을 운행하는 것처럼 만고에 항상 밝다. 비록 주구의 비방이 있다 한들 어찌 밝음에 손상이 있겠는가. 자공은 '어찌 일월에 손상을 입히겠는가'라는 말로 명확히 비유했으니, 지혜가 성인을 알기에 족하고 깊히 경계했다고 할 수 있겠다.

19.25-1 陳子禽 謂子貢曰 子 爲恭也 仲尼 豈賢於子乎

진자금이 자공에게 말했다. 그대가 겸손한 것이지 중니가 어찌 그대보다 현명하겠는가.

【집주】

爲恭 謂恭敬推吐雷反遜其師也

'위공'은 (스승을) 공경해 그 스승을 겸손히 높이는 것을 말한다.

19.25-2 子貢曰 君子 一言 以爲知 一言 以爲不知 言不可不慎也 知 去聲

자공이 말했다. 군자는 말 한마디로 지혜롭게 여겨지기도 하고, 말 한마디로 지혜롭지 않게 여겨지기도 하니 말에 신중하지 않을 수 없다.

【집주】

責子禽不謹言

자금이 말을 삼가지 않은 것을 꾸짖은 것이다.

【세주】

勉齋黃氏曰 一言善 爲知 一言不善 爲不知 知不知 係於一言 不可不謹

면재 황씨가 말했다. 한마디 선한 말을 하면 지혜롭게 여겨지고, 한마디 불선한 말을 하면 지혜롭지 않다고 여겨진다. 지혜롭고 지혜롭지 못함은 한마디 말에 달려 있으니 삼가지 않을 수 없다.

19.25-3 夫子之不可及也 猶天之不可階而升也

선생님께 미칠 수 없는 것은 하늘을 사다리로 오를 수 없는 것과 같다.

【집주】

階 梯也 大 可爲也 化 不可爲也 故曰 不可階而升也

'계'는 사다리이다. 위대한 것은 할 수 있지만 조화(오묘한 변화)는 할 수 없다. 그런 까닭에 '사다리로 오를 수 없다'라 했다.

【세주】

新安陳氏曰 孟子曰 大而化之之謂聖 由善信美而至於大 乃思勉之所可及 故曰 可爲 猶可躡階梯而升也 至於化 則非思勉之所可及 故曰 不可爲 非可躡階梯而升矣 朱子 以此發明孔子所以如天之不可階而升之實處 然後 子貢取譬之意 顯然矣

신안 진씨가 말했다. 맹자가 말하기를 "위대하면서도 오묘하게 변화시키는 것을 성이라고 한다(「진심 하」 25장)"라 했다. 선과 신과 미에서부터 대(위대함)까지는 모두 생각하고 노력해서 미칠 수 있는 것이기 때문에 '할 수 있다'라 했으니, 오히려 사다리를 타고 올라갈 수 있는 것이다. 오묘한 변화의 경우는 생각하고 노력해서 미칠 수 있는 것이 아니기 때문에 '할 수 없다'라 했으니, 사다리를 타고 올라갈 수 있는 것이 아니다. 주자가 이 말로써 공자께서 마치 하늘을 사다리로 올라갈 수 없는 것과 같음의 실제 의미를 밝힌 연후에야 자공이 비유한 뜻이 명백해졌다.

19.25-4 夫子之得邦家者 所謂立之斯立 道之斯行 綏之
斯來 動之斯和 其生也榮 其死也哀 如之何其可
及也 道去聲

선생님께서 나라를 얻으신다면(왕이 되어 다스리신다면) 이른바 '세우면 이에 서고 이끌면 이에 따르고 편안하게 하면 이에 오고 움직이게 하면 이에 화합해, 그 사심에 영광스럽게 여기고 그 돌아가심에 애통해 함'일 것이다. 어찌 미칠 수 있겠는가.

【집주】

立之 謂植其生也 道 引也 謂教之也 行 從也 綏 安也 來 歸附也
動 謂鼓舞之也 和 所謂於音烏變時雍

세운다는 것은 그 삶을 세워주는 것을 말한다. '도'는 이끄는 것이니 가르치는 것을 말한다. '행'은 따르는 것이고, '수'는 편안하게 하는 것이고, '내'는 귀부하는 것이다. '동'은 고무하는 것을 말한다. '화'는 이른바 '아, 변화해 이에 화합한다'라는 뜻이다.

【세주】

書堯典曰 克明峻德 以親九族 九族既睦 平章百姓 百姓昭明 協和萬邦 黎民 於變
時雍 變 變惡爲善也 時 是也 雍 和也

『서경』, 「(우서) 요전」(1장)에 "높은 덕을 밝혀서 구족을 친히 하고, 구족이 이미 화목하면 백성을 적절히 조치하고, 백성이 밝아지면 만방을 일치화목하게 하니, 머리 검은 백성이 아, 변화해 이에 화합한다"라 했다. '변'은 악한 것을 변화시켜 선하게 만드는 것이고, '시'는 '이에'이고, '옹'은 화합하는 것이다.

【집주】

言其感應之妙 神速如此 榮 謂莫不尊親 哀 則如喪考妣 程子曰 此 聖人之神化 上下與天地同流者也

그 오묘한 감응이 이처럼 신비롭고 빠르다는 말이다. '영'은 받들고 친애하지 않음이 없는 것을 말한다. '애'는 부모를 잃은 것처럼 슬퍼하는 것이다. 정자가 말했다. 이것은 성인의 신묘한 조화(造化)가 아래위로 천지와 함께 흐르는 것이다.

○謝氏曰 觀子貢稱聖人語 乃知晩年進德 蓋 極於高遠也 夫子之得邦家者 其鼓舞群動 捷於桴鼓影響

사씨가 말했다. 자공이 성인을 칭송한 말을 보면 곧 만년에 덕이 진보해 대개 높고 먼 것을 다했음을 알 수 있다. 공자께서 나라를 얻으신다면 고무해 뭇사람을 움직이게 하는 것이 북채와 북, (형체와) 그림자, (소리와) 메아리가 부응하는 것보다 빠를 것이니

【세주】

新安倪氏曰 禮記 土鼓蕢桴音浮 左傳 成公二年 右援枹而鼓 枹 鼓槌 音浮 本作桴 漢書 枹鼓之枹 音桴 風無反 則此桴字 不音桴 若音桴者 乃乘桴浮海之桴 栰也

신안 예씨가 말했다. 『예기』에는 '토고, 괴부'라고 했고, 『(춘추)좌전』에는 성공 2년에 "오른손으로 북채를 잡고 북을 두드린다"라고 했다. 〈포는 북채이다. 음은 부인데 본래는 부라고 쓴다. 『한서』의 '포고'의 포는 음이 부로서 풍과 무의 반절(푸)이다. 그러므로 여기서의 '부' 자는 음이 부가 아니다. (푸이다.) 음이 부인 경우는 '승부부해(뗏목을 타고 바다를 떠돈다)'의 부로서 벌(뗏목)이다.〉

【집주】

人 雖見變化 而莫窮其所以變化也 蓋 不離去聲於聖 而有不可知者 存焉 聖而進於不可知之之神矣 此 殆難以思勉及也

사람들이 비록 변화는 보겠지만 그 변화하는 이유는 아무도 엿볼 수 없다. 대개 성스러움에서 벗어나지 않으면서도 알 수 없는 것이 남아 있으니, 성스러우면서 알 수 없는 신비함으로 나아간 것이다. 이는 생각하고 노력함으로써는 도달하기 거의 어려운 것이다.

【세주】

問 立之 謂植其生 朱子曰 五畝之宅 樹之以桑 百畝之田 勿奪其時 便是 問 動謂鼓舞之 曰 勞之來之 又從而振德之 振德 便是鼓舞 使之歡喜踊躍 遷善改過 而不自知 如書之俾予從欲以治 惟動丕應徯志 皆是動之斯和意思

물었다. 세운다는 것은 삶을 세우는 것을 말합니까? 주자가 답했다. '5무의 집에는 뽕나무를 심고 100무의 밭에 그 때를 빼앗지 않는다(『맹자』13,「진심상」 22장)'라는 것이 곧 이것이다. 물었다. '동'은 고무하는 것을 말합니까? 답했다. '위로하고 오게 하고, 또 이어서 덕을 진작시킨다(『맹자』5,「등문공」 4장)'라 할 때의 덕을 진작시키는 것이 곧 고무하는 것이다. 기뻐 춤추게 해 개과천선하게 하는데도 (백성) 스스로는 알지 못한다. 예컨대 『서경』의 '나로 하여금 원하는 바대로 다스려(「우서 대우모」 4장)'라는 것이나 '움직이면 크게 응해 (명령이 있기를) 기다리듯이 한다(「우서 익직」 2장)'라는 것이 모두 '움직이게 하면 이에 화합한다'는 뜻이다.

○此 言德盛仁熟 本領深厚 纔做出 便是恁地

이는 '덕이 성하고 인이 무르익고 본령[마음의 근본으로 삼는 원리]이 깊고 두터워 (어떤 일이든) 하기만 하면 곧 그러하다'라는 말이다.

○生榮死哀 子貢 言夫子得邦家時 其效如此 范氏所謂 生則天下歌誦 死則如喪考妣者 是也歟

'사심에 영광스럽게 여기고 돌아가심에 슬퍼한다'는 것은 자공이 공자께서 나라를 얻으셨을 때의 효과가 이러함을 말한 것이다. 범씨가 말한 '살아계시면 천하가 노래하고 돌아가시면 부모를 잃은 것처럼 한다'라는 것이 이것이리라.

○南軒張氏曰 立之斯立 道之斯行 綏之斯來 動之斯和者 不疾而速 不行而至 惟天下至神 感無不通也

남헌 장씨가 말했다. '세우면 이에 서고, 이끌면 이에 따르고, 편안하게 하면 이에 오고, 움직이게 하면 이에 화합한다'는 것은 서두르지 않아도 빠르고 가지 않아도 이르는 것이니, 진정 천하의 지극한 신묘함이 감응해 통하지 않음이 없는 것이다.

○勉齋黃氏曰 立之 謂制其田里 道 謂道之以德 綏 謂撫安之 立之固也 動 謂鼓舞之 道之深也 立之 道之 綏之 動之 皆 聖人政化之施 斯立 斯行 斯來 斯和 皆 天下感動之速 或曰 子貢知 足以知聖人 今乃不言其德 而稱其得邦家之效 何也 曰 天之德 不可形容 卽其生物而見其造化之妙 聖人之德 不可形容 卽其感人而見其神化之速 天下之理 實大 則聲宏 本深 則末茂 感動之淺深遲速 未有不視其德之所至者 聖人 道全德備 高明博厚 則其感於物者 如此 因其感於物 以反觀聖人之德 豈不曉然而易見哉

면재 황씨가 말했다. 세운다는 것은 토지제도를 제정하는 것을 말한다. '도(이끎)'는 덕으로 이끄는 것을 말한다. '수'는 어루만져 편안하게 하는 것이니 굳건히 세우는 것이다. '동'은 고무하는 것이니 깊이 이끄는 것이다. 세우고, 이끌고, 편안하게 하고, 움직이게 한다는 것은 모두 성인께서 정치와 교화를 베푸시는 것을 말한다. 이에 서고, 이에 따르고, 이에 오고, 이에 화합한다는 것은 모두 천하가 속히 감응하는 것을 말한다. 혹자가 물었다. 자공의 앎은 성인을 알기에 충분한데 지금 그 덕은 말하지 않고 나라를 얻었을 때의 효과를 칭송하는 것은 왜입니까? 답했다. 하늘의 덕은 형용할 수 없고, (다만) 사물을 살리는 것을 보고(근거로 해서) 그 조화의 오묘함을 안다. 성인의 덕은 형용할 수 없고, 사람을 감응시키는 것을 보고 신묘한 조화의 빠름을 안다. 천하의 이치에, 실체가 크면 소리가 우렁차고, 근본이 깊으면 말단이 무성하다. 감동의 깊고 얕음, 빠르고 느림은 그 덕이 도달한 바를 보여주지 않는 경우가 없다. 성인께서는 도가 완전하고 덕이 갖추어져 높고 밝고 넓고 두터우니, 사물에 감동을 주는 것이 이와 같다. 사물에 감동을 주는 것을 근거로 해서 거꾸로(역순으로) 성인의 덕을 살펴보면 어찌 환해서 쉬 보이지 않겠는가.

○厚齋馮氏曰 聖門諸子 平日單辭數語形容夫子 平澹涵蓄 莫窺其際 唯孟子所引 宰我子貢有若之推尊夫子 與此子貢三章之言 蓋 激於世之不知者 乃始極口稱之 而夫子之得邦家 尤見其神化之妙也

후재 풍씨가 말했다. 성인 문하의 여러 제자들이 평소에 한두 마디로 공자를 묘사한 것은 평담하고(맛이 없고) 함축적이어서(모호해서) 아무도 그 실제를 엿보지 못했다. 오직 맹자가 인용한 재아와 자공과 유약의 공자를 추존한 말과 자공의 이 세 장의 말이 대개 세상의 무지한 자들에 격동되어(자극을 받아) 비로소 극구 칭송한 것인데, (이 장의 말인) 공자께서 나라를 얻으시는 경우는 그 신비한 조화의 오묘함을 더욱 잘 보여준다.

○雲峯胡氏曰 此章集註 當與首篇子禽問於子貢 通看 前 謂聖人過化存神之妙 未易窺測 此 則引程子曰 聖人神化 上下與天地同流 然則聖人過化存神之妙 子貢 於是 始知之矣 前 引謝氏曰 子貢 亦可謂善觀聖人矣 亦可謂善言德行矣 今 引謝氏曰 觀子貢 稱聖人語 乃知晚年進德 蓋 極於高遠也 然則 前 不過謂子貢 亦善觀聖人 今 則可謂眞知聖人矣 讀集註者 當看其前後相應處 便可見晚年進德處 且子禽之問 凡三 始 則疑夫子求聞政 次 疑夫子之私其子 今 則疑子貢賢於夫子 所見者 每降益下 此篇子貢之稱夫子 亦三 始 則喩之以數仞之牆 次 則喩之以日月 今 則喩之以天之不可階而升 其所見 每進而益高 若以爲皆孔子弟子也 其所見 抑何霄壤之邈如是哉 其死也哀 而子貢哀慕之心 倍於父母 至廬墓者 凡六年之久 則其晚年所得於夫子者 蓋 益深矣

운봉 호씨가 말했다. 이 장의 집주는 마땅히 첫 편(「학이」편)의 〈자금문어자공〉장(10장)과 함께 보아야 한다. 앞(1.10의 집주)에서는 '성인의 지나가시면 교화됨과 마음 두심의 신비로움의 신묘함은 쉽게 엿볼 수 없다'라 했고, 이 장에서는 정자의 '성인의 신비한 조화는 아래위로 천지와 함께 흐른다'라는 말을 인용했다. 그러니 '성인의 지나가시면 교화됨과 마음 두심의 신비로움'에 대해 자공은 이때에 비로소 알게 된 것이다. 앞에서는 사씨의 '자공은 또한 성인을 잘 살펴보았다고 할 수 있고, 또한 덕행을 잘 말했다고 할 수 있다'라는 말을 인용했고, 지금은 사씨의 '자공이 성인을 칭송하는 말을 보면 곧 만년에 덕이 진보해 대개 높고 먼 것을 다했음을 알 수 있다'라는 말을 인용했다. 그러니 앞에서는 다만 '자공이 또한 성인을 잘 살펴보았다'고 말한 것에 불과하지만 지금은 '진정 성인을 안다'고 말할 수 있다는 것이다. 집주를 읽는 자는 마땅히 앞뒤의 상응하는 곳을 보아야 한다. (그래야) 곧 만년에 (자공의) 덕이 진보한 점을 알 수 있다. 또 자금의 질문은 세 번인데, 처음에는 공자께서 정치에 관해 듣기를 구하시는지 의심했고, 다음에는 공자께서 자신의 아들에게 사사로이 하시는지 의심했고, 지금은 자공이 공자보다 현명한 것이 아닌지 의심했으니, 소견이 매번 내려가 더욱 낮아졌다. 이 편에서 자공이 공자를 칭송한 것 또한 셋인데, 처음에는 몇 길의 담장에 비유했고, 다음에는 일월에 비유했고, 지금은 '하늘을 계단으로 오를 수 없음'에 비유했으니, 그 소견은 매번 진보해 더욱 높아졌다. 비록 모두 공자의 제자라 하지만, 그 소견이 어찌 이처럼 천양지차가 있는가. '그 죽음에 슬퍼한다'라 했듯이, (공자의 죽음에) 자공의 슬피 사모하는 마음은 부모의 죽음보다 배나 되어 여묘살이를 모두 6년이라는 긴 기간을 했으니, 만년에 공자로부터 얻은 것이 대개 더욱 깊었던 것이리라.

○新安陳氏曰 此章 前言 夫子之不可及 以其德之化不可爲者言也 夫子 不幸而不得時不得位 故 其德之化 雖妙於吾身 而其神化之用 不見於天下 使得時得位 則其神化之功 眞有與天地同流者 終言 如之何其可及 以其神化之不可測者言也 夫子之道 猶天然 天 固有目者所共覩 天之所以爲天 則非知天者 不能知也 必子貢之知 始足以知此 彼陳亢者 其不足以及此 宜哉

신안 진씨가 말했다. 이 장에서, 앞에서 '선생님께 미칠 수 없다'라 한 것은 그 (공자의) 덕의 조화(造化)는 (다른 사람으로서는) 할 수 없는 것이라는 점을 말한 것이다. 공자께서는 불행히 때를 얻지 못하고 지위를 얻지 못하셨던 까닭에 그 덕의 조화는 비록 자신의 몸에서는 오묘하게 이루어졌지만 그 신비로운 조화의 작용이 천하에 드러나지는 못했다. 만약 때를 얻고 지위를 얻으셨다면 신비로운 조화의 효과는 진정 '천지와 더불어 함께 흐름'이 있었을 것이다. 끝에서 '어찌 미칠 수 있겠는가'라 한 것은 그 신비로운 조화가 헤아릴 수 없는 것이라는 점을 말한 것이다. 공자의 도는 하늘과 같은 것으로, 하늘은 본디 눈 가진 자는 다 같이 볼 수 있는 것이지만 하늘이 하늘이 되는 이유는 하늘을 아는 자가 아니면 알 수 없으니, 자공의 앎이 비로소 이를 알기에 족하게 되었음에 틀림없다. 저 진항(자금)이라는 자가 이에 미치기에 부족한 것은 당연하도다.

堯曰第二十

【집주】

凡三章

모두 3장이다.

20.1-1　堯曰 咨爾舜 天之曆數 在爾躬 允執厥中 四海困窮 天祿永終

요임금이 말했다. 아아 너 순이여, 하늘의 운수는 너의 몸에 있으니 참으로 그 중정함을 잡아라. 사해(온 세상)가 곤궁하면 하늘의 녹이 영원히 끊길 것이다.

【집주】

此 堯命舜而禪時戰反以帝位之辭 咨 嗟歎聲 曆數 帝王相繼之次第 猶歲時氣節之先後也 允 信也 中者 無過不及之名 四海之人 困窮 則君祿 亦永絶矣 戒之也

이는 요임금이 순에게 명해 제위를 선양할 때 한 말이다. '자'는 차탄하는 소리이다. '역수'는 제왕이 서로 이어가는 순서이니 세시 계절의 선후(가 이어지는 것)와 같다. '윤'은 '참으로'이다. '중'이란 지나침이나 모자람이 없음을 뜻하는 이름(개념)이다. 사해의 사람들이 곤궁하면 임금의 녹 또한 영원히 끊어질 것임을 경계했다.

【세주】

朱子曰 帝王相承 其次第之數 若歷之歲月日時 亦有先後之序 然 聖人 所以知其序之屬於此人 亦以其人之德知之 非若讖緯之說 姓名見於圖籙而爲言也 聖賢言中 有二義 大本云者 喜怒哀樂未發之時之理 其氣象 如此也 時中云者 理之在事而無過不及之地也 此曰 允執其中 蓋 以其在事者而言 若天下之大本 則不可得而執矣 且聖人之道 時行時止 夫豈專以塊然不動者爲是 而守之哉

주자가 말했다. 제왕이 서로 이어감에, 그 순서의 운수는 마치 일력의 세월일시가 또한 선후의 순서가 있는 것과 마찬가지이다. 그러나 성인께서 그 순서가 이 사람에게 속한다는 것을 아시게 되는 것은 또한 그 사람의 덕 때문에 알게 되는 것이지, 참위(예언)의 설처럼 성명이 도록(예언을 게시하는 글이나 그림 따위)에 나타난 것을 가지고 말하는 것이 아니다. 성현께서 말씀하신 '중'에는 두 뜻이 있다. 큰 근본이라 하는 것(큰 근본이라는 의미에서의 중)은 희로애락이 아직 발현되지 않은 때의 '이'로서 그 기상이 이와 같다. '시중(때에 맞는다는 의미에서의 중)'이라 하는 것은 '이'가 일에 있는 것으로서 지나침도 모자람도 없는 경지이다. 여기서는 '참으로 그 중(중정함)을 잡아라'라 했으니, 대개 일에 있는 것을 가지고 말한 것이다. 만약 천하의 큰 근본(이라는 의미에서의 중)이라면 잡을 수 없는 것이다. 또 성인의 도는 때로는 행해지고 때로는 그치니, 무릇 어찌 오로지 흙덩이처럼 움직이지 않는 것을 이것[중]이라 여기고 지키겠는가[그런 의미에서의 중에 대해서는 '윤집기중'이라 할 수 없다. 따라서 '윤집기중'에서의 중은 대본으로서의 중이 아니라 일에 있어서의 중, 즉 시중의 중이다].

○伊川云 允執其中 中 怎麽執得 識得 則事事物物上 皆天然有箇中在那上 不待人安排 安排著 則不中矣

(주자가 말했다.) 이천이 말하기를 "'윤집기중'이라 할 때의 '중'은 어떻게 잡을 수 있는가? 깨달으면 사사물물(모든 사물)에 모두 마치 하늘처럼 어떤 '중'이 그 위에 있으니 사람이 이리저리 꿰맞출 필요가 없다. 꿰맞추면 맞지 않는다"라 했다.

○南軒張氏曰 以其德當天心 故 知天之歷數在其躬 允執其中 事事物物 皆有中 天理之所存也 惟其心 無依倚 則能執其中而不失 此 所謂時中也 君之所爲安榮者 以民故也 天之視聽 自我民視聽 若四海困窮 則天祿 亦永終矣 聖人之相授 凡以天人之際而已

남헌 장씨가 말했다. 그 덕이 천심에 합당하기 때문에 하늘의 운수가 그의 몸에 있다는 것을 안다. '윤집기중'은 (다음과 같은 의미이다.) 사사물물에 모두 '중'이 있으니 천리가 보존된 것이다. 진정 그 마음이 치우침이 없으면 능히 그 '중'을 잡아 잃지 않을 수 있다. 이것이 소위 '시중(때에 맞는 적의함)'이다. 임금이 편안하고 번영하는 것은 백성 때문이다. 하늘이 보고 듣는 것은 내 백성이 보고 듣는 것으로부터이다(『서경』, 「주서 태서 중」 2장). 만약 사해가 곤궁하면 하늘의 녹은 또한 영구히 끊어진다. 성인이 서로 (제위를) 주고받는 것은 모두 하늘과 사람의 관계(하늘이 백성의 생각을 알고 그 합당한 사람에게 명을 내리는 관계)에 의해서일 뿐이다.

○雙峯饒氏曰 或以守字解執字 守與執 不同 執 是執其要 事事物物 各自有中 凡擧一物 便要執定那要處 如執扇 須執柄相似 如擇乎中庸 而不能朞月守 方是守 便易得死殺了 執者 隨事隨物而執其中 不死殺

쌍봉 요씨가 말했다. 혹자는 '수(지키다)' 자로 '집(잡다)' 자를 해석하는데, 수와 집은 같지 않다. 집은 그 핵심을 잡는 것이다. 모든 사물은 각각 그 '중'이 있으니 무릇 하나의 물건을 들 때 그 핵심이 되는 곳을 꽉 잡아야 한다. 예컨대 부채를 잡을 때, 반드시 그 자루를 잡아야 하는 것과 비슷하다. '택호중용이불능기월수(중용을 채택하지만 한 달을 지키지 못한다,『중용』7장)'라 할 때가 비로소 '수(지키다)'로서, 곧 쉽게 고정되어버린다(융통성이 없다, 불활성이다). '집'이란 사물에 따라 그 중(중정함)을 잡는 것이니 고정되지 않는다.

○新安倪氏曰 按執云者 非執一定之理 蓋 於事物上 酌其中 而執以用之 中庸謂 舜用其中 卽用其所執之中也

신안 예씨가 말했다. 살피건대, '집'이라 한 것은 일정한(고정된) 이치를 잡는 것이 아니다. 대개 사물에 있어서 그 가운데를 참작해 잡아서 쓰는 것이다. 『중용』에서 '순임금은 그 중을 썼다'라 한 것은 곧 그 잡은 바의 가운데를 썼다는 것이다.

20.1-2 舜 亦以命禹

순임금 또한 우에게 이(이 말)로써 명했다.

【집주】

舜 後遜位於禹 亦以此辭命之 今見形甸反於虞書大禹謨 比此加詳

순임금은 나중에 우에게 제위를 양보하면서 또한 이 말로써 명했다. 지금(『서경』)「우서 대우모」에 보이는데, 이(이 장의 글)에 비해서는 더 상세하다.

【세주】

朱子曰 中 只是箇恰好的道理 允 是眞箇執得 堯當時告舜 只說這一句 後來 舜告禹 又添得人心惟危 道心惟微 惟精惟一 三句 說得又較仔細 這三句 是允執厥中以前事 是舜教禹做工夫處 人心惟危 道心惟微 須是惟精惟一 方能允執厥中 堯當時告舜 只說一句 舜 已曉得那箇了 所以 不復更說 舜告禹時 便是怕禹尙未曉得 故 恁地說 論語後面說 謹權量 審法度 修廢官 擧逸民之類 皆是恰好當做底事 這 便是堯舜禹湯文武治天下 只是這箇道理 聖門所說 也只是這箇 雖是隨他所聞所記 說得不同 然 却只是一箇道理 如屋相似 進來處 雖不同 入到裏面 只是共這箇屋 大槩 此篇所載 便是堯舜禹湯文武相傳治天下之法 雖其纖悉不止此 然 大要 却不出此 大要 於此可見

주자가 말했다. '중'이란 다만 꼭 맞는 도리일 뿐이고, '윤'이란 진짜로 잡은 것이다. 요임금이 당시에 순에게 고할 때는 단지 이 한 구절을 말했을 뿐이지만, 나중에 순임금이 우에게 고할 때는 또 '인심유위(인심은 위태롭고) 도심유미(도심은 은밀하니) 유정유일(오로지 정밀하고 전일하게 하라)'의 세 구절을 더했으니, 또 보다 자세하게 말했다. 이 세 구절은 '윤집궐중'하기 이전의 일이니 순임금이 우에게 공부하게 한 곳이다. 인심은 위태롭고 도심은 은밀하니 모름지기 정밀하고 전일하게 해야 비로소 '윤집궐중'할 수 있다. 요임금이 당시에 순에게 고할 때는 다만 한 구절만 말했는데, 순이 이미 그것을 깨달았기 때문에 다시 더 말하지 않은 것이고, 순임금이 우에게 고할 때는 곧 우가 아직 깨닫지 못했을까 우려한 까닭에 그렇게 말한 것이다. 『논어』(이 장의) 뒷부분에서 말한 '근권량(도량형을 삼감) 심법도(법도를 살핌) 수폐관(해이해진 관제를 손봄) 거일민(일민을 등용함)' 같은 것은 모두 (도리에) 꼭 맞아 마땅히 해야 하는 일이다. 이는 곧 요순우탕문무가 천하를 다스린 것이 다만 이 도리일 뿐이라는 것이고, 또 성인 문하에서 논설하는 것 또한 단지 이것일 뿐이다. 비록 그들이 들은 것과 기록한 것에 따라 말이 각각 다르지만, 그러나 단지 하나의 도리일 뿐이다. 예컨대 집과 비슷하게, 들어가는 곳은 비록 다르지만, 안으로 들어가면 다만 이 집을 함께하는 것과 마찬가지이다. 대개 이 편에 실린 것은 곧 요순우탕문무가 서로 전한 천하를 다스리는 법이다. 비록 그 자세한 것은 이에 그치지 않지만 그러나 그 대요는 이를 벗어나지 않으니, 대요는 여기서 볼 수 있다.

○雲峯胡氏曰 天下之大 運之在心 此心之用 稍有過不及 卽非中矣 非中 則四海將至困窮 而天祿 亦永終矣 授命之際 天祿 方於此乎始也 而卽以永終言之 爲戒深矣

운봉 호씨가 말했다. 천하는 크지만 그 운행은 마음에 있으니 이 마음을 쓰는 것이 조금이라도 지나치거나 모자라는 것이 있으면 곧 '중'이 아니다. 중이 아니면 사해는 장차 곤궁에 이르고 하늘의 녹 또한 영원히 끊긴다. 명을 받을 때 하늘의 녹이 비로소 이에 시작되는 것인데, 곧(명을 받는 그 순간) '영원히 끊긴다'라고 말했으니 깊이 경계한 것이다.

○新安陳氏曰 天祿永終 與天之歷數在爾躬 相照應 允執其中 告以保天祿之本也 四海困窮 不能允執其中之驗 所以致天祿之永終也 舜之授禹 謹述此四句 不易一字 但辭加詳 而理益明 意益盡耳 舜之授禹 具載於書 堯之授舜 微弟子記之於此 則三聖人 以一中相授受之淵源 其孰從而知之哉

신안 진씨가 말했다. 하늘의 녹이 영원히 끊긴다는 것과 하늘의 운수가 너의 몸에 있다는 것은 서로 조응된다. '윤집기중(참으로 그 중정함을 잡아라)'이라는 것은 하늘의 녹을 보전하는 근본을 알려준 것이다. 사해가 곤궁한 것은 '윤집기중'하지 못한 증거이고 하늘의 녹이 영원히 끊기게 되는 이유이다. 순임금이 우에게 (제위를) 주면서 삼가 이 네 구절을 진술해 한 글자도 바꾸지 않고 다만 말을 더 자세하게 했으니, 이치는 더욱 명확해지고 뜻은 더욱 다하게 되었을 뿐이다. 순임금이 우에게 준 일은 『서경』에 다 실려 있지만, 요임금이 순에게 준 일을 제자가 여기에 기록하지 않았다면 세 성인이 하나의 '중'으로 서로 주고받은 연원을 무엇을 통해 알 수 있었겠는가?

20.1-3 曰 予小子履 敢用玄牡 敢昭告于皇皇后帝 有罪不敢赦 帝臣不蔽 簡在帝心 朕躬有罪 無以萬方 萬方有罪 罪在朕躬

(탕임금이) 말했다. 나 소자 이는 감히 검은 수소를 바쳐 감히 황황후제(높으신 하느님)께 아뢰노라. (걸에게) 죄가 있으니 감히 (내 마음대로) 용서할 수 없고, 하느님의 신하들(의 선)을 (내 마음대로) 가릴 수 없으니, 살펴보는 것은 하느님의 마음에 달렸다. 내 몸에 죄 있는 것은 만방(온 백성) 때문이 아니고, 만방에 죄 있는 것은 죄가 내 몸에 있는 것이다(나의 책임이다).

【집주】
此 引商書湯誥之辭 蓋 湯 旣放桀而告諸侯也 與書文 大同小異 曰上 當有湯字 履 蓋 湯名

이는 (『서경』) 「상서 탕고」의 말을 인용한 것이다. 대개 탕임금이 이미 걸을 내친 후 제후들에게 고한 것이다. 『서경』의 글과는 대동소이하다. '왈' 자 위에 마땅히 '탕' 자가 있어야 한다. '이'는 대개 탕임금의 이름이다.

【세주】
疏世本云 湯名 天乙 孔安國云 至爲王 改名履

소의(『상서정의』의 소에 인용된) 『세본』에는 탕의 이름이 천을이라 했고, 공안국은 왕이 되어서 이름을 이로 바꾸었다고 했다.

【집주】
用玄牡 夏尙黑 未變其禮也

검은 수소를 쓴 것은 하나라가 검은 색을 숭상했기 때문으로, 그(하나라의) 예를 아직 바꾸지 않은 것이다.

【세주】
記 檀弓上 夏后氏 尙黑 大事斂用昏 _{大事 謂喪事} 戎事乘驪 _{戎 兵也 馬黑色 曰驪} 牲用玄 殷人 尙白 大事斂用日中 戎事乘翰 牲用白 _{翰 白色馬也} 周人 尙赤 大事斂用日出 戎事乘騵 牲用騂

『예기』, 「단궁 상」에 다음과 같이 나와 있다. 하후씨는 검은 색을 숭상해 대사(상사) 때 염은 저녁에 했고, 〈대사는 상사를 말한다.〉 전쟁의 일에는 검은 말을 탔고, 〈'융'은 군대이다. 말이 검은 색이면 '여라 한다.〉 희생에는 검은 소를 썼다. 은나라 사람들은 흰색을 숭상해 대사 때 염은 한낮에 했고, 전쟁의 일에는 흰 말을 탔고, 희생에는 흰 소를 썼다. 〈'한'은 흰 색 말이다.〉 주나라 사람들은 붉은 색을 숭상해 대사 때 염은 해가 뜰 때 했고, 전쟁의 일에는 붉은 말을 탔고, 희생에는 붉은 소를 썼다.

【집주】
簡 閱也 言桀有罪 己不敢赦 而天下賢人 皆上帝之臣 己不敢蔽 簡在帝心 惟帝所命 此 述其初請命而伐桀之詞也 又言君有罪 非民所致 民有罪 實君所爲 見其厚於責己 薄於責人之意 此 其告諸侯之辭也

'간'은 검열하는 것이다. '걸이 죄가 있으니 자신이 감히 용서할 수 없고, 천하의 현인은 모두 하느님의 신하이니 자신이 감히 (그 어짊을) 가릴 수 없다. 살펴보는 것은 하느님 마음에 달렸으니 오직 하느님이 명하는 대로 하겠다'라는 말이니, 이는 처음에 (천)명을 청해 걸을 정벌할 때의 말을 기술한 것이다.

또 '임금이 죄 있는 것은 백성이 불러들인 것(백성 때문에 초래된 것)이 아니고(임금 탓이고), 백성이 죄 있는 것은 실로 임금의 소행(탓)이다'라 했으니 자신을 책하는 것은 후하고 남을 책하는 것은 박하게 하는 뜻이 드러난다. 이는 제후들에게 알린 말이다.

【세주】
朱子曰 簡 閱也 善與罪 天 皆知之 如天點檢數過 爾之有善 也在帝心 我之有惡 也在帝心

주자가 말했다. '간'은 검열하는 것이다. 잘한 것과 죄지은 것을 하늘은 모두 알고 있다. 마치 하늘이 여러 차례 점검하는 것처럼, 네가 잘한 일이 있어도 하느님 마음에 (알고) 있고, 내가 악한 일이 있어도 하느님 마음에 (알고) 있다.

○南軒張氏曰 有罪不敢赦 謂桀得罪於天 不敢稽天命而不討 然 凡天下之人 莫非帝之臣 其善惡 不可蔽也 則何敢專 顧帝所眷命何如耳 己有罪 則不敢以及萬方 萬方有罪 則歸之於己 此 其自列以聽天命之辭 公天下之心 如此 然則其有天下也 亦何與於己哉

남헌 장씨가 말했다. '죄가 있어 감히 용서할 수 없다'는 말은 '걸이 하늘에 죄를 얻었으니 감히 천명을 살펴 토벌하지 않을 수 없다'는 말이다. 그러나 천하의 모든 사람들은 하느님의 신하가 아닌 자가 없으니 그 선악은 가릴 수 없다. 그러니 어찌 감히 마음대로 하리오. 다만 하느님이 돌보시는 명이 어떠한지를 살필 뿐이다. 자신에게 죄가 있으면 감히 (그 탓을) 만방에 미치지 않고, 만방이 죄가 있으면 자신에게 돌린다. 이는 스스로 고백해 천명을 듣겠다는 말이다. 천하를 공적으로 대하는 마음이 이와 같으니 천하를 소유하는 것이 또한 어찌 자신(의 의사)과 상관있으랴.

○雙峯饒氏曰 湯 述其告天之辭 以告諸侯

쌍봉 요씨가 말했다. 탕임금은 하늘에 고하는 말을 진술해 제후들에게 고했다.

20.1-4　周有大賚 善人是富 賚來代反

주나라가 크게 베푸니, 선한 사람이 이에 부유하게 되었다.

【집주】

此以下 述武王事 賚 予也 予通作與 武王克商 大賚于四海 見形甸反 周書武成篇 此 言其所富者 皆善人也 詩序云 賚 所以錫予善人

이 이하는 무왕의 일을 기술한 것이다. '뇌'는 주는 것이다. (〈여(予)〉는 보통 '여(與)'로 쓴다.) 무왕이 상을 이기고 사해에 크게 베푼 일은 (『서경』)「주서 무성」편에 나온다. 이는 부유하게 된 자는 모두 선한 사람이라는 말이다. 『(모)시서』에 말하기를 '뇌란 선한 사람에게 하사하는 것이다'라 했는데,

【세주】

詩 周頌 賚 大封於廟也 賚 予也 言所以錫予善人也

(이 시는) 『시경』,「주송」(〈민여소자〉편)으로, (『모시서』에는 이에 대해 다음과 같이 나와 있다.) '뇌'는 종묘에서 크게 봉하는 것이다. '뇌'는 주는 것이니, 선인에게 하사하는 것을 말한다.

【집주】

蓋 本於此

대개 이를 본받은 것이다.

【세주】

雙峯饒氏曰 紂 爲天下逋逃主 所用 皆是惡人 故 武王 伐商之初 便把善人是富 做箇打頭第一件事 大賚 是錫予普及四海 其中善人 則錫予 又自加厚 洪範曰 凡厥正人 旣富方穀 正人 旣得其富 則其爲善也篤 故 不容以泛然錫賚施之也

쌍봉 요씨가 말했다. 주는 천하의 도망자들의 주인이 되었고(『서경』,「주서 무성」), 쓴 사람도 모두 악인이었다. 그런 까닭에 무왕이 상을 정벌한 초기에 선인을 부유하게 하는 것을 제일 먼저 해야 할 일로 삼았다. '대뢰(크게 베품)'는 하사해 널리 사해에 미치는 것이고, 그중에서 선인에게는 하사함을 또 보다 더욱 두텁게 했다. 「홍범」에 말하기를 "무릇 저 바른 사람을 이미 부유하게 하고서야 비로소 길하다"라 했으니, 바른 사람이 이미 그 부를 얻으면 그 선을 행하는 것도 독실해진다. 그런 까닭에 범연히(아무런 구별 없이) 하사를 시행해서는 안 되는 것이다.

20.1-5 雖有周親 不如仁人 百姓有過 在予一人

(주가) 비록 지친이 있은들 (주 왕실의) 인인만 못하다. 백성에 허물이 있는 것은 나 한 사람에게 (그 탓이) 있다.

【집주】

此 周書 泰誓之辭 孔氏曰 孔氏 名安國 西漢 曲阜人 周 至也 言紂至親 雖多 不如周家之多仁人

이는 (『서경』)「주서 태서(중)」의 말이다. 공씨〈공씨는 이름은 안국이고 서한 시대 곡부 사람이다.〉가 말하기를 "'주'는 '지(지극한, 극히 가까운)'이다. 주가 비록 지친이 많지만 주 왕실의 인인 많음만 못하다는 말이다"라 했다.

【세주】

問 雖有周親 註 紂之至親雖多 他 衆叛親離 那裏有至親 朱子曰 紂之至親 豈不多 唯其衆叛親離 所以 不濟事 故 書謂 紂 有億兆夷人 離心離德 是也

물었다. '비록 지친이 있으나'라는 구절의 주에 '주가 비록 지친이 많지만'이라 했습니다. 그는 뭇사람이 배반하고 친족이 떠났으니 어디에 지친이 있었겠습니까? 주자가 답했다. 주의 지친이 어찌 많지 않으랴? 다만 뭇사람이 배반하고 친족이 떠난 까닭에 일을 해결하지 못했다. 그러므로 『서경』(「주서 태서 중」)에서 "주는 억조의 오랑캐 사람을 가졌으나 마음이 떠나고 덕이 떠났다"라 한 것이 그것이다.

○ 南軒張氏曰 周有大賚 惟善人之是富 雖有周至親 不如仁賢 如周公 雖至親 亦以尊賢之義爲重也 百姓有過 在予一人 是武王公天下之心 與成湯 無以異也 此所載帝王之事 孔子之所常言 門人 列於末章 所以見前聖後聖之心 若合符節 其不得時位而在下 則夫子之道 其得時位而在上 則帝王之業

남헌 장씨가 말했다. 주나라가 크게 베풀었지만 오직 선인만이 부유해졌고, 비록 주나라에 지친이 있지만 인자나 현자만 못하니, 예컨대 주공은 비록 (주 왕실의) 지친이지만 또한 '현자를 존숭하는 의리'를 중히 여겼다. '백성에 허물이 있는 것은 나 한 사람에게 (그 탓이) 있다'라는 것은 무왕의 '천하를 공적으로 대하는 마음'이니 탕임금과 다를 것이 없다. 여기 실린 제왕의 일은 공자께서 항상 하시던 말씀으로서, 문인들이 끝 장에 배치함으로써 앞의 성인과 뒤의 성인의 마음이 마치 부절처럼 들어맞는다는 것을 보이려 한 것이다. 때와 지위를 얻지 못해 아래에 있으면 공자의 도가 되고, 때와 지위를 얻어 위에 있으면 제왕의 사업이 된다.

○ 厚齋馮氏曰 微子去之 箕子爲之奴 比干諫而死 雖紂至親 不獲用也 予小子 旣獲仁人 祇承上帝 蓋 武王 有亂臣十人 皆爲用也 奉天討罪 以罪己爲本 故曰 禹湯罪己 其興也勃焉

후재 풍씨가 말했다. 미자는 떠나고, 기자는 노예가 되고, 비간은 간하다가 죽었으니 비록 (이들이) 주의 지친이지만 쓰이지 못한 것이다. '나 소자는 이미 인인을 얻어 상제의 뜻을 받든다(『서경』, 「주서 무성」)'라 했고, 대개 '무왕은 다스리는 신하 10인이 있다(『논어』8, 「태백」 20장)'라 했으니, 모두 (인자나 현자가) 쓰인 것이다. 하늘을 받들어 죄를 성토하고 자신에게 죄를 돌리는 것을 근본으로 삼았다. 그런 까닭에 '우와 탕은 자신에게 죄를 돌렸으니 그 일어남은 왕성했다(『춘추좌씨전』, 장공11년 추)'라 했다.

20.1-6　謹權量 審法度 修廢官 四方之政 行焉

도량형을 삼가고 법도를 살피고 해이해진 관제를 손보니, 사방의 정치가 (제대로) 행해졌다.

【집주】

權 稱去聲錘直垂反也 量去聲 斗斛也

'권'은 천칭의 추이다. '양'은 말과 휘(됫박)이다.

【세주】

古註 引漢律歷志云 權者 銖兩斤鈞石也 所以稱物平施 知輕重也 本起黃鍾之重 一龠 容千二百黍 重十二銖 兩之爲兩 二十四銖爲兩 十六兩爲斤 三十斤爲鈞 四鈞爲石 五權謹矣 量者 龠合升斗斛也 所以量多少也 本起於黃鍾之龠 用度數審其容 以子穀秬黍中者 千有二百實其龠 合龠爲合 十合爲升 十升爲斗 十斗爲斛 五量嘉矣 又云 度者 分寸尺丈引也 所以度長短也 本起黃鍾之長 以子穀秬黍中者 一黍之廣爲一分 十分爲寸 十寸爲尺 十尺爲丈 十丈爲引 而五度審矣 而此不言度者 從可知也

고주에 『한서』, 「율력지」를 인용해 다음과 같이 말했다. '권'이란 수 양 근 균 석이니 물건을 달아 균등하게 해 가볍고 무거움(무게)을 알게 하는 것이다. 기본(가장 작은 기본 단위)은 황종의 무게에서 시작된다. 1약은 1,200서(기장 1,200알)를 용납하니 무게는 12수이다. (그것을) 두 배 하면 양이 되니, 24수가 1량이 된다. 16량이 1근이 되고, 30근이 1균이 되고, 4균이 1석이 된다. (이렇게 하면) 5권이 신중하다. '양'이란 약 합 승 두 곡이니 많고 적음(부피)을 재는 것이다. 기본은 황종의 약(용량)에서 시작되는데, 숫자를 세어 그 용량을 따져보면 알곡 거서(기장) 중간 것을 기준으로 1,200개가 1약을 채운다. 약을 합하면(2약이) 1합이 된다. 10합이 1승이 되고 10승이 1두가 되고 10두가 1곡이 된다. (이렇게 하면) 5량이 아름답다. 또 말했다. '도'란 분 촌 척 장인이니 길고 짧음(길이)을 재는 것이다. 기본은 황종의 길이에서 시작된다. 알곡 거서 중간 것을 기준으로 기장 한 알의 넓이를 1분으로 하고, 10분이 1촌이 되고, 10촌이 1척이 되고, 10척이 1장이 되고, 10장이 1인이 된다. (이렇게 하면) 5도가 정밀하다. 여기서 '도'를 말하지 않은 것은 따라서 알 수 있기 때문이다.

【집주】
法度 禮樂制度 皆是也

'법도'란 예악제도가 모두 해당된다.

20.1-7　興滅國 繼絶世 擧逸民 天下之民 歸心焉
　　　　망한 나라를 일으키고 끊어진 계통을 잇고 일민(버려져 지위가 없는 사람들)을 등용하니, 천하 백성의 마음이 돌아왔다.

【집주】
興滅 繼絶 謂封黃帝堯舜夏商之後 擧逸民 謂釋箕子之囚 復商容之位 三者 皆人心之所欲也

'망한 것을 일으킴'과 '끊어진 것을 이음'은 황제 요 순 하 상의 후예를 봉한 것을 말한다. '일민을 등용함'은 기자의 갇힌 것을 풀어주고 상용의 지위를 회복시킨 것을 말한다. 세 가지는 모두 인심이 바라던 것이었다.

【세주】
禮記 武王 克殷反商 未及下車 而封黃帝之後於薊 封帝堯之後於祝 封帝舜之後於陳 下車 而封夏后氏之後於杞 封殷之後於宋 封王子比干之墓 釋箕子之囚 使之行商容 而復其位 庶民弛政 庶士倍祿

『예기』(「악기」)에 다음과 같이 나와 있다. 무왕이 은나라를 이기고 상으로 돌아올 때, 채 마차에서 내리기도 전에 황제의 후예를 계에 봉하고, 요임금의 후예를 축에 봉하고, 순임금의 후예를 진에 봉하고, 마차에서 내려서는 하후씨의 후예를 기에 봉하고, 은의 후예를 송에 봉하고, 왕자 비간의 묘를 봉하고, 기자의 갇힌 것을 풀어주고, 사신을 상용에게 보내 그 지위를 회복시켰다. 여러 백성에게는 정치를 관대히 했고, 여러 무사들에게는 녹봉을 배로 했다.

○朱子曰 興滅國 繼絶世 擧逸民 此 聖人之大賞 兼弱攻昧 取亂侮亡 此 聖人之大罰

주자가 말했다. 망한 나라를 일으키고 끊어진 계통을 잇고 일민을 등용하는 것, 이는 성인의 큰 포상이다. 약한 나라를 병탄하고 어두운 나라를 공격하고 어지러운 나라를 빼앗고 망하는 나라를 침범하는 것(『서경』,「상서 중훼지고」), 이는 성인의 큰 징벌이다.

○雙峯饒氏曰 謹權量 是平其在官之權衡斗斛 使無過取於民 關石和鈞 王府則有 固是要通乎官民 然 民間權量 關係尙淺 最是官府與民交涉 便易得加增取盈 當今苗斛 皆然 當紂之時 必是取民過制 所以 武王 於此不容不謹 審法度 是審度可否 因革之宜 是底 因之 不是底 革之 卽此 便是審處 修廢官 亦只是因其見在之官 而廢者 從頭改去 興滅繼絶 只是一事 黃帝堯舜禹湯 皆有功德於民 合當他子孫有國 如何不繼其絶後 得逸民 是有德而隱者 亦合當敎他有祿 民心 皆欲得其如此 而我 則興之繼之擧之 此 其所以歸心

쌍봉 요씨가 말했다. 도량형을 삼가는 것은 관청에 있는 저울이나 자, 되 등을 공평하게 함으로써 백성에게 지나치게 걷지 않게 하는 것이다. '석을 통일하고 균을 통일해 왕부에 둔다(『서경』,「하서 오자지가」)'라 했으니, 본디 관과 민에서 (통일된 도량형으로) 통하게 해야 하는 것이다. 그러나 민간의 도량형은 관계(일의 중요성)가 오히려 약하고, 가장 중요한 것은 관청과 백성이 교섭할 때 (도량형을) 늘림으로써 많이 받아들이기 쉽다는 점에 있다. 오늘날의 곡식 되도 모두 마찬가지이니, 주 당시에는 틀림없이 백성에게 정해진 것보다 많이 받아들였을 것이다. 그런 까닭에 무왕은 이에 대해 삼가지 않을 수 없었다. 법도를 살피는 것은 이어받거나 개혁하는 것이 마땅한지 그 가부를 살펴 헤아리는 것이다. 옳은 것은 이어받고 옳지 않은 것은 개혁하는 것, 이것이 곧 살필 점이다. 해이해진 관제를 손본다는 것은 또한 다만 현재의 관제는 이어받고 해이해진 것은 원천서부터 개혁하는 것일 뿐이다. 망한 것을 일으키고 끊어진 것을 잇는 것은 단지 하나의 일일 뿐이다. 황제, 요, 순, 우, 탕은 모두 백성에게 공덕이 있어 그 자손이 나라를 가지는 것이 합당하니, 어찌 그 끊어진 후예를 잇지 않겠는가. 일민을 얻는 것이란 덕이 있으면서 숨어 있는 자 또한 그들로 하여금 녹을 받게 하는 것이 합당하다는 것이다. 민심이 모두 이러하기를 바라니, 나로서는 일으키고 잇고 등용하는 것, 이것이 민심을 돌아오게 하는 방법이다.

20.1-8 所重 民食喪祭

중시한 것은 백성의 식량, 상사, 제사였다.

【집주】

武成曰 重民五教 惟食喪祭

(『서경』) 「(주서) 무성」편에 "백성의 다섯 가르침과 식량 상사 제사를 중시한다"라 했다.

【세주】

節齋蔡氏曰 五教 君臣父子夫婦兄弟長幼 五典之教也 食以養生 喪以送死 祭以追遠 五教三事 所以立人紀 而厚風俗 聖人之所甚重焉者

절재 채씨가 말했다. 다섯 가르침이란 군신 부자 부부 형제 장유의 5전의 가르침이다. 식량으로 삶을 기르고, 상사로 죽은 이를 떠나보내고, 제사로 먼 (저승으로 간) 이를 추모한다. 다섯 가르침과 세 일은 사람의 기강을 세우고 풍속을 두터이 하는 것이니, 성인께서 매우 중시하신 것이다.

○雙峯饒氏曰 周有大賚以下 夫子 零碎收拾 或擧其辭 或述其事 湊成武王一段事實

쌍봉 요씨가 말했다. '주유대뢰' 이하는 공자께서 흩어지고 사라진 것들을 수습하시어 혹은 그 말을 들거나 혹은 그 일을 서술하시어 무왕에 관한 일단의 사실들을 모아놓으신 것이다.

20.1-9 寬則得衆 信則民任焉 敏則有功 公則說 說音悅

관대하면 무리를 얻고, 믿음이 있으면 백성이 맡기고, 민첩하면 성과가 있고, 공평무사하면 기뻐한다.

【집주】

此 於武王之事 無所見 恐或泛言帝王之道也

이는 무왕의 일에서는 나타나지 않는 것이다. 혹 제왕의 도를 일반적으로 말한 것이 아닌가 싶다.

【세주】

雲峯胡氏曰 帝王之道 不能外一中字 堯舜 以禪讓爲中 湯武 以征伐爲中 泛言之 則曰寬曰信曰敏曰公 約言之 曰中而已

운봉 호씨가 말했다. 제왕의 도는 '중(중정함)' 자 하나를 벗어날 수 없다. 요임금과 순임금은 선양을 중정한 것이라 여겼고, 탕임금과 무왕은 정벌을 중정한 것이라 여겼다. 넓게 말하면 관대함, 믿음 있음, 민첩함, 공평무사함이라 하고, 줄여 말하면 '중'이라 할 뿐이다.

○新安陳氏曰 寬者 柔之中 敏者 剛之中 信者 中之實 公者 中之體也

신안 진씨가 말했다. 관대함이란 중정한 부드러움이고, 민첩함이란 중정한 굳셈이고, 믿음 있음이란 중정함이 충실한 것이고, 공평무사함이란 중정함의 본체(본질)이다.

【집주】

○楊氏曰 論語之書 皆聖人微言 而其徒 傳守之 以明斯道者也 故 於終篇 具載堯舜咨命之言 湯武誓師之意 與夫施諸政事者 以明聖 學之所傳者 一於是而已 所以著明二十篇之大旨也 孟子 於終篇 亦歷敍堯舜湯文孔子相承之次 皆此意也

양씨가 말했다. 『논어』라는 책은 모두 성인의 미묘한 말씀으로 그 제자들이 전하고 지켜서 이 도를 밝힌 것이다. 그런 까닭에 끝 편에 요임금과 순임금이 (선양하면서) 명한 말, 탕왕과 무왕의 전쟁서약의 뜻, 그리고 정사에 시행한 일 등을 갖추어 실음으로써 성스러운 학문이 전한 것이 하나같이 이(이런 일들)에 의거한 것일 뿐임을 밝혔으니, 20편(『논어』 전체)의 대의를 밝혀 드러내려는 것이다. 『맹자』에서 끝 편에 또한 요 순 탕 문 공자가 서로 이어가는 순서를 차례로 서술한 것도 모두 이 뜻이다.

【세주】

朱子曰 此篇 夫子 誦述前聖之言 弟子 類記於此

주자가 말했다. 이 편은 공자께서 과거 성인들의 말씀을 읊고 서술하신 것을 제자들이 여기에 비슷한 것끼리 모아 기록한 것이다.

○此篇 多闕文 當各本其所出而解之 有不可通者 闕之可也 謹權量以下 皆武王 事 當自周有大賚以下 至公則說 爲一章 蓋 興滅國 繼絶世 擧逸民 當時 皆有其事

이 편은 빠진 글이 많으니 마땅히 각각 그것이 나온 책(예컨대 『서경』)에 근거해 해석해야 한다. 통하지 않는 것이 있으면 빼놓는 것도 괜찮다. '근권량' 이하는 모두 무왕의 일이니 마땅히 '주유대뢰' 이하부터 '공즉열'까지는 (따로) 한 장을 만들어야 한다. 대개 망한 나라를 일으키고 끊어진 계통을 잇고 일민을 등용한 것은 당시에 모두 그런 일이 있었다.

○勉齋黃氏曰 論語末篇 歷敍堯舜禹湯武王相傳之道 而先之以執中 得其要矣 其下 泛及賞善罰惡 責己恕人 大綱小紀 本數末度 無不具擧 蓋帝王之道 初無精麤 凡事之合天理當人心者 是其所以爲道也 所謂執中 正以其事事物物 無適而非中耳 豈虛空無據而可謂之中乎

면재 황씨가 말했다. 『논어』의 끝 편에 요 순 우 탕 무왕이 서로 전한 도를 차례로 서술하면서 '집중(중정함을 잡음)'을 앞세웠으니 그 요체를 얻었다. 그 아래로 선한 자를 포상하고 악한 자를 징벌함, 자신을 탓하고 남에게는 관대히 함, 큰 강령과 작은 규범, 근본이 되는 도와 말단이 되는 수단을 널리 언급했으니 다 들지 않은 것이 없다. 대개 제왕의 도에는 애초에 정밀한 것과 거친 것(의 구별)이 없으니, 모든 일이 천리에 합치하고 인심에 합당하다는 점이 도가 되는 이유이다. 소위 '집중'이란 바로 모든 사물에 대해 어떤 경우에든 중정하지 않음이 없는 것일 뿐이다. 어찌 공허하게 아무 근거도 없이 '중(중정함)'이라 할 수 있겠는가.

○雙峯饒氏曰 通論此章 堯舜禹 是說相傳之理 湯 是說他心事 武王 又是兼政事而言 三說 固無不同 然 累聖相承 只是一中字 前面說理處 是中道流傳之源 下面亦無一不是執中之實

쌍봉 요씨가 말했다. 이 장을 통론하자면, 요 순 우(의 경우)는 서로 전한 이치를 말한 것이고, 탕은 그의 심사(생각)를 말한 것이고, 무왕은 또 정사를 겸해 말한 것이다. 세 설명은 본디 같지 않은 것이 없으나 여러 성인이 서로 이어받은 것은 다만 하나의 '중' 자(개념)일 뿐이다. 앞쪽에서 이치를 설명한 부분은 중정한 도가 흘러 전해온 연원이고, 뒤쪽 또한 어느 하나도 '집중'의 실제가 아닌 것이 없다.

○雲峯胡氏曰 前篇之末 言夫子之得邦家者 其用 必如此 此篇之首 則述敍自古帝王之用 固如此 以見聖學之所傳者 無非有體有用之學 而凡論語二十篇之大旨 皆不外此也 孟子篇終 卽此意 但孟子 聞知見知者 知其道也 是從知上說 此 則從行道上說 行 無不本於知 知 卽所以行 固無異也

운봉 호씨가 말했다. 전편의 끝에서는 공자께서 나라를 얻으신다면 그 쓰임 (활동, 활동의 결과)은 반드시 이러했을 것이라 말했고, 이 편의 머리에서는 옛날부터 제왕의 쓰임이 본디 이러했다고 서술했다. 그리함으로써 성스러운 학문에서 전한 것이 '본체가 있고 쓰임이 있는 학문'이 아닌 것이 없음을 밝혔으니, 무릇 『논어』 20편의 대의는 모두 이를 벗어나지 않는다. 『맹자』의 끝 편도 곧 이 뜻이다. 다만, 맹자는 들어 아는 자나 보아 아는 자는 그 도를 아는 것이라 했는데, 이는 지(앎, 지식)로부터(지의 측면에서) 말한 것이고, 이 장은 도를 행하는 것으로부터(행의 측면에서) 말한 것이다. 행은 지에 근본을 두지 않는 경우가 없고, 지는 곧 행하기 위한 것이니, (지와 행은) 본디 다르지 않다.

20.2-1 子張 問於孔子 曰 何如 斯可以從政矣 子曰 尊五美 屛四惡 斯可以從政矣 子張曰 何謂五美 子曰 君子 惠而不費 勞而不怨 欲而不貪 泰而不驕 威而不猛 子張曰 何謂惠而不費 子曰 因民之所利而利之 斯不亦惠而不費乎 擇可勞而勞之 又誰怨 欲仁而得仁 又焉貪 君子 無衆寡 無小大 無敢慢 斯不亦泰而不驕乎 君子 正其衣冠 尊其瞻視 儼然 人 望而畏之 斯不亦威而不猛乎

費 芳味反 焉 於虔反 ○新安倪氏曰 按韻書 屛字 上聲者 註云 蔽也 去聲者 註云 除也 屛四惡之屛 當去聲讀 而舊音 丙

자장이 공자께 물었다. 어찌해야 정치에 종사할 수 있습니까? 공자께서 답하셨다. 다섯 가지 아름다움을 받들고 네 가지 악을 없애면 정치에 종사할 수 있다. 자장이 물었다. 무엇을 다섯 가지 아름다움이라 합니까? 공자께서 답하셨다. 군자는 은혜롭게 하지만 비용이 들지는 않으며, 수고롭게 하지만 원망하지는 않으며, 바라는 것이 있지만 탐욕스럽지는 않으며, 느긋하지만 교만하지는 않으며, 위엄 있지만 사납지는 않다. 자장이 물었다. 무엇을 '은혜롭게 하지만 비용이 들지 않음'이라 합니까? 공자께서 답하셨다. 백성이 이익으로 삼는 것에 의거해 이익이 되게 한다면 이것이 또한 '은혜롭게 하지만 비용이 들지 않음'이 아니랴? 수고롭게 할 만한 일을 골라 수고롭게 하면 또 누가 원망하랴? 인을 바라 인을 얻으니 또 어찌 탐욕이 있으랴? 군자는 (사람의) 많고 적음에 관계없이, (일의) 크고 작음에 관계없이, 감히 태만히 하는 것이 없으니 이것이 또한 '느긋하지만 교만하지 않음'이 아니냐? 군자는 그 의관을 바로하고 그 우러러 봄을 경건히 하니 근엄해서, 사람들이 바라보아 두려워하니 이 것이 또한 '위엄 있지만 사납지 않음'이 아니냐? 〈신안 예씨가 말했다. 운서를 살펴보면, '병' 자로서 (그 성조가) 상성인 것에 대해서는 주에 '폐(가림)'라 했고, 거성인 것은 '제(제거함)'라 했다. '병사악'의 병은 마땅히 거성으로 읽어야 하고(제거한다는 뜻으로 보아야 하고), 그 옛 음은 병이다.〉

【세주】
朱子曰 謝氏云 以府庫之財與人 則惠而費矣 又安得人人而給之 惟因四時之和 因原隰之利 因五方之財 以阜物 以厚生 使民不饑不寒 何費之有 勞人以力所不堪 則不免於怨 擇可勞而勞之 以佚道使民 惟喜康共 不常厥邑 可也 其究安宅 百堵皆作 可也 如此 則又何怨之有

주자가 말했다. 사씨가 말하기를 "창고의 재물을 사람들에게 나누어 주면 은혜롭기는 하지만 비용이 든다. 또 어찌 모든 사람들에게 줄 수 있으랴. 다만 사계절의 조화로움에 의거하고 평지와 습지의 이익에 의거하고 다섯 방면의 재물에 의거해, 물산은 풍부하게 살림은 두텁게 함으로써 백성이 굶지도 떨지도 않게 하면 무슨 들 비용이 있으랴. 사람을 그 힘이 감당할 수 없을 정도로 부리면 원망을 면할 수 없다. 수고시킬 만한 일을 골라 수고롭게 하고, 편안하게 해주기 위한 방법으로 백성을 부리고[예컨대 집에 편안히 살게 하기 위해 집을 짓는 일에 사람을 부리고(『맹자』13, 「진심 상」 12장), 편안함을 함께 누리고(『서경』, 「상서 반경 중」), 그 읍(수도)을 일정하지 않게 하는 것(『서경』, 「상서 반경 상」)이 옳다. 마침내 편안한 집을 가지게 하고 모든 담을 쌓게 하는 것(『시경』, 「소아 동궁」, 〈홍안〉)이 옳다. 이러하면 또 무슨 원망이 있으랴"라 했다.

○問 欲仁得仁 又焉貪 如何 曰 仁 是我所固有 而我得之 何貪之有 若是外物 欲之

則爲貪 此 正與當仁不讓於師 同意 曰 於問政 及之 何也 曰 治己治人 其理一也

물었다. '인을 바라 인을 얻으니 또 어찌 탐욕이 있으랴'라는 구절은 어떻습니까? 답했다. 인은 내가 본디 가지고 있는 것으로서 내가 얻었으니 무슨 탐욕이 있으랴. 만약 바깥의 물건이라면 바라는 것이 탐욕이 된다. 이는 바로 '인에 있어서는 스승에게도 양보하지 않는다(『논어』15, 「위령공」35장)'라는 말과 같은 뜻이다. 물었다. 정치를 물었는데 이를 언급한 것은 왜입니까? 답했다. 자신을 다스리는 것과 남을 다스리는 것은 그 이치가 하나이기 때문이다.

○胡氏曰 在人上者 人欲爲多 不能窒之 則其貪 無時而已 惟反是心 以欲仁 則求諸己而必得 何物足以累其心 夫何貪 泰者 安舒自得之謂 近於驕 然 君子 心一於敬 不以彼之衆寡小大 而貳其心 則其自處 未嘗不安 何驕之有

호씨가 말했다. 남의 위에 있는 자가 인욕이 많아 (그 욕심을) 막지 못하면 그 탐욕은 때가 없을(때 없이 일어날) 뿐이다. 오직 이 마음을 돌이켜[원래의 마음으로 돌아가] 인을 바라면 자신에게서 구해 반드시 얻게 되니, 어떤 물건이 족히 그 마음에 누가 되겠으며 무릇 무엇을 탐하리오. '태(느긋함)'는 편안하고 느긋해 스스로 만족하는 것을 말하니 교만함에 가까워 보이지만, 그러나 군자는 마음이 한결같이 경건해, 저것(대상)의 많고 적음이나 크고 작음에 의해 그 마음을 둘로 갖지 않으니 그 스스로 처하는 것이 편안하지 않은 적이 없다. 무슨 교만함이 있으리오.

○南軒張氏曰 正衣冠 尊瞻視 臨之以莊也 持身嚴 故 人 望而自畏之 而非以威加人也 故 威而不猛 若有使人畏己之心 則猛 而反害於威矣 惠不費 勞不怨 施於人者也 欲不貪 泰不驕 威不猛 存於己者也 爲政內外始終之道 亦云備矣 然 欲仁 其本歟

남헌 장씨가 말했다. 의관을 바로 하고 우러러 봄을 경건히 하는 것은 장엄함으로 임하는 것이다. 몸가짐을 엄숙히 하는 까닭에 사람들이 바라보고 저절로 두려워하는 것이지, 사람들에게 위엄을 부리는 것이 아니다. 그러므로 위엄 있지만 사납지 않다. 만약 남으로 하여금 자기를 두려워하게 하려는 마음이 있으면 사나운 것이고, 오히려 위엄에 해가 된다. '은혜롭게 하지만 비용이 들지 않음', '수고롭게 하지만 원망하지 않음'은 남에게 베푸는 것(남을 대상으로 하는 행위)이고, '바라는 것이 있지만 탐욕스럽지 않음', '느긋하지만 교만하지 않음', '위엄 있지만 사납지 않음'은 자신에게 있는 것(자신을 대상으로 하는 행위)이다. (이 다섯 가지에는) 정치의 안과 밖, 처음과 끝의 도가 또한 갖추어져 있다고 하겠다. 그러나 인을 바라는 것이 그 근본이리라.

20.2-2 子張曰 何謂四惡 子曰 不敎而殺 謂之虐 不戒視成 謂之暴 慢令致期 謂之賊 猶之與人也 出納之吝 謂之有司 出 去聲

자장이 물었다. 무엇을 네 가지 악이라 합니까? 공자께서 답하셨다. 가르치지 않고 죽이는 것을 '학(잔학함)'이라 하고, (미리) 주의 주지 않고 완성을 바라는 것을 '포(조급함)'라 하고, 명령은 느슨하게 하고 기한은 각박하게 하는 것을 '적(해침)'이라 하고, 어차피 사람에게 줄 것은 마찬가지인데도 출납할 때 인색한 것을 '유사(서리의 간간함)'라 한다.

【집주】

虐 謂殘酷不仁 暴 謂卒倉沒反遽無漸 致期 刻期也 賊者 切害之意 緩於前而急於後 以誤其民而必刑之 是賊害之也 猶之 猶言均之也 均之以物與人 而於其出納之際 乃或吝而不果 則是有司之事 而非爲政之體 所與雖多 人 亦不懷其惠矣 項羽 使人有功當封 刻印刓吾官反 忍弗能予通作與 卒以取敗 亦其驗也

'학'은 잔혹하고 불인한 것을 말한다. '포'는 갑작스럽고 성급해 점진성이 없는 것을 말한다. '치기'는 기한을 각박하게 하는 것이다. '적'이란 절박하게 해 친다는 뜻이다. 앞서는 느슨하게 하다가 뒤에 가서는 급박하게 해 백성을 (천천히 해도 되는 것처럼) 오해하게 하고는 반드시 형벌을 가하는 것이 해치는 것이다. '유지'는 '균지(어차피 마찬가지)'라는 말과 같다. 물건을 사람에게 주는 것은 마찬가지인데도 그 출납의 시기에 혹 인색해 시원하게 하지 않는 것은 유사(실무를 맡은 소리)의 일이지 정치의 원칙이 아니다. (그런 방식으로 주면) 주는 것이 비록 많더라도 사람들이 또한 그 은혜를 마음에 품지 않는다. 항우가 사람을 부림에 공이 있어 마땅히 봉해야 하는데도 도장을 새겨놓고 모서리가 닳도록 차마 주지 못하다가 마침내 패망을 당한 것, 이 또한 그 증거이다.

【세주】

通鑑 漢高祖 元年 韓信 問漢王曰 今 爭權天下 豈非項王耶 王曰 然 曰 大王 自料勇悍仁彊 孰與項王 漢王 良久曰 不如也 信曰 信 亦以爲大王不如也 然 臣嘗事之 請言其爲人 項王 喑音啞烏故反 叱昌力反 咤竹駕反 漢書 作意烏猝差 千人皆廢 然 不能任其賢將 此 特匹夫之勇耳 項王 見人 恭敬慈愛 言語 嘔嘔凶于反 悅言也 漢書 作姁 音 同 人有疾病 泣涕分飮食 至使人有功當封爵者 刻印刓訛缺也 忍弗能予 此 所謂婦人之仁也

『(자치)통감』에 다음과 같이 나와 있다. 한 고조 원년 한신이 한왕에게 묻기를 "지금 천하의 대권을 다투는데 (대권을 차지할 자가) 어찌 항왕이 아니겠습니까?"라 하자 왕이 답하기를 "그렇다"라 했다. (한신이) 말하기를 "대왕께서는 스스로 용맹과 인후함이 항왕과 비교해 누가 낫다고 생각하십니까?"라 하자 한왕이 한참 있다가 말하기를 "그만 못하다"라 했다. 한신이 말하기를 "신 또한 대왕께서 그만 못하다고 생각합니다. 그러나 신이 일찍이 그를 섬긴 적이 있는데, 그 사람됨을 말씀드리고자 합니다. 항왕은 노해서 큰소리를 지르면 천 사람이 모두 엎드리지만, 그러나 그 현명한 장수에게 일을 맡기지 못하니 이는 다만 필부의 용맹일 뿐입니다. 항왕은 사람을 만날 때는 공경하고 자애롭고, 말은 구구하고 〈말하기를 즐기는 것이다.〉, 사람이 질병이 있으면 눈물을 흘

리며 음식을 나누어 주지만, 사람을 부림에 공이 있어 마땅히 작위를 봉해야 하는 경우에 이르러서는 도장을 새겨놓고 모서리가 닳도록⟪(완은) 이지러져 완전하지 못한 것이다.⟫ 차마 주지 못하니 이는 소위 '부인의 인'입니다"라 했다.

○朱子曰 猶之 均之也 如言一等是如此 史家 多有此般字 此吝字 說得來又廣 只是戒人遲疑不決 若當賞 便用賞 遲疑之間 澀縮靳惜 便誤事機 如李絳 勸憲宗 速賞魏博將士 謂若待其來請 而後賞之 則恩不歸上矣 政是此意 若是有司出納之間 吝惜不敢自專 却是本職當然 人君 爲政大體 却不可如此 當與 便果決與之

주자가 말했다. '유지'는 마찬가지라는 것이니 '이러하기는 마찬가지이다'라는 말과 같다. 역사가들은 이런 글자를 쓰는 경우가 많다. 이 '인(인색함)' 자는 말의 범위가 또 넓지만 (이 경우는) 다만 사람들에게 망설이고 의심해 결행하지 못하는 것을 경계한 것이다. 만약 마땅히 상을 주어야 하면 곧 상을 주어야지 망설이고 의심하는 사이에 소심하게 주저하면서 아까워하면 곧 일의 기회를 잘못되게 한다. 예컨대 이강이 (당) 헌종에게 위박(지명)의 장사들에게 속히 상을 내릴 것을 권하면서 '만약 와서 청할 때까지 기다린 다음에 상을 준다면 그 은혜는 임금께로 돌아가지 않을 것입니다'라 했는데, 바로 이 뜻이다. 만약 유사가 출납할 때라면 인색하고 아까워하면서 감히 제 마음대로 하지 않는 것이 오히려 본 직무의 당연한 일이지만, 임금의 정치의 큰 원칙은 이러해서는 안 된다. 마땅히 주어야 하면 곧 과감 신속하게 주어야 한다.

○問 四惡之說 曰 虐也暴也賊也 謝氏得之 有司之說 楊氏爲當 謝曰 古者 以五戒先 後刑罰 所以警昏愚懲怠慢也 戒之旣至 然後可以責成矣 不先戒之 彼且烏知先後緩急之所在 遽以視成 不亦暴乎 令嚴者 欲其不犯 聚衆以誓之 垂象以曉之 讀法以諭之 上自慢其令 而欲下之嚴 其可得乎 如是而致期焉 期而不至 則罪之 是罔民也 楊曰 非其義也 一介不以予人 而不爲吝 義在可與 而惟出納之吝 在有司 則爲善 在爲上 則爲惡 天下之事 亦惟當其可而已

네 가지 악에 관한 설을 물었다. 답했다. '학', '포', '적'에 관해서는 사씨가 (이치를) 얻었다. '유사'에 관한 설에서는 양씨가 마땅하다. 사씨는 "옛날에는 5

계를 먼저하고 그 후에 형벌을 가했으니, 어리석은 자를 경계하고 태만한 자를 징계하려는 것이었다. 경계하는 것이 지극한 연후에야 그 완성을 요구할 수 있다. 먼저 경계하지 않으면 그가 또 선후와 완급이 어디 있는지 어찌 알리오. (그런데도) 급히 완성을 기대하면 또한 조급한 것이 아닌가. 엄히 명령한다는 것은 범하지 않기를 바라, 뭇사람을 모아 약속하고 형상을 보여주어 깨닫게 하고 법을 읽어주어 알게 하는 것이다. 위에서는 스스로 그 명령을 느슨하게 하고는 아래에서 엄히 할 것을 바라면 가능하겠는가? 이렇게 하고도 기한을 각박하게 해서, 기한이 되었는데 (완성에) 이르지 못하면 죄를 주는 것은 백성을 옭아넣는 것이다"라 했다. 양씨는 "(주는 것이) 도리상 옳지 않으면 한 개도 남에게 주지 않아도 인색함이 되지 않는다. 도리상 주는 것이 옳은데 다만 출납할 때 인색하게 하는 것은 유사로서는 잘하는 일이지만 윗사람으로서는 악이 된다. 천하의 일은 또한 오직 마땅히 그(각각의 입장에서) 옳은 방식대로 해야 할 뿐이다"라 했다.

○問 猶之與人也 出納之吝 何以在四惡之數 曰 此一惡 比上三惡似輕 然 亦極害事 蓋 此人 乃是箇多猜嫌疑慮之人 賞不賞 罰不罰 疑吝不決 正如唐德宗 是也

물었다. '어차피 줄 것인데 출납할 때 인색한 것'이 왜 네 가지 악의 종류에 들어갑니까? 답했다. 이 하나의 악은 위의 세 가지 악에 비해 가벼운 듯하지만, 그러나 또한 극히 해로운 일이다. 대개 이런 사람은 곧 시기심과 의심이 많은 사람으로, 상 주어야 하는데도 상 주지 않고, 벌해야 하는데도 벌하지 않으면서, 의심하고 인색해 결단을 내리지 못하니 바로 당나라 덕종 같은 자가 그 예이다.

○南軒張氏曰 虐暴賊 皆不仁者之爲也 出納之吝 不知者之爲也

남헌 장씨가 말했다. '학', '포', '적'은 모두 불인자의 행동이다. 출납에 인색한 것은 지혜롭지 못한 자의 행동이다.

○勉齋黃氏曰 惠易費 勞易怨 欲易貪 泰易驕 威易猛 今 至於不犯人情之所易

則美之至者也 殺不可也 甚則不敎而殺 視成不可也 甚則不戒而視成 致期不可也 甚則慢令而致期 吝不可也 甚則與人而亦吝 今 至於犯人情之所已甚 則惡之至者也 此一尊一屛 聖人之所以深戒之也

면재 황씨가 말했다. 은혜는 비용이 들기 쉽고, 수고롭게 하는 것은 원망을 사기 쉽고, 바라면 탐욕이 되기 쉽고, 느긋하면 교만하기 쉽고, 위엄 있으면 사나움이 되기 쉽다. 지금 인정에 범하기 쉬운 것을 범하지 않는 데에 이르면 지극히 아름다운 것이다. 죽이는 것은 (원래) 안 되는데도 심지어는 가르치지 않고 죽이고, 완성을 기대하는 것은 안 되는데도 심지어는 경계하지 않고 완성을 기대하고, 기한을 각박하게 하는 것은 안 되는데도 심지어는 명령은 느슨하게 하면서 기한은 각박하게 하고, 인색하면 안 되는데도 심지어는 남에게 줄 때에도 또한 인색하게 한다. 지금 인정에 매우 심한 것을 범하는 데에 이르면 지극히 악한 것이다. 이 '한쪽은 받들고 한쪽은 없앰'은 성인께서 깊이 경계하신 것이다.

○雙峯饒氏曰 要行一事 須預先告戒 使遵承而後可 若不先告戒之 猝然要責他成就 豈不是暴 慢令於先 一時却去緊他 是誤而賊之也 當與而吝 易失人心 也是惡 上三者 是急迫之惡 下一件 是悠緩之惡

쌍봉 요씨가 말했다. 하나의 일을 행하려면 반드시 미리 먼저 알리고 경계함으로써 받들게 한 다음에야 가능하다. 만약 미리 알리고 경계하지 않고 갑자기 그에게 성취를 요구하면 어찌 조급함이 아니겠는가. 앞서는 명령을 느슨하게 하고는 일시에 그를 옥죄이는 것은 오해하게 해 해치는 것이다. 마땅히 주어야 하는데 인색한 것은 인심을 잃기 쉽고, 또 악이다. 위의 세 가지는 급박하게 구는 악이고, 아래의 한 건은 느릿하게 구는 악이다.

○雲峯胡氏曰 四惡 虐爲甚 暴次之 賊又次之 剛惡也 吝 如有司 不能專決 柔惡也 蓋 吝之一字 在有司 不便謂之惡 從政而謂之有司 則惡矣 故 特註項羽以吝取敗之事 以示爲政不知大體者之戒

운봉 호씨가 말했다. 네 가지 악 중에, '학'이 가장 심하고, '포'가 그다음이고,

'적'이 또 그다음이니, (세 가지는 모두) 강퍅른 악이다. '인'은 유사의 경우는 마음대로 결행할 수 없으니(없어서 그런 것이니) 부드러운 악이다. 대개 '인' 한 글자가 유사에게 있다 해서(유사가 인색하다는 평을 듣는다 해서) 곧 악이라 하지는 않지만(악한 유사라 하지는 않지만), 정치에 종사하는 경우에 (그 위정자를) '유사'라 하면 악이다(악한 위정자이다). 그러므로 특별히 항우가 인색함 때문에 패망을 당한 일을 (집)주에 넣음으로써 정치를 하면서 큰 원칙을 모르는 자에 대한 경계를 보여주었다.

【집주】

○尹氏曰 告問政者 多矣 未有如此之備者也 故 記之以繼帝王之治去聲 則夫子之爲政 可知也

윤씨가 말했다. 정치를 물은 데 대해 알려주신 것이 많지만, 이처럼 갖추어진 것은 없다. 그런 까닭에 제왕의 통치(에 관한 말씀)에 이어 기록했으니, 공자의 정치를 알 수 있다.

【세주】

趙氏曰 孔子 論爲政之方 莫詳於此 故 門人 取以附前章之後 夫子之爲政 蓋 與帝王若合符節

조씨가 말했다. 공자께서 위정의 방법을 논하신 것으로 이보다 상세한 것은 없다. 그런 까닭에 문인들이 (그 말씀을) 채택해 앞 장의 뒤에 붙였다. 공자의 정치는 대개 제왕(의 정치)과 마치 부절처럼 들어맞는다.

○雲峯胡氏曰 問政見於論語者 齊景公 葉公 各一 季康子 凡二 仲弓 子路 子張 子夏 各一 夫子答之 未有如此章之詳者 蓋 惠未有不費 勞未有不怨 欲則易貪 泰則易驕 威則易猛 今 皆不然 所以爲美也 虐之而不知教 暴之而不知戒 賊之而不知令 吝之而不知與 爲民父母者 奚忍如是哉 此 所以爲惡也

운봉 호씨가 말했다. 『논어』에 나타나는 '정치에 관한 질문'은 제 경공, 섭공이 각 한 번, 계강자가 모두 두 번, 중궁 자로 자장 자하가 각 한 번인데, 공자께서 답하신 것으로 이 장보다 자세한 것은 없다. 대개 은혜로우면 비용이 들지 않는 경우가 없고, 수고롭게 하면 원망하지 않는 경우가 없고, 바라는 것이 있으면 탐욕스럽기 쉽고, 느긋하면 교만하기 쉽고, 위엄 있으면 사납기 쉬운데, 지금 모두 그렇지 않으니 아름다움이 된다. 잔학하게 하면서 가르칠 줄 모르고, 조급하게 하면서 경계할 줄 모르고, 해치면서 (제대로) 명령할 줄 모르고, 인색하게 하면서 줄 줄 모르는 것, 백성의 부모 된 자가 어찌 차마 이럴 수 있으리오. 이것이 악이 되는 까닭이다.

20.3-1 子曰 不知命 無以爲君子也

공자께서 말씀하셨다. 명을 모르면 군자가 될 수 없다.

【집주】

程子曰 知命者 知有命而信之也 人 不知命 則見害必避 見利必趨 何以爲君子

정자가 말했다. 명을 안다는 것은 명이 있음을 알고 그것을 믿는 것이다. 사람이 명을 모르면 손해를 보면 반드시 피하고, 이익을 보면 반드시 달려갈 것이니 어찌 군자가 되겠는가.

【세주】

朱子曰 此與五十知天命 不同 知天命 謂知其理之所自來 此不知命 是說死生壽夭貧富貴賤之命 今人 開口 亦解說一飮一啄 自有分定 及遇小小利害 便生趨避計較之心 古人 刀鋸在前 鼎鑊在後 視之如無者 只緣見道理 都不見那刀鋸鼎鑊

주자가 말했다. 이 구절(의 명)과 '50세에 천명을 알았다'라 할 때의 명은 다르다. '천명을 알았다'라는 것은 그 이치가 어디서 온 것인지를 안다는 것이고, 이 '명을 알지 못한다'라 할 때의 명은 생과 사, 장수와 요절, 빈과 부, 귀와 천의 명을 말한다. 요즈음 사람들은 입만 열면 또한 한 입 마시고 한 입 먹는 것이 본디 정해진 분수가 있다고 해설하지만, 소소한 이해관계를 만나면 곧 달려가고 피하고 계산하고 비교하는 마음이 생긴다. 옛사람들이 (목을 벨) 칼과 톱이 앞에 있고 (삶아 죽일) 솥과 가마가 뒤에 있어도 마치 없는 듯이 본 것은 다만 도리만을 보고 저 칼이나 톱, 솥이나 가마는 모두 보지 않았기 때문이다.

○論語首云 人不知而不慍 不亦君子乎 終云 無以爲君子也 此 深有意 蓋 學者所以學 爲君子 若不知命 則做君子不成

『논어』의 처음에서는 '남들이 알아주지 않아도 성내지 않으면 또한 군자가 아니랴'라 했고, 끝에서는 '군자가 될 수 없다'라 했는데, 이는 깊은 의미가 있다. 대개 배우는 자가 배우는 이유는 군자가 되려는 것인데, 만약 명을 알지 못하면 군자가 될 수 없다.

○胡氏曰 一定而不可易者 命也 人 不知命 常求其所不可得 避其所不可免 斯所以徒喪所守 而爲小人也

호씨가 말했다. 한 번 정해져 바꿀 수 없는 것이 명이다. 사람이 명을 모르면 항상 얻을 수 없는 것을 구하고 면할 수 없는 것을 피하려 한다. 이것이 헛되이 지킬 바를 잃고 소인이 되는 까닭이다.

○慶源輔氏曰 此命 指氣而言 謂貧賤富貴窮通得喪 一定不可易者 必知此而信之 始見利不苟就 見害不苟避 故 全得我之義理 所以爲君子

경원 보씨가 말했다. 이 명은 기를 가리켜 하는 말이니, 빈천 부귀 궁통(곤궁함과 형통함) 득상(얻음과 잃음)이 한 번 정해져 바꿀 수 없는 것을 말한다. 반드시 이것(명)을 알고 믿으면, 비로소 이익을 보고도 구차하게 나아가지 않고 손해를 보고도 구차하게 피하지 않게 되는 까닭에 나의 의리를 온전히 할 수 있으니, (명을 알고 믿는 것은) 군자가 되는 방법이다.

○雲峯胡氏曰 程子 釋朝聞道 謂知而信者爲難 此 亦謂知而信之者 知而不信 知之猶未至也 知之猶未至 則凡見利必趨 見害必避 皆小人之爲也 欲爲君子得乎 首篇 不亦君子乎 是已到君子地位 此曰 無以爲君子也 是方做君子根脚

운봉 호씨가 말했다. 정자는 '아침에 도를 들으면(『논어』4, 「이인」8장)'이라는 구절을 주석하면서 '알고 믿는 것은 어렵다'라 했는데, 여기서 또한 '알고 믿는 것'이라 했다. 알고도 믿지 않는 것은 앎이 아직 지극하지 못한 것이다. 알기는 하지만 아직 지극하지 못하면 무릇 이익을 보면 반드시 달려가고, 손해를 보면 반드시 피하니, (이는) 모두 소인의 행위이다. 군자가 되려 한들 가능하겠는가? 첫 편에서 '또한 군자가 아니랴'라 할 때(의 군자)는 이미 군자의 경지에 도달한 것을 말하고, 여기서 '군자가 될 수 없다'라 할 때(의 군자)는 바야흐로 군자의 기초를 닦는 것을 말한다.

20.3-2 　不知禮 無以立也
예를 알지 못하면 설 수 없다.

【집주】

不知禮 則耳目無所加 手足無所措

예를 모르면 귀와 눈을 둘 데가 없고, 손과 발을 둘 데가 없다.

【세주】

雲峯胡氏曰 集註十字 是形容無以立三字 耳目無所加 是懵然不知有可立之地 手足無所措 是茫然卒無可立之地

운봉 호씨가 말했다. 집주의 열 글자는 '무이립(설 수 없다)' 세 글자를 형용한 것이다. 귀와 눈을 둘 곳이 없다는 것은 어리석어서 설 수 있는 땅이 있다는 것을 알지 못하는 것이고, 손과 발을 둘 데가 없다는 것은 막막해서 끝내 설 수 있는 땅이 없는 것이다.

20.3-3 　不知言 無以知人也
말을 알지 못하면 사람을 알 수 없다.

【집주】

言之得失 可以知人之邪正

말의 득실(옳고 그름)을 통해 그 사람의 사악함과 바름을 알 수 있다.

【세주】
慶源輔氏曰 言 心聲也 因言之得失 可以知人之邪正 惟格物窮理之君子 能之

경원 보씨가 말했다. 말은 마음의 소리이다. 말의 득실에 근거해 사람의 사악함과 바름을 알 수 있는데, (이는) 오직 격물궁리(사물을 탐구하고 이치를 궁구함)한 군자만이 할 수 있다.

○雲峯胡氏曰 孟子知言之謂 蓋 本於此 但集註 釋孟子知言 則曰凡天下之言 識其是非得失之所以然 而此不過曰 無以知人之邪正 此 爲學者言 彼 則孟子自言也 於此 亦見集註之精

운봉 호씨가 말했다. 맹자의 '지언(말을 앎)'이라는 말은 대개 이를 본받은 것이다. 단, 집주(『맹자집주』)에서 맹자의 '지언'을 해석하기를 '무릇 천하의 말에 대해 그(그 말의) 시비득실이 그러한 까닭을 아는 것'이라 했고, 여기(『논어집주』)서는 '사람의 사악함과 바름을 알 수 없다'라고만 말했을 뿐이니, 이것(후자)은 배우는 자를 위해 한 말이고, 저것(전자)은 맹자가 스스로 한 말(맹자 자신의 자기 평가)이기 때문이다. 여기서 또한 집주의 정밀함을 볼 수 있다.

【집주】
○尹氏曰 知斯三者 則君子之事 備矣

윤씨가 말했다. 이 세 가지를 알면 군자의 일은 갖추어진 것이다.

【세주】
南軒張氏曰 此所論命 謂窮達得喪之有命也 不知命 則將徼倖而苟求 何以爲君子乎 知命 則志定 然後其所當爲者 可得而爲矣 禮者 所以檢身也 不知禮 則視聽言動 無所持守 其將何以立乎 知禮 則有踐履之實矣 知言 如吉人之辭寡 躁人之辭多之類 不知言 則無以知其實情之所存 其將何以知人乎 故 知言 則取友不差

矣 此三者 學者之所宜先 切要之務也 必以是爲本 而後學可進 不然 雖務於窮高 極遠 而終無所益 門人 以此終論語之書 豈無旨哉

남헌 장씨가 말했다. 여기서 논한 명이란 궁달득상(궁함과 현달함, 얻음과 잃음)에 명이 있음을 말한다. 명을 알지 못하면 장차 요행을 바라고 구차스레 구하게 되니 어찌 군자가 되겠는가? 명을 알면 뜻이 정해지고, 그런 연후에 그 마땅히 해야 할 것을 할 수 있게 된다. 예란 몸을 단속하게 하는 것이다. 예를 모르면 보고 듣고 말하고 움직임에 붙들어 지키는 것이 없으니 장차 무엇으로(무슨 방법으로) 서겠는가? 예를 알면 실천의 실질이 있게 된다. 말을 아는 것은 '길한(선한) 사람은 말이 적고 조급한 사람은 말이 많음(『주역』, 「계사하전」 12장)' 등(을 아는 것)이다. 말을 알지 못하면 그 실정이 어디 있는지 알 수가 없으니 장차 무엇으로 사람을 알겠는가? 그런 까닭에 말을 알면 벗을 선택함에 잘못이 없게 된다. 이 세 가지는 배우는 자가 마땅히 먼저로 삼아야 하는 절실하고 긴요한 일이다. 반드시 이를 근본으로 삼은 다음에야 배움이 진보할 수 있다. 그렇지 않으면 비록 끝없이 높고 지극히 먼 것에 힘쓰더라도 끝내 이익이 되는 것이 없을 것이다. 문인들이 이 말씀으로『논어』이 책을 끝낸 것이 어찌 뜻이 없으랴.

○勉齋黃氏曰 知命 知其在天者 知禮 知其在己者 知言 知其在人者 知天 則利害 不能動乎外 而後可以修諸己 知禮 則義理 有以養乎內 而後可以察諸人 知天而不知己 未必能安乎天 知己而不知人 未必能益乎己

면재 황씨가 말했다. 명을 아는 것은 하늘에 있는 것을 아는 것이고, 예를 아는 것은 자신에게 있는 것을 아는 것이고, 말을 아는 것은 남에게 있는 것을 아는 것이다. 하늘을 알면 밖으로 이해관계가 (마음을) 흔들 수 없으니, 그런 후에 자신에게 있는 것을 닦을 수 있다. 예를 알면 안으로 의리가 길러지는 것이 있으니, 그런 후에 남을 살필 수 있다. 하늘을 알지만 자신을 모르면 반드시 하늘을 편히 여길 수 있는 것은 아니고, 자신을 알지만 남을 모르면 반드시 자신에게 이익이 되게 할 수 있는 것은 아니다.

○慶源輔氏曰 知命 則在我者 有定見 知禮 則在我者 有定守 知言 則在人者 無

遁情 知斯三者 則內足成己之德 外足盡人之情 故 君子之事 備

경원 보씨가 말했다. 명을 알면 나에게 있는 것에 대해 확고한 견식이 있고, 예를 알면 나에게 있는 것에 대해 확고한 지킴이 있고, 말을 알면 남에게 있는 것에 대해 (그 사람이) 실상을 숨길 수 없다. 이 세 가지를 알면 안으로는 족히 자신의 덕을 완성할 수 있고, 밖으로는 족히 남의 실상을 다 알 수 있다. 그러므로 군자의 일이 갖추어지는 것이다.

○雲峯胡氏曰 學 始於致知 終於治國平天下 前篇之末 與此篇前二章 皆說治國平天下 聖學之終事 此章 復提起三知字 是聖學之始事 知斯三者 而爲君子 則聖學之體 立 遇時而用之 則聖學之用 行 弟子 記此以終一書 不無意矣

운봉 호씨가 말했다. 배움은 치지(앎을 극진히 함)에서 시작하고 치국평천하에서 마친다. 전편의 끝 부분과 이 편의 앞 두 장에서는 모두 치국평천하를 말했으니 성스러운 학문의 마지막 일이고, 이 장에서는 다시 세 '지' 자를 제기했으니 성스러운 학문의 처음 일이다. 이 세 가지를 알아 군자가 되면 성스러운 학문의 본체가 선 것이고, 때를 만나 그것을 쓰면 성스러운 학문의 쓰임이 행해지는 것이다. 제자들이 이를 기록함으로써 이 한 책을 끝냈으니 의의가 없을 수 없다.

【집주】
弟子 記此以終篇 得無意乎 學者 少去聲而讀之 老而不知一言爲可用 不幾平聲於侮聖言者乎 夫子之罪人也 可不念哉

제자들이 이를 기록함으로써 편을 끝낸 것이 의의가 없을 수 있으랴. 배우는 자가 어려서부터 읽고도 늙어 쓸 만한 한마디 말도 알지 못하면 거의 성인의 말씀을 모욕하는 자에 가깝지 않으랴. 공자께 죄지은 사람이 되니, 유념하지 않아서 되겠는가.

【세주】
覺軒蔡氏曰 論語首章末 以君子言 末章首 以君子言 聖人敎人 期至於君子而已

詳味兩章語意 實相表裏 學者 其合而觀之

각헌 채씨가 말했다. 『논어』 첫 장의 끝 부분에서는 군자에 관해 말했고, 끝 장의 처음 부분에서도 군자에 관해 말했으니 성인께서 사람을 가르치심에 다만 군자에 이르기를 기대하셨을 뿐이다. 두 장의 말의 뜻을 자세히 감상해보면 실로 서로 표리가 되니, 배우는 자는 합쳐서 보아야 할 것이다.

○新安陳氏曰 論語一書 夫子以君子教人者 多矣 首末兩章 皆以君子言之 記者之深意 夫子 嘗自謂不怨天 不尤人 人不知而不慍 不尤人也 知命 則不怨天 且樂天矣 學者 其深玩潛心焉

신안 진씨가 말했다. 『논어』이 한 책에는 공자께서 군자에 관해 사람을 가르치신 것이 많다. 처음과 끝의 두 장은 모두 군자에 관해 말했으니 기록하는 자의 깊은 뜻이다. 공자께서는 일찍이 스스로 말씀하시기를 "하늘을 원망하지 않고 사람을 탓하지 않는다(『논어』14,「헌문」37장)"라 하셨는데, '남이 알아주지 않아도 성내지 않는 것'이 남을 탓하지 않는 것이다. 명을 알면 하늘을 원망하지 않고 또 하늘을 즐기게 된다. 배우는 자는 깊이 감상해 마음을 잠가야 하리라.

부록

별호색인 | 인용 학자 소개

***활용방법**
인용 학자에 대해 알아보려면 먼저 [별호색인]에서 본명을 확인하고, 그 이름을 [인용 학자 소개]에서 찾아본다.

별호색인

- 각헌 채씨(覺軒蔡氏) → 채모(蔡模)
- 강릉 항씨(江陵項氏) → 항안세(項安世)
- 격암 조씨(格菴趙氏) → 조순손(趙順孫)
- 겸산 곽씨(兼山郭氏) → 곽충후(郭忠厚)
- 경원 보씨(慶源輔氏) → 보광(輔廣)
- 고씨(顧氏) → 고원상(顧元常)
- 공씨(孔氏) → 공영달(孔穎達)
- 괄창 섭씨(栝蒼葉氏) → 섭하손(葉賀孫)
- 광평 유씨(廣平游氏) → 유초(游酢)
- 교봉 방씨(蛟峯方氏) → 방봉진(方逢辰)
- 구봉 채씨(九峯蔡氏) → 채심(蔡沈)
- 구산 양씨(龜山楊氏) → 양시(楊時)
- 구양씨(歐陽氏) → 구양현(歐陽玄)
- 구양씨(歐陽氏) → 구양겸지(歐陽謙之)
- 낙암 이씨(樂菴李氏) → 이형(李衡)
- 남전 여씨(藍田呂氏) → 여대림(呂大臨)
- 남헌 장씨(南軒張氏) → 장식(張栻)
- 노재 왕씨(魯齋王氏) → 왕통(王侗)
- 노재 허씨(魯齋許氏) → 허형(許衡)
- 능양 이씨(陵陽李氏) → 미상
- 단양 홍씨(丹陽洪氏) → 홍홍조(洪興祖)
- 담씨(譚氏) → 담유인(譚惟寅)
- 동래 여씨(東萊呂氏) → 여조겸(呂祖謙)
- 동양 허씨(東陽許氏) → 허겸(許謙)
- 동창 이씨(東窓李氏) → 미상
- 등씨(鄧氏) → 등명세(鄧名世)
- 매암 호씨(梅巖胡氏) → 호차염(胡次焱)
- 면재 황씨(勉齋黃氏) → 황간(黃榦)
- 몽재 원씨(蒙齋袁氏) → 원보(袁甫)
- 물재 정씨(勿齋程氏) → 정약용(程若庸)

- 물헌 웅씨(勿軒熊氏) → 웅화(熊禾)
- 미산 소씨(眉山蘇氏) → 소식(蘇軾)
- 번양 심씨(番陽沈氏) → 심귀요(沈貴瑤)
- 번양 이씨(番陽李氏) → 이정옹(李靖翁)
- 번양 제씨(番陽齊氏) → 제몽룡(齊夢龍)
- 번양 추씨(番陽鄒氏) → 추계우(鄒季友)
- 범씨(范氏) → 범조우(范祖禹)
- 북계 진씨(北溪陳氏) → 진순(陳淳)
- 사수 정씨(沙隨程氏) → 정형(程迥)
- 사씨(謝氏) → 사양좌(謝良佐)
- 사여 황씨(四如黃氏) → 황중원(黃仲元)
- 산음 육씨(山陰陸氏) → 육전(陸佃)
- 삼산 반씨(三山潘氏) → 반병(潘柄)
- 삼산 진씨(三山陳氏) → 진공석(陳孔碩)
- 상산 육씨(象山陸氏) → 육구연(陸九淵)
- 상채 사씨(上蔡謝氏) → 사양좌(謝良佐)
- 서산 진씨(西山眞氏) → 진덕수(眞德秀)
- 선씨(宣氏) → 미상
- 섭씨(葉氏) → 섭몽득(葉夢得)
- 소씨(蘇氏) → 소식(蘇軾)
- 소씨(邵氏) → 소갑(邵甲)
- 소자(邵子) → 소옹(邵雍)
- 신안 예씨(新安倪氏) → 예사의(倪士毅)
- 신안 오씨(新安吳氏) → 오호(吳浩)
- 신안 왕씨(新安王氏) → 왕염(王炎)
- 신안 진씨(新安陳氏) → 진력(陳櫟)
- 쌍봉 요씨(雙峯饒氏) → 요노(饒魯)
- 안씨(晏氏) → 미상
- 안정 호씨(安定胡氏) → 호원(胡瑗)
- 양씨(楊氏) → 양시(楊時)

- 여씨(呂氏) → 여대림(呂大臨)
- 연평 이씨(延平李氏) → 이통(李侗)
- 영가 설씨(永嘉薛氏) → 미상
- 예씨(倪氏) → 예사의(倪士毅)
- 예장 나씨(豫章羅氏) → 나종언(羅從彥)
- 오씨(吳氏) → 오우(吳迂)
- 옥계 노씨(玉溪盧氏) → 노효손(盧孝孫)
- 온릉 진씨(溫陵陳氏) → 진지유(陳知柔)
- 왕씨(汪氏) → 왕염창(汪炎昶)
- 왕씨(汪氏) → 왕정직(汪廷直)
- 왕씨(王氏) → 왕회(王回)
- 운봉 호씨(雲峯胡氏) → 호병문(胡炳文)
- 유씨(游氏) → 유초(游酢)
- 유씨(劉氏) → 유팽수(劉彭壽)
- 윤씨(尹氏) → 윤돈(尹焞)
- 인산 김씨(仁山金氏) → 김이상(金履祥)
- 인수 이씨(仁壽李氏) → 이도전(李道傳)
- 임소영(林少穎) → 임지기(林之奇)
- 임씨(林氏) → 임지기(林之奇)
- 임천 오씨(臨川吳氏) → 오징(吳澄)
- 잠실 진씨(潛室陳氏) → 진식(陳埴)
- 장존중(張存中) → 장용(張庸)
- 장씨(張氏) → 장구성(張九成)
- 장씨(張氏) → 장옥연(張玉淵)
- 장씨(張氏) → 장정견(張庭堅)
- 장씨(張氏) → 장용(張庸)
- 장씨(張氏) → 장팽로(張彭老)
- 장씨(張氏) → 장호고(張好古)
- 장자(張子) → 장재(張載)
- 절재 채씨(節齋蔡氏) → 채연(蔡淵)
- 정씨(鄭氏) → 정남승(鄭南升)
- 정씨(鄭氏) → 정여해(鄭汝諧)
- 정씨(鄭氏) → 정현(鄭玄)
- 정자(程子) → 정이(程頤)
- 정자(程子) → 정호(程顥)
- 제갈씨(諸葛氏) → 제갈태(諸葛泰)
- 조씨(趙氏) → 조순손(趙順孫)
- 주씨(朱氏) → 주신(朱伸)
- 주씨(朱氏) → 주조의(朱祖義)
- 주자(周子) → 주돈이(周敦頤)
- 주자(朱子) → 주희(朱熹)
- 지재 진씨(止齋陳氏) → 진부량(陳傅良)
- 진씨(陳氏) → 미상
- 천태 반씨(天台潘氏) → 반시거(潘時擧)
- 첩산 사씨(疊山謝氏) → 사방득(謝枋得)
- 치당 호씨(致堂胡氏) → 호인(胡寅)
- 포전 황씨(莆田黃氏) → 황사의(黃士毅)
- 하동 후씨(河東侯氏) → 후중량(侯仲量)
- 하씨(何氏) → 하몽귀(何夢貴)
- 형씨(邢氏) → 형병(邢昺)
- 호씨(胡氏) → 호영(胡泳)
- 호씨(胡氏) → 호인(胡寅)
- 홍씨(洪氏) → 홍흥조(洪興祖)
- 화양 범씨(華陽范氏) → 범조우(范祖禹)
- 화정 윤씨(和靖尹氏) → 윤돈(尹焞)
- 황씨(黃氏) → 황연(黃淵)
- 후씨(侯氏) → 후중량(侯仲量)
- 후재 풍씨(厚齋馮氏) → 풍의(馮椅)
- 휘암 정씨(徽菴程氏) → 정약용(程若庸)

인용 학자 소개

· 고원상(顧元常): 남송의 학자며, 자는 평보(平甫)이다. 예학의 연구자로서 『예기의소(禮記義疏)』를 주해했다.
· 공영달(孔穎達, 574~648): 당의 경학가다. 자는 충원(冲遠) 또는 중달(仲達)이다. 그가 주편한 『오경정의(五經正義)』는 한대 이후 훈고학을 집대성한 것으로, 이후 성리학이 일어나기 전까지는 유가 경전 해석의 표준이 되었다.
· 곽충후(郭忠厚): 북송의 학자며 일명 곽충효(郭忠孝)라고도 한다. 자는 입지(立之)며 하남인이다. 정이에게 『역(易)』과 『중용(中庸)』 등을 배웠다. 이후 학문적으로 강서학파에게 큰 영향을 미쳤다.
· 구양겸지(歐陽謙之): 남송의 이학가로서 자는 희손(希遜)이며 여릉인이다. 주희의 문인이다.
· 구양현(歐陽玄, 1273~1357): 원의 학자로서 자는 원공(原功)이며 호는 규재(圭齋)다. 유양인이다. 어려서 장관에게 배웠으며 문장으로 유명했다. 원 순제 때 한림직학사로서 요·금·원 3사의 수찬 총재관을 맡았다. 저서로 『규재문집(圭齋文集)』이 있다.
· 김이상(金履祥, 1232~1303): 송말 원초의 이학가로서 자는 길부(吉父)고 호는 차농(次農)이며, 난계인이다. 인산(仁山) 밑에 살았으므로 인산선생이라고 불렸다. 왕백·하기 등에게 배웠으며 이학에 조예가 깊었다. 소위 금화 주학의 중요 인물로서 원초의 대표적 학자다. 저서로 『논어맹자집주고증(論語孟子集注考證)』이 있다.
· 나종언(羅從彦, 1072~1135): 북송의 이학가로서 자는 중소(仲素)며 예장(豫章)선생이라 불렸다. 소위 남검삼선생(南劍三先生) 중 한 사람이다. 오의·양시 등에게 배웠으며, 정호·정이의 학문은 남검삼선생인 양시·나종언·이통을 거쳐 주자에게 전해졌다. 저서로 『중용설(中庸說)』·『어맹해(語孟解)』 등이 있다.
· 노효손(盧孝孫): 남송의 학자로서 자는 신지(新之)며 옥계(玉溪)선생이라 불렸다. 태학박사를 지냈고 퇴직 후 제자들을 가르쳤다.
· 담유인(譚惟寅): 남송의 학자로서 자는 자흠(子欽)이며 호는 태재(蛻齋)다. 태학박사를 지냈다.
· 등명세(鄧名世): 남송의 학자로서 일명 등명아(鄧名亞)라고도 한다. 자는 원아(元亞)며 임천인이다. 경사에 밝았으며 특히 『춘추(春秋)』에 정통했다. 주희의 친구며 저작좌랑을 지냈다. 저서로 『춘추논설(春秋論說)』이 있다.
· 반병(潘柄): 남송의 이학가로서 자는 겸지(謙之)다. 회안인이며 과산(瓜山)선생이라 불렸다. 주희의 제자며, 저서로 『역해(易解)』·『상서해(尙書解)』 등이 있다.
· 반시거(潘時擧): 남송의 이학가로서 자는 자선(子善)이며 임해인이다. 주희의 제자로서 육

경에 대해 많은 질문과 답변을 해 주희로부터 칭찬을 들었다. 무위군 교수를 지냈다.
- **방봉진**(方逢辰, 1221~1291): 송말 원초의 학자로서 일명 방몽괴(方夢魁)라고도 한다. 자는 군석(君錫)이며 교봉(蛟峯)선생이라 불렸다. 가학을 이었기에 특별히 배운 선생은 없다. 화정서원에서 강의했으며, 그 외 금화 순안 등지에서 강학했다. 사서(四書)와 육경(六經)을 존중했으며, 사양좌의 학문을 흠모했다. 저서로 『대학중용주석(大學中庸注釋)』이 있다.
- **범조우**(范祖禹, 1041~1089): 북송의 사학가·경학가로서 화양인이다. 자는 순보(淳甫)인데, 순부(淳夫)·몽득(夢得) 등의 자도 썼다. 사마광을 따라 『자치통감(資治通鑑)』의 편찬 작업에 참여했으며, 『중용(中庸)』을 깊이 연구해 『중용론(中庸論)』 다섯 편을 지었다.
- **보광**(輔廣): 남송의 이학가로서 자는 한경(漢卿)이고 호는 잠암(潛菴)이다. 만년에 전이(傳貽)서원을 짓고 제자들을 가르쳤기에 전이선생이라 불렸다. 여조겸과 교유했으며, 주희에게 배워 문인이 되었다. 주희의 학설을 충실히 전달하는 데 기여했으며, 이익과 의리의 문제를 깊이 연구했다. 저서로 『어맹학용문답(語孟學庸問答)』·『사서찬소(四書纂疎)』 등이 있다.
- **사방득**(謝枋得, 1226~1289): 남송의 학자로서 자는 군직(君直)이며, 첩산(疊山)선생이라 불렸다. 송이 망한 후 원 조정에 억지로 불려 갔으나 음식을 거부하고 죽음을 맞았다. 서림에게 배웠으며 육학(陸學)을 전수했다. 저서로 『첩산문집(疊山文集)』이 있다.
- **사양좌**(謝良佐, 1050~1103): 북송의 이학가로서 상채인이다. 자는 현도(顯道)며, 상채(上蔡)선생이라 불렸다. 소위 정문사선생(程門四先生)의 한 사람으로 정호·정이의 고제다. 특히 '인(仁)'의 개념을 정립하는 데 크게 기여했다. 주희가 젊었을 때 그의 학설에 도움을 많이 받았다고 하며, 후대에 주희 학설의 선하가 된다는 평을 들었다. 저서로 『논어설(論語說)』·『상채어록(上蔡語錄)』 등이 있다.
- **섭몽득**(葉夢得, 1077~1148): 북송의 문학가이자 경학가로서 오현인이다. 자는 소온(少蘊)이며 호는 석림(石林)이다. 문학은 사(詞)에 능했고 경학은 『춘추(春秋)』에 정통해서, 『춘추전(春秋傳)』·『춘추고(春秋考)』·『춘추얼(春秋讞)』 등의 저서가 있다.
- **섭하손**(葉賀孫): 남송의 학자로서 일명 섭미도(葉味道)라고도 한다. 자는 하손 또는 지도(知道)며, 온주인이다. 주희에게 배웠으며, 주자학이 탄압을 받을 때 과거 답안을 주자학에 의거해 써냈다가 낙방했다. 주자학이 해금된 후 진사에 급제하고 악주 교수, 태학박사 겸 숭정전설서·비서저작좌랑 등을 지냈다. 설서의 직을 맡았을 때 『논어(論語)』를 선강해야 한다고 주장했다. 저서로 『사서설(四書說)』·『예해(禮解)』·『대학강

의(大學講義)』 등이 있다.
- 소갑(邵甲): 남송의 학자로서 양간의 제자다. 진순과 학문을 논했으나 의견이 맞지 않았다고 한다.
- 소식(蘇軾, 1036~1101): 북송의 학자이자 문학가로서 미산인이다. 자는 자첨(子瞻)이며, 스스로 동파거사(東坡居士)라 호를 지었다. 진사에 등제한 이래 여러 관직을 역임했으며, 정치적으로 사마광 등을 도우면서 왕안석의 신법당과 대립했다. 문학에서 「적벽부(赤壁賦)」 등의 운문 작품으로 유명하며, 당송팔대가(唐宋八大家)의 한 사람에 들 정도로 산문이 뛰어났다. 경학에도 조예가 깊어 『역전(易傳)』·『논어설(論語說)』·『서전(書傳)』 등의 저서를 남겼다. 주희는 소식의 학문에 불교나 도교의 설이 혼입되어 있다는 점을 비판했으나, 집주에서 소식의 설을 상당수 채택했다.
- 소옹(邵雍): 북송의 이학가이자 상수학자다. 자는 요부(堯夫)며, 강절(康節)이라는 시호를 받아 소강절이라고도 불렸다. 백원(百源)선생이라 불렸으며 스스로 안락(安樂)선생이라 칭하기도 했다. 남송 도종 함순 초에 공묘에 배향되어 신안백(新安伯)으로 추봉되었고, 명 가정 연간에 선유(先儒) 소자(邵子)로 칭해졌다. 주돈이·장재·정이·정호 등과 함께 소위 북송오자(北宋五子)로서 성리학 창시자의 한 사람이다. 벼슬을 한 적이 없으며, 일생 학문에 매진해 당시의 명사인 부필·사마광 등의 존숭을 받았다. 저서로 『황극경세(皇極經世)』·『격양집(擊壤集)』이 있다.
- 심귀요(沈貴瑤): 남송의 학자로서 자는 성숙(誠叔)이며, 의재(毅齋)선생이라 불렸다. 동몽정의 고제며, 저서로 『정몽의해(正蒙疑解)』·『사서요의(四書要義)』가 있다.
- 양시(楊時, 1053~1135): 북송의 이학가로서 자는 중립(中立)이다. 만년에 구산(龜山)에 은거해 구산선생이라 불렸고, 시호는 문정(文靖)이다. 처음에는 정호에게 배웠고, 정호가 죽자 정이에게 배웠다. 소위 정문사선생(程門四先生) 중 사람이다. 정호·정이의 학문이 그를 통해 주희·장식 등에 연결되었으므로 동남학자[소위 남도(南渡) 낙학(洛學)]의 대종이라는 평을 들었다. 저서로 『구산문집(龜山文集)』·『구산어록(龜山語錄)』 등이 있다.
- 여대림(呂大臨, 1042~1092): 북송의 학자로서 자는 여숙(與叔)이며, 남전인이다. 처음에는 장재에게 배웠으나 장재가 죽은 후 정호·정이에게 배워 고제가 되었다. 소위 정문사선생(程門四先生) 중 한 사람이다. 저서로 『논어해(論語解)』·『대학해(大學解)』·『중용해(中庸解)』·『노자주(老子注)』 등이 있다.
- 여조겸(呂祖謙, 1137~1181): 남송의 이학가이자 문헌학자로서 무주인이다. 자는 백공(伯

恭)이며, 동래(東萊)선생이라 불렀다. 그의 아버지 여본중을 대동래, 그를 소동래라 구분하기도 한다. 주희·장식과 함께 동남삼현(東南三賢) 중 한 사람이다. 학문적으로 주희와 달라서 역사와 문헌에 밝았으며, 소위 여학(呂學)이라는 독자적인 학문 경향을 보였다. 애택서원을 창설해 후학을 가르쳤다. 저서로『동래집(東萊集)』·『동래좌전박의(東萊左傳博議)』·『동래서설(東萊書說)』 등이 있다.

- 예사의(倪士毅, 1303~1348): 원의 학자로서 자는 중홍(仲弘)이며, 휴녕인이다. 일찍이 진력에게 배웠다. 관련 저서로『사서집석(四書集釋)』이 있는데, 이는『사서집주대전(四書集註大全)』을 편찬하는 데 기본이 된 책으로 평가받는다.
- 오우(吳迂): 원의 이학가로서 부량인이다. 자는 중우(仲迂)며, 호는 가당(可堂)이다. 요노의 제자로서 누차 응거했으나 합격하지 못하고 은거 독서했다. 저서로『사서어록(四書語錄)』·『오경발명(五經發明)』·『공자세가(孔子世家)』 등이 있다.
- 오징(吳澄, 1249~1333): 원의 학자로서 자는 유청(幼淸)인데, 만년에는 백청(伯淸)이라 했다. 남송 말에 과거에 응시했으나 불합격해 초옥에 은거했으므로 초려선생이라 불렀다. 원 무종 때 국자감승, 사업 등의 국자감관을 지냈고 한림학사가 되었다.『영종실록(英宗實錄)』을 수찬했으며 실록 완성 후 벼슬을 버리고 낙향해 후학을 교육했다. 저서로『역찬언(易纂言)』·『예기찬언(禮記纂言)』·『춘추찬언(春秋纂言)』 등이 있다.
- 오호(吳浩): 남송의 학자로서 휴녕인이다. 자는 의보(義父)며, 호는 직헌(直軒)이다. 은거해 벼슬하지 않았으며, 저서로『직헌대학의(直軒大學義)』가 있다.
- 왕염(王炎, 1137~1218): 남송의 학자로서 무원인이다. 자는 회숙(晦叔)이며, 호는 쌍계(雙溪)다. 장식의 지우를 받아 벼슬했으며 담주 교수를 지냈다. 저서로『쌍계집(雙溪集)』이 있다.
- 왕염창(汪炎昶, 1261~1338): 원의 학자로서 무원인이다. 자는 무원(茂遠)이고, 어릴 때 송의 유민 손숭에게 배웠으며, 은거해 원에 벼슬하지 않았다.
- 왕정직(汪廷直): 북송의 학자로서 무원인이다. 진사에 등제하고 둔전원외랑을 지냈다.
- 왕통(王侗): 원의 학자로서 호는 노재(魯齋)다. 저서로『대학장구(大學章句)』·『대학혹문(大學或問)』·『중용구(中庸九)』·『중용혹문(中庸或問)』이 있다.
- 왕회(王回, 1023~1065): 북송의 관리로서 자는 심보(深甫)고 후관인이다. 구양수의 학문을 모범으로 삼았다.
- 요노(饒魯): 남송의 이학가로서 여간인이다. 자는 백여(伯輿) 또는 중니(仲尼)며, 스스로 호를 쌍봉(雙峯)이라 했다. 황간과 이번 등에게 배웠으며 특히 황간 문하의 중요 인물

이었다. 석동서원을 세워 강학했으며 후대에 끼친 학문적 영향이 컸다. 그의 학문은 주희를 근본으로 했으나 주희의 설을 묵수하지만은 않았으며, 그 때문에 오징에 의해 "육씨(육구연)를 종주로 하고 주희를 등졌다"라는 평을 받았다. 저서로 『오경강의(五經講義)』・『어맹기문(語孟紀聞)』・『학용찬술(學庸纂述)』 등이 있지만 현존하는 것은 『요쌍봉강의(饒雙峯講義)』뿐이다.

· 웅화(熊禾, 1253~1312): 송말 원초의 학자로서 건양인이다. 자는 거비(去非)며 호는 물재(勿齋) 또는 퇴재(退齋)다. 어려서부터 염락학(濂洛學: 주돈이와 정호・정이의 학문, 즉 성리학)에 뜻을 두어 주희의 문인인 보광과 교유했으며, 후에 무이산으로 들어가 오봉서당을 짓고 강학했다. 저서로 『삼례고이(三禮考異)』・『춘추논고(春秋論考)』・『물헌집(勿軒集)』 등이 있다.

· 원보(袁甫): 남송의 학자로서 은현인이다. 자는 광미(廣微)며 몽재(蒙齋)선생이라 불렸다. 어려서는 아버지 원섭에게 배웠으며 후에 양간에게 배웠다. 육학을 종지로 한다는 평을 들었으며, 저서로 『중용강의(中庸講義)』・『효설(孝說)』・『맹자해(孟子解)』 등이 있다.

· 유초(游酢, 1053~1123): 북송의 이학가로서 자는 정부(定夫)며 녹산(鹿山)선생이라 불렸다. 정호・정이에게 배웠으며 소위 정문사선생(程門四先生) 중 한 사람이다. 정이의 설을 이어받아 인(仁)의 개념을 설명하는 데 크게 기여했다. 불학에 조예가 깊었는데, 호광이 이를 정문의 죄인이라고 평했다. 관련 저서로 『역설(易說)』・『중용의(中庸義)』・『논어맹자잡해(論語孟子雜解)』 등이 있다.

· 유팽수(劉彭壽): 원대의 학자로서 미주인이다. 경술을 근본으로 삼아 제자들을 가르쳤다. 저서로 『사서제요(四書提要)』・『춘추택존(春秋澤存)』・『춘추정경구석(春秋正經句釋)』이 있다.

· 육구연(陸九淵, 1139~1192): 남송의 이학가로서 금계인이다. 심학의 대표적 인물이다. 자는 자정(子靜)이며, 스스로 호를 존재(存齋)라 했다. 중년 이후에는 상산(象山)에 살면서 강학했기에 스스로 상산옹이라 했고, 상산선생이라 불렸다. 정주학의 '성즉리(性卽理)'설과는 달리 '심즉리(心卽理)'설을 내세워 심학의 창시자가 되었다. 학문 방법론적으로도 주희와 달리 주로 존덕성에 중점을 두었다. 그러나 황종희에게서 육구연과 주희는 근본적으로 공맹을 종주로 삼았다는 점에서 동일하다는 평을 들었다. 그의 학문은 양간 등이 계승했고 명 왕수인이 집대성해 소위 육왕심학으로 완성되었다. 저서로 『상산선생전집(象山先生全集)』이 있다.

· 육전(陸佃, 1042~1102): 북송의 학자로서 산음인이다. 자는 농사(農師)며 호는 도산(陶山)이다. 왕안석에게 배웠으며 국자감 직강을 지냈고, 『신종실록(神宗實錄)』·『철종실록(哲宗實錄)』 등의 편수에 참여했다. 저서로 『예상(禮象)』·『춘추후전(春秋後傳)』·『도산집(陶山集)』 등이 있다.

· 윤돈(尹焞, 1071~1142): 북송 말 남송 초의 이학가로서 낙인이다. 자는 명언(明彦) 또는 덕충(德充)이며, 흠종이 화정(和靖)처사라는 호를 사여했다. 일생 웅거하지 않았으나 시강을 역임해 윤시강이라 불린다. 어려서 정이에게 배웠으며 정이의 인정을 받았다. 학문적으로는 실체역행을 주로 했으며, 경전 중에 특히 『논어(論語)』를 중시했다. 저서로 『논어해(論語解)』·『맹자해(孟子解)』 등이 있다.

· 이도전(李道傳): 남송의 학자로서 자는 관지(貫之)며, 정연인이다. 봉주 교수, 태학박사·태상박사 등을 역임했다. 어려서부터 정이·정호의 책을 읽고 의리를 탐색하는 데 침식을 잊었다고 한다. 주희의 문인은 못 되었으나 주희 제자들과 학문을 논했으며 주희의 저서를 탐독했다. 주희의 『사서집주(四書集註)』 및 『사서혹문(四書或問)』 등을 태학에 반포하기를 청하고, 주돈이·소옹·정이·정호·장재 5인을 공묘에 종사할 것을 상소했다.

· 이정옹(李靖翁): 『중용(中庸)』의 주석가다.

· 이통(李侗, 1093~1163): 남송의 이학가로서 주희의 스승이다. 자는 원중(愿中)이며 연평(延平)선생이라 불렸다. 시호는 문정(文靖)이며 검포인이다. 나종언에게 사서(四書)를 배웠으며, 이를 주희에게 전했다. 저서로 『이연평선생문집(李延平先生文集)』이 있다.

· 이형(李衡, 1100~1178): 남송의 관리이자 학자로서 강도인이다. 자는 언평(彦平)이며 호는 낙암(樂庵)이다. 감찰어사·시어사 등을 역임했으며, 비서각 수찬으로 치사했다. 만년에 곤산에 정거해 만 권의 책을 모았다.

· 임지기(林之奇, 1112~1176): 남송의 학자로서 후관인이다. 자는 소영(少穎) 또는 졸재(拙齋)이며 삼산(三山)선생이라 불렸다. 비서성 정자 및 교서랑을 역임했다. 여본중에게 배웠으며 왕안석의 『삼경신의(三經新義)』에 반대했다. 저서로 『서설(書說)』·『춘추설(春秋說)』·『논맹강의(論孟講義)』 등이 있다.

· 장구성(張九成, 1092~1159): 남송의 이학가로서 전당인이다. 자는 자소(子韶)며, 스스로 호를 횡포거사(橫浦居士)·무구거사(無垢居士)라 했고, 시호는 문충(文忠)이다. 태상박사·시강 등을 역임했다. 당시 재상이던 진회를 거슬러 남안군에 귀양갔는데, 거기서 경전을 연구하고 많은 저작을 남겼다. 양시에게 배워 그의 문인이 되었으며 정호·정이의 재전

제자다. 사양좌의 설과 불가의 설을 종합하여 인의 개념을 정리했다. 그의 학설은 심즉리설을 내세워 정호·정이의 학을 육학으로 연결하는 중간 고리에 해당한다는 평을 받았고, 이 때문에 주희의 비판을 받았다. 저서로『맹자전(孟子傳)』·『중용설(中庸說)』등이 있다.

- 장식(張栻, 1133~1180): 남송의 이학가로서 면죽인이다. 자는 경부(敬夫) 또는 낙재(樂齋)며 호는 남헌(南軒)이다. 남송 이종 경정 연간에 공묘에 종사되었다. 주희·여조겸 등과 어깨를 나란히 하는 명유로서, 소위 동남삼현(東南三賢) 중 한 사람이다. 호굉에게 배웠으며 악록(岳麓)서원에서 강의했다. 학설로는 의(義)와 이(利)의 구분을 강조했으며 주희의 존경을 받았다. 저서로『논어해(論語解)』·『맹자설(孟子說)』등이 있으며, 그 외『남헌집(南軒集)』이 있다.
- 장옥연(張玉淵): 미상
- 장용(張庸): 원의 관리로서 자는 존중(存中)이며 온주인이다. 병부상서를 지냈다.
- 장재(張載, 1020~1077): 북송의 이학가로서 미현인이다. 성리학 창시자의 한 사람으로, 자는 자후(子厚)며 횡거진(橫渠鎭)에 거주해서 횡거선생이라 불렸다. 시호는 명공(明公)이며, 남송 이종 때 미백(郿伯)으로 봉해지고 공묘에 종사되었다. 범중엄에게『중용(中庸)』을 배운 이래 경학에 전심했으며 일생의 대부분을 관중(關中)에서 강학과 저작에 바쳤기에 그의 학문을 관학이라 하기도 한다. 그의 학설은 성(性)을 천지지성과 기질지성으로 구분함으로써 이후 성리학의 이론적 골격을 형성했다. 그의『서명(西銘)』은 정문의 필독서로 취급되었으며, 그 외『정몽(正蒙)』·『역설(易說)』·『경학리굴(經學理窟)』·『어록(語錄)』등의 저서가 있고, 이 모든 것은 명대에『장자전서(張子全書)』로 출간되었다.
- 장정견(張庭堅): 북송의 관리로서 광안군인이다. 자는 재숙(才叔)이며 시호는 절민(節愍)이다. 사마광 등을 존숭했으며 소식을 천거했다.
- 장팽로(張彭老): 맹자의 주석가다.
- 장호고(張好古, ?~1262): 원의 관리로서 자는 신보(信甫)며 남궁인이다. 어려서부터 독서와 글짓기로 유명했다.
- 정남승(鄭南升): 남송의 학자로서 자는 문진(文振)이며 조양인이다. 주희의 문인이며,『논어(論語)』·『맹자(孟子)』등을 깊이 연구했다. 그의 설은 주희에게 인정을 받았으며, 동문들이 존숭했다.
- 정약용(程若庸): 남송의 이학가로서 휴녕인이다. 자는 봉원(逢原)이며 호는 물재(勿齋)고

휘암(徽菴)선생이라 불렸다. 요노·심귀진 등에게 배웠으며 성리학의 전수에 공이 있다. 안정서원의 산장을 지냈으며 임여서원을 창건했다. 진사에 등제한 후 무이서원의 산장으로 임명되어 강의했다. 정단몽의『성리자훈(性理字訓)』을 해설한 그의『성리자훈강의(性理字訓講義)』는 이후 성리학의 초학 교재로 중요하게 취급되었다.

· 정여해(鄭汝諧): 남송의 학자로서 청전인이다. 자는 순거(舜擧)며 호는 동곡거사(東谷居士)다. 저서로『동곡역익전(東谷易翼傳)』·『논어의원(論語意源)』이 있다.

· 정이(程頤, 1033~1107): 북송의 이학가로서 낙양인이다. 성리학 창시자 중 한 사람으로 자는 정숙(正叔)이고 호는 이천(伊川)이며, 남송 이종 때 이천백으로 봉해지고 공묘에 종사되었다. 그의 형 정호와 함께 이정자(二程子)라 불린다. 이 이정자가 성리학의 기초를 세웠는데, 그 학문을 낙학이라 한다. 태학에 유학해 호원의 중시를 받았으며 서경 국자감 교수, 관구국자감 등의 국자감관을 지냈다. 그는 성즉리설을 내세웠는데, 주희는 이 설을 받아들여 발전시킴으로써 성리학을 완성했으며 이후 정통 학문이 되었다. 저서로『역전(易傳)』·『춘추전(春秋傳)』·『안자소학하론(顔子所學何論)』·『어록(語錄)』등이 있으며, 제자들이 그의 저서와 그의 형 정호의 저작을 모아『이정전서(二程全書)』를 펴냈다.

· 정현(鄭玄, 127~200): 후한의 학자로서 훈고학의 집대성자다. 자는 강성(康成)이며 고밀인이다. 장공조·마융 등에게 수학했으며, 고문을 위주로 했으나 금문도 일부 채택·종합했다. 삼경(三經)의 주석을 달았으며, 논어의 주석도 달았으니 그것이 소위 정주(鄭注)다.

· 정형(程迥): 남송의 학자로서 영릉인이다. 자는 가구(可久)며 호는 사수(沙隨)다. 왕보 등에게 배웠고 호학하는 것으로 유명했으며, 저서로『고역고(古易考)』등이 있다.

· 정호(程顥, 1032~1085): 북송의 이학가로서 낙양인이다. 성리학 창시자 중 한 사람이다. 자는 백순(伯淳)이고 호는 명도(明道)며, 남송 이종 때 하남백으로 봉해지고 공묘에 종사되었다. 그의 동생 정이와 함께 이정자(二程子)라 불린다. 정이의 학문과 큰 차이는 없으나, 심즉리의 설을 인정해 심학의 선구가 되었다는 점에서 약간의 차이가 있다. 저서로는『식인편(識仁篇)』·『정성서(定性書)』·『어록(語錄)』등이 있으며, 후에 그 동생 정이의 저작과 합쳐져『이정전서(二程全書)』로 출간되었다.

· 제갈태(諸葛泰): 원의 학자로서 자는 형보(亨甫)며 진강인이다. 힘써 연구해 경전의 깊은 뜻을 많이 밝혔다고 한다.

· 제몽룡(齊夢龍): 남송의 학자로서 소옹의 역학을 연구했다.

- 조순손(趙順孫): 남송의 학자로서 진운인이다. 자는 화중(和仲)이며 격재(格齋)선생 또는 격암(格菴)선생이라 불렸다. 비서랑에서 시어사에 이를 때까지 항상 강독을 겸했다. 저서로 『사서찬소(四書纂疏)』가 있다.
- 주돈이(周敦頤, 1017~1073): 북송의 이학가로서 연도인이다. 자는 무숙(茂叔)이고 호는 염계(濂溪)다. 원명은 돈실(敦實)인데 영종의 이름을 피휘하느라 돈이로 개명했다. 남송 영종이 원공(元公)의 호칭을 사여했으며, 이종 때 여남(汝南)백에 봉해지고 공묘에 종사되었다. 원 인종 때 도국공(道國公)으로 봉해졌고, 명 세종 때 선유(先儒) 주자(周子)로 칭해졌다. 연도에 있는 염계를 호로 썼으므로 염계선생이라 불렸고, 그 학문을 염학이라 한다. 소위 북송오자(北宋五子) 중 한 사람이다. 성리학의 진정한 창시자로, 주희·장식 등이 도학의 종주로서 받들었다. 중용의 성(誠)의 개념을 확립함으로써 성리학의 기본적인 이론적 골격을 세웠으며, 그 외 태극·이·기·성(性)·명(命)·주정(主靜) 등 성리학의 핵심 개념들을 정립했다. 이 점에서 그의 『태극도설(太極圖說)』은 성리학의 기본 이론서라 할 만하다. 그 외의 저서로 『통서(通書)』가 있으며, 후대에 『주자전서(周子全書)』가 간행되었다.
- 주신(朱伸): 미상
- 주조의(朱祖義): 원의 학자로서 자는 자유(子由)며 노릉인이다. 여러 경전에 구해(句解)를 달았으며, 저서로 『상서구해(尙書句解)』·『주역구해(周易句解)』 등이 있다.
- 주희(朱熹, 1130~1200): 남송의 이학가로서 성리학의 집대성자다. 자는 원회(元晦) 또는 중회(仲晦)고 무원인이다. 건양에 초당을 지어 회암(晦庵)으로 이름 짓고 회옹(晦翁)이라 칭했다. 만년에는 둔옹(遯翁), 또는 거주 지명을 따서 고정(考亭)이라 하기도 했다. 시호가 문(文)이어서 주문공이라고 불리기도 한다. 남송 이종 때 공묘에 종사되었으며, 명 신종 때 선유 주자(朱子)로 칭해졌다. 이통에게 배웠으며 일생의 대부분을 학자와 교육자로서 보냈다. 지방관으로 재직할 때에도 항상 서원을 세우거나 복건해 강학했는데, 남강군에 있을 때는 백록동서원을 복건해 강학했고, 장주에서는 주학을 자주 방문해 강학했고, 담주에서는 악록서원을 복건해 강학했다. 만년에는 복건 건양의 고정에 창주정사를 짓고 문인들을 가르쳤다. 그는 주돈이·정호·정이의 학설을 계승하고 장재·소옹 등을 흡수·종합했으며, 불교와 도교의 설까지도 융합해 광대한 신유학의 체계를 완성했다. 이 과정에서 그는 성리학의 근간이 되는 이기론·심성론·공부론을 확립해 이후 신유학의 새로운 시대를 열었다. 저서로 『태극도설해(太極圖說解)』·『통서해(通書解)』·『서명해의(西銘解義)』·『근사록(近思錄)』·『주문

공문집(朱文公文集)』・『주자어류(朱子語類)』・『사서집주(四書集註)』・『사서혹문(四書或問)』 등과 그 외 많은 저서가 있으며, 이는 후대에『주자전서(朱子全書)』・『주자대전(朱子大全)』 등으로 간행되었다. 그의 직접적인 저서 이외에 그가 참여하거나 감수한 다른 책들도 무수히 많다.

・ **진공석(陳孔碩)**: 남송의 이학가로서 후관인이다. 자는 부중(膚仲) 또는 숭청(崇淸)이며, 북산(北山)선생이라 불렸다. 처음에는 장식과 여조겸에게 배웠으나 이후 주희를 스승으로 모셨다. 처주 교수를 지냈고 예부낭중을 역임했다.

・ **진덕수(眞德秀, 1178~1235)**: 남송의 이학가로서 자는 경원(景元) 또는 희원(希元)인데, 나중에 경희(景希)라 했다. 호는 서산(西山)이고 시호는 문충(文忠)이며, 포성인이다. 주희의 학문을 모범으로 해서『대학연의(大學衍義)』를 지었고, 탄압받던 성리학을 다시 번성하게 하는 데 기여했다. 저서로『진문충공집(眞文忠公集)』이 있다.

・ **진력(陳櫟, 1252~1334)**: 원의 경학가이자 이학가로서 휴녕인이다. 자는 수옹(壽翁)인데 노년에는 동부노인(東阜老人)이라 했고, 정우(定宇)선생이라 불렸다. 할머니와 아버지에게 경사를 배웠다. 주희를 종주로 삼아 주희 사후의 학문적 혼란을 정리하기 위해『사서발명(四書發明)』을 지었으며, 이로써 주자학의 전수에 공이 크다는 평을 들었다. 그 외의 저서로『서집전찬소(書集傳纂疏)』・『예기집의(禮記集義)』・『정우문집(定宇文集)』 등이 있다.

・ **진부량(陳傅良, 1137~1203)**: 남송의 학자로서 서안인이다. 영가학파의 중요 인물이며, 자는 군거(君擧)고 호는 지제(止齋)다. 영가의 정백웅・설계선 등에게 배웠으며 태학에서 장식・여조겸 등과 교유했다. 학문적으로 역사 연구를 중시하고 경세치용을 제창했다. 저서로『시해고(詩解詁)』・『주례설(周禮說)』・『춘추후전(春秋後傳)』・『좌씨장지(左氏章指)』・『지제문집(止齋文集)』 등이 있다.

・ **진순(陳淳, 1153~1217)**: 남송의 이학가로서 용계인이다. 자는 안경(安卿) 또는 공부(功夫)며, 북계(北溪)선생이라 불렸다. 주희 만년의 고제로서 주희가 장주의 지방관이었을 때부터 배웠다. 주희의 학설을 철저하게 추종했으며 육구연에 반대했다. 저서로『논맹학용구의(論孟學庸口義)』・『사서성리자의(四書性理字義)』・『북계전집(北溪全集)』 등이 있고, 그의 문인 진기가 기록한『균곡뢰구금산소문(筠谷瀨口金山所聞)』이 있다.

・ **진식(陳埴)**: 남송의 이학가로서 영가인이다. 자는 기지(器之)며 잠실(潛室)선생이라 불렸다. 처음에는 섭적에게 배웠고 나중에 주희에게 배웠으며, 섭적과 주희의 문인이다. 명도서원의 산장으로서 많은 제자를 길렀고, 그 제자들과 문답한 내용을 엮은『목종

집(木鐘集)』이 있다. 학설은 심(心)을 강조해 정호·육구연 쪽으로 기우는 경향이 있다.
- 진지유(陳知柔, ?~1184): 남송의 이학가로서 영춘인이다. 자는 체인(體仁)이며 호는 휴재(休齋) 또는 약옹(弱翁)이다. 저서로 『역본지(易本旨)』·『역대전(易大傳)』·『논어후전(論語後傳)』 등이 있다.
- 채모(蔡模): 남송의 이학가로서 건양인이다. 자는 중각(仲覺)이고 호는 각헌(覺軒)이며, 채심의 아들이다. 은거 독학했으며, 건안서원의 석장을 지냈다. 주희의 설을 모아 『속근사록(續近思錄)』을 편집했으며, 그 외 『역전집해(易傳集解)』·『대학연설(大學衍說)』·『논맹집소(論孟集疏)』 등의 저서가 있다.
- 채심(蔡沈, 1167~1230): 남송의 이학가로서 건양인이다. 자는 중묵(仲默)이며 구봉(九峰) 선생이라 불렸다. 채원정의 아들이다. 어려서 가학을 이었고, 주희에게 배웠다. 주희의 명을 받아 『상서(尚書)』를 주해해 『서집전(書集傳)』을 완성했다.
- 채연(蔡淵, 1156~1236): 남송의 이학가로서 건양인이다. 자는 백정(伯靜)이며 호는 절재(節齋)다. 채원정의 아들이다. 가학을 이었고, 주희에게 배웠다. 저서로 『주역훈해(周易訓解)』·『시사문(詩思問)』·『논맹사문(論孟思問)』 등이 있다.
- 추계우(鄒季友): 원의 학자로서 채심의 『서집전(書集傳)』에 음석을 달았다.
- 풍의(馮椅): 남송의 이학가로서 도창인이다. 자는 의지(儀之) 또는 기지(奇之)며, 호는 후재(厚齋)다. 주희의 문인으로 만년에는 집에서 제자를 받아 가르쳤다. 『역(易)』·『서(書)』·『시(詩)』·『논어(論語)』·『맹자(孟子)』 등을 주석했으며, 『효경장구(孝經章句)』·『서명집설(西銘輯說)』·『공자제자전(孔子弟子傳)』 등의 저서가 있다.
- 하몽귀(何夢貴): 남송의 학자로서 방일기의 스승이다.
- 항안세(項安世, ?~1208): 남송의 학자이자 관리다. 자는 평부(平夫)이며 강릉인이다. 주희를 변호하다 탄핵된 적이 있다. 저서로 『역완사(易玩辭)』·『항씨가설(項氏家說)』 등이 있다.
- 허겸(許謙, 1270~1337): 원대의 이학가로서 금화인이다. 자는 익지(益之)며, 스스로 호를 백운산인(白雲山人)이라 해 백운선생이라 불렸다. 소위 금화 주학의 대표적 인물로서 금화사선생(金華四先生) 중 한 사람이다. 북쪽의 허형과 더불어 남북이허(南北二許)라 칭해졌다. 어려서 어머니 도씨에게 배웠고 나중에 김이상에게 배웠다. 저서로 『춘추온고관규(春秋溫故管窺)』·『자성록(自省錄)』·『허백운선생문집(許白雲先生文集)』 등이 있다.
- 허형(許衡, 1209~1281): 송말 원초의 이학가로서 하내인이다. 자는 중평(仲平)이며, 노재(魯

齋)선생이라 불렸다. 시호는 문정(文正)이며 원 인종 때 공묘에 종사되었다. 국자좨주를 지냈다. 요추·보묵 등과 함께 성리 제서를 연구했다. 여러 경전과 자사·예악·명물 등 모든 분야에 박통했지만, 특히『소학(小學)』과『사서(四書)』를 중시했다. 하북의 학문의 대종이라는 평을 받았으며, 원 초기를 대표하는 학자로서 원이 성리학을 정통 관학으로 수용하는 데 크게 기여했다. 저서로『허문정공유서(許文正公遺書)』·『허노재집(許魯齋集)』이 있다.

· 형병(邢昺, 932~1010): 북송의 경학가로서 자는 숙명(叔明)이며 제음인이다. 국자감승·국자좨주 등의 국자감관을 역임했고 예부상서를 지냈다. 여러 왕부의 시강직을 맡아『효경(孝經)』·『예기(禮記)』·『논어(論語)』·『시(詩)』·『서(書)』·『역(易)』·『춘추(春秋)』 등을 강의했으며, 칙명에 의해 경전의 교정 작업에 참여했다. 저서로는『논어정의(論語正義)』·『효경정의(孝經正義)』·『이아주소(爾雅注疏)』등이 있다.

· 호병문(胡炳文, 1250~1333): 송말 원초의 이학가로서 무원인이다. 자는 중호(仲虎)며 운봉(雲峯)선생이라 불렸다. 도일서원의 산장을 지냈다. 그의 아버지 두원이 주자의 종손으로부터『서(書)』·『역(易)』을 전수받았고, 병문은 이를 아버지로부터 전수받았다. 이후 주희가 집주한『사서(四書)』의 연구에 진력했으며, 특히 요노의 설이 주희의 원뜻과 다른 점을 비판하면서『사서통(四書通)』을 지어 그 잘못을 바로잡았다. 그 외『역본의통석(易本義通釋)』·『서집전(書集傳)』·『춘추집해(春秋集解)』등의 저서가 있다.

· 호영(胡泳): 남송의 이학가로서 자는 백량(伯量)이며 호는 동원(洞源) 또는 동원(桐源)이다. 주희의 문인으로서 응거하지 않고 학문에 전념했다. 저서로는『사서연설(四書衍說)』이 있다.

· 호원(胡瑗, 993~1059): 북송의 경학가이자 교육가로서 해릉인이다. 자는 익지(翼之)며 안정(安定)선생이라 불렸다. 시호는 문소(文昭)고, 명 세종 때 선유 호자(胡子)라 칭해지고 공묘에 종사되었다. 손복·석개 등과 같이 수학했으며 이들과 함께 성리학의 선구자로서 송초삼선생(宋初三先生)이라 불린다. 소주와 호주의 교수, 국자감 직강 등의 교관직을 역임했고, 천장각대제로서 태학을 관리했다. 태학을 경술과 치사 양재로 나누어 교학했으며 태학법을 세우고 태학을 진흥시켰다. 저서로『논어설(論語說)』·『주역구의(周易口義)』등이 있다.

· 호인(胡寅, 1098~1156): 남송의 이학가로서 자는 명중(明仲)이고 호는 중호(仲虎) 또는 중강(仲岡)이며, 치당(致堂)선생이라 불렸다. 호안국의 아들로서 가학을 이었다. 양시에게 배웠으며 정호·정이의 재전제자다. 저서로『숭정변(崇正辯)』·『독사관견(讀史管

見)』·『논어상설(論語詳說)』 등이 있다.
- **호차염**(胡次焱, 1229~1306): 남송의 학자로서 무원인이다. 자는 제정(濟鼎)이며 호는 매암(梅岩) 또는 여학(餘學)이다. 원의 침구를 당해 벼슬을 버리고 귀가한 뒤 향리에서 『역(易)』을 가르쳤다. 저서로 『매암문집(梅岩文集)』이 있다.
- **홍흥조**(洪興祖, 1090~1155): 남송의 경학가로서 자는 경선(慶善)이고 단양인이다. 일생 경전을 연구했다. 저서로 『주역통의(周易通義)』·『고문효경서찬(古文孝經序贊)』 등이 있다.
- **황간**(黃榦, 1152~1221): 남송의 이학가로서 민현인이다. 자는 직경(直卿)이며 호는 면재(勉齋)고 시호는 문숙(文肅)이다. 어려서 유청지에게서 사사했고 그 명으로 주희에게 배웠다. 주희의 사위다. 주희를 도와 각종 서적을 편찬했으며 주희 저작의 정리에도 기여했다. 주희가 임종에 이르러 학문의 전수를 그에게 맡길 정도로 신임을 받았다. 학술적으로 존덕성과 도문학의 조화를 주장해 주희와 육구연의 학설을 절충했다는 평을 받는다. 저서로 『경해(經解)』·『중용총론(中庸總論)』·『성현도통전수총서설(聖賢道統傳授總敍說)』·『면재문집(勉齋文集)』 등이 있다.
- **황사의**(黃士毅): 남송의 이학가로서 포전인이다. 자는 자홍(子洪)이며 호는 호산(壺山)이다. 주희의 문인으로서 『의례(儀禮)』를 주석하고 주희의 『서설(書說)』·『문집(文集)』·『어록(語錄)』 등의 편찬에 참여했다.
- **황연**(黃淵): 황중원이 개명한 후의 이름이다.
- **황중원**(黃仲元, 1231~1312): 남송의 학자로서 포전인이다. 자는 선보(善甫)며 호는 사여(四如)다. 송이 망한 후 이름을 연(淵)으로 바꾸고 자를 천수(天叟), 호를 운향노인(韻鄉老人)이라 하면서 향리에서 강학했다. 저서로는 『사여강고(四如講稿)』·『경사변의(經史辨疑)』·『사여문집(四如文集)』 등이 있다.
- **후중량**(侯仲良): 북송의 학자로서 하동인이다. 자는 사성(師聖)이며 형문(荊門)선생이라 불렸다. 후가의 손자다. 경론을 강학했으며 주희로부터 그 학문이 명백하다는 평을 들었다.

옮긴이

- 김동인(金東仁)

  서울대학교 동양사학과를 졸업하고, 동 대학원 교육학과에서 교육학 박사학위를 취득했다. 현재 서울대학교에서 동양교육사를 강의하고 있으며, 이인서원을 개설해 운영하고 있다. 주요 논문으로는 「당송대 진사과에서 추구된 문학적 교양의 성격」, 「논어의 문질론과 그 교육적 함의」, 「이인의 세계와 안인의 세계」, 「위기지학 위인지학」 등이 있다.

- 지정민(池政敏)

  서울대학교 교육학과를 졸업하고, 동 대학원에서 교육학 박사학위를 취득했다. 현재 대구가톨릭대학교 교수이며, 이인서원에서 『논어』 연구에 참여하고 있다. 주요 논문으로는 「한비자 법치사상의 교육학적 해석」, 「조선 전기 교육진흥책 분석: 성균관 교관정책을 중심으로」, 「교사의 무언과 무은: 논어의 교수론적 해석」 등이 있다.

이인서원(利仁書院)은 2006년 5월 8일 개원했다. 본 서원은 『논어』를 비롯한 동양고전을 강독하고 연구하는 공동체로서 첫 연구과제인 『논어집주대전』의 번역작업을 진행하고 있다. 서원의 명칭인 '이인'은 『논어』의 '仁者安仁 知者利仁'이라는 구절에서 따온 것으로, 성인의 경지를 감히 넘보지 못하는 평범한 인간의 학문적 노력을 의미한다. 강남구 역삼동 도심 속의 작은 연구실로, 고전의 향기를 느끼고 싶은 사람이라면 누구에게나 열려 있는 공간이다.

한울아카데미 1191
동양철학의 향연
세주 완역 **논어집주대전 4**
ⓒ 김동인·지정민, 2013

옮긴이 | 김동인·지정민
펴낸이 | 김종수
펴낸곳 | 도서출판 한울

편집책임 | 김경아

초판 1쇄 인쇄 | 2013년 6월 20일
초판 1쇄 발행 | 2013년 7월 5일

주소 | 413-756 경기도 파주시 파주출판도시 광인사길 153(문발동 507-14) 한울시소빌딩 3층
전화 | 031-955-0655
팩스 | 031-955-0656
홈페이지 | www.hanulbooks.co.kr
등록번호 | 제406-2003-000051호

Printed in Korea.
ISBN 978-89-460-5191-1 94150 (양장)
     978-89-460-4184-4 94150 (양장 세트)
     978-89-460-4183-7 94150 (학생판)
     978-89-460-4179-0 94150 (학생판 세트)

* 책값은 겉표지에 표시되어 있습니다.
* 이 책은 강의를 위한 학생판 교재를 따로 준비했습니다.
  강의 교재로 사용하실 때에는 본사로 연락해주십시오.
* 1권 정오표는 도서출판 한울 홈페이지(http://www.hanulbooks.co.kr/tot_book/content.asp?pBID= 3427)와 블로그(http://blog.naver.com/hanulblog)에서 받으실 수 있습니다.